21世纪会计系列教材

Accounting Classics

税法与纳税会计（第2版）

Tax Law and Tax Accounting

主　编　王红云　赵永宁
副主编　罗仕祥　赵如兰

中国人民大学出版社
· 北京 ·

第 2 版前言

感谢广大教师和读者的厚爱，《税法与纳税会计》在 2015 年 8 月推出第一版后，现在正式推出第二版。第二版《税法与纳税会计》重新编写了第三章增值税普通发票和增值税专用发票，以及第四章增值税，并针对我国税法变化的相关规定对增值税普通发票、增值税纳税申报表和资源税及其相应的账务处理等内容进行了补充和修改。主要修订内容如下：

1. 政策依据：国家税务总局发布了《中华人民共和国企业所得税年度纳税申报表（A 类，2017 年版）》，适用于 2017 年度及以后年度企业所得税汇算清缴纳税申报。内容：企业所得税年度纳税申报表的相关内容。

2. 国家税务总局制定了《货物运输业小规模纳税人申请代开增值税专用发票管理办法》，自 2018 年 1 月 1 日起开始施行。规定纳税人在境内提供公路或内河货物运输服务，需要开具增值税专用发票的，可在税务登记地、货物起运地、货物到达地或运输业务承揽地（含互联网物流平台所在地）中任何一地，就近向国税机关申请代开增值税专用发票。修订内容：增值税发票开具的相关规定。

3. 政策依据：自 2018 年 1 月 1 日起开始征收环境保护税。修订内容：增加环境保护税的计算与核算等相关内容。

4. 政策依据：国家税务总局公布了《增值税一般纳税人登记管理办法》，自 2018 年 2 月 1 日起开始施行。修订内容：增值税一般纳税人登记管理的相关内容。

5. 政策依据：自 2018 年 1 月 1 日起至 2020 年 12 月 31 日，继续对月销售额 2 万元（含本数）至 3 万元的增值税小规模纳税人，免征增值税。修订内容：增值税小规模纳税人的相关规定。

6. 政策依据：增值税一般纳税人发生真实交易但由于客观原因造成增值税扣税凭证未能按照规定期限办理认证、确认或者稽核比对的，经主管税务机关核实、逐级上报，由省国税局认证并稽核比对后，对比对相符的增值税扣税凭证，允许纳税人继续抵扣其进项税额。修订内容：增值税一般纳税人的相关规定。

7. 政策依据：国家税务总局制发《关于跨省经营企业涉税事项全国通办的通知》，提出在 2017 年底基本实现跨省经营企业部分涉税事项全国通办，为跨省经营企业提供更加便捷的办税服务。修订内容：涉税事项全国通办的相关规定。

8. 政策依据：自 2017 年 7 月 1 日起，简并增值税税率结构，取消 13%的增值税税率。修订内容：增值税税目税率表。

9. 政策依据：自 2017 年 7 月 1 日起，将商业健康保险个人所得税试点政策推广到全国范围实施。修订内容：个人所得税的相关规定。

10. 政策依据：自 2017 年 7 月 1 日起，购买方为企业的，索取增值税普通发票时，应向销售方提供纳税人识别号或统一社会信用代码等内容。修订内容：增值税普通发票的相关规定。

11. 政策依据：2017 年 5 月 1 日起执行国家税务总局和公安部制定的《关于建立车辆购置税完税证明和机动车销售发票信息共享核查机制有关工作的通知》。修订内容：车辆购置税完税证明的审核。

12. 政策依据：2017 年 1 月 24 日，国家税务总局和国土资源部发布《关于落实资源税改革优惠政策若干事项的公告》。修订内容：资源税的优惠政策。

13. 政策依据：2017 年 4 月 14 日，国家税务总局发布《关于使用印有本单位名称的增值税普通发票（卷票）有关问题的公告》。修订内容：印有该单位名称的增值税普通发票的规定。

14. 政策依据：2017 年 4 月 19 日，国家税务总局发布《关于提供企业所得税税收政策风险提示服务的通知》。修订内容：企业所得税汇算清缴税收政策风险提示服务的内容。

15. 政策依据：国家税务总局对原资源税纳税申报表进行了修订，自 2016 年 7 月 1 日起施行。修订内容：资源税纳税申报表。

16. 政策依据：自 2016 年 5 月 1 日起，在全国范围内全面推开营改增试点，建筑业、房地产业、金融业、生活服务业等全部营业税纳税人纳入试点范围。修订内容：第三章增值税普通发票和增值税专用发票的开具要求的全部内容。

17. 政策依据：财政部和国家税务总局发布《关于全面推开营业税改征增值税试点的通知》（财税〔2016〕36 号），自 2016 年 5 月 1 日起开始施行。修订内容：将第十三章营改增的会计核算并入增值税的会计核算中，并重新编写第四章增值税的会计核算的全部内容。

本教材按我国现行主要税种，分章叙述其基本内容、计算及其相关注意事项。写作本书的老师是长期担任注册会计师、会计技术职称、税务局执法资格等考试辅导的教师，所以，我们尽可能将我们的各种教学体会收入在本教材。教材的例题部分选择了相关的注册会计师、税务师和会计技术职称考试的部分真题，同时将实际工作中的各种纳税申报表进行了列示。重点讲述了增值税、营改增、企业所得税和个人所得税的基本内容，将学习和考试中需要特别注意辨析的内容进行了醒目的“提示”。另外将增值税普通发票和专用发票专门作为第三章进行介绍。

本书由王红云教授、赵永宁教授担任主编，罗仕祥（市地税局总经济师）和赵如兰教授担任副主编。具体分工如下：第 1、2、3、4、7 章由王红云执笔；第 5、6 章由赵永宁执笔；第 11 章由罗仕祥执笔；第 8 章由赵如兰执笔；第 10 章由李淼执笔；第 9 章由赵怡悦执笔。全书由王红云负责总撰和修改，李淼和赵怡悦负责编写和修改习题和参考答案，赵珂然负责制作课件。

由王红云主编的《纳税会计》《会计法规》《税法》教材曾荣获全国高校出版社协会优秀畅销书二等奖、中国书刊发行业协会“全行业优秀畅销书”、云南省优秀教材、云南省精品教材（2 本）和省“十二五”规划教材（3 本）。这是广大教师和同学给予厚爱的结果。衷心希望我们这个带有自己教学和实践工作体会的“产品”仍然得到广大读者的厚爱和支持，谢谢您的选用！

由于编者学识水平有限，时间较紧，加之税制仍在不断改革，书中尚存在不足之处，恳请各位读者不吝赐教。

王红云

于云南财经大学会计学院

目　录

第 1 章　税法概述 …… 1
第 1 节　税法的概念 …… 1
第 2 节　我国税收制度 …… 6
第 3 节　纳税人和扣缴义务人的权利和义务 …… 10
习题 …… 15

第 2 章　纳税会计概述 …… 21
第 1 节　纳税会计的概念 …… 21
第 2 节　税务登记 …… 23
第 3 节　纳税申报和税款征管 …… 25
第 4 节　纳税人向税务机关的报告 …… 32
第 5 节　应交税费的会计核算特点 …… 36
习题 …… 40

第 3 章　增值税普通发票和增值税专用发票 …… 44
第 1 节　增值税发票种类 …… 44
第 2 节　纳税人开具增值税发票的主要规定 …… 49
第 3 节　税务机关代开发票基本规定 …… 59
第 4 节　增值税发票开具特殊规定 …… 64
习题 …… 70

第 4 章　增值税的会计核算 …… 75
第 1 节　增值税的基本内容 …… 75
第 2 节　增值税的计算 …… 90
第 3 节　增值税的核算 …… 107
第 4 节　增值税的纳税申报 …… 145
习题 …… 155

第5章 出口退税的会计核算 …… 162
第1节 出口退税的基本内容 …… 162
第2节 出口退税的计算 …… 171
第3节 出口退税的核算 …… 174
习题 …… 177

第6章 消费税的会计核算 …… 183
第1节 消费税的基本内容 …… 183
第2节 消费税的计算 …… 186
第3节 消费税的核算 …… 192
习题 …… 201

第7章 企业所得税的会计核算 …… 206
第1节 企业所得税的基本内容 …… 206
第2节 资产的税务处理 …… 209
第3节 企业所得税的计算 …… 212
第4节 会计差异 …… 228
第5节 企业所得税的核算 …… 234
第6节 企业所得税税收优惠的报批和备案事项 …… 244
第7节 企业所得税纳税申报表的填制 …… 252
习题 …… 265

第8章 个人所得税的会计核算 …… 272
第1节 个人所得税的基本内容 …… 272
第2节 个人所得税的计算 …… 280
第3节 个人所得税的核算 …… 287
第4节 个人所得税纳税申报表的填制 …… 288
习题 …… 290

第9章 关税的会计核算 …… 295
第1节 关税的基本内容 …… 295
第2节 关税的计算 …… 298
第3节 关税的核算 …… 299
习题 …… 302

第10章 资源税的会计核算 …… 306
第1节 资源税的基本内容 …… 306
第2节 资源税的核算 …… 308
习题 …… 311

第 11 章 其他税的会计核算 …… 315
第 1 节 城市维护建设税及教育费附加的核算 …… 315
第 2 节 土地增值税的核算 …… 318
第 3 节 房产税的核算 …… 321
第 4 节 城镇土地使用税的核算 …… 324
第 5 节 耕地占用税的核算 …… 327
第 6 节 车辆购置税的核算 …… 329
第 7 节 车船税的核算 …… 331
第 8 节 印花税的核算 …… 335
第 9 节 契税的核算 …… 338
第 10 节 烟叶税的核算 …… 341
第 11 节 社会保险费的核算 …… 343
第 12 节 环境保护税的核算 …… 347
习题 …… 349

参考答案 …… 355

第1章

税法概述

本章导言

在我国，可以把企业缴纳的各种税叫“间接税”，因为政府不是对居民这个真正的纳税人直接征税，而是通过企业这个“中间人”间接征税。其中，个人缴纳的工资薪金、劳务报酬等个人所得税，印花税，车船税等约占全国税收总额的10%，其余90%的税收是通过企业征收的，即我国税收主要依靠企业收取。

第1节　税法的概念

一、税收和税法的概念

(一) 税收的概念和特征

1. 税收的概念

税收是指国家为了实现其职能，凭借政治权力，根据国家法律法规，对纳税人强制无偿征收从而取得财政收入的一种形式。税收体现了国家主权和国家权力。

2. 税收的特征

(1) 强制性。税收的强制性是指国家凭借其公共权力，以法律、法令形式对税收征纳双方的权利与义务进行制约，既不是由纳税主体按照个人意志自愿缴纳，也不是由征税主体随意征收，而是依据法律进行征税。我国宪法明确规定我国公民有依照法律纳税的义务，纳税人必须依法纳税，否则就要受到法律的制裁。税收的强制性主要体现在征税过程中。

(2) 无偿性。税收的无偿性是指国家征税后，税款一律纳入国家财政预算，由财政统一分配，而不直接向具体纳税人返还或支付报酬。税收的无偿性是对个体纳税人而言的，其享有的公共利益与其缴纳的税款并非一对一对等，但就纳税人整体而言是对等的，政府使用税款的目的是向社会全体成员包括具体纳税人提供社会公共产品和公共服务。因此，税收的无偿性表现为个体的无偿性、整体的有偿性。

（3）固定性。税收的固定性是指国家预先规定了统一的征税标准，包括纳税人、课税对象、税率、纳税期限、纳税地点等。这些标准一经确定，在一定时间内是相对稳定的。

税收的固定性包括两层含义：1）税收征收总量的有限性。由于预先规定了征税的标准，政府在一定时期内的征税数量就要以此为限，从而保证了税收在国民经济总量中的适当比例。2）税收征收具体操作的确定性。即税法确定了课税对象及征收比例或数额，具有相对稳定、连续的特点。既要求纳税人按税法规定的标准缴纳税额，也要求税务机关按税法规定的标准对纳税人征税，不能任意降低或提高。

税收的固定性是相对于某一个时期而言的。国家可以根据经济和社会发展需要适时地修订税法，这与税收整体的相对固定性并不矛盾。

提示

税收的三个特征是统一的整体，相互联系，缺一不可。税收的无偿性决定着税收的强制性，因为如果政府与具体纳税人之间是有偿关系，就不必也不能强制征税。税收的强制性和无偿性又内在地要求税收的固定性，因为如果没有税收的固定性，纳税人的合法权益就会受到侵害，正常的社会经济秩序就会遭到破坏。政府取得财政收入的某种形式能否被认定为税收，取决于它是否同时具备上述三个特征，而不取决于它是否具有税收的名称。

（二）税法的概念和特征

1. 税法的概念

税法是指有权的国家机关制定的有关调整税收分配过程中形成的权利义务关系的法律规范的总和。税法的目的是依法保障国家利益和纳税人的合法权益，维护正常的税收秩序，保证国家的财政收入。

有权的国家机关是指国家最高权力机关，在我国即指全国人民代表大会及其常务委员会；税法的调整对象是税收分配中形成的权利义务关系；税法可以有广义和狭义之分。

2. 税法的特征

（1）税法以税收关系为调整对象。税收关系是有关税收活动的各种社会关系，既包括国家或征税机关与纳税人之间的税收征纳关系，也包括司法机关等主体与纳税人之间的其他税收关系。

（2）税法是实体性规范和程序性规范的集合体。在税法体系中，占主体地位的各税种法主要是对税收构成要件做出规定，属于实体法规范。而在具体的税收法律关系中，实体权利与义务的实现还需要特定程序规范予以保障。

（3）税法规范具有成文性与强行性。税法规范常采取成文法的形式对税收事项作出安排。税法体现着国家的单方面意志，征纳双方都必须严格按照税法规定行使权利和履行义务，税法规范属于强制性规范。

提示

税法和税收的关系：税收是经济学概念，侧重解决分配关系；税法是法学概念，侧重解决权利义务关系。税收与税法密不可分，有税必有法，无法不成税。

二、税法的构成要素

税法一般由若干要素组成，了解这些要素，有助于全面掌握和执行税法规定。税法的构成要素一般包括总则、纳税义务人、征税对象、税目、税率、纳税环节、纳税期限、纳税地点、减免税、罚则、附则等项目。

（一）总则

主要包括立法依据、立法目的、适用原则等。

（二）纳税义务人

纳税义务人又称纳税主体，是税法规定的直接负有纳税义务的单位和个人。纳税人有两种基本形式，即自然人和法人。自然人是基于自然规律而出生的、具有民事权利和义务的主体，包括本国公民，也包括外国人和无国籍人。法人是自然人的对称，我国法人主要有四种，包括机关法人、事业法人、企业法人、社会团体法人。

提示

与纳税人紧密联系的两个概念是代扣代缴义务人和代收代缴义务人。代扣代缴义务人一般产生在纳税义务人收款时；代收代缴义务人一般产生在纳税义务人付款时。

（三）征税对象

征税对象又叫课税对象、征税客体，指税法规定对什么征税，是征纳双方权利义务共同指向的客体或标的物，是区别一种税与另一种税的重要标志（见表 1-1）。

表 1-1　　主要税种的征税对象表

税种	征税对象
增值税	全行业。即在我国境内销售货物、加工修理修配劳务和进口货物，以及营改增劳务和销售货物
消费税	特定消费品

续前表

税种	征税对象
关税	准许进出境的货物和物品
资源税	矿产资源和盐
土地增值税	转让房地产所取得的增值额（特定目的税类）
城镇土地使用税	城镇土地（资源税类）
房产税	房产（财产税类）
车船税	车船（财产税类）
印花税	书立、使用、领受应税凭证的行为（行为税类）
契税	境内转移的土地、房屋权属（财产税类）
企业所得税	企业的生产经营所得、其他所得
个人所得税	11项个人应税所得

（四）税目

税目是指各个税种所规定的具体征税项目，反映征税的具体范围，是对课税对象质的界定。税目体现征税的广度。并非所有的税种都有税目，如企业所得税。有些税种的税目相当复杂，如消费税。

（五）税率

税率是指对征税对象的征收比例或征收额度，税率体现征税的深度（见表1-2）。我国现行的税率主要有比例税率、超额累进税率、定额税率和超率累进税率。

表1-2 税率

<table>
<tr><th colspan="2">税率类别</th><th>具体形式</th><th>应用的税种</th></tr>
<tr><td colspan="2">比例税率</td><td>对同一征税对象，不分数额大小，规定相同的征收比例。包括单一比例税率、差别比例税率、幅度比例税率</td><td>增值税、城市维护建设税、企业所得税等</td></tr>
<tr><td colspan="2">定额税率</td><td>按征税对象的一定计量单位规定固定的税额</td><td>城镇土地使用税、车船税等</td></tr>
<tr><td rowspan="4">累进税率</td><td>全额累进税率</td><td colspan="2">（我国目前没有采用）</td></tr>
<tr><td>超额累进税率</td><td>把征税对象按数额大小分成若干等级，每一等级规定一个税率，税率依次提高，将纳税人的征税对象依所属等级同时适用几个税率分别计算，再将计算结果相加后得出应纳税款</td><td>个人所得税中的工资薪金和个体生产经营所得，企事业单位的承包经营、承租经营所得</td></tr>
<tr><td>全率累进税率</td><td colspan="2">（我国目前没有采用）</td></tr>
<tr><td>超率累进税率</td><td>以征税对象数额的相对率划分若干级距，分别规定相应的差别税率，相对率每超过一个级距的，对超过的部分按高一级的税率计算征税</td><td>土地增值税</td></tr>
</table>

（六）纳税环节

纳税环节主要指税法规定的征税对象在从生产到消费的流转过程中应当缴纳税款的环节。如流转税在生产和流通环节纳税，所得税在分配环节纳税等。

（七）纳税期限

纳税期限是指纳税人按照税法规定缴纳税款的期限。比如，企业所得税在月份或者季度终了后 15 日内预缴，年度终了后 4 个月内汇算清缴，多退少补。纳税人的具体纳税期限，由主管税务机关根据纳税人应纳税额的大小分别核定，不能按照固定期限纳税的，可以按次纳税。

（八）纳税地点

纳税地点主要是指根据各个税种纳税对象的纳税环节和有利于对税款的源泉控制而规定的纳税人（包括代征、代扣、代缴义务人）的具体纳税地点。

（九）减免税

减免税主要是对某些纳税人和征税对象采取减少征税或者免予征税的特殊规定。

（十）罚则

罚则主要是指对纳税人违反税法的行为采取的处罚措施。

（十一）附则

附则一般都规定与该法紧密相关的内容，比如该法的解释权，该法生效的时间等。

三、税法的原则

税法的原则反映税收活动的根本属性，是税收法律制度建立的基础。税法的原则包括税法基本原则和税法适用原则。

（一）税法基本原则

税法基本原则包括税收法定原则、税收公平原则、税收效率原则和实质课税原则（见表 1-3）。

表 1-3　税法基本原则表

基本原则	解释及举例
税收法定原则	也称为税收法定主义，是指税法主体的权利义务必须由法律加以规定，税法的各类构成要素都必须且只能由法律予以明确的规定。税收法定主义贯穿税收立法和执法的全部领域，其内容包括税收要件法定原则和税务合法性原则。

续前表

基本原则	解释及举例
税收公平原则	一般认为税收公平原则包括税收横向公平和纵向公平，即税收负担必须根据纳税人的负担能力进行分配，负担能力相等，税负相同；负担能力不等，税负不同。税收公平原则源于法律上的平等原则。
税收效率原则	税收效率原则包括两个方面——经济效率和行政效率。
实质课税原则	应根据客观事实确定是否符合课税要件，并根据纳税人的真实负担能力决定纳税人的税负，而不能仅考虑相关外观和形式。

（二）税法适用原则

税法适用原则包括法律优位原则，法律不溯及既往原则，新法优于旧法原则，特别法优于普通法原则，实体从旧、程序从新原则和程序优于实体原则（见表1-4）。

表1-4　税法适用原则表

适用原则	解释
法律优位原则	也称行政立法不得抵触法律原则，其基本含义为法律的效力高于行政立法的效力，还可进一步推论税收行政法规的效力优于税收行政规章的效力；效力低的税法与效力高的税法发生冲突时，效力低的税法是无效的。
法律不溯及既往原则	新法实施后，新法实施之前人们的行为不适用新法，而只沿用旧法。
新法优于旧法原则	也称后法优于先法原则，即新旧法对同一事项有不同规定时，新法的效力优于旧法。
特别法优于普通法原则	对同一事项两部法律分别订有一般和特别规定时，特别规定的效力高于一般规定的效力。本原则打破了税法效力等级的限制，居于特别法地位的级别比较低的税法，其效力可高于作为普通法的级别比较高的税法。
实体从旧、程序从新原则	实体法不具备溯及力，而程序法在特定条件下具备一定溯及力。我国常见的程序法有《税收征收管理法》。
程序优于实体原则	发生税收争讼时，程序法优于实体法，以保证国家课税权的实现。适用这一原则是为了确保国家课税权的实现，不因争议的发生而影响到税款及时、足额入库。

第2节　我国税收制度

一、宪法

宪法是每个民主国家最根本的法的渊源，其法律地位和效力是最高的。宪法规定了国家的性质、任务、基本制度，国家主要立法、司法、行政机关的组成、任期、权限，公民的基本权利和义务等根本问题。

二、税收制度的法律级次

（一）全国人民代表大会及其常务委员会制定的法律和有关规范性文件

《中华人民共和国宪法》（以下简称《宪法》）规定，全国人民代表大会和全国人民代表大会常务委员会行使国家立法权。《中华人民共和国立法法》第八条规定，只能由全国人民代表大会及其常务委员会制定税收法律。税收法律在中华人民共和国主权范围内普遍适用，具有仅次于宪法的法律效力。目前，由全国人民代表大会及其常务委员会制定的税收实体法律有《个人所得税法》《企业所得税法》和《车船税法》；税收程序法律有《税收征收管理法》。

全国人民代表大会及其常务委员会作出的规范性决议、决定以及全国人民代表大会常务委员会的法律解释，与其制定的法律具有同等法律效力。

（二）国务院制定的行政法规和有关规范性文件

我国现行税法绝大部分都是国务院制定的行政法规和规范性文件，归纳起来，有以下几种类型：

1. 税收的基本制度

《中华人民共和国立法法》第九条规定，税收基本制度尚未制定法律的，全国人民代表大会及其常务委员会有权授权国务院制定行政法规。比如，现行增值税、消费税、车辆购置税、土地增值税、房产税、城镇土地使用税、耕地占用税、契税、资源税、印花税、城市维护建设税、烟叶税、关税等诸多税种，都是由国务院制定税收条例。

2. 法律实施条例或实施细则

全国人民代表大会及其常务委员会制定的《个人所得税法》《企业所得税法》《车船税法》和《税收征收管理法》，由国务院制定相应的实施条例或实施细则。

（三）国务院财税主管部门制定的规章及规范性文件

国务院财税主管部门主要包括财政部、国家税务总局、海关总署和国务院关税税则委员会。国务院财税主管部门可以根据法律和行政法规的规定，在本部门权限范围内发布有关税收事项的规章和规范性文件，包括命令、通知、公告等文件形式。

（1）根据行政法规的授权，制定行政法规实施细则。

（2）在税收法律或者行政法规具体适用过程中，为进一步明确界限或者补充内容而作出具体规定。

（3）在部门权限范围内发布有关税收政策和税收征管的规章及规范性文件。

（四）地方人民代表大会及其常务委员会制定的地方性法规和有关规范性文件，地方人民政府制定的地方政府规章和有关规范性文件

省、自治区、直辖市人民代表大会及其常务委员会和省、自治区人民政府所在

地的市以及经国务院批准的较大的市的人民代表大会及其常务委员会，可以制定地方性法规。省、自治区、直辖市人民政府和省、自治区人民政府所在地的市及经国务院批准的较大的市的人民政府，可以根据法律和国务院行政法规制定规章。

提示

根据中国现行立法体制，无论是中央税、中央地方共享税还是地方税，立法权都集中在中央，地方只能根据法律、行政法规的授权制定地方性税收法规、规章或者规范性文件，对某些税制要素进行调整。

（五）省以下税务机关制定的规范性文件

省或者省以下税务机关在其权限范围内制定的适用于其管辖区域内的具体税收规定，通常是有关税收征管的规定，在特定区域内生效。这些规范性文件的制定依据是税收法律、行政法规、规章及上级税务机关的规范性文件。

（六）中国政府与外国政府（地区）签订的税收协定

税收协定是两个或两个以上的主权国家，为了协调相互之间处理跨国纳税人征税事务和其他涉税事项，依据国际关系准则签订的协议或条约。税收协定属于国际法中“条约法”的范畴，是划分国际税收管辖权的重要法律依据，对当事国具有同国内法效力相当的法律约束力。

提示

目前，我国不在特别行政区征税，特别行政区实行独立税收制度，参照原在香港、澳门实行的税收政策，自行立法规定税种、税率、税收宽免和其他税务事项。立法会是特别行政区的立法机关，其制定的税收法律在特别行政区内具有仅次于基本法的法律效力。特别行政区制定的法律须报全国人民代表大会常务委员会备案，但备案不影响其生效。

我国的税收法律制度如表1-5所示。

表1-5　　我国的税收法律制度

分类	立法机关	形式	说明	举例
税收法律	全国人民代表大会及其常务委员会正式立法	法律	除《宪法》外，在税收法律体系中，税收法律具有最高法律效力。	《企业所得税法》《个人所得税法》《车船税法》《税收征收管理法》。
	全国人民代表大会及其常务委员会授权立法	暂行条例	属于准法律，具有国家法律的性质和地位，其法律效力高于行政法规，为条件成熟上升为法律做好准备。	《增值税暂行条例》《消费税暂行条例》等。

续前表

分类	立法机关	形式	说明	举例
税收法规	国务院——税收行政法规	条例 暂行条例 实施细则	在我国法律形式中处于低于宪法、法律，高于地方法规、部门规章、地方规章的地位，在全国普遍适用。	《税收征收管理法实施细则》《房产税暂行条例》等。
	地方人民代表大会——税收地方法规		目前仅限海南省、民族自治地区等特定地区适用。	—
税收规章	财政部、国家税务总局、海关总署——税收部门规章	办法 规则 规定	国务院税务主管部门指财政部、国家税务总局和海关总署。该级次规章不得与宪法、法律、法规相抵触。	《增值税暂行条例实施细则》《税收代理试行办法》等。
	省级地方政府——税收地方规章		在法律法规明确授权的前提下制定，不得与税收法律、行政法规相抵触。	《房产税暂行条例实施细则》等。

三、现行税收制度

目前，我国共有增值税、消费税、企业所得税、个人所得税、资源税、城镇土地使用税、房产税、城市维护建设税、耕地占用税、土地增值税、车辆购置税、车船税、印花税、契税、烟叶税、关税、船舶吨税、环境保护税等 18 个税种。其中，除关税和船舶吨税外的 16 个税种由税务部门负责征收；关税和船舶吨税由海关部门征收。另外，进口货物的增值税、消费税也由海关部门代征。

提示

尽管我国税法规定有 18 种税（含关税和船舶吨税），但并不是每个纳税人都要缴纳所有税种的税款。纳税人只有发生了税法规定的应税行为，才需要缴纳相应的税款，如果没有发生这些应税行为，则不需要缴纳相应的税款。从实际情况来看，规模较大、经营范围较广的企业涉及的税种一般在 10 个左右，大多数企业需要缴纳的税种在 6～8 个。

四、跨省经营企业涉税事项全国通办

全国通办是指跨省（自治区、直辖市、计划单列市）经营企业，可以根据办税需要就近选择税务机关申请办理异地涉税事项。全国通办的涉税事项范围确定为 4 类 15 项：

1. 涉税信息报告类

具体包括存款账户账号报告、财务会计制度及核算软件备案报告。

2. 申报纳税办理类

具体包括欠税人处置不动产或大额资产报告、纳税人合并分立情况报告、发包出租情况报告、企业年金职业年金扣缴报告。

3. 优惠备案办理类

具体包括增值税优惠备案、消费税优惠备案、企业所得税优惠备案（根据税法规定由总机构统一备案的企业所得税优惠备案事项除外）、印花税优惠备案、车船税优惠备案、城市维护建设税优惠备案、教育费附加优惠备案。

4. 证明办理类

具体包括开具个人所得税完税证明等。

第3节 纳税人和扣缴义务人的权利和义务

以下内容来自国家税务总局网站，仅将“您”转为纳税人或扣缴义务人，将“我们”转为税务机关或税务人员。

一、纳税人的权利

纳税人的权利是指纳税人在依法履行纳税义务时，由法律确认、保障与尊重的权利和利益，以及当纳税人的合法权益受到侵犯时，纳税人所应获得的救助与补偿权利。

（一）知情权

纳税人有权向税务机关了解国家税收法律、行政法规的规定以及与纳税程序有关的情况，享有被告知与自身纳税义务有关信息的权利。纳税人的知情权主要包括：现行税收法律、行政法规和税收政策规定；办理税收事项的时间、方式、步骤以及需要提交的资料；应纳税额核定及其他税务行政处理决定的法律依据、事实依据和计算方法；与税务机关在纳税、处罚和采取强制执行措施时发生争议或纠纷时，纳税人可以采取的法律救济途径及需要满足的条件。

（二）保密权

纳税人有权要求税务机关对其商业秘密及个人隐私保密。包括纳税人的技术信息、经营信息和纳税人、主要投资人以及经营者不愿公开的个人事项。上述事项如无法律、行政法规明确规定或者纳税人的许可，税务机关将不会对外部门、社会公众和其他个人提供。但根据法律规定，税收违法行为信息不属于保密范围。

（三）税收监督权

纳税人有权控告和检举税务机关、税务人员的违法违纪行为，如索贿受贿、徇私舞弊、玩忽职守，不征或者少征应征税款，滥用职权多征税款或者故意刁难纳税人等。同时，纳税人也有权检举其他纳税人的税收违法行为。

（四）纳税申报方式选择权

纳税人可以直接到办税服务厅办理纳税申报或者报送代扣代缴、代收代缴税款报告表，也可以按照规定采取邮寄、数据电文或者其他方式办理上述申报、报送事项。但采取邮寄或数据电文方式办理上述申报、报送事项的，需经主管税务机关批准。

纳税人如采取邮寄方式办理纳税申报，应当使用统一的纳税申报专用信封，并以邮政部门收据作为申报凭据，邮寄申报以寄出的邮戳日期为实际申报日期。

数据电文方式是指税务机关确定的电话语音、电子数据交换和网络传输等电子方式。纳税人如采用电子方式办理纳税申报，应当按照税务机关规定的期限和要求保存有关资料，并定期书面报送给主管税务机关。

（五）申请延期申报权

纳税人不能按期办理纳税申报或者报送代扣代缴、代收代缴税款报告表的，应当在规定的期限内向税务机关提出书面延期申请，经核准，可在核准的期限内办理。经核准延期办理申报、报送事项的，应当在税法规定的纳税期内按照上期实际缴纳的税额或者税务机关核定的税额预缴税款，并在核准的延期内办理税款结算。

（六）申请延期缴纳税款权

纳税人因有特殊困难，不能按期缴纳税款的，经省、自治区、直辖市国家税务局、地方税务局批准，可以延期缴纳税款，但是最长不得超过三个月。这里所指的特殊困难主要是指：（1）因不可抗力导致纳税人发生较大损失，正常生产经营活动受到较大影响的；（2）当期货币资金在扣除应付职工工资、社会保险费用后，不足以缴纳税款的。纳税人满足以上任何一个条件可以申请延期缴纳税款，税务机关应当自收到申请延期缴纳税款报告之日起 20 日内作出批准或者不予批准的决定；不予批准的，从缴纳税款期限届满之日起加收滞纳金。

（七）申请退还多缴税款权

纳税人超过应纳税额缴纳的税款，税务机关发现后应当立即退还；纳税人自结算缴纳税款之日起三年内发现的，可以向税务机关要求退还多缴的税款并加算银行同期存款利息，税务机关及时查实后应当立即退还；涉及从国库中退库的，依照法律、行政法规有关国库管理的规定退还。税务机关发现纳税人多缴纳税款的，应当自发现之日起 10 日内办理退库；纳税人发现多缴税款的，税务机关应当自接到纳税人退还申请之日起 30 日内查实并办理退库手续。

（八）依法享受税收优惠权

纳税人依法享有申请减税、免税、退税的权利，即纳税人有权根据法律、行政法规的规定向税务机关申请享受税收优惠的权利，但必须按照法定程序进行申请、审批。减税、免税期满，纳税人应当自期满次日起恢复纳税。减税、免税条件发生变化的，应当自发生变化之日起15日内向税务机关报告；不再符合减税、免税条件的，应当依法履行纳税义务。

纳税人享受的税收优惠需要备案的，应当按照税收法律、行政法规和有关政策规定，及时办理事前或事后备案。

（九）委托税务代理权

纳税人可以委托税务代理人代为办理以下事项：办理、变更或者注销税务登记，办理除增值税专用发票外的发票领购手续、纳税申报或扣缴税款报告、税款缴纳和申请退税，制作涉税文书，审查纳税情况，建账建制，办理财务、税务咨询，申请税务行政复议，提起税务行政诉讼，以及国家税务总局规定的其他业务。按规定必须由纳税人自行办理的其他税务事宜，税务代理人不得办理。

（十）陈述与申辩权

纳税人对税务机关所作出的行政处罚决定享有陈述权、申辩权。

陈述权是指纳税人对税务机关做出的决定所享有的陈述自己意见的权利。申辩权是指纳税人认为对税务机关作出的决定所主张的事实、理由和依据享有申诉和解释说明的权利。如果纳税人有充分的证据证明自己的行为合法，税务机关就无权对其实行行政处罚，即使纳税人的陈述或申辩不充分合理，税务机关也应当解释其行政处罚行为的原因，并将纳税人的陈述内容和申辩理由记录在案，以便在行政复议或司法审查过程中能有所依据。

（十一）对未出示税务检查证和税务检查通知书的拒绝检查权

纳税人在接受税务检查时，有权要求检查人员出示税务检查证和税务检查通知书，未出示税务检查证和税务检查通知书的，纳税人有权拒绝检查。

（十二）税收法律救济权

纳税人对税务机关作出的决定，依法享有申请行政复议、提起行政诉讼、请求国家赔偿等权利。

纳税人、纳税担保人同税务机关在纳税上发生争议时，必须先依照税务机关的纳税决定缴纳或者解缴税款及滞纳金，或者提供相应的担保，然后可以依法申请行政复议；对行政复议决定不服的，可以依法向人民法院起诉。如对处罚决定、强制执行措施或者税收保全措施不服，可以依法申请行政复议，也可以依法向人民法院起诉。

当税务机关的职务违法行为给纳税人和其他税务当事人的合法权益造成侵害时，纳税人和其他税务当事人可以要求税务行政赔偿。主要包括：一是纳税人在限期内已缴纳税款，税务机关未立即解除税收保全措施，使纳税人的合法权益遭受损失的；二是税务机关滥用职权违法采取税收保全措施、强制执行措施或者采取税收保全措施、强制执行措施不当，使纳税人或者纳税担保人的合法权益遭受损失的。

（十三）依法要求听证的权利

在对纳税人作出规定金额以上罚款的行政处罚之前，税务机关会向纳税人送达《税务行政处罚事项告知书》，告知纳税人已经查明的违法事实、证据、行政处罚的法律依据和拟将给予的行政处罚。对此，纳税人有权要求举行听证，税务机关应组织听证。如纳税人认为税务机关指定的听证主持人与本案有直接利害关系，有权申请主持人回避。

对应当进行听证的案件，税务机关不组织听证，行政处罚决定不能成立，但纳税人放弃听证权利或者被正当取消听证权利的除外。

（十四）索取有关税收凭证的权利

税务机关征收税款时，必须给纳税人开具完税凭证。扣缴义务人代扣、代收税款时，纳税人要求扣缴义务人开具代扣、代收税款凭证的，扣缴义务人应当开具。

税务机关扣押商品、货物或者其他财产时，必须开付收据；查封商品、货物或者其他财产时，必须开付清单。

二、纳税人的义务

（一）依法进行税务登记的义务

纳税人应当自领取营业执照之日起 30 日内，持有关证件向税务机关或税务人员申报办理税务登记。税务登记主要包括领取营业执照后的设立登记，税务登记内容发生变化后的变更登记，依法申请停业、复业登记，依法终止纳税义务的注销登记等。

在各类税务登记管理中，纳税人应该根据税务机关或税务人员的规定分别提交相关资料，及时办理。同时，纳税人应当按照税务机关或税务人员的规定使用税务登记证件。税务登记证件不得转借、涂改、损毁、买卖或者伪造。

（二）依法设置账簿、保管账簿和有关资料以及依法开具、使用、取得和保管发票的义务

纳税人应当按照有关法律、行政法规和国务院财政、税务主管部门的规定设置账簿，根据合法、有效凭证记账，进行核算；从事生产、经营的，必须按照国务院

财政、税务主管部门规定的保管期限保管账簿、记账凭证、完税凭证及其他有关资料；账簿、记账凭证、完税凭证及其他有关资料不得伪造、变造或者擅自损毁。

此外，纳税人在购销商品、提供或者接受经营服务以及从事其他经营活动中，应当依法开具、使用、取得和保管发票。

（三）财务会计制度和核算软件备案的义务

纳税人的财务会计制度或者财务会计处理办法和会计核算软件，应当报送税务机关备案。纳税人的财务会计制度或者处理办法与国务院或者国务院财政、税务主管部门有关税收的规定抵触的，应依照国务院或者国务院财政、税务主管部门有关税收的规定计算应纳税款以及代扣代缴和代收代缴税款。

（四）按照规定安装、使用税控装置的义务

国家根据税收征收管理的需要，积极推广使用税控装置。纳税人应当按照规定安装、使用税控装置，不得损毁或者擅自改动税控装置。纳税人未按规定安装、使用税控装置，损毁或者擅自改动税控装置的，税务机关或税务人员将责令纳税人限期改正，并可根据情节轻重处以规定数额内的罚款。

（五）按时、如实申报的义务

纳税人必须依照法律、行政法规的规定或者税务机关或税务人员依照法律、行政法规的规定确定的申报期限、申报内容如实办理纳税申报，报送纳税申报表、财务会计报表以及税务机关或税务人员根据实际需要要求纳税人报送的其他纳税资料。

纳税人必须依照法律、行政法规的规定或者税务机关或税务人员依照法律、行政法规的规定确定的申报期限、申报内容如实报送代扣代缴、代收代缴税款报告表以及税务机关或税务人员根据实际需要要求纳税人报送的其他有关资料。

纳税人即使在纳税期内没有应纳税款，也应当按照规定办理纳税申报。享受减税、免税待遇的，在减税、免税期间应当按照规定办理纳税申报。

（六）按时缴纳税款的义务

纳税人应当按照法律、行政法规的规定或者税务机关或税务人员依照法律、行政法规的规定确定的期限，缴纳或者解缴税款。

未按照规定期限缴纳或解缴税款的，税务机关或税务人员除责令限期缴纳外，从滞纳之日起，按日加收滞纳税款万分之五的滞纳金。

（七）代扣、代收税款的义务

扣缴义务人按照法律、行政法规的规定负有代扣代缴、代收代缴税款义务的，必须依照法律、行政法规的规定履行代扣、代收税款义务。扣缴义务人依法履行代

扣、代收税款义务时，纳税人不得拒绝。纳税人拒绝的，扣缴义务人应当及时报告税务机关或税务人员进行处理。

（八）接受依法检查的义务

纳税人有接受税务机关或税务人员依法进行税务检查的义务，应主动配合税务机关或税务人员按法定程序进行的税务检查，如实向税务机关或税务人员反映自己的生产经营情况和执行财务制度的情况，并按有关规定提供报表和资料，不得隐瞒和弄虚作假，不能阻挠、刁难税务机关或税务人员的检查和监督。

（九）及时提供信息的义务

纳税人除通过税务登记和纳税申报向税务机关或税务人员提供与纳税有关的信息外，还应及时提供其他信息。纳税人有歇业、经营情况变化、遭受各种灾害等特殊情况的，应及时向税务机关或税务人员说明，以便税务机关或税务人员依法妥善处理。

（十）报告其他涉税信息的义务

为了保障国家税收能够及时、足额征收入库，税法还规定纳税人有义务向税务机关或税务人员报告如下涉税信息：

（1）纳税人有义务就其与关联企业之间的业务往来，向当地税务机关提供有关价格、费用标准等资料。纳税人有欠税情形而以财产设定抵押、质押的，应当向抵押权人、质权人说明自己的欠税情况。

（2）企业合并、分立的报告义务。纳税人有合并、分立情形的，应当向税务机关或税务人员报告，并依法缴清税款。合并时未缴清税款的，应当由合并后的纳税人继续履行未履行的纳税义务；分立时未缴清税款的，分立后的纳税人应当对未履行的纳税义务承担连带责任。

（3）报告全部账号的义务。纳税人从事生产、经营的，应当按照国家有关规定，持税务登记证件，在银行或者其他金融机构开立基本存款账户和其他存款账户，并自开立基本存款账户或者其他存款账户之日起 15 日内，向纳税人的主管税务机关书面报告全部账号；账号发生变化的，应当自变化之日起 15 日内，向纳税人的主管税务机关书面报告。

（4）处分大额财产报告的义务。如纳税人的欠缴税款数额在 5 万元以上，纳税人在处分不动产或者大额资产之前，应当向税务机关或税务人员报告。

习　题

一、单项选择题

1. 下列有关税法概念的说法正确的是（　　）。

A. 税法是国家制定的用来调整纳税人之间权利与义务关系的法律规范的总称

B. 制定税法的目的是保障国家利益和纳税人的合法权益
C. 税法的特征是强制性、无偿性和固定性
D. 税法是国家凭借其权力，利用税收工具参与社会产品和国民收入分配的法律规范的总称

2. 关于税法基本原理的相关表述正确的是（　　）。
A. 税法的各类构成要素皆必须且只能由法律予以明确，征纳主体的权利义务只以法律规定为依据，没有法律依据，任何主体不得征税或减免税收
B. 法律上的税收公平主义与经济上要求的税收公平是相同的，其基本思想也是一致的
C. 纳税人已经构成对税务机关的信赖，但没有据此作出某种纳税行为，或者这种信赖与其纳税行为没有因果关系，可以适用税收合作信赖主义
D. 程序优于实体原则是为了保护纳税人的权利不受侵犯

3. 某县人民政府2014年发文规定，凡是不种枣树的本县农民必须每年向政府缴纳土地管理费1 000元，不再征收其他税。这种做法违背了（　　）。
A. 税收法定主义　　B. 税收公平主义
C. 实质课税原则　　D. 法律优位原则

4. 某人和税务局在缴纳税款上存在争议，税务机关必须在缴纳税款后才能受理其复议申请，这体现了税法适用原则中的（　　）。
A. 新法优于旧法原则　　B. 特别法优于普通法原则
C. 程序法优于实体法原则　　D. 实体从旧原则

5. 可以作为法庭判案直接依据的税法解释是（　　）。
A. 各级行政机关的行政解释
B. 国务院对其制定的税法所作的立法解释
C. 各级司法机关的司法解释
D. 各级检察院作出的检察解释

6. 目前我国个人所得税的税制类型为（　　）。
A. 综合所得税制　　B. 分类所得税制
C. 混合所得税制　　D. 项目所得税制

7. 税法是指有权的国家机关制定的调整税收分配过程中形成的权利义务关系的法律规范的总和。从狭义税法的角度看，有权的国家机关是指（　　）。
A. 全国人民代表大会及其常务委员会　　B. 国务院
C. 财政部　　D. 国家税务总局

8. 可以完全解决国际重复征税的方法是（　　）。
A. 抵税法　　B. 扣除法　　C. 免税法　　D. 抵免法

9. 从法律性质看，税法属于（　　）。
A. 授权性法规　　B. 义务性法规　　C. 综合性法规　　D. 禁止性法规

10. 对2008年12月份在中国境内外购设备类固定资产的单位和个人，在2009年增值税纳税申报时，不能按新增值税暂行条例的规定对设备类固定资产抵扣进项税。这样处理符合税法适用原则中的（　　）。

A. 法律优位原则　　B. 特别法优于普通法原则
C. 程序优于实体原则　　D. 法律不溯及既往原则

11. 下列关于课税对象和计税依据关系的表述，不正确的有（　　）。
A. 计税依据是课税对象量的表现
B. 计税依据是从质的方面对课税作出的规定，课税对象是从量的方面对课税作出的规定
C. 我国现行车船税的课税对象和计税依据是不一致的
D. 计税依据有价值形态和物理形态两种表现形态

12. 下列各项中不是我国企业所得税纳税义务人的是（　　）企业。
A. 国有　　B. 集体　　C. 外资　　D. 合伙

13. 按照税收立法机关的不同，下列关于我国税法立法解释的表述，不正确的是（　　）。
A. 全国人民代表大会及其常务委员会的法律解释与法律具有同等效力
B. 最高行政机关制定的税收行政法规由国务院负责解释，其形式主要是各类税法的实施细则
C. 国务院税务主管部门制定的税务规章由财政部、国家税务总局等国务院税务主管部门负责解释，其形式主要是各类税务规章
D. 地方税收法规由制定相应法规的地方人民代表大会及其常务委员会负责解释，由于目前地方税收立法权较小，因此这类立法解释仅限于少数经济特区或民族地区及个别税种

14. 下列有关我国税收执法权的表述中正确的是（　　）。
A. 经济特区有权自行制定涉外税收的优惠措施
B. 除少数民族自治地区和经济特区外，各地不得擅自停征全国性的地方税种
C. 按税种划分中央和地方的收入，中央和地方共享税原则上由地方税务机构负责征收
D. 各省级人民政府及其税收主管部门可自行调整当地涉外税收的优惠措施，但应报国务院及其税务主管部门备案

15. 关于税收公平主义的陈述，下列选项中正确的是（　　）。
A. 法律上的税收公平和经济上的税收公平在思想上是一致的
B. 经济上的税收公平对纳税人具有约束力
C. 经济上的税收公平主要考虑税收负担带来的经济后果，法律上的税收公平不但考虑经济后果，还要考虑立法、执法、司法各个方面
D. 纳税人只能要求程序上的税收公平

16. 下列各项税收法律法规中，属于国务院制定的行政法规的是（　　）。
A.《中华人民共和国个人所得税法》
B.《中华人民共和国税收征收管理法》
C.《中华人民共和国企业所得税法实施条例》
D.《中华人民共和国增值税暂行条例实施细则》

17. 下列关于我国现行税收征收管理范围划分的表述中正确的是（　　）。

A. 车辆购置税由地方税务局系统负责征收和管理
B. 各银行总行缴纳的印花税由国家税务局系统负责征收和管理
C. 地方银行缴纳的企业所得税由国家税务局系统负责征收和管理
D. 地方所属企业与中央企业组成的股份制企业缴纳的企业所得税，由地方税务局系统负责征收和管理

18. 下列关于税收法律关系的表述中正确的是（　　）。
A. 税法是引起法律关系的前提条件，税法可以产生具体的税收法律关系
B. 税收法律关系中权利主体双方的法律地位并不平等，双方的权利义务也不对等
C. 代表国家行使征税职责的各级国家税务机关是税收法律关系中的权利主体之一
D. 税收法律关系总体上与其他法律关系一样，都是由权利主体、权利客体两方面构成的

19. 我国税收法律关系权利主体中，纳税义务人的确定原则是（　　）。
A. 国籍原则
B. 属地原则
C. 属人原则
D. 属地兼属人原则

20. 如果纳税人通过转让定价或其他方法减少计税依据，税务机关有权重新核定计税依据，以防止纳税人避税与偷税，这样处理体现了税法基本原则中的（　　）。
A. 税收法定主义原则
B. 税收公平主义原则
C. 税收合作信赖主义原则
D. 实质课税原则

二、多项选择题

1. 关于税法效力的解释，正确的是（　　）。
A. 我国税法采用属人兼属地相结合的原则
B. 税法解释除遵循税法的基本原则之外，也要遵循法律解释的具体原则
C. 税法的效力范围表现为空间效力、时间效力和对人的效力
D. 法定解释具有专属性

2. 下列关于税务规章的表述中正确的是（　　）。
A. 税务规章原则上不得重复法律和国务院的行政法规已经明确规定的内容
B. 不属于税务机关权限范围内的事项，税务规章无权制定
C. 审议通过的税务规章报局长签署后予以公布，在国家税务总局公报上刊登的税务规章文本为标准文本
D. 国家税务总局发布的第一部税务规章是2002年3月1日实施的《税务部门规章制定实施办法》

3. 税法解释除遵循税法的基本原则之外也要遵循法律解释的具体原则，具体包括（　　）。
A. 文义解释原则
B. 立法目的原则
C. 经济实质原则
D. 诚实信用原则

4. 实施税收保全措施的条件有（　　）。
A. 纳税人有逃避纳税义务的行为
B. 在规定的纳税期届满之前和责令缴纳税款的期限之内
C. 纳税人拒绝提供纳税担保

D. 纳税人潜逃

5. 关于税收实体法的构成要素，下列说法不正确的是（　　）。

A. 纳税人是税法规定的直接负有纳税义务的单位和个人，是实际负担税款的单位和个人

B. 征税对象是税法中规定的征税的目的物，是国家征税的依据

C. 纳税人在计算应纳税款时，应以税法规定的税率为依据，所以税法规定的税率反映了纳税人税收实际负担率

D. 税目是课税对象的具体化，反映具体征税范围，代表征税的广度

6. 下列关于税收法律关系特点的表述，正确的是（　　）。

A. 主体的一方只能是国家

B. 体现国家单方面的意志

C. 权利义务关系具有不对等性

D. 具有财产所有权或支配权单向转移的性质

7. 税法适用原则是指税务行政机关和司法机关运用税收法律规范解决具体问题所必须遵循的准则。下列关于税法适用原则的表述，正确的有（　　）。

A. 法律优位原则明确了税收法律的效力高于税收行政法规的效力，税收行政法规的效力高于税收行政规章的效力

B. 当新税法与旧税法处于普通法与特别法的关系时，仍需坚持新法优于旧法原则

C. 当程序性税法引用“实体从旧，程序从新”原则时，新法优于旧法原则可以例外

D. 程序性税法在特定条件下具备一定的溯及力，其效力发生时间的提前并不构成对纳税人权利的侵犯，也不违背税收合作信赖主义

8. 下列关于课税对象的表述，正确的是（　　）。

A. 课税对象是一种税区别于另一种税的主要标志

B. 课税对象决定了征税的深度

C. 纳税环节、减税免税等都是以课税对象为基础确定的

D. 课税对象体现不同税种征税的基本界限

9. 根据税收法律制度的规定，我国对纳税人和征税对象实行减免税的方式主要有（　　）。

A. 税基式减免　　B. 税率式减免

C. 税额式减免　　D. 协商式减免

10. 下列关于税收优先权的表述中正确的有（　　）。

A. 除法律另有规定外，税收优先于无担保债权

B. 纳税人有欠缴税款情形而又以其财产设定抵押的，税收优先于抵押权

C. 纳税人以其财产设定质押后又发生欠缴税款的，税收优先于质权

D. 纳税人欠缴税款，同时又被处以行政性罚款的，税款优先于罚款

11. 下列税种中，全部属于中央政府固定收入的有（　　）。

A. 进口环节的消费税　　B. 内销环节的增值税

C. 车辆购置税　　D. 中央企业的房产税

12. 下列属于税收行政法规的有（　　）。

A.《企业所得税法实施条例》
B.《个人所得税法实施条例》
C.《增值税暂行条例实施细则》
D.《税务代理试行办法》

13. 以下属于税法基本原则的有（　　）。

A. 法律优位原则
B. 税收效率原则
C. 实质课税原则
D. 特别法优于普通法原则

14. 税法关于规定纳税时限的概念包括（　　）。

A. 纳税义务发生时间
B. 纳税期限
C. 缴库期限
D. 申报期限

第 2 章

纳税会计概述

本章导言

张先生的注册经营地最近发生了变动，在工商部门办完相应的变更手续后，张先生有些迷糊："原来的税务登记证收了，现在"五证合一"了，那我如何到税务机关进行相应的变更呢？"

第 1 节　纳税会计的概念

一、纳税会计的概念

纳税会计是近代新兴的一门边缘性学科，纳税会计既涉及会计中的税务问题，又涉及税务中的会计问题，还涉及国家税收和税法，研究领域包括经济学范畴、法学范畴、会计学范畴。纳税会计是现代会计体系的重要组成部分之一。纳税会计的实质性工作并不是独立存在的，而是企业会计的一个特殊领域，是以财务会计为基础，仅对企业经济活动的涉税方面进行核算和监督的会计分支。

纳税会计是以纳税人为会计主体，以货币为主要计量单位，依据国家现行的税收法规，运用会计基本理论和方法，对企业资金运动中有关纳税的内容进行连续、系统、全面的核算与筹划，目的在于使纳税人在不违反税法的前提下，及时、准确地缴纳税金并向税务部门提供税务信息的会计学科，其会计主体是负有纳税义务的独立纳税人，包括法人和非法人。纳税会计是为了专门适应纳税人的需要，将会计的基本理论、方法同纳税活动相结合形成的一门边缘学科。

纳税会计作为一种客观存在的历史是悠久的，但作为一门独立的学科，纳税会计是年轻的。

二、纳税会计与财务会计的联系与区别

（一）纳税会计与财务会计的联系

1. 核算原理相同

纳税会计并不要求企业在财务会计的凭证、账簿、报表之外再设一套会计账表（纳税的相关报表除外），而且从企业会计机构的设置看，也没有必要专门设置纳税会计机构。企业只需设置一套完整的会计账表，平时只依照一种衡量尺度，即会计处理规定进行会计处理，需要计算缴纳税负时再依照税法进行调整。所以，可以认为纳税会计与财务会计的核算原理相同，即两者都使用会计的基本核算原理，包括会计的基本核算方法和数据处理等。

2. 纳税会计以财务会计为基础

从纳税会计所核算的内容来看，它反映和监督的不是全部资金运动，仅是企业资金运动中与计税有关的资金运动，这部分资金并未独立于企业全部资金运动之外。纳税会计的核算以财务会计的核算为依据，并监督其是否符合税法的规定。

（二）纳税会计与财务会计的区别

1. 目的不同

企业会计核算的目的是编制会计报表，除为综合部门及外界有关经济利益者即政府、银行和投资人、债权人服务外，更重要的是还为企业经营管理服务，为管理会计提供一系列十分重要的会计信息资料。而纳税会计是按现行税法和核算办法计算应纳税额，向税务、海关部门填制纳税申报表，正确履行纳税人的纳税义务，保证税款及时足额地上缴，并充分享受纳税人的权益。

2. 核算依据不同

税法规定与会计准则存在一些差别，尤其是在收益实现的时间和费用的可扣减规定上。税收依据收付实现制和权责发生制两种制度，这主要是由于国家征税要确定纳税人立即支付货币资金的能力，以方便管理。纳税会计主要是严格依据税收法规，对企业的收入、费用及利益进行计量和确认，以调整企业与国家之间的经济关系；在方法的选择和确定上欠缺灵活性，带有较浓厚的强制性和统一性。财务会计则主要是遵循会计准则，依照会计规定处理各种经济业务，对于相同的经济内容，会计人员可以在会计规定允许的范围内选择不同的计量方法，从而出现相同的经济业务有不同的表述，产生不同的会计结果。比如，一家小企业执行《企业会计准则》，可以计提坏账准备、存货跌价准备等七项资产减值准备，从而影响其利润表上的利润总额和净利润。但是，如果该企业执行《小企业会计准则》，则不允许计提资产减值准备。

3. 对象不同

企业财务核算和监督的对象是可以用货币表现的全部资金运动过程，包括资金的投入、周转、消耗、退出等经济过程。而纳税会计核算和监督的对象只是与企业

税负有关的资金运动，即原企业财务会计中有关税款的计算、核算、申报与解缴等内容让渡给纳税会计，由纳税会计作为中心内容分门别类地详细阐述，而企业财务会计只对这部分内容（全部资金运动的内容之一）进行一种揭示和交代。

4. 目标不同

企业财务会计一般依据权责发生制处理会计事项，在收入、费用的确认上，严格按照权责发生制进行，尤其重视资产负债表的资产真实性。比如不允许将“待处理财产损溢”中的财产损失年末余额仍然挂在资产负债表上，要求企业必须作财产损失处置。而纳税会计则由于其目标的制约，可以采用权责发生制和收付实现制确认收入和费用。比如房地产企业在收到预收账款时计算缴纳预收款的增值税，根据预计所得计算企业所得税。同时，纳税会计在进行纳税业务核算时，不确认稳健原则，对可供选择的会计处理方法有比较严格的约束和控制，对于超过税法扣减成本、费用范围的要依法纳税。比如对于业务招待费，要求在计算企业所得税时运用两个标准进行纳税调整，超过扣除标准的业务招待费，不允许在计算应纳税所得额中扣除。纳税会计重视利润表，更重视税法的有关规定。而财务会计在其整个核算过程中稳健原则贯彻得比较充分，比如执行《企业会计准则》的企业允许计提资产减值准备。

5. 计算损益的程序不同

企业财务会计的核算应服从纳税会计的核算。在日常的核算中，严格按会计制度规定进行，但在计算税额时，则要按税法规定进行调整。从损益计算的程序看，在收入、费用账户结转后计算出会计所得，根据税法的规定，对应计税的收入，超过税法扣减成本、费用范围的要依法纳税。

6. 核算方式决定计算的税金不同

企业在销售经营过程中，经常会制定一些促销措施，如买一赠一、实物销售折扣、有奖销售、无偿赠送等。对企业来说，赠送不但没有增加收入，而且还多了一项费用支出。但从税法的角度看，赠送方式不同，税务处理也不同，比如无偿赠送需要纳税，折扣销售在一张发票中注明的折扣不纳税。

第 2 节　税务登记

一、实行“五证合一”的登记

（一）“五证合一”的概念

“五证合一”是由工商、质监、国税、地税、人力社保、统计等部门之前分别办理、各自发证（照）的流程，改为由申请人“一表申请”、工商部门统一收件，并与质监、国税、地税、人力社保、统计部门并联审批，统一核发加载注册号、组织机构代码、税务登记证号、社会保险登记证号和统计登记证号的营业执照（正副本），以

“一照五码”实现“一照一码”。营业执照统一加盖工商部门（市场监管部门）公章。

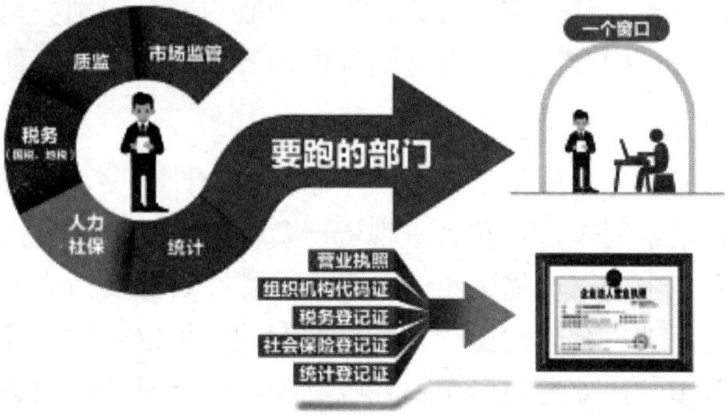

提示

从 2017 年 1 月 1 日起，一律改为使用加载统一社会信用代码的营业执照，原发证照不再有效。

申请人只需在新设立的“五证合一”综合受理窗口填写一张涵盖市场监管（工商、质监）、国税、地税、人力社保、统计等五个部门相关内容的申请表，提交一份资料即可。一个企业主体只能有一个“统一代码”，登记部门直接核发加载统一社会信用代码的营业执照，相关信息在全国企业信用信息公示系统公示，并归集至全国信用信息共享平台。

自 2017 年 11 月 1 日起，国家税务总局进一步推进“多证合一”工商共享信息运用。

（二）实行“五证合一”后的税务变更

（1）涉及企业生产经营地、财务负责人、核算方式等涉税基础信息发生变化的，需要由企业直接向税务机关申报变更，税务机关及时更新税务系统中的企业信息。

（2）涉及营业执照其他项目的，需要在工商局申请变更。变更后，虽然工商局会向税务系统推送信息，但是由于纳税人有税控设备等涉税事项无法同步变更，所以如果变更税务登记号，必须到办税服务厅办理，而其他项目均可以到网上服务厅提交税务登记变更，系统打印出受理结果，变更即可完成。

（3）涉及企业名称变更的，须相应变更税控设备。

提示

办理变更纳税人识别号的企业如使用税控开票设备，税务机关需对原有税控开票系统予以注销发行，并按新纳税人识别号重新发行。在此之前，纳税人需将开具旧纳税人识别号的销项发票开具完结，并告知购方纳税人及时完成认证；未开具的空白发票应在系统中进行作废操作，确保发票结存为零；开具为旧纳税人识别号的进项发票对方应全部认证完成。企业取得红字信息表尚未开具红字发票的，应及时开具红字发票，变更为新税号后将无法开具。

（三）实行“一照一码”后的企业注销

企业注销的主要内容：

(1) 实行“五证合一、一照一码”登记模式的企业办理注销登记，须先向税务主管机关申报清税，填写《清税申报表》，企业可向国税、地税任何一方税务主管机关提出清税申报，税务机关受理后应将企业清税申报信息同时传递给另一方税务机关，国税、地税税务主管机关按照各自职责分别进行清税，限时办理。清税完毕后一方税务机关及时将本部门的清税结果信息反馈给受理税务机关，由受理税务机关根据国税、地税清税结果向纳税人统一出具《清税证明》，纳税人凭《清税证明》向工商登记机关申请注销。

(2) 过渡期间未换发“五证合一、一照一码”营业执照的企业申请注销，到主管税务机关办理。

二、纳税人纳税识别号

自2015年10月1日起，对纳税人纳税识别号的规定为：

(1) 已取得统一社会信用代码的法人和其他组织，其纳税人识别号使用18位的“统一社会信用代码”，编码规则按照相关国家标准执行。

(2) 未取得统一社会信用代码的个体工商户以及以居民身份证、回乡证、通行证、护照等有效身份证明办理税务登记的纳税人，其纳税人识别号由“身份证件号码”＋“2位顺序码”组成。

(3) 以统一社会信用代码、居民身份证、回乡证、通行证、护照等为有效身份证明的临时纳税人，其纳税人识别号由“L”＋“统一社会信用代码”或“L”＋“身份证件号码”组成，作为系统识别，不打在对外证照上。

第3节　纳税申报和税款征管

一、税款征收方式

税款征收方式是指税务机关根据各税种的不同特点和纳税人的具体情况而确定的计算、征收税款的形式和方法。

（一）税款的确定方式

税款的确定方式主要包括查账征收、查定征收、查验征收和定期定额征收（见表2-1）。

表2-1 税款的确定方式表

方式	含义	适用范围
查账征收	由纳税人依据账簿记载，先行计算缴纳，事后税务机关查账核实，多退少补。	已建立会计账册且会计记录完整的单位。
查定征收	由税务机关根据纳税人情况对其生产的应税产品查定数量和销售额并依照税法规定的税率征收。	生产经营规模小、产品零星、税源分散、会计账册不健全的小型厂矿和作坊。
查验征收	对纳税人的应税商品、产品，税务机关通过查验数量，按市场一般销售单价计算其销售收入，据以计算应纳税款。	财务制度不健全、生产经营不固定的纳税人，零星分散、流动性大的税源。
定期定额征收	对小型个体工商户在一定经营地点、一定经营时期、一定经营范围内的应纳税经营额或所得额进行核定，并以此为计税依据，确定其应纳税额。	经主管税务机关认定和县以上（含县级）税务机关批准的生产经营规模小，达不到《个体工商户建账管理暂行办法》规定的设置账簿的标准，难以查账征收，不能准确计算纳税依据的个体工商户，包括个人独资企业。

例2-1

根据税收法律制度的规定，对于经主管税务机关认定批准的生产经营规模小，达不到设置账簿标准，难以查账征收，不能准确计算计税依据的个体工商户，适用的税款征收方式为（　　）。

A. 查账征收　　B. 查定征收　　C. 查验征收　　D. 定期定额征收

【解析】答案：选项D。定期定额征收适用于经主管税务机关认定批准的生产经营规模小，达不到设置账簿标准，难以查账征收，不能准确计算计税依据的个体工商户，包括个人独资企业。

（二）税款的缴纳方式

税款的缴纳方式主要包括：纳税人直接向国库经收处缴纳、税务机关自收税款并办理入库手续、代扣代缴、代收代缴和委托代征等（见表2-2）。

表2-2 税款的缴纳方式表

方式	含义	适用范围
纳税人直接向国库经收处缴纳	纳税人申报前，先向税务机关领取税票，自行填写，然后到国库经收处缴纳税款，以国库经收处的回执联和纳税申报等资料，向税务机关申报纳税。	在设有国库经收处银行和其他金融机构开设账户，并且向税务机关申报的纳税人。
税务机关自收税款并办理入库手续	税务机关直接收取税款并办理入库手续。	税务机关代开发票的纳税人缴纳的税款；临时发生纳税义务，需向税务机关直接缴纳的税款；税务机关采取强制执行措施，以拍卖所得或变卖所得缴纳的税款。

续前表

方式	含义	适用范围
代扣代缴	按照税法规定，负有扣缴义务的法定义务人在向纳税人支付款项时，从所支付的款项中直接扣收税款。	零星分期、不易控制的税源。
代收代缴	负有收缴义务的法定义务人，对纳税人应纳税款进行代收代缴，即由与纳税人有经济业务往来的单位和个人依照税收的规定向纳税人收取税款。	税收网络覆盖不到或很难控制的领域，如受托加工应缴消费税的消费品，应由受托方代收代缴消费税。
委托代征	受托单位按照税务机关核发的代征证书的要求，以税务机关的名义向纳税人征收税款。	零散税款。

二、核定应纳税额

为了保证税款征收的顺利进行，税务机关在税款征收中可根据具体情况采取核定应纳税额的方法。

(一) 核定应纳税额的对象

有下列情形之一的纳税人，税务机关有权核定其应纳税额：

(1) 依照法律、行政法规的规定可以不设置账簿的。

(2) 依照法律、行政法规的规定应当设置账簿但未设置的。

(3) 擅自销毁账簿或者拒不提供纳税资料的。

(4) 虽设置账簿，但账目混乱或者成本资料、收入凭证、费用凭证残缺不全难以查账的。

(5) 发生纳税义务，未按照规定的期限办理纳税申报，经税务机关责令限期申报，逾期仍未申报的。

(6) 纳税人申报的计税依据明显偏低，又无正当理由的。

(7) 未按照规定办理税务登记的从事生产、经营的纳税人以及临时经营的纳税人。

(二) 核定应纳税额的方式

为了减少核定应纳税额的随意性，使核定的税额更接近纳税人的实际情况和法定负担水平，税务机关按以下方式进行核定：

(1) 参照当地同类行业或者类似行业中经营规模和收入水平相近的纳税人的收入额和利润率核定。

(2) 按照成本加合理费用和利润的方法核定。

(3) 按照耗用的原材料、燃料、动力等推算或者测算核定。

（4）按照其他合理的方法核定。

采用上述所列一种方法不足以正确核定应纳税额时，可以同时采用两种以上的方法核定。

提示

目前，我国正在建立以申报纳税和优化服务为基础，以计算机网络为依托，集中征收、重点稽查的新的征管模式，其基础是纳税申报和优化服务，并强调集中征收、重点稽查。所谓集中征收，是指税务机关让纳税人在规定的时间内到办税服务厅集中缴纳税款的征收方式。集中征收适合于所有的纳税人，是我国新征管模式的重要内容之一，也是重要的征收方式。

某国家（地方）税务局应纳税款核定通知书如表2-3所示。

表2-3

某国家（地方）税务局

应纳税款核定通知书

地税 [ ] 号

____________：

由于你（单位）________________，依照《中华人民共和国税收征收管理法》第三十五条和《中华人民共和国税收征收管理法实施细则》第四十七条的规定，核定你（单位）______年____月（季度）各税应纳税款如下：

税种	税目	金额
合计		

以上税款限于____年__月__日前到____________缴纳。

税务机关（章）

年 月 日

三、延期缴纳税款

延期缴纳税款是纳税人在办理纳税申报后，因有特殊困难，在规定的纳税期限内不能按期缴纳或者解缴税款而向税务机关申请延期缴纳并取得审批的过程。

纳税人应当在规定的缴纳税款期限届满前申请延期缴纳税款，并如实填写《延期缴纳税款申请审批表》到主管税务机关管理部门办理。批准延期的，期限内免予加收滞纳金，同时报送以下材料：

（1）申请延期缴纳税款报告；

（2）当期货币资金余额，即库存现金余额、银行存款余额以及各种货币资金余额情况；

（3）所有银行账户的对账单；

（4）资产负债表；

（5）应付职工工资和社会保险等支出预算。

提示

（1）批准人：延期缴纳税款必须经省、自治区、直辖市国家税务局、地方税务局批准，方为有效。

（2）期限：延期期限最长不得超过3个月，同一笔税款不得滚动审批，纳税人同一税种一年内只可以批准延期一次。

（3）因不可抗力或国家税收政策的影响，不能按期缴纳关税的，经海关总署批准，可延期缴纳税款，但最长不得超过6个月。

四、税收保全措施和强制执行措施

税务机关对纳税人等采取保全措施或强制执行措施应经县以上税务局（分局）局长批准（两种措施的对比见表2-4）。

表2-4　税收保全措施和强制执行措施对比表

措施	特点	实施条件	措施内容
税收保全	制约、限制纳税人的资金和财产物资的转移	（1）行为条件：纳税人有逃避纳税义务的行为。逃避纳税义务的行为主要包括：转移、隐匿商品、货物或者其他财产等。 （2）时间条件：纳税人在规定的纳税期限届满之前和责令缴纳税款的期限之内。 （3）担保条件：在上述两个条件具备的情况下，税务机关可以责成纳税人提供纳税担保，纳税人不提供纳税担保的，税务机关可以依照法定权限和程序采取税收保全措施。	（1）书面通知纳税人的开户银行或者其他金融机构冻结纳税人相当于应纳税款的存款。 （2）扣押、查封纳税人的价值相当于应纳税款的商品、货物或者其他财产。
强制执行	强迫当事人履行纳税义务	（1）超过纳税期限。未按照规定的期限纳税或者解缴税款。 （2）告诫在先。税务机关必须责令限期缴纳税款。 （3）超过告诫期。税务机关责令限期缴纳，逾期仍未缴纳的。	（1）书面通知纳税人的开户银行或者其他金融机构从其存款中扣缴税款。 （2）扣押、查封、依法拍卖或者变卖其相当于应纳税款的商品、货物或者其他财产。

五、国税与地税的关系

2015年12月25日，中共中央办公厅、国务院办公厅印发了《深化国税、地税征管体制改革方案》，明确了国税和地税机构是合作关系。

为深化国税、地税合作，税务局制定了一系列计划，如：采取国税、地税互设窗口、共建办税服务厅、共驻政务服务中心等方式，2016年实现“前台一家受理，后台分别处理，限时办结反馈”的服务模式；完善全国12366纳税服务平台，2016

年实现全面提供能听、能问、能看、能查、能约、能办的“六能”型服务；制定实施“互联网＋税务”行动计划，建设融合国税、地税业务，标识统一、流程统一、操作统一的电子税务局，2017年基本实现网上办税。

六、纳税期限

（一）增值税

增值税的纳税期限分别为1日、3日、5日、10日、15日、1个月或者一个季度。纳税人的具体纳税期限由主管税务机关根据纳税人应纳税额的大小分别核定；不能按照固定期限纳税的，可以按次纳税。

纳税人以1个月或者一个季度为一个纳税期的，自期满之日起15日内申报纳税；以1日、3日、5日、10日或者15日为一个纳税期的，自期满之日起5日内预缴税款，于次月1日起15日内申报纳税并结清上月应纳税款。

（二）消费税

消费税的纳税期限分别为1日、3日、5日、10日、15日、1个月或者一个季度。纳税人的具体纳税期限由主管税务机关根据纳税人应纳税额的大小分别核定；不能按照固定期限纳税的，可以按次纳税。

纳税人以1个月或者一个季度为一个纳税期的，自期满之日起15日内申报纳税；以1日、3日、5日、10日或者15日为一个纳税期的，自期满之日起5日内预缴税款，于次月1日起15日内申报纳税并结清上月应纳税款。

（三）企业所得税

（1）企业所得税分月或者分季预缴。企业应当自月份或者季度终了之日起15日内，向税务机关报送预缴企业所得税纳税申报表，预缴税款。

（2）企业应当自年度终了之日起5个月内，向税务机关报送年度企业所得税纳税申报表，并汇算清缴，结清应缴应退税款。企业在报送企业所得税纳税申报表时，应当按照规定附送财务会计报告和其他有关资料。

（3）企业在年度中间终止经营活动的，应当自实际经营终止之日起60日内，向税务机关办理当期企业所得税汇算清缴。企业应当在办理注销登记前，就其清算所得向税务机关申报并依法缴纳企业所得税。

（四）个人所得税

1. 自行申报纳税的申报期限

（1）年所得12万元以上的纳税人，在纳税年度终了后3个月内向主管税务机关办理纳税申报。

（2）个体工商户和个人独资、合伙企业投资者取得的生产、经营所得应纳的税款，分月预缴的，纳税人在每月终了后 7 日内办理纳税申报；分季预缴的，纳税人在每个季度终了后 7 日内办理纳税申报；纳税年度终了后，纳税人在 3 个月内进行汇算清缴。

（3）纳税人年终一次性取得对企事业单位的承包经营、承租经营所得的，自取得所得之日起 30 日内办理纳税申报；在 1 个纳税年度内分次取得承包经营、承租经营所得的，在每次取得所得后的次月 7 日内申报预缴，纳税年度终了后 3 个月内汇算清缴。

（4）从中国境外取得所得的纳税人，在纳税年度终了后 30 日内向中国境内主管税务机关办理纳税申报。

（5）除以上规定的情形外，纳税人取得其他各项所得须申报纳税的，在取得所得的次月 7 日内向主管税务机关办理纳税申报。

（6）纳税人不能按照规定的期限办理纳税申报，需要延期的，可以向税务机关提出申请。

2. 代扣代缴的申报期限

（1）扣缴义务人每月所扣的税款应当在次月 7 日内缴入国库，扣缴义务人应向主管税务机关报送《扣缴个人所得税报告表》、代扣代收税款凭证和包括每一纳税人姓名、单位、职务、收入、税款等内容的支付个人收入明细表以及税务机关要求报送的其他有关资料。

（2）扣缴义务人违反规定不报送或者报送虚假纳税资料的，一经查实，其未在支付个人收入明细表中反映的向个人支付的款项，在计算扣缴义务人应纳税所得额时不得作为成本费用扣除。

（3）扣缴义务人因有特殊困难不能按期报送《扣缴个人所得税报告表》及其他有关资料的，经县级税务机关批准，可以延期申报。

（五）城市维护建设税、教育费附加

纳税人在申报增值税、消费税的同时进行申报。

（六）资源税

纳税人的纳税期限为 1 日、3 日、5 日、10 日、15 日或者 1 个月，由主管税务机关根据实际情况具体核定。不能按固定期限计算纳税的，可以按次纳税。

纳税人以 1 个月为一个纳税期的，自期满之日起 10 日内申报纳税；以 1 日、3 日、5 日、10 日或者 15 日为一个纳税期的，自期满之日起 5 日内预缴税款，于次月 1 日起 10 日内申报纳税并结清上月应纳税款。

（七）土地增值税

纳税人应当自转让房地产合同签订之日起 7 日内向房地产所在地主管税务机关办理纳税申报，并在税务机关核定的期限内缴纳土地增值税。

（八）房产税

房产税按年征收、分期缴纳。纳税期限由省、自治区、直辖市人民政府规定。

（九）车船税

车船税的纳税义务发生时间为车船管理部门核发的车船登记证书或者行驶证书所记载日期的当月。车船税按年申报缴纳。具体申报纳税期限由省、自治区、直辖市人民政府确定。

（十）烟叶税

烟叶税的纳税义务发生时间为纳税人收购烟叶的当天。纳税人应当自纳税义务发生之日起30日内申报纳税。具体纳税期限由主管税务机关核定。

（十一）耕地占用税

获准占用耕地的单位或者个人应当在收到土地管理部门的通知之日起30日内向耕地所在地地方税务机关申报缴纳耕地占用税。

（十二）城镇土地使用税

城镇土地使用税按年计算，分期缴纳。缴纳期限由省、自治区、直辖市人民政府确定。对新征用的土地，依照下列规定缴纳城镇土地使用税：

（1）征用的耕地，自批准征用之日起满1年时开始缴纳城镇土地使用税；

（2）征用的非耕地，自批准征用次月起缴纳城镇土地使用税。

（十三）印花税

应纳税凭证应当于书立或者领受时贴花（申报缴纳税款）。同一种类应纳税凭证需频繁贴花的，应向主管税务机关申请按期汇总缴纳印花税。汇总缴纳限期由地方税务机关确定，但最长期限不得超过1个月。

第4节 纳税人向税务机关的报告

一、注册公司的步骤

1. *预先核准名称*

到工商局去领取一张《企业（字号）名称预先核准申请表》，填写准备取的公司名称，由工商局上网（工商局内部网）检索是否有重名，如果没有重名，就可以使用这个名称，工商局核发一张《企业（字号）名称预先核准通知书》。

2. 租房

去专门的写字楼租一间办公室，如果自己有厂房或者办公室也可以，有的地方不允许在居民楼里办公。租房后要签订租房合同，并让房东提供房产证的复印件。签订好租房合同后，到当地的地方税务局按年租金千分之一的税率购买印花税，贴在租房合同的首页。

3. 编写公司章程

可以在国家工商行政管理局网站下载公司章程的样本，修改具体内容就可以成为自己公司的公司章程，在公司章程的签名处需要所有股东签名。

提示

2013 年 10 月 25 日，国务院总理李克强主持召开国务院常务会议时规定，除法律、法规另有规定者外，取消有限责任公司最低注册资本 3 万元、一人有限责任公司最低注册资本 10 万元、股份有限公司最低注册资本 500 万元的限制；不再限制公司设立时股东（发起人）的首次出资比例和缴足出资的期限，公司实收资本不再作为工商登记事项。

4. 注册公司

到工商局领取公司设立登记的各种表格，包括设立登记申请表、股东（发起人）名单、董事经理监理情况、法人代表登记表、指定代表或委托代理人登记表。填好后，连同企业名称预先核准通知书、公司章程、租房合同、房产证复印件、验资报告一起交给工商局。

5. 刻公章

凭营业执照到公安局指定的刻章公司刻公司公章和财务专用章。

6. 到银行开设银行基本存款户

带营业执照正本原件、法人代表身份证、经办人员身份证、公司财务专用章、法人代表私章到银行开立银行基本存款户。一般在原来办理验资时开设临时存款户的银行同一网点办理，也可以去其他银行网点办理。

二、设置账簿

从事生产、经营的纳税人应当自领取营业执照或者发生纳税义务之日起 15 日内，按照国家有关规定设置账簿。账簿是指总账、明细账、日记账以及其他辅助性账簿。总账、日记账应当采用订本式。

扣缴义务人应当自税收法律、行政法规规定的扣缴义务发生之日起 10 日内，按照所代扣、代收的税种，分别设置代扣代缴、代收代缴税款账簿。

生产、经营规模小又确无建账能力的纳税人，可以聘请经批准从事会计代理记账业务的专业机构或者经税务机关认可的财会人员代为建账和办理账务；聘请上述机构或者人员有实际困难的，经县以上税务机关批准，可以按照税务机关的规定，建立收支凭证粘贴簿、进货销货登记簿或者使用税控装置。

纳税人应当按照税务机关的要求安装、使用税控装置，并按照税务机关的规定报送有关数据和资料。账簿、记账凭证、报表、完税凭证、发票、出口凭证以及其他有关涉税资料应当合法、真实、完整。

提示

(1) 达到建账标准的个体工商户，应当自领取营业执照或者发生纳税义务之日起15日内，按照法律、行政法规的有关规定设置账簿并办理账务，不得伪造、变造或者擅自损毁账簿、记账凭证、完税凭证和其他有关资料。账簿方式一经确定，在一个纳税年度内不得变更。

(2) 达不到建账标准而实行定期定额征收方式征收税款的个体工商户，均应建立收支凭证粘贴簿、进货销货登记簿。

三、纳税人存款账户账号报告

从事生产、经营的纳税人应当按照国家有关规定，持税务登记证件在银行或者其他金融机构开立基本存款账户和其他存款账户，并将其全部账号向税务机关报告。

（一）纳税人存款账户账号报告办理时限

从事生产、经营的纳税人应当自开立基本存款账户或者其他存款账户之日起15日内，向主管税务机关书面报告其全部账号；发生变化的，应当自变化之日起15日内，向主管税务机关书面报告。

（二）纳税人存款账户账号报告应提供的资料

营业执照副本、银行开户许可证及复印件。

例2-2

(2013年初级会计职称考试试题) 从事生产、经营的纳税人应当自领取税务登记证件之日起一定期限内，将其财务、会计制度或财务、会计处理方法报送主管税务机关备案。该期限是（　　）。

A. 60日　　B. 45日　　C. 30日　　D. 15日

【解析】 答案：选项D。从事生产、经营的纳税人应当自领取税务登记证件之日起15日内，将其财务、会计制度或者财务、会计处理办法报送主管税务机关备案。

纳税人存款账户账号报告表见表2-5。

表 2-5　　纳税人存款账户账号报告表

纳税人名称					纳税人识别号					
经营地址										
账户性质	开户银行	账号	是否缴税	币种	开户时间	变更时间	注销时间	备注	银行开户登记证号	发证日期
报告单位： 经办人： 法定代表人（负责人）： 报告单位（签章） 年　月　日					受理税务机关： 经办人： 负责人： 税务机关（签章） 年　月　日					

四、财务会计制度及核算软件备案报告流程

从事生产、经营的纳税人应当在领取税务登记证件后将其财务会计制度或者财务会计处理办法报主管税务机关备案。纳税人使用计算机记账的，应当在使用前将会计电算化系统的会计核算软件、使用说明书及有关资料报送主管税务机关备案。

（一）应提供的资料

（1）财务会计制度或财务会计核算办法；

（2）财务会计核算软件、使用说明书（使用计算机记账的纳税人）；

（3）财务会计制度及核算软件备案报告书（见表 2-6）。

表 2-6　　财务会计制度及核算软件备案报告书

纳税人名称		纳税人识别号	
资料	名称		备注
1. 财务会计制度			
2. 低值易耗品摊销方法			
3. 折旧方法			
4. 成本核算方法			
5. 会计核算软件			
6. 会计报表			
纳税人： 经办人：　负责人：　纳税人（签章）： 报告日期：　年　月　日		税务机关： 经办人：　负责人：　税务机关（签章）： 受理日期：　年　月　日	

（二）保管期限

账簿、记账凭证、报表、完税凭证、发票、出口凭证以及其他有关涉税资料的保管期限，除另有规定者外，应当保存 10 年。

凡从事生产、经营的纳税人必须将所采用的财务会计制度和具体的财务会计处理办法，按税务机关的规定，自领取税务登记证件之日起15日内，及时报送主管税务机关备案。

提示

《企业会计准则》规定，企业对外报送的会计报表主要有4张：资产负债表、利润表、现金流量表和所有者权益变动表，涉税的主要是资产负债表和利润表。

五、企业应当披露的涉税的重要会计政策

《企业会计准则》规定，企业在报送会计报表时，应该披露重要的会计政策，其中与企业纳税有密切关联的、经常涉及的会计政策包括以下几个方面。

1. 存货

（1）确定发出存货成本所采用的方法。（2）可变现净值的计量方法。（3）存货跌价准备的计提方法。

2. 固定资产

（1）固定资产的确认条件和计量基础。（2）固定资产的折旧方法。

3. 无形资产

（1）使用寿命有限的无形资产，其使用寿命的估计情况。（2）使用寿命不确定的无形资产，其使用寿命不确定的判断依据。（3）无形资产的摊销方法。（4）企业判断无形资产项目支出满足资本化条件的依据。

4. 资产减值

（1）资产或资产组可收回金额的确定方法。（2）可收回金额按照资产组的公允价值减去处置费用后的净额确定的，确定公允价值减去处置费用后的净额的方法、所采用的各关键假设及其依据。（3）可收回金额按照资产组预计未来现金流量的现值确定的，预计未来现金流量的各关键假设及其依据。（4）分摊商誉到不同资产组采用的关键假设及其依据。

5. 收入

收入确认所采用的会计政策，包括确定提供劳务交易完工进度的方法。

6. 所得税

确认递延所得税资产的依据。

第5节 应交税费的会计核算特点

一、纳税的会计处理

企业按照税法的规定计算出的应纳税额，必须在规定的期限内进行税款结算和

缴纳的会计处理，并在凭证和账簿上予以记录和反映。由于税种不同，企业纳税的会计处理方法不尽相同。

1. 计入“税金及附加”的税金

减少企业本年利润，计入利润表的“税金及附加”的价内税：消费税、资源税、出口关税、城市维护建设税、教育费附加等。

减少企业本年利润，原来计入利润表的“管理费用”的税金，如房产税、印花税、车船税、城镇土地使用税，现在也计入“税金及附加”。

2. 仅通过“应交税费”核算的税金

不减少企业本年利润，不计入利润表，仅通过“应交税费”核算的价外税：增值税。

3. 计入“所得税费用”的税金

减少企业的本年利润，计入利润表减少利润总额，但计算应纳税所得额时需要根据《企业所得税法》调整的企业所得税。

4. 通过“应付职工薪酬”代扣的税金

支付报酬的单位在实际发放工资薪金或劳务报酬时，由单位代扣代缴的个人所得税。

二、“应交税费”会计科目的核算规定（《企业会计准则》的规定）

1.“应交税费”会计科目核算的内容

核算企业按照税法规定应缴纳的各种税费，包括增值税、消费税、企业所得税、资源税、土地增值税、城市维护建设税、房产税、城镇土地使用税、车船税、教育费附加、矿产资源补偿费等。

应交税费

借	贷
增值税的进项税额等 计算应交的消费税、企业所得税等税金	增值税的销项税额等 实际缴纳的消费税、企业所得税等税金
增值税中留待继续抵扣的增值税 多交的消费税、企业所得税等税金	未交或少交的增值税、消费税、企业所得税等税金

“应交税费”要求按应交的税费项目进行明细核算。

提示

（1）企业（保险）按规定应缴纳的保险保障基金，也通过“应交税费”科目核算。

（2）企业代扣代缴的个人所得税，也通过“应交税费”科目核算。

（3）企业不需要预先计算，直接缴纳的税金，如房产税、印花税、车船税和城镇土地使用税等，可以不通过“应交税费”科目核算。

2. 应交增值税（价外税）的主要账务处理

应交增值税应分别设置“进项税额”“销项税额”“出口退税”“进项税额转出”“已交税金”等专栏。

（1）一般纳税人采购物资等。

借：在途物资（材料采购、原材料、库存商品、固定资产）等
　　应交税费——应交增值税（进项税额）（扣税凭证上注明或计算的增值税额）
　贷：银行存款（应付账款、应付票据）等

购入物资发生退货作相反的会计分录。

（2）一般纳税人销售物资或提供应税劳务。

借：银行存款（应收账款、应收票据）等
　贷：主营业务收入（其他业务收入）等
　　应交税费——应交增值税（销项税额）　（销售额×增值税税率）

发生销售退回作相反的会计分录。

（3）一般纳税人实行“免、抵、退”的企业，出口量大时按应收的出口退税额挂账。

借：其他应收款
　贷：应交税费——应交增值税（出口退税）

（4）一般纳税人本月缴纳的增值税。

借：应交税费——应交增值税（已交税金）
　贷：银行存款

（5）小规模纳税人和一般纳税人购入材料等存货不能抵扣增值税的。

借：在途物资（材料采购）等　（买价＋支付的增值税＋运费等）
　贷：应交税费——应交增值税

3. 应交消费税、资源税、城市维护建设税、教育费附加等（价内税）的主要账务处理

计算消费税、资源税等。

借：税金及附加
　贷：应交税费——应交消费税等

例2-3

（2010年初级会计职称考试试题）下列各项中，应计入“税金及附加”科目的有（　）。

A. 处置无形资产应交的增值税　　B. 销售商品应交的增值税
C. 销售应税产品应交的资源税　　D. 销售应税消费品应交的消费税

【解析】答案：选项C和D。

4. 应交土地增值税的主要账务处理

（1）土地使用权与地上建筑物及其附着物通过“固定资产”科目核算。

借：固定资产清理

　贷：应交税费——应交土地增值税

（2）土地使用权单独通过“无形资产”科目核算。

借：银行存款

　　营业外支出　　　　　　　　　　　　　　　　　　　　（净损失）

　贷：应交税费——应交增值税（销项税额）

　　　　　　　——应交土地增值税

　　　无形资产　　　　　　　　　　　　　　　　　　　　（账面价值）

或　借：银行存款

　贷：应交税费——应交增值税（销项税额）

　　　　　　　——应交土地增值税

　　　无形资产　　　　　　　　　　　　　　　　　　　　（账面价值）

　　　营业外收入　　　　　　　　　　　　　　　　　　　　（净收益）

（3）实际缴纳土地增值税。

借：应交税费——应交土地增值税

　贷：银行存款

5. 应交房产税、城镇土地使用税、车船税、印花税的主要账务处理

借：税金及附加

　贷：银行存款

6. 应交企业所得税的主要账务处理

（1）计算企业所得税。

借：所得税费用

　贷：应交税费——应交所得税

（2）缴纳企业所得税。

借：应交税费——应交所得税

　贷：银行存款

7. 应交保险保障基金的主要账务处理

（1）计算保险保障基金。

借：管理费用

　贷：应交税费——应交保险保障基金

（2）缴纳保险保障基金。

借：应交税费——应交保险保障基金

　贷：银行存款

8. 应交个人所得税的主要账务处理

（1）代扣代缴职工个人所得税。

借：应付职工薪酬

　贷：应交税费——应交个人所得税

（2）缴纳个人所得税。

借：应交税费——应交个人所得税

贷：银行存款

有关各税种通过“应交税费”科目进行核算的具体办法详见以后各章，这是本书的重点。

习题

一、单项选择题

1. 税收的“三性”是（　　）。

A. 强制性、无偿性、固定性　　B. 自愿性、固定性、无偿性

C. 强制性、无偿性、波动性　　D. 无偿性、自愿性、波动性

2. 下列说法中，正确的是（　　）。

A. 纳税与会计计量依据相同

B. 纳税会计核算和监管的对象是全部经济业务

C. 纳税会计坚持历史成本原则

D. 纳税会计是应计制

3. 从价计征以（　　）为计征依据。

A. 重量　　B. 体积

C. 计税金额　　D. 数量

4. 采用定额税率计算应纳税额时，税额与价格之间的正确关系是（　　）。

A. 价格提高，税额成比例增加　　B. 价格不变，税额不变

C. 价格降低，税额不成比例降低　　D. 价格提高或降低，税额都不变

5. 下列相关法律不属于税收实体法的有（　　）。

A.《中华人民共和国企业所得税法》

B.《中华人民共和国个人所得税法》

C.《中华人民共和国税收征收管理法》

D.《中华人民共和国增值税法》

6. 从事生产、经营的纳税人应自开立基本存款账户或者其他存款账户之日起（　　）日内，向主管税务机关书面报告其全部账号。

A. 15　　B. 10　　C. 30　　D. 7

7. 对下列企业或个人，税务机关可以采取税收保全措施的是（　　）。

A. 扣缴义务人　　B. 纳税担保人

C. 从事生产经营的纳税人　　D. 非从事生产经营的纳税人

8. 税款征收方式中，一般适用于小额、零散税源的是（　　）。

A. 邮寄纳税　　B. 查定征收

C. 定期定额征收　　D. 委托代征税款

9. 在税务行政复议期间发生的下列情形中，应当终止行政复议的是（　　）。

A. 作为申请人的公民下落不明的

B. 申请人要求撤回行政复议申请，行政复议机构准予撤回的

C. 案件涉及法律适用问题，需要有权机关作出解释或者确认的
D. 作为申请人的公民死亡，其近亲属尚未确定是否参加行政复议的

10. 下列税种收入属于中央政府与地方政府共享收入的是（　　）。
A. 关税　B. 土地增值税　C. 消费税　D. 个人所得税

11. 下列说法中不正确的是（　　）。
A. 征税对象是区分不同税种的重要标志
B. 税目是征税对象的具体化
C. 税率是衡量税负轻重与否的唯一标志
D. 纳税义务人即纳税主体

12. 关于纳税主体，以下说法正确的是（　　）。
A. 纳税主体必须是能够独立承担纳税义务的纳税人
B. 会计主体一定是纳税主体
C. 纳税主体作为代扣（收）代缴义务人时，纳税人与负税人是相同的
D. 纳税主体与财务会计中的会计主体（会计实体）一定等同

13. 区分不同税种的主要标志是（　　）。
A. 纳税义务人　B. 课税对象　C. 税率　D. 税目

14. 税务代理人违反税收法律、行政法规，造成纳税人未缴或少缴税款的，除由纳税人缴纳或补缴应纳税款、滞纳金外，对税务代理人应处（　　）。
A. 2 000 元以下的罚款
B. 2 000 元以上 10 000 元以下的罚款
C. 纳税人未缴或少缴税款 50%以上 3 倍以下的罚款
D. 纳税人未缴或少缴税款 50%以上 5 倍以下的罚款

15. 纳税人被工商行政管理机关吊销营业执照的，应当自营业执照被吊销之日起（　　）内，向原税务登记机关申请办理注销税务登记。
A. 7 日　B. 10 日　C. 15 日　D. 30 日

二、多项选择题

1. 税款征收（缴纳）的方式有（　　）。
A. 自核自缴税款　B. 查账征收
C. 核定征收　D. 定期定额征收

2. 下列关于一般纳税人“应交税费”科目余额说法正确的有（　　）。
A.“应交税费——应交增值税”科目的期末借方余额，反映尚未抵扣的增值税
B.“应交税费——应交增值税”科目的期末贷方余额，反映应交未交的增值税
C.“应交税费——未交增值税”科目的期末借方余额，反映多交的增值税
D.“应交税费——未交增值税”科目的期末贷方余额，反映未交的增值税

3. 下列关于税收“三性”的理解中，正确的有（　　）。
A.“三性”是税收区别于其他财政收入的主要特点
B. 税收强制性的依据是国家所有权
C. 税收固定性意味着征税对象和征税数额是固定的
D. 税收无偿性指的是国家不向纳税人直接支付任何报酬

4. 根据《税收征收管理法》和《税务登记管理办法》的有关规定，下列各项中应当进行税务登记的有（　　）。

A. 从事生产经营的事业单位

B. 企业在境内其他城市设立的分支机构

C. 国家机关

D. 个体工商户

5. 某汽车制造企业缴纳的下列税种中，应向国家税务局系统申报缴纳的有（　　）。

A. 消费税　　B. 车辆购置税

C. 城镇土地使用税　　D. 城市维护建设税

6. 根据税收征收管理法律制度的规定，税务机关做出的下列行政行为中，纳税人不服时可以选择申请税务行政复议或者直接提起行政诉讼的有（　　）。

A. 加收滞纳金　　B. 罚款

C. 不予颁发税务登记证　　D. 征收税款

7. 下列关于税务机关实施税收保全措施的表述中，正确的有（　　）。

A. 税收保全措施仅限于从事生产、经营的纳税人

B. 只有在事实全部查清，取得充分证据的前提下才能进行

C. 冻结纳税人的存款时，其数额要以相当于纳税人应纳税款的数额为限

D. 个人及其抚养家属维持生活必需的住房和用品，不在税收保全措施的范围之内

8. 下列各项中，属于纳税申报方式的有（　　）。

A. 直接申报　　B. 简并征期　　C. 邮寄申报　　D. 数据电文

9. 实施税收保全措施的被执行人不包括（　　）。

A. 从事生产、经营的纳税人　　B. 不从事生产、经营的纳税人

C. 纳税担保人　　D. 代扣代缴、代收代缴义务人

10. 下列各项中，有权制定税收部门规章的税务主管机关有（　　）。

A. 国家税务总局　　B. 财政部

C. 国务院办公厅　　D. 海关总署

11. 根据相关规定，下列属于纳税人、扣缴义务人权利的有（　　）。

A. 知情权　　B. 要求保密权

C. 陈述权、申辩权　　D. 多缴税款申请退还权

12. 税收保全措施终止的情况有（　　）。

A. 纳税人在规定的期限内缴纳了应纳税款

B. 纳税人提请税务行政复议的

C. 纳税人超过规定期限仍不纳税，经税务局（分局）局长批准，终止税收保全措施，转入强制执行措施

D. 纳税人提请税务行政诉讼的

13. 以下各项中，符合延期缴纳税款相关规定的有（　　）。

A. 在规定期限内提出书面申请

B. 必须经省、自治区、直辖市国家税务局、地方税务局批准

C. 延期期限最长不得超过3个月

D. 批准延期内免予加收滞纳金

14. 下列属于税务机关可处以 1 倍以上 5 倍以下罚款的违章行为的有（　　）。

A. 偷税　　B. 抗税

C. 骗税　　D. 不配合税务机关检查

15. 纳税人应办理变更税务登记的情形有（　　）。

A. 纳税人改变名称

B. 纳税人改变隶属关系

C. 纳税人因改变经营地址而改变原税务登记主管机关的

D. 纳税人变更开户银行账号

第3章

增值税普通发票和增值税专用发票

本章导言

通过增值税发票管理新系统开具的增值税发票，包括增值税专用发票、增值税普通发票、增值税电子普通发票和机动车销售统一发票。

第1节　增值税发票种类

一、增值税专用发票

增值税专用发票由基本联次或者基本联次附加其他联次构成，分为三联版和六联版两种。

增值税专用发票基本联次为三联：

(1) 第一联为记账联，是销售方记账凭证；

(2) 第二联为抵扣联，是购买方扣税凭证；

(3) 第三联为发票联，是购买方记账凭证。

其他联次用途，由纳税人自行确定。

提示

纳税人办理产权过户手续需要使用发票的，可以使用增值税专用发票第六联。

增值税专用发票票样：

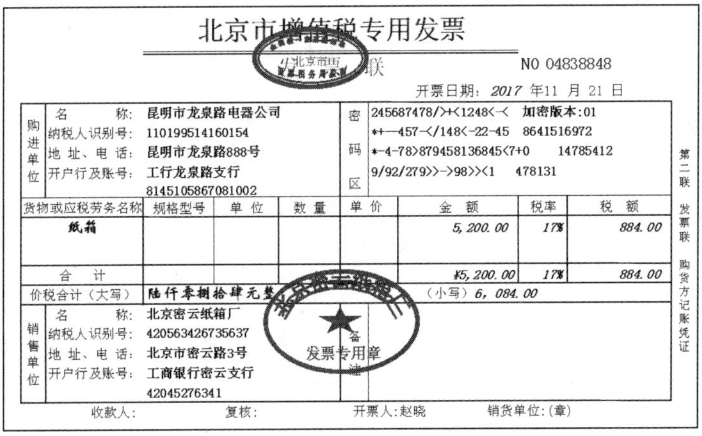

北京市增值税专用发票
联　NO 04838848
开票日期：2017 年11 月 21 日

购进单位　名　　称：昆明市龙泉路电器公司
纳税人识别号：110199514160154
地 址、电 话：昆明市龙泉路888号
开户行及账号：工行龙泉路支行 8145105867081002

密码区　245687478/>+<1248<-<　加密版本:01
*+—457-</148<-22-45　8641516972
*-4-78>879458136845<7+0　14785412
9/92/279>>->98>><1　478131

货物或应税劳务名称	规格型号	单 位	数 量	单 价	金 额	税率	税 额
纸箱					5, 200. 00	17%	884. 00
合　计					¥5, 200. 00	17%	884. 00
价税合计（大写）	陆仟零捌拾肆元整				（小写） 6，084. 00		

销售单位　名　　称：北京密云纸箱厂
纳税人识别号：420563426735637
地 址、电 话：北京市密云路3号
开户行及账号：工商银行密云支行 42045276341

备注　发票专用章

收款人：　复核：　开票人：赵晓　销货单位：(章)

第二联　发票联　购货方记账凭证

二、增值税普通发票

（一）增值税普通发票（折叠票）

增值税普通发票（折叠票）由基本联次或者基本联次附加其他联次构成，分为两联版和五联版两种。

增值税普通发票（折叠票）基本联次为两联：

（1）第一联为记账联（蓝色），是销售方记账凭证；

（2）第二联为发票联（棕色），是购买方记账凭证。

其他联次用途，由纳税人自行确定。第三联为绿色，第四联为紫色，第五联为粉红色。

提示

纳税人办理产权过户手续需要使用发票的，可以使用增值税普通发票第三联。

增值税普通发票（折叠票）票样：

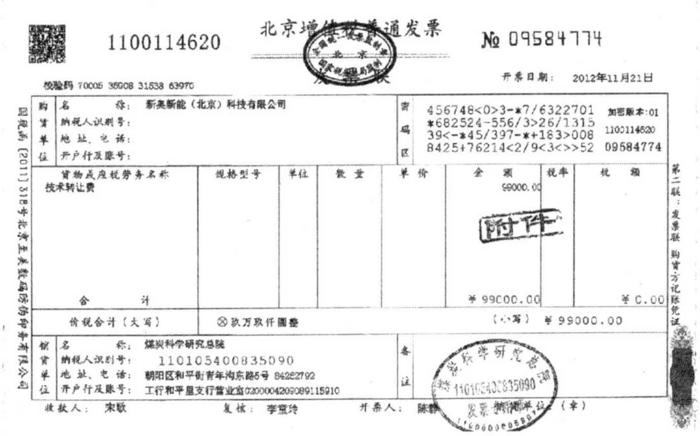

1100114620　北京增值税普通发票　№ 09584774
校验码 70005 35908 31538 63970
开票日期：2012年11月21日

购货单位　名　　称：新奥新能（北京）科技有限公司
纳税人识别号：
地 址、电 话：
开户行及账号：

密码区　456748<0>3-*7/6322701　加密版本:01
*682524-556/3>26/1315　1100114620
39<-*45/397-*+183>008
8425+76214<2/9<3<>>52　09584774

货物或应税劳务名称	规格型号	单位	数 量	单 价	金 额	税率	税 额
技术转让费					99000.00		
合　计					¥ 99000.00		¥ 0.00
价税合计（大写）	⊗玖万玖仟圆整				（小写） ¥ 99000.00		

销货单位　名　　称：煤炭科学研究总院
纳税人识别号：110105400835090
地 址、电 话：朝阳区和平街青年沟东路5号 84262792
开户行及账号：工行和平里支行营业室0200004209089115910

备注

收款人：宋歌　复核：李慧玲　开票人：陈静　销货单位（章）

国税函〔2011〕318号北京至美数码防伪印务有限公司

第二联：发票联　购货方记账凭证

（二）增值税普通发票（卷票）

增值税普通发票（卷票）分为两种规格：57mm×177.8mm、76mm×177.8mm，均为单联。

自2017年7月1日起，纳税人可书面向国税机关要求使用印有本单位名称的增值税普通发票（卷票），国税机关按规定确认印有该单位名称发票的种类和数量。纳税人则可以通过新系统开具印有本单位名称的增值税普通发票（卷票）。

提示

增值税普通发票（卷票）同样需要加印企业发票专用章。

增值税普通发票（卷票）票样：

76mm×177.8mm

57mm×177.8mm

（三）增值税电子普通发票

增值税电子普通发票的开票方和受票方需要纸质发票的，可以自行打印增值税电子普通发票的版式文件，其法律效力、基本用途、基本使用规定等与税务机关监制的增值税普通发票相同。

电子发票服务平台以纳税人自建为主，也可由第三方建设提供服务平台。购买方向开具增值税电子普通发票的纳税人当场索取纸质普通发票的，纳税人应当免费提供电子发票版式文件打印服务。

电子发票票样：

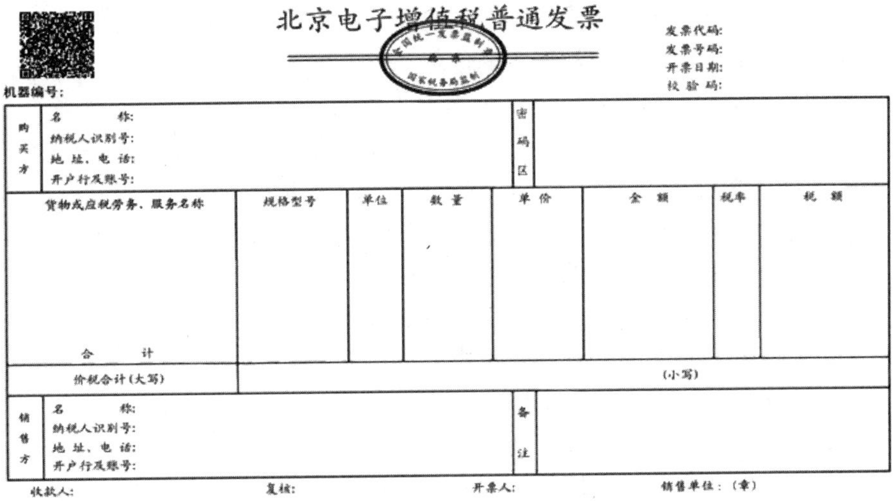
北京电子增值税普通发票

发票代码：
发票号码：
开票日期：
校 验 码：

机器编号：

购买方	名　称： 纳税人识别号： 地 址、电 话： 开户行及账号：				密码区			
货物或应税劳务、服务名称	规格型号	单位	数 量	单 价	金 额	税率	税 额	
合　计								
价税合计（大写）					（小写）			
销售方	名　称： 纳税人识别号： 地 址、电 话： 开户行及账号：				备注			

收款人：　复核：　开票人：　销售单位：（章）

提示

自 2017 年 7 月 1 日起，国家税务总局对发票的管理作出更加严格的规定。销售方开具增值税发票时，发票内容应按照实际销售情况如实开具，不得根据购买方要求填开与实际交易不符的内容。销售方开具发票时，通过销售平台系统与增值税发票税控系统后台对接，导入相关信息开票的，系统导入的开票数据内容应与实际交易相符，如不相符应及时修改完善销售平台系统。

（四）增值税专用发票与普通发票的主要区别

增值税专用发票与普通发票的主要区别有：

（1）使用的主体不同。增值税专用发票一般只能由增值税一般纳税人在增值税发票管理新系统开具，小规模纳税人一般情况下只能开具增值税普通发票，目前除了工业以及信息传输、软件和信息技术服务业、住宿业、鉴证咨询业和建筑业的增值税小规模纳税人可以自行开具增值税专用发票外，其他小规模纳税人只能由当地的税务机关代开增值税专用发票。

（2）税款是否允许抵扣。增值税专用发票不仅是购销双方收付款的凭证，而且还可用作购买方（增值税一般纳税人）扣除增值税的凭证，不仅具有商事凭证的作用，而且具备完税凭证的作用。而增值税普通发票除税法规定的免税农产品收购发票或者免税农产品销售发票可以计算抵扣进项税额外，其他不能抵扣进项税额。

三、机动车销售统一发票

从事机动车零售业务的单位和个人，在销售机动车（不包括销售旧机动车）收取款项时，开具机动车销售统一发票。

自 2018 年 4 月 1 日起，二手车交易市场、二手车经销企业、经纪机构和拍卖企业应当通过增值税发票管理新系统开具二手车销售统一发票。二手车销售统一发票“车价合计”栏次仅注明车辆价款。二手车交易市场、二手车经销企业、经纪机构和拍卖企业在办理过户手续过程中收取的其他费用，应当单独开具增值税发票。通过增值税发票管理新系统开具的二手车销售统一发票与现行二手车销售统一发票票样保持一致。如果购买方属于可以抵扣增值税进项税额的，销售二手车的一般纳税人可以开具增值税专用发票，小规模纳税人可以由主管税务机关代开增值税专用发票。

机动车销售统一发票为电脑六联式发票：

（1）第一联为发票联，是购货单位付款凭证；

（2）第二联为抵扣联，是购货单位扣税凭证；

（3）第三联为报税联，由车购税征收单位留存；

（4）第四联为注册登记联，由车辆登记单位留存；

（5）第五联为记账联，是销货单位记账凭证；

（6）第六联为存根联，由销货单位留存。

机动车销售统一发票票样：

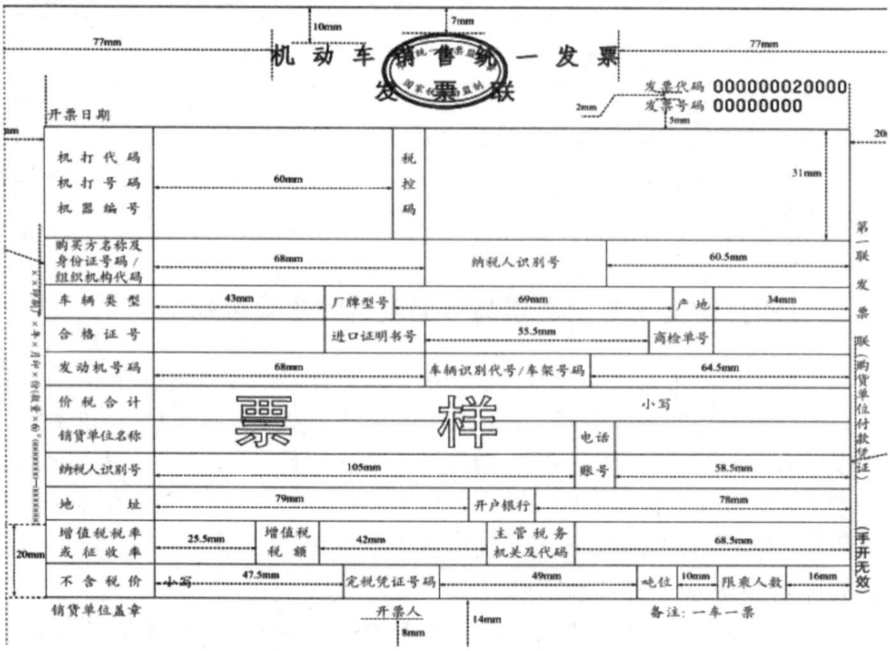

提示

国家税务总局规定自2018年3月1日起，进一步加强和规范增值税纳税申报比对（简称“申报比对”）管理。

申报比对管理是指税务机关以信息化为依托，通过优化整合现有征管信息资源，对增值税纳税申报信息进行票表税比对，并对比对结果进行相应处理。申报比对信息范围不仅包括增值税一般纳税人开具的增值税发票信息、取得的进项抵扣凭证信息、优惠备案信息等，而且包括小规模纳税人开具的增值税发票信息等。

四、财政票据电子化

自 2018 年 1 月 1 日起，国税系统（含税务干部进修学院）安装运行财政票据电子化管理系统，全面实施财政票据电子化管理，使用财政部制发的安全认证设备登录该系统开具机打财政票据，停用手工财政票据。

第 2 节 纳税人开具增值税发票的主要规定

一、在管理新系统上开具增值税发票的规定

（一）使用增值税发票管理新系统开具增值税发票

1. 增值税一般纳税人自行开具增值税发票（包括增值税专用发票和增值税普通发票）

增值税一般纳税人销售货物、提供加工修理修配劳务和发生应税行为，使用增值税发票管理新系统（简称新系统）开具增值税专用发票、增值税普通发票、机动车销售统一发票、增值税电子普通发票，不可以通过税务局代开发票。

提示

自 2018 年 3 月 1 日起，所有成品油发票均须通过增值税发票管理新系统中成品油发票开具模块开具。

2. 增值税小规模纳税人自行开具增值税普通发票

（1）增值税小规模纳税人销售货物、提供加工修理修配劳务，截至 2020 年 12 月 31 日，月销售额超过 3 万元（按季纳税 9 万元），或者销售服务、无形资产月销售额超过 3 万元（按季纳税 9 万元）的，使用新系统自行开具增值税普通发票、机动车销售统一发票、增值税电子普通发票。

（2）从 2018 年 2 月 1 日起，工业以及信息传输、软件和信息技术服务业、住宿业、鉴证咨询业和建筑业的增值税小规模纳税人不仅可以自行开具增值税普通发票，而且可以开具增值税专用发票。

提示

自 2018 年 1 月 1 日起，纳税人通过增值税发票管理新系统开具增值税发票（包括增值税专用发票、增值税普通发票、增值税电子普通发票）时，商品和服务税收分类编码对应的简称会自动显示并打印在发票票面“货物或应税劳务、服务名称”或“项目”栏次中。

（二）规范使用编码开具增值税发票

国家税务总局编写了《商品和服务税收分类与编码（试行）》（简称编码），并在新系统中增加了编码相关功能，使用新系统开具增值税发票的纳税人应将增值税税控开票软件升级到最新版本，并规范使用新系统选择相应的编码开具增值税发票。

纳入增值税小规模纳税人自行开具增值税专用发票试点的小规模纳税人需要开具增值税专用发票的，可以通过增值税发票管理新系统自行开具，主管国税机关不再为其代开。纳入增值税小规模纳税人自行开具增值税专用发票试点的小规模纳税人销售其取得的不动产，需要开具增值税专用发票的，仍须向地税机关申请代开。

（三）因网络故障等原因可以开具离线发票

纳税人因网络故障等原因无法在线开票的，在税务机关设定的离线开票时限和离线开具发票总金额范围内仍可开票，超限将无法开具发票。

解释

纳税人已开具未上传的增值税发票为离线发票。离线开票时限是指自第一份离线发票开具时间起开始计算可离线开具的最长时限。离线开票总金额是指可开具离线发票的累计不含税总金额，离线开票总金额按不同票种分别计算。

纳税人离线开票时限和离线开票总金额的设定标准及方法由各省、自治区、直辖市和计划单列市国家税务局确定。不使用网络办税或不具备网络条件的特定纳税人，以离线方式开具发票，不受离线开票时限和离线开具发票总金额限制。

二、一般情况下销售方开具发票

销售商品、提供服务以及从事其他经营活动的单位和个人，对外发生经营业务收取款项，收款方应当向付款方开具发票；特殊情况下，由付款方向收款方开具发票。

所有单位和从事生产、经营活动的个人在购买商品、接受服务以及从事其他经营活动支付款项时，应当向收款方取得发票。取得发票时，不得要求变更品名和金额。

提示

企业向金融机构支付借款利息和手续费支出时，企业应当向金融机构取得发票。

三、购进方索取发票需要提供的信息

（一）购进方索取增值税专用发票需要提供的信息

增值税纳税人购买货物、劳务、服务、无形资产或不动产，索取增值税专用发票时，须向销售方提供购买方名称（不得为自然人）、纳税人识别号或统一社会信用代码、地址电话、开户行及账号信息，不需要提供营业执照等证件，以及增值税一般纳税人资格登记表等相关证件或其他证明材料。

作为一般纳税人所在的公司，在取得增值税专用发票时，需要提供增值税专用发票上购买方的相关信息，增值税专用发票上购买方的相关信息示例如表 3－1 所示，各公司的相关信息单独提供。

表 3－1　增值税专用发票上购买方的相关信息示例

1	客户名称	昆明市龙泉路道路建设工程有限公司
2	纳税识别号	53120000615573462P
3	地址	云南省昆明市龙泉路 111 号
4	纳税账户开户银行	建行昆明市龙泉路支行
5	纳税账户银行账号	53121331114052093291
6	联系电话	0871－651111

（二）购进方索取增值税普通发票需要提供的信息

自 2017 年 7 月 1 日起，企业作为购买方索取增值税普通发票时，应向销售方提供纳税人识别号或统一社会信用代码，否则，发票将不得作为税收凭证用于办理涉税业务。增值税普通发票上购买方的相关信息示例如表 3－2 所示。

表 3－2　增值税普通发票上购买方的相关信息示例

1	客户名称	昆明市龙泉路道路建设工程有限公司
2	纳税识别号	53120000615573462P
3	地址	
4	纳税账户开户银行	
5	纳税账户银行账号	
6	联系电话	

四、增值税专用发票的认证

（一）增值税专用发票的认证时间规定

自 2017 年 7 月 1 日起，增值税一般纳税人取得的 2017 年 7 月 1 日及以后开具的增值税专用发票和机动车销售统一发票，应自开具之日起 360 日内认证或登录增值税发票选择确认平台进行确认，并在规定的纳税申报期内，向主管国税机关申报抵扣进项税额。

增值税一般纳税人取得的2017年7月1日及以后开具的海关进口增值税专用缴款书，应自开具之日起360日内向主管国税机关报送《海关完税凭证抵扣清单》，申请稽核比对。

提示

纳税人取得的2017年6月30日前开具的增值税扣税凭证，仍在180日内认证抵扣。

（二）不需要扫描认证的增值税专用发票

纳税信用A级、B级和C级的纳税人，以及新纳入营改增试点的增值税一般纳税人可以不进行增值税专用发票的扫描认证，企业的会计人员只需要自己登录增值税发票查询平台，查询、选择、确认用于申报抵扣或者出口退税的增值税发票信息即可进行增值税专用发票的抵扣。

（三）允许补抵扣进项税额的特殊情况

增值税一般纳税人发生真实交易但由于客观原因造成增值税扣税凭证（包括增值税专用发票、海关进口增值税专用缴款书和机动车销售统一发票）未能按照规定期限办理认证、确认或者稽核比对的，经主管税务机关核实、逐级上报，由省国税局认证并稽核比对后，对比对相符的增值税扣税凭证，允许纳税人继续抵扣其进项税额。

省国税局对上报的资料进行案头复核，并对逾期增值税扣税凭证信息进行认证、稽核比对，对资料符合条件、稽核比对结果相符的，允许纳税人继续抵扣逾期增值税扣税凭证上所注明或计算的税额。

客观原因包括以下五种类型：

（1）因自然灾害、社会突发事件等不可抗力原因造成增值税扣税凭证未按期申报抵扣；

（2）有关司法、行政机关在办理业务或检查中，扣押、封存纳税人账簿资料，导致纳税人未能按期办理申报手续；

（3）因税务机关信息系统、网络发生故障，导致纳税人未能及时取得认证结果通知书或稽核结果通知书，未能及时办理申报抵扣；

（4）由于企业办税人员伤亡、突发危重疾病或者擅自离职，未能办理交接手续，导致未能按期申报抵扣；

（5）国家税务总局规定的其他情形。

五、开具发票的注意事项

(1) 填开发票的单位和个人必须在发生经营业务确认营业收入时开具发票。未发生经营业务一律不准开具发票。

(2) 开具发票应当按照规定的时限、顺序、栏目，全部联次一次性如实开具，并加盖发票专用章。

(3) 单位和个人在开具发票时，必须做到按照号码顺序填开，填写项目齐全，内容真实，字迹清楚，全部联次一次打印，内容完全一致，并在发票联和抵扣联加盖发票专用章。开具发票应当使用中文。

六、取得增值税发票的单位和个人可登录全国增值税发票查验平台

自2017年1月1日起，取得增值税发票的单位和个人可登录全国增值税发票查验平台，对新系统开具的发票信息进行查验。即打开“国家税务总局全国增值税发票检验平台”(https://inv-veri.chinatax.gov.cn/)，输入发票代码、发票号码、开票日期金额和验证码点击查验，如果一致就会出来发票的详细信息；如果发票已被开具方作废，在查验结果中就会显示“作废”；如果输入资料错误，就会显示不一致；如果是假发票就会显示查无此票。

1. 可查验的增值税发票种类

在全国增值税发票查验平台中，可查验所有的增值税发票，包括：

(1) 增值税专用发票；

(2) 机动车销售统一发票；

(3) 增值税普通发票(含电子发票，卷式发票)。

单位和个人通过网页浏览器平台首次登录平台，可以下载安装根证书文件，查看平台提供的发票查验操作说明。

提示

不符合规定的发票，不得作为财务报销凭证，任何单位和个人有权拒收。付款方取得发票后应及时核对发票开具内容是否真实、项目填写是否齐全、加盖的发票专用章是否与收款方一致。对于违反发票管理法规的行为，任何单位和个人有权举报。

2. 发票查验的说明

(1) 可以查验的时间范围：可查验最近一年内增值税发票管理新系统开具的发票，当日开具的发票最快可以在次日进行查验。

(2) 每天每张发票可在线查询次数为五次，超过次数后请于次日再进行查验操作。

七、不得使用增值税专用发票的情形

（一）一般纳税人有下列情形之一的，不得使用增值税专用发票

（1）会计核算不健全，不能向税务机关准确提供增值税销项税额、进项税额、应纳税额数据以及其他有关增值税税务资料的。上列其他有关增值税税务资料的内容，由省、自治区、直辖市和计划单列市国家税务局确定。

（2）应当办理一般纳税人资格登记而未办理的。

（3）有《中华人民共和国税收征收管理法》规定的税收违法行为，拒不接受税务机关处理的。

（二）一般纳税人有下列行为之一的，不得使用增值税专用发票，不得抵扣增值税进项税额

（1）虚开增值税专用发票；

（2）不符合进项税额抵扣规定的异常专用发票；

（3）善意取得虚开专用发票但不能重新取得合法、有效的专用发票；

（4）借用他人增值税专用发票；

（5）非客观原因造成的逾期专用发票；

（6）购进货物或应税劳务，票款不一致的增值税专用发票；

（7）没有提供销售货物或提供应税劳务清单的汇总专用发票。

提示

纳税人凭完税凭证抵扣进项税额的，应当具备书面合同、付款证明和境外单位的对账单或发票。资料不全的，其进项税额不得从销项税额中抵扣。

八、不得开具增值税专用发票的情形

1. 不得开具增值税专用发票的综合项目

（1）向消费者个人销售货物，提供加工修理修配劳务、销售服务、无形资产或者不动产。

（2）适用免征增值税规定的应税行为、销售货物、提供加工修理修配劳务。

（3）实行增值税退（免）税办法的增值税零税率应税服务不得开具增值税专用发票。

（4）不征收增值税项目不得开具增值税专用发票。

2. 营改增特殊应税服务不得开具增值税专用发票

（1）金融商品转让，不得开具增值税专用发票。

（2）试点纳税人提供旅游服务，可以选择以取得的全部价款和价外费用，扣除向旅游服务购买方收取并支付给其他单位或者个人的住宿费、餐饮费、交通费、签

证费、门票费和支付给其他接团旅游企业的旅游费用后的余额为销售额。选择上述办法计算销售额的试点纳税人，向旅游服务购买方收取并支付的上述费用，不得开具增值税专用发票，可以开具普通发票。

（3）提供劳务派遣服务选择差额纳税的纳税人，向用工单位收取用于支付给劳务派遣员工工资、福利和为其办理社会保险及住房公积金的费用，不得开具增值税专用发票，可以开具普通发票。

（4）纳税人提供人力资源外包服务，向委托方收取并代为发放的工资和代理缴纳的社会保险、住房公积金，不得开具增值税专用发票，可以开具普通发票。

3. 销售特殊货物不得开具增值税专用发票

（1）一般纳税人销售自己使用过的固定资产，适用简易办法依3%征收率减按2%征收增值税政策的，不得开具增值税专用发票。

（2）小规模纳税人销售自己使用过的固定资产，不得向税务机关申请代开增值税专用发票。

（3）纳税人销售旧货，不得自行开具或者代开增值税专用发票。

（4）商业企业一般纳税人零售烟、酒、食品、服装、鞋帽（不包括劳保专用部分）、化妆品等消费品，不得开具增值税专用发票。

提示

纳税人销售自己使用过的固定资产，适用简易办法依照3%征收率减按2%征收增值税政策的，可以放弃减税，按照简易办法依照3%征收率缴纳增值税，并可以开具增值税专用发票。

4. 营改增试点前发生业务不得开具增值税专用发票

（1）纳税人在地税机关已申报营业税未开具发票，2016年5月1日后需要补开发票的，不得开具增值税专用发票。

（2）一般纳税人销售自行开发的房地产项目，其2016年4月30日前收取并已向主管地税机关申报缴纳营业税的预收款，未开具营业税发票的，可以开具增值税普通发票，不得开具增值税专用发票。

5. 管理不规范不得开具增值税专用发票

（1）一般纳税人会计核算不健全，或者不能够提供准确税务资料的，不得开具增值税发票。

（2）应当办理一般纳税人资格登记而未办理的，按销售额依照增值税税率计算应纳税额，不得抵扣进项税额，也不得开具增值税专用发票。

九、开具增值税专用发票的要求

（一）在新系统上开具增值税专用发票的要求

（1）项目齐全，与实际交易相符；

（2）字迹清楚，不得压线、错格；
（3）发票联和抵扣联加盖发票专用章；
（4）按照增值税纳税义务的发生时间开具。

提示

不符合要求的增值税专用发票，购买方有权拒收。

（二）汇总开具增值税专用发票的要求

一般纳税人销售货物、提供加工修理修配劳务和发生应税行为可汇总开具增值税专用发票。汇总开具增值税专用发票的，同时使用新系统开具《销售货物或者提供应税劳务清单》，并加盖发票专用章。

提示

任何单位和个人不得有下列虚开发票行为：
（1）为他人、为自己开具与实际经营业务情况不符的发票；
（2）让他人为自己开具与实际经营业务情况不符的发票；
（3）介绍他人开具与实际经营业务情况不符的发票。

十、纳税人丢失增值税专用发票的处理

购进方取得增值税专用发票丢失的，处理方法为：

1. 一般纳税人丢失已开具增值税专用发票的抵扣联

一般纳税人丢失已开具增值税专用发票的抵扣联，如果丢失前已认证相符的，可使用增值税专用发票的发票联复印件留存备查，如果丢失前未认证的，可使用增值税专用发票发票联认证，增值税专用发票的发票联复印件留存备查。

2. 一般纳税人丢失已开具增值税专用发票的发票联

一般纳税人丢失已开具增值税专用发票的发票联，可将增值税专用发票抵扣联作为记账凭证，增值税专用发票抵扣联复印件留存备查。

3. 一般纳税人丢失已开具增值税专用发票的发票联和抵扣联

一般纳税人丢失已开具增值税专用发票的发票联和抵扣联，分别有两种处理方法：

（1）如果丢失前已认证相符的，购买方可凭销售方提供的相应增值税专用发票记账联复印件及销售方主管税务机关出具的《丢失增值税专用发票已报税证明单》或《丢失货物运输业增值税专用发票已报税证明单》（统称《证明单》），作为增值税进项税额的抵扣凭证。增值税专用发票记账联复印件和《证明单》留存备查。

（2）如果丢失前未认证的，购买方凭销售方提供的相应增值税专用发票记账联

复印件进行认证，认证相符的可凭增值税专用发票记账联复印件及销售方主管税务机关出具的《证明单》，作为增值税进项税额的抵扣凭证。增值税专用发票记账联复印件和《证明单》留存备查。

提示

从2016年7月28日起，为方便纳税人，税务总局决定取消纳税人的增值税专用发票发生被盗、丢失时必须统一在《中国税务报》上刊登"遗失声明"的规定。

十一、纳税人开具增值税专用发票当月的作废处理方法

纳税人在开具增值税专用发票当月，发生销货退回、开票有误等情形，收到退回的发票联、抵扣联符合作废条件的，按作废处理；开具时发现有误的，可即时作废。

作废增值税专用发票须在新系统中将相应的数据电文按"作废"处理，在纸质增值税专用发票（含未打印的增值税专用发票）各联次上注明"作废"字样，全联次留存。

同时具有下列情形的，符合作废条件：

（1）收到退回的发票联、抵扣联，且时间未超过销售方开票当月；

（2）销售方未抄税且未记账；

（3）购买方未认证，或者认证结果为"纳税人识别号认证不符""增值税专用发票代码、号码认证不符"。

十二、红字增值税发票的开具

国家税务总局发布《关于红字增值税发票开具有关问题的公告》，完善红字发票规定，优化红字发票开具流程，并自2016年8月1日起施行。

（一）红字增值税专用发票的开具

1. 一般纳税人开具红字专用发票

增值税一般纳税人开具增值税专用发票后，发生销货退回、开票有误、应税服务中止等情形但不符合发票作废条件，或者因销货部分退回及发生销售折让，需要开具红字专用发票的，按以下方法处理：

（1）购买方取得专用发票已用于申报抵扣的，购买方可在增值税发票管理新系统中填开并上传《开具红字增值税专用发票信息表》（以下简称《信息表》），见表3-3，在填开《信息表》时不填写相对应的蓝字专用发票信息，应暂依《信息表》所列增值税税额从当期进项税额中转出，待取得销售方开具的红字专用发票后，与《信息表》一并作为记账凭证。

购买方取得专用发票未用于申报抵扣，但发票联或抵扣联无法退回的，购买方填开《信息表》时应填写相对应的蓝字专用发票信息。

销售方开具专用发票尚未交付购买方，以及购买方未用于申报抵扣并将发票联及抵扣联退回的，销售方可在新系统中填开并上传《信息表》。销售方填开《信息表》时应填写相对应的蓝字专用发票信息。

（2）主管税务机关通过网络接收纳税人上传的《信息表》，系统自动校验通过后，生成带有“红字发票信息表编号”的《信息表》，并将信息同步至纳税人端系统中。

（3）销售方凭税务机关系统校验通过的《信息表》开具红字专用发票，在新系统中以销项负数开具。红字专用发票应与《信息表》一一对应。

（4）纳税人也可凭《信息表》电子信息或纸质资料到税务机关对《信息表》内容进行系统校验。

2. 小规模纳税人开具红字专用发票

税务机关为小规模纳税人代开专用发票，需要开具红字专用发票的，按照一般纳税人开具红字专用发票的方法处理。

表3-3　　开具红字增值税专用发票信息表

填开日期：　年　月　日

<table>
<tr><td rowspan="2">销售方</td><td>名　称</td><td></td><td rowspan="2">购买方</td><td>名　称</td><td colspan="2"></td></tr>
<tr><td>纳税人识别号</td><td></td><td>纳税人识别号</td><td colspan="2"></td></tr>
<tr><td rowspan="6">开具
红字
专用
发票
内容</td><td>货物（劳务服务）名称</td><td>数量</td><td>单价</td><td>金额</td><td>税率</td><td>税额</td></tr>
<tr><td></td><td></td><td></td><td></td><td></td><td></td></tr>
<tr><td></td><td></td><td></td><td></td><td></td><td></td></tr>
<tr><td></td><td></td><td></td><td></td><td></td><td></td></tr>
<tr><td>合计</td><td>—</td><td>—</td><td></td><td>—</td><td></td></tr>
<tr><td>说明</td><td colspan="5">一、购买方□
对应蓝字专用发票抵扣增值税销项税额情况：
1. 已抵扣□
2. 未抵扣□
对应蓝字专用发票的代码：　　号码：________
二、销售方□
对应蓝字专用发票的代码：　　号码：________</td></tr>
<tr><td>红字专用发票信息表编号</td><td colspan="6"></td></tr>
</table>

（二）开具红字增值税普通发票的处理方法

不论一般纳税人还是小规模纳税人开具红字增值税普通发票，处理方法如下：

（1）纳税人需要开具红字增值税普通发票的，可以在所对应的蓝字发票金额范围内开具多份红字发票。

（2）红字机动车销售统一发票需与原蓝字机动车销售统一发票一一对应。

十三、发票违章处理

根据 2014 年 12 月 27 日发布的《国家税务总局关于修改〈中华人民共和国发票管理办法实施细则〉的决定》的规定：

（1）税务机关对违反发票管理法规的行为进行处罚，应当将行政处罚决定书面通知当事人；对违反发票管理法规的案件，应当立案查处。

（2）对违反发票管理法规的行政处罚，由县以上税务机关决定；罚款额在 2 000 元以下的，可由税务所决定。

（3）税务机关应当在办税场所或者广播、电视、报纸、期刊、网络等新闻媒体上公告纳税人发票违法的情况。公告内容包括：纳税人名称、纳税人识别号、经营地点、违反发票管理法规的具体情况。

（4）对违反发票管理法规情节严重构成犯罪的，税务机关应当依法移送司法机关处理。

第 3 节　税务机关代开发票基本规定

一、代开发票范围

代开发票的纳税人是小规模纳税人，包括个体工商户、个人等，涉及的范围包括：

（1）已办理税务登记的小规模纳税人（包括个体工商户）以及国家税务总局确定的其他可予代开增值税专用发票的纳税人，发生增值税应税行为，可以申请代开增值税专用发票。

（2）有下列情形之一的，可以向税务机关申请代开增值税普通发票：

1）被税务机关依法收缴发票或者停止发售发票的纳税人，取得经营收入需要开具增值税普通发票的；

2）正在申请办理税务登记的单位和个人，对其自领取营业执照之日起至取得税务登记证件期间发生的业务收入需要开具增值税普通发票的；

3）应办理税务登记而未办理的单位和个人，主管税务机关应当依法予以处理，并在补办税务登记手续后，对其自领取营业执照之日起至取得税务登记证件期间发生的业务收入需要开具增值税普通发票的；

4）依法不需要办理税务登记的单位和个人，临时取得收入，需要开具增值税普通发票的。

提示

一般纳税人一律自开增值税发票，包括增值税专用发票和增值税普通发票。

二、代开发票种类

国税机关和地税机关使用新系统代开增值税专用发票和增值税普通发票。代开增值税专用发票使用六联票，代开增值税普通发票使用五联票。

（一）国税机关和地税机关代开增值税专用发票

1. 国税机关代开增值税专用发票

国税机关为增值税纳税人代开的增值税专用发票，各个联次为：

（1）第五联由代开发票岗位留存，以备发票的扫描补录。

（2）第六联交税款征收岗位，用于代开发票税额与征收税款的定期核对。

（3）其他联次交增值税纳税人。

2. 地税机关代开增值税专用发票

地税机关为纳税人代开的增值税专用发票，各个联次为：

（1）第四联由代开发票岗位留存，以备发票扫描补录。

（2）第五联交税款征收岗位留存，用于代开发票税额与征收税款的定期核对。

（3）其他联次交增值税纳税人。

提示

税务机关代开发票部门通过新系统代开增值税发票，系统自动在发票上打印“代开”字样。

（二）月销售额不超过3万元的小规模纳税人代开增值税专用发票不得享受优惠性政策

增值税小规模纳税人月销售额不超过3万元（按季纳税9万元）的，当期因代开增值税专用发票已经缴纳的税款，在增值税专用发票全部联次追回或者按规定开具红字增值税专用发票后，可以向主管税务机关申请退还。

小规模纳税人自行开具增值税普通发票可以享受月销售额不超过3万元（按季纳税9万元）的免增值税优惠政策，到国税或者地税机关代开增值税专用发票，不得享受月销售额不超过3万元（按季纳税9万元）的免增值税优惠政策。

提示

税务机关在代开增值税普通发票以及为其他个人代开增值税专用发票的备注栏上，加盖税务机关代开发票专用章。

（三）公路或内河货物运输服务代开增值税专用发票

自2018年1月1日起，纳税人在境内提供公路或内河货物运输服务，需要开具增值税专用发票的，可在税务登记地、货物起运地、货物到达地或运输业务承揽地（含互联网物流平台所在地）中任何一地，就近向国税机关申请代开增值税专用发票。

三、国税机关代开发票具体规定

（一）国税机关代开发票的要求

国税机关代开发票岗位应按下列要求填开增值税发票：

（1）“单价”和“金额”栏分别填写不含增值税税额的单价和销售额。

（2）“税率”栏填写增值税征收率。

（3）“销售方名称”栏填写代开税务机关名称。

（4）“销售方纳税人识别号”栏填写代开税务机关的统一代码。

（5）“销售方开户行及账号”栏填写税收完税凭证字轨及号码或系统税票号码（免税代开增值税普通发票可不填写）。

（6）备注栏。

1）备注栏内注明纳税人名称和纳税人识别号；

2）税务机关为跨县（市、区）提供不动产经营租赁服务、建筑服务的小规模纳税人（不包括其他个人），代开增值税发票时，在发票备注栏中自动打印‘YD’字样；

3）税务机关为纳税人代开建筑服务发票时应在发票的备注栏注明建筑服务发生地县（市、区）名称及项目名称；

4）税务机关为个人保险代理人汇总代开增值税发票时，应在备注栏内注明“个人保险代理人汇总代开”字样；

5）税务机关为出售或出租不动产代开发票时应在备注栏注明不动产的详细地址。

（二）国税机关代开发票办理流程

1. 在地税局委托国税局代征税费的办税服务厅，纳税人按照以下次序办理：

（1）在国税局办税服务厅指定窗口提交以下材料：

1）提交《代开增值税发票缴纳税款申报单》；

2）自然人申请代开发票，提交身份证件及复印件，其他纳税人申请代开发票，提交加载统一社会信用代码的营业执照（或税务登记证或组织机构代码证）、经办人身份证件及复印件。

（2）在同一窗口申报缴纳增值税等有关税费。

（3）在同一窗口领取发票。

2. 在国税地税合作、共建的办税服务厅，纳税人按照以下次序办理：

（1）在办税服务厅国税指定窗口提交以下材料：

1）提交《代开增值税发票缴纳税款申报单》；

2）自然人申请代开发票，提交身份证件及复印件，其他纳税人申请代开发票，提交加载统一社会信用代码的营业执照（或税务登记证或组织机构代码证）、经办人身份证件及复印件。

（2）在同一窗口缴纳增值税。

（3）到地税指定窗口申报缴纳有关税费。

（4）到国税指定窗口凭相关缴纳税费证明领取发票。

四、地税机关代开发票具体规定

（一）地税机关代开发票的范围

增值税小规模纳税人销售其取得的不动产以及其他个人出租不动产，购买方或承租方不属于其他个人的，纳税人缴纳增值税后可以向地税机关申请代开增值税专用发票。不能自开增值税普通发票的小规模纳税人销售其取得的不动产，以及其他个人出租不动产，可以向地税机关申请代开增值税普通发票。

（二）地税机关代开发票的要求

地税机关代开发票岗位应按下列要求填开增值税发票：

（1）“税率”栏填写增值税征收率。免税、差额征税以及其他个人出租其取得的不动产适用优惠政策减按1.5%征收的，“税率”栏自动打印“＊＊＊”。

（2）“销售方名称”栏填写代开地税局名称。

（3）“销售方纳税人识别号”栏填写代开发票地税局代码。

（4）“销售方开户行及账号”栏填写税收完税凭证字轨及号码（免税代开增值税普通发票可不填写）。

（5）备注栏填写销售或出租不动产纳税人的名称、纳税人识别号（或者组织机构代码）、不动产的详细地址。

（6）差额征税代开发票，通过系统中差额征税开票功能，录入含税销售额（或含税评估额）和扣除额，系统自动计算税额和金额，备注栏自动打印“差额征税”字样。

（7）纳税人销售其取得的不动产代开发票，“货物或应税劳务、服务名称”栏填写不动产名称及房屋产权证书号码，“单位”栏填写面积单位。

（8）按照核定计税价格征税的，“金额”栏填写不含税计税价格，备注栏注明“核定计税价格，实际成交含税金额×××元”。

（9）其他项目按照增值税发票填开的有关规定填写。

（10）代开发票部门应在代开增值税发票的备注栏上，加盖地税代开发票专用章。

提示

自开发票试点纳税人销售其取得的不动产，需要开具增值税专用发票的，仍须向地税机关申请代开。

自 2016 年 11 月 15 日起，代开增值税发票缴纳税款申报单见表 3-4。

表 3-4　　代开增值税发票缴纳税款申报单

代开人声明：

本次缴纳税款申报单提供的开票信息真实、完整、准确，符合有关法律、法规。

现申请代开增值税专用发票□增值税普通发票□。

代开人（签章）：　　　　　　年 月 日

<table>
<tr><td rowspan="3">购买方信息</td><td>名称</td><td colspan="2"></td><td colspan="2">纳税人识别号</td><td colspan="3"></td></tr>
<tr><td>地址</td><td colspan="2"></td><td colspan="2">开户银行</td><td colspan="3"></td></tr>
<tr><td>电话</td><td colspan="2"></td><td colspan="2">银行账号</td><td colspan="3"></td></tr>
<tr><td rowspan="3">销售方信息</td><td>名称</td><td colspan="2"></td><td colspan="2">纳税人识别号</td><td colspan="3"></td></tr>
<tr><td>地址</td><td colspan="2"></td><td colspan="2">开户银行</td><td colspan="3"></td></tr>
<tr><td>电话</td><td colspan="2"></td><td colspan="2">银行账号</td><td colspan="3"></td></tr>
<tr><td colspan="2">代开人类型</td><td colspan="7">自然人□　　其他纳税人□</td></tr>
<tr><td colspan="2">减免税标识（代开普通发票，符合条件填写）</td><td colspan="7">是□　　否□</td></tr>
<tr><td colspan="2">减免税种</td><td colspan="4">减免税类型</td><td colspan="3">减免原因</td></tr>
<tr><td colspan="2"></td><td colspan="4"></td><td colspan="3"></td></tr>
<tr><td colspan="2">…</td><td colspan="4"></td><td colspan="3"></td></tr>
<tr><td colspan="2">货物或应税劳务、服务名称</td><td>规格型号（服务类型）</td><td>计量单位</td><td>数量</td><td>单价</td><td>不含税销售额</td><td>征收率</td><td>税额</td></tr>
<tr><td colspan="2"></td><td></td><td></td><td></td><td></td><td></td><td></td><td></td></tr>
<tr><td colspan="2">…</td><td></td><td></td><td></td><td></td><td></td><td></td><td></td></tr>
<tr><td colspan="2">价税合计（大写）</td><td></td><td colspan="3">价税合计（小写）</td><td colspan="3"></td></tr>
<tr><td colspan="2">减免税（费）额</td><td colspan="7"></td></tr>
<tr><td colspan="2">应补税额</td><td colspan="7"></td></tr>
<tr><td colspan="2">备注</td><td colspan="7"></td></tr>
<tr><td colspan="2">是否为异地代开</td><td colspan="7">是□　　否□</td></tr>
<tr><td colspan="2" rowspan="2">受理税务机关</td><td colspan="7">税务机关税款征收岗位
税收完税凭证号：
（签字）　　年　月　日</td></tr>
<tr><td colspan="7">税务机关代开发票岗位
发票代码：
发票号码：
（签字）　　年　月　日</td></tr>
<tr><td colspan="2">经办人</td><td colspan="7">经核对，所开发票与申报单内容一致。
经办人（签字）：　　年　月　日</td></tr>
</table>

五、邮政部门代开发票的规定

（一）邮政部门代开发票的范围

辖区内临时从事经营活动（纳税人销售取得的不动产和其他个人出租不动产业务除外），且需要申请代开增值税普通发票的单位和个人（不含未达到起征点的单位和个人）。

（二）个人到邮政部门代开发票需提供的资料

代开发票时需提供的资料包括：身份证原件；购销商品、提供或者接受服务以及从事其他经营活动的书面证明；个人委托其他人员代开发票的，还需提交本人签字的委托书、身份证明原件和代理人的有效身份证明。

第 4 节　增值税发票开具特殊规定

一、建筑服务业发票开具的特殊规定

（一）建筑服务发票开具的基本规定

提供建筑服务，纳税人自行开具或者税务机关代开增值税发票时，应在发票的备注栏注明建筑服务发生地县（市、区）名称及项目名称。

例 3－1

一般纳税人以清包工方式或者甲供工程提供建筑服务的，适用简易计税方法。文件规定以收到的款项减去分包款为销售额，那么开票金额是总金额的还是扣减分包款之后的金额？例如总包收到 100 万元，分包款为 50 万元，购货方要求开具 100 万元的增值税发票，而纳税人实际缴纳 50 万的税款，应如何开票？

【解析】

可以全额开票，总包方开具 100 万元的增值税专用发票，发票上注明的金额为：

$$不含税价=\frac{100}{1+3\%}=97.09(万元)$$

$$增值税税额=97.09\times 3\%=2.91(万元)$$

下游企业取得增值税专用发票可以全额抵扣增值税。

纳税人申报时，进行差额扣除。

$$实际缴纳增值税税额=\frac{100-50}{1+3\%}\times 3\%=1.46(万元)$$

（二）小规模纳税人提供建筑服务发票开具的特殊规定

建筑业的小规模纳税人发票开具的特殊规定为：

（1）小规模纳税人提供建筑服务，应以取得的全部价款和价外费用扣除支付的分包款后的余额为销售额，按照3%的征收率计算应纳税额。

自2017年6月1日起，将建筑业纳入增值税小规模纳税人自行开具增值税专用发票试点范围。月销售额超过3万元（或季销售额超过9万元）的建筑业增值税小规模纳税人提供建筑服务、销售货物或发生其他增值税应税行为，需要开具增值税专用发票的，通过增值税发票管理新系统自行开具。

（2）小规模纳税人跨县（市、区）提供建筑服务，不能自行开具增值税发票的，可向建筑服务发生地主管国税机关按照其取得的全部价款和价外费用申请代开增值税发票。

（3）同一地级市的跨县（市、区）提供建筑服务，无须再办理外经证，预缴增值税。譬如昆明市的企业在昆明市高新区施工，无须再办理外经证，预缴增值税，而是在主管税务机关处统一申报。

提示

（1）纳税人提供建筑服务，被工程发包方从应支付的工程款中扣押的质押金、保证金，未开具发票的，以纳税人实际收到质押金、保证金的当天为纳税义务发生时间。

（2）建筑企业与发包方签订建筑合同后，以内部授权或者三方协议等方式，授权集团内其他纳税人（简称“第三方”）为发包方提供建筑服务，并由第三方直接与发包方结算工程款的，由第三方缴纳增值税并向发包方开具增值税发票，与发包方签订建筑合同的建筑企业不缴纳增值税。发包方可凭实际提供建筑服务的纳税人开具的增值税专用发票抵扣进项税额。

二、销售不动产发票开具的特殊规定

（一）企业销售不动产发票开具的基本规定

销售不动产，纳税人自行开具或者税务机关代开增值税发票时，应在发票“货物或应税劳务、服务名称”栏填写不动产名称及房屋产权证书号码（无房屋产权证书的可不填写），“单位”栏填写面积单位，备注栏注明不动产的详细地址。

（二）房地产开发企业销售自行开发的房地产项目发票开具的规定

1. 一般纳税人销售其自行开发的房地产项目发票开具的规定

房地产开发企业中的一般纳税人销售其自行开发的房地产项目（选择简易计税

方法的房地产老项目除外），以取得的全部价款和价外费用，扣除受让土地时向政府部门支付的土地价款、在取得土地时向其他单位或个人支付的拆迁补偿费用后的余额为销售额。

一般纳税人销售自行开发的房地产项目，自行开具增值税发票。一般纳税人销售自行开发的房地产项目，其2016年4月30日前收取并已向主管地税机关申报缴纳营业税的预收款，未开具营业税发票的，可以开具增值税普通发票，不得开具增值税专用发票，本条规定并无开具增值税普通发票的时间限制。一般纳税人向其他个人销售自行开发的房地产项目，不得开具增值税专用发票。

提示

房地产开发企业中的一般纳税人销售自行开发的房地产老项目，可以选择适用简易计税方法，以取得的全部价款和价外费用为销售额，不得扣除对应的土地价款。

2. 小规模纳税人销售其自行开发的房地产项目发票开具的规定

房地产开发企业中的小规模纳税人，销售自行开发的房地产项目，按照5%的征收率计税。

（1）小规模纳税人销售自行开发的房地产项目，自行开具增值税普通发票。

（2）购买方需要增值税专用发票的，小规模纳税人向主管国税机关申请代开。小规模纳税人向其他个人销售自行开发的房地产项目，不得申请代开增值税专用发票。

（3）小规模纳税人销售自行开发的房地产项目，其2016年4月30日前收取并已向主管地税机关申报缴纳营业税的预收款，未开具营业税发票的，可以开具增值税普通发票，不得申请代开增值税专用发票。

三、金融服务业发票开具的特殊规定

（一）金融商品转让业务发票开具的规定

金融商品转让，按照卖出价扣除买入价后的余额为销售额。金融商品转让，不得开具增值税专用发票。

（二）汇总纳税的金融机构发票开具的规定

采取汇总纳税的金融机构，省、自治区所辖地市以下分支机构可以使用地市级机构统一领取的增值税专用发票、增值税普通发票、增值税电子普通发票；直辖市、计划单列市所辖区县及以下分支机构可以使用直辖市、计划单列市机构统一领取的增值税专用发票、增值税普通发票、增值税电子普通发票。

（三）保险服务发票开具的规定

（1）保险机构作为车船税扣缴义务人，在代收车船税并开具增值税发票时，应在增值税发票备注栏中注明代收车船税税款信息。具体包括：保险单号、税款所属期（详细至月）、代收车船税金额、滞纳金金额、金额合计等。该增值税发票可作为纳税人缴纳车船税及滞纳金的会计核算原始凭证。

（2）为自然人提供的保险服务不得开具增值税专用发票，可以开具增值税普通发票。

四、生活服务业发票开具的特殊规定

（一）住宿业发票开具的规定

月销售额超过 3 万元（或季销售额超过 9 万元）的住宿业增值税小规模纳税人，提供住宿服务、销售货物或发生其他应税行为，需要开具增值税专用发票的，通过新系统自行开具，主管国税机关不再为其代开。

月销售额超过 3 万元（或季销售额超过 9 万元）的住宿业增值税小规模纳税人销售其取得的不动产，需要开具增值税专用发票的，仍须向地税机关申请代开。

（二）旅游服务发票开具的规定

全面推开营业税改征增值税试点纳税人提供旅游服务，可以选择以取得的全部价款和价外费用，扣除向旅游服务购买方收取并支付给其他单位或者个人的住宿费、餐饮费、交通费、签证费、门票费和支付给其他接团旅游企业的旅游费用后的余额为销售额。

选择该办法计算销售额的试点纳税人，向旅游服务购买方收取并支付的相关费用，不得开具增值税专用发票，可以开具增值税普通发票。

（三）教育辅助服务发票开具的规定

境外单位通过教育部考试中心及其直属单位在境内开展考试，教育部考试中心及其直属单位应以取得的考试费收入扣除支付给境外单位考试费后的余额为销售额，按提供“教育辅助服务”缴纳增值税；就代为收取并支付给境外单位的考试费统一扣缴增值税。

教育部考试中心及其直属单位代为收取并支付给境外单位的考试费，不得开具增值税专用发票，可以开具增值税普通发票。

（四）餐饮行业发票开具的规定

餐饮行业增值税一般纳税人购进农业生产者自产农产品，可以使用国税机关监制的农产品收购发票，按照现行规定计算抵扣进项税额。

餐饮行业只能给企业或者个人开具增值税普通发票。

五、部分现代服务发票开具的特殊规定

（一）不动产租赁业务发票开具的规定

个人出租住房，应按照5%的征收率减按1.5%计算应纳税额。

发票开具的规定：纳税人自行开具或者税务机关代开增值税发票时，通过新系统中征收率减按1.5%征收开票功能，录入含税销售额，系统自动计算税额和不含税金额。

（二）物业管理服务发票开具的规定

提供物业管理服务的纳税人，向服务接受方收取的自来水水费，以扣除其对外支付的自来水水费后的余额为销售额，按照简易计税办法依3%的征收率计算缴纳增值税。

发票开具的规定：纳税人可以按3%向服务接受方开具增值税专用发票或增值税普通发票。

（三）劳务派遣服务发票开具的规定

（1）一般纳税人提供劳务派遣服务，可以选择差额纳税，以取得的全部价款和价外费用，扣除代用工单位支付给劳务派遣员工的工资、福利和为其办理社会保险及住房公积金后的余额为销售额，按照简易计税方法依5%的征收率计算缴纳增值税。

（2）小规模纳税人提供劳务派遣服务，可以选择差额纳税，以取得的全部价款和价外费用，扣除代用工单位支付给劳务派遣员工的工资、福利和为其办理社会保险及住房公积金后的余额为销售额，按照简易计税方法依5%的征收率计算缴纳增值税。

发票开具的规定：纳税人提供劳务派遣服务，选择差额纳税的，向用工单位收取用于支付给劳务派遣员工工资、福利和为其办理社会保险及住房公积金的费用，不得开具增值税专用发票，可以开具增值税普通发票。

提示

纳税人提供安全保护服务，比照劳务派遣服务政策执行。

（四）人力资源外包服务发票开具的规定

纳税人提供人力资源外包服务，按照经纪代理服务缴纳增值税，其销售额不包括受客户单位委托代为向客户单位员工发放的工资和代理缴纳的社会保险、住房公

积金。

发票开具的规定：纳税人提供人力资源外包服务，向委托方收取并代为发放的工资和代理缴纳的社会保险、住房公积金，不得开具增值税专用发票，可以开具增值税普通发票。

（五）经纪代理服务发票开具的规定

（1）经纪代理服务，以取得的全部价款和价外费用，扣除向委托方收取并代为支付的政府性基金或者行政事业性收费后的余额为销售额。

发票开具的规定：向委托方收取并代为支付的政府性基金或者行政事业性收费不得开具增值税专用发票，但可以开具增值税普通发票。

（2）纳税人提供签证代理服务，以取得的全部价款和价外费用，扣除向服务接受方收取并代为支付给外交部和外国驻华使（领）馆的签证费、认证费后的余额为销售额。

发票开具的规定：纳税人向服务接受方收取并代为支付的签证费、认证费，不得开具增值税专用发票，可以开具增值税普通发票。

（3）纳税人代理进口按规定免征进口增值税的货物，其销售额不包括向委托方收取并代为支付的货款。

发票开具的规定：向委托方收取并代为支付的款项，不得开具增值税专用发票，可以开具增值税普通发票。

（六）鉴证咨询业发票开具的规定

月销售额超过 3 万元（或季销售额超过 9 万元）的鉴证咨询业增值税小规模纳税人提供认证服务、鉴证服务、咨询服务、销售货物或发生其他增值税应税行为，需要开具增值税专用发票的，可以通过新系统自行开具，主管国税机关不再为其代开。

月销售额超过 3 万元（或季销售额超过 9 万元）的鉴证咨询业增值税小规模纳税人销售其取得的不动产，需要开具增值税专用发票的，仍须向地税机关申请代开。

六、交通运输服务发票开具的特殊规定

（一）货物运输服务发票开具的规定

纳税人提供货物运输服务，使用增值税专用发票和增值税普通发票，开具发票时应将起运地、到达地、车种车号以及运输货物信息等内容填写在发票备注栏中，如内容较多可另附清单。

（二）铁路运输企业发票开具的规定

铁路运输企业受托代征的印花税款信息，可填写在发票备注栏中。中国铁路总

公司及其所属运输企业（含分支机构）提供货物运输服务，可自2015年11月1日起使用增值税专用发票和增值税普通发票，所开具的铁路货票、运费杂费收据可作为发票清单使用。

七、其他企业发票开具的特殊规定

（一）差额征税发票开具规定

纳税人或者税务机关通过新系统中差额征税开票功能开具增值税发票时，录入含税销售额（或含税评估额）和扣除额，系统自动计算税额和不含税金额，备注栏自动打印“差额征税”字样，发票开具不应与其他应税行为混开。

（二）电子发票开具规定

（1）使用增值税电子普通发票的纳税人应通过增值税电子发票系统开具。

（2）增值税电子普通发票的开票方和受票方需要纸质发票的，可以自行打印增值税电子普通发票的版式文件，其法律效力、基本用途、基本使用规定等与税务机关监制的增值税普通发票相同。

（三）收购业务发票开具规定

纳税人通过新系统使用增值税普通发票开具收购发票，系统在发票左上角自动打印“收购”字样。

提示

纳税人2016年5月1日前发生的营业税涉税业务，需要补开发票的，可于2017年12月31日前开具增值税普通发票，税务总局另有规定的除外。

习 题

一、单项选择题

1. 下列各项中，增值税一般纳税人应当开具增值税专用发票的是（　　）。

A. 销售不动产　　B. 向个人消费者销售应税货物

C. 将货物用于集体福利　　D. 收到代销单位的代销货物清单

2. 纳税人销售货物时，下列情况中可以开具增值税专用发票的是（　　）。

A. 企业购买劳保用品

B. 消费者个人购进电脑要求开具专用发票

C. 商业零售化妆品

D. 购货方购进免税药品要求开具专用发票

3. 增值税专用发票最高开票限额的审批机关是（　　）。

A. 国家税务总局　　B. 省级税务机关
C. 地市级税务机关　　D. 区县级税务机关

4. 下列关于发票领购的表述中，正确的是（　　）。
A. 领购发票需要持工商营业执照
B. 我国禁止任何形式的代开发票行为
C. 从事临时性经营活动的单位和个人领购发票的，需要交纳不超过2万元的保证金
D. 单位和个人领购发票时，应当按照税务机关的规定报告发票使用情况，税务机关应当按照规定进行查验

5. 如果主管税务机关确认购货方取得的虚开的增值税专用发票属于善意取得时，符合规定的处理方法是（　　）。
A. 对购货方不以偷税处理，但不允许抵扣进项税额
B. 对购货方不以偷税处理，允许抵扣进项税额
C. 购货方不能重新取得专用发票的，以偷税处理
D. 购货方如重新取得专用发票的，以偷税处理

6. 下列处理中，符合增值税专用发票管理规定的是（　　）。
A. 一般纳税人丢失已开具增值税专用发票的发票联和抵扣联的，如果丢失前未认证的，不得抵扣进项税额
B. 对代开、虚开专用发票的，一律按票面所列货物的适用税率全额征补税款，并根据《税收征收管理法》的规定按偷税给予处罚
C. 受票方利用他人虚开的专用发票向税务机关申报抵扣税款进行偷税的，应当按规定追缴税款，并处以偷税数额3倍以下的罚款
D. 纳税人善意取得虚开的增值税专用发票的，一律不得再抵扣进项税额

7. 现行增值税专用发票稽核系统的模式是（　　）。
A. 区县局一级数据采集，地市局、省局、总局三级比对
B. 地市局一级数据采集，省局、总局二级比对
C. 省局一级数据采集，省局、总局二级比对
D. 总局一级数据采集，总局一级比对

8. 关于增值税专用发票最高开票限额许可制度，下列说法错误的是（　　）。
A. 最高开票限额是指单份专用发票开具的销售额合计数可以达到的上限额度
B. 最高开票限额许可是依申请的行政许可行为
C. 纳税人申请最高开票限额时，需填报《最高开票限额申请表》
D. 税务机关审批最高开票限额实行书面核查

9. 下列关于商业零售企业开具专用发票的说法错误的是（　　）。
A. 商业零售企业销售货物一律不得开具专用发票
B. 商业零售企业销售货物给一般纳税人可以开具专用发票
C. 商业零售企业销售货物给一般纳税人以外的其他单位和个人均不得开具专用发票
D. 商业零售企业销售货物且向购买方开具专用发票的，购买方必须持有盖有一般纳税人戳记的税务登记证（副本）

10. 增值税专用发票基本联次中，属于主管税务机关认证和留存备查的凭证是（　　）。

A. 抵扣联　B. 发票联　C. 记账联　D. 存根联

11. 增值税专用发票由（　　）统一授权印制。

A. 国务院　B. 财政部

C. 国家税务总局　D. 省级国家税务局

12. 商业企业一般纳税人零售的下列何种物品可以开具专用发票（　　）。

A. 烟酒　B. 食品

C. 化妆品　D. 劳保专用鞋帽

13. 一般纳税人在下列何种情形下一律不得开具专用发票（　　）。

A. 将货物无偿赠送给他人　B. 向消费者销售应税项目

C. 销售免税项目　D. 向小规模纳税人销售应税项目

14. 增值税专用发票存储量达到（　　）的单位必须建立专门存储专用发票的库房。

A. 2箱　B. 5箱　C. 8箱　D. 10箱

15. 下列关于增值税专用发票的使用与管理的表述，不符合规定的是（　　）。

A. 小规模纳税人提供应税服务，接受方索取增值税专用发票的，可以向主管税务机关申请代开

B. 自本地区营改增试点实施之日起，增值税纳税人不得开具公路、内河货物运输业统一发票

C. 纳税人于本地区试点实施之日前提供改征增值税的营业税应税服务并开具营业税发票后，发生服务中止，且不符合发票作废条件的，可以开具红字专用发票

D. 自2013年8月1日起，一般纳税人从事机动车（旧机动车除外）零售业务开具机动车销售统一发票，应使用机动车销售统一发票税控系统

二、多项选择题

1. 增值税专用发票的基本联次有（　　）。

A. 发票联　B. 抵扣联　C. 销售联　D. 记账联

2. 有关新办小型商贸企业的说法不正确的是（　　）。

A. 税务登记时销售额达到预定标准的，可认定为一般纳税人

B. 辅导期内，纳税人取得的专用发票不得抵扣

C. 辅导期内，纳税人专用发票最高限额不得超过10万元

D. 辅导期内的纳税人一个月内多次领购专用发票的，应当从第二次领购专用发票起，按照上一次已领购并开具的专用发票销售额的3%预缴增值税

3. 按照增值税专用发票管理制度的规定，增值税一般纳税人不得开具增值税专用发票的有（　　）。

A. 烟厂将香烟作为礼品无偿赠送给某单位的有关人员

B. 轮胎厂将轮胎销售给运输公司自用

C. 酒厂直接向消费者销售白酒

D. 国有粮食购销企业销售救灾救济粮

4. 下列情形中，销售方应在开具红字增值税专用发票后将该笔业务的相应记账凭证复印件报送主管税务机关备案的有（　　）。

A. 销售退回　B. 销售折让　C. 销售折扣　D. 开票有误

5. 税务部门在核发《专用发票领购簿》时，应严格按照有关规定并根据增值税一般纳税人的（　　）等核定其购票方式、购票数量和购票种类等内容。

A. 经营规模　　B. 业务状况

C. 专用发票用量　　D. 最高开票限额

6. 以下关于增值税专用发票发售制度的说法正确的是（　　）。

A. 实行验旧供新制度

B. 实行最高开票限额许可制度

C. 税务机关可以向外地临时到本地经营的增值税一般纳税人出售专用发票

D. 严格专用发票领购登记制度，加强专用发票发售部门和征收部门的衔接

7. 一般纳税人领购专用设备并办理初始发行后，如下列（　　）信息发生变化，应向主管税务机关办理变更发行。

A. 企业名称　　B. 纳税人识别号

C. 开票限额　　D. 购票限量

8. 一般纳税人有下列情形之一者，不能领购使用专用发票（　　）。

A. 会计核算不健全，不能向税务机关准确提供增值税销项税额、进项税额、应纳税额数据及其他有关增值税税务资料的

B. 有税收征管法规定的税收违法行为，拒不接受税务机关处理的

C. 未按规定接受税务机关检查的

D. 销售的货物部分属于免税项目的

9. 下列情形只能开具普通发票，不得开具专用发票的是（　　）。

A. 一般纳税人销售自己使用过的不得抵扣且未抵扣进项税额的固定资产

B. 纳税人销售旧货

C. 一般纳税人销售自产的建筑用和生产建筑材料所用的砂、土、石料

D. 典当业（一般纳税人）销售死当物品

10. 一般纳税人有下列项目的购进货物或者应税劳务，即使取得增值税扣税凭证，也不得抵扣进项税额的有（　　）。

A. 用于自制机器设备的购进货物

B. 用于非应税项目的购进货物或者应税劳务

C. 用于免税项目的购进货物或者应税劳务

D. 非正常损失的在产品、产成品所耗用的购进货物或者应税劳务

11. 购买方取得增值税专用发票后，经认证，有下列（　　）情形之一的，不得作为增值税进项税额的抵扣凭证，税务机关退还原件，购买方可要求销售方重新开具专用发票。

A. 无法认证　　B. 纳税人识别号认证不符

C. 专用发票代码、号码认证不符　　D. 密文有误

12. 县级税务机关在增值税防伪税控系统中的职责包括（　　）。

A. 负责对防伪税控企业开票金税卡、IC 卡的初始化发行

B. 向企业发售发票

C. 接受企业认证、报税

D. 档案信息变更发行

13. 一般纳税人销售下列货物可以开具增值税专用发票的是（　　）。

A. 销售自己使用过的用于非增值税应税项目的购进机器设备

B. 销售旧货

C. 销售自产的商品混凝土

D. 典当业销售死当物品

14. 属于增值税一般纳税人的商业企业，发生的下列行为中，不得开具增值税专用发票的有（　　）。

A. 零售烟、酒

B. 零售劳保用品

C. 零售化妆品

D. 零售食品

15. 纳税人销售货物时，下列情况中不能开具增值税专用发票的有（　　）。

A. 购货方购进免税药品要求开具专用发票

B. 商业零售化妆品

C. 消费者个人购进电脑要求开具专用发票

D. 境内易货贸易

第4章

增值税的会计核算

本章导言

增值税因其固有的优越性，在历史上还没有一个税种能像它那年在几十年内传遍世界各地。增值税产生于20世纪50年代的欧洲。随着欧洲各国商品经济的迅速发展，法国成功改革旧的营业税，创立增值税。到目前为止，世界上已有八十多个国家和地区普遍实行了增值税，它已成为一个国际性税种。

2016年5月1日，我国实现了增值税的全行业的全覆盖，打通税收抵扣链条，解决重复征税难题，是税制改革中的一次重大革命。

第1节　增值税的基本内容

我国是双重主体税种为主的复合税制国家，增值税是两个主体税种之一，是我国第一大税种。

一、增值税的纳税人

（一）老增值税的纳税人

我国境内销售货物或提供加工、修理修配劳务以及进口货物的单位和个人，俗称老增值税的纳税人。

（二）营改增的纳税人

在我国境内销售服务、无形资产或者不动产（称应税行为）的单位和个人，俗称营改增的纳税人。

销售服务、无形资产或者不动产，具体包括销售、交通运输服务、邮政服务、电信服务、建筑服务、金融服务、现代服务、生活服务、无形资产或者不动产。

单位包括企业、行政单位、事业单位、军事单位、社会团体及其他单位。个人包括个体工商户和其他个人。其他个人是指除了个体工商户外的自然人。

进口货物的收货人或办理报关手续的单位和个人为进口增值税的纳税人。

提示

承包、承租、挂靠经营方式下纳税人的界定分为两种情况：(1) 同时满足以下两个条件的，以发包人为纳税人：1) 以发包人名义对外经营；2) 由发包人承担相关法律责任。(2) 不同时满足上述两个条件的，以承包人为纳税人。

二、增值税的扣缴义务人

在境内发生应税行为，是指应税行为销售方或者购买方在境内。境外单位或者个人在境内发生应税行为，在境内未设有经营机构的，以购买方为增值税扣缴义务人。

提示

境外单位或者个人在境内如果设立了经营机构，应以其经营机构为增值税纳税人。

（一）一般纳税人和小规模纳税人的划分标准

增值税纳税人分为一般纳税人和小规模纳税人，其具体划分标准见表4-1。

表4-1 一般纳税人和小规模纳税人的划分标准

要点		具体规定
基本划分标准	年应税销售额	年应税销售额的规模： (1) 从事货物生产或者提供应税劳务的纳税人，以及以从事货物生产或者提供应税劳务为主的纳税人，年应征增值税销售额（以下简称应税销售额）在50万元以下（含）的，为小规模纳税人。 (2) 对上述规定以外的纳税人，年应税销售额在80万元以下的，为小规模纳税人。 (3) 发生应税行为年应税销售额在500万元以下的，为小规模纳税人。
		年应税销售额的范围： 年应税销售额包括纳税申报销售额、稽查查补销售额、纳税评估调整销售额、税务代开发票销售额和免税销售额。
	资格条件	小规模纳税人可主动申请办理一般纳税人资格登记： (1) 有固定的生产经营场所。 (2) 能够按照国家统一的会计制度规定设置账簿，根据合法、有效的凭证核算，能够提供准确税务资料。

续前表

要点	具体规定
特殊划分标准	(1) 年应税销售额超过小规模纳税人标准的其他个人按小规模纳税人纳税。 (2) 不经常发生应税行为的非企业性单位、企业可选择按小规模纳税人纳税。另外，兼有销售货物、提供加工修理修配劳务以及应税行为，且不经常发生应税行为的单位和个体工商户也可选择按照小规模纳税人纳税。 (3) 从2002年1月1日起，对从事成品油销售的加油站，无论其年应税销售额是否超过规定标准，一律按增值税一般纳税人征税。
下列纳税人不办理一般纳税人资格认定	(1) 个体工商户以外的其他个人(指自然人)。 (2) 选择按照小规模纳税人纳税的非企业性单位(指行政单位、事业单位、军事单位、社会团体和其他单位)。 (3) 选择按照小规模纳税人纳税的不经常发生应税行为的企业(指偶然发生增值税应税行为的非增值税纳税人)。
资格认定权限	(1) 一般纳税人资格认定权限，在县(市、区)国家税务局或者同级别的税务分局。 (2) 除国家税务总局另有规定外，纳税人一经认定为一般纳税人后，不得转为小规模纳税人。

提示

原增值税一般纳税人兼有应税行为，按照规定应当申请登记一般纳税人资格的，不需要重新登记一般纳税人资格。由主管税务机关制作、送达《税务事项通知书》，告知纳税人。

(二) 增值税一般纳税人的登记

2017年11月30日国家税务总局发布了《增值税一般纳税人登记管理办法》，自2018年2月1日起开始施行。该管理办法规定年应税销售额超过财政部、国家税务总局规定的小规模纳税人标准的，应当向主管税务机关办理一般纳税人登记。

1. 办理一般纳税人登记的程序

(1) 纳税人向主管税务机关填报《增值税一般纳税人登记表》(见表4-2)，如实填写固定生产经营场所等信息，并提供税务登记证件；

(2) 纳税人填报内容与税务登记信息一致的，主管税务机关当场登记；

(3) 纳税人填报内容与税务登记信息不一致，或者不符合填列要求的，税务机关应当场告知纳税人需要补正的内容。

提示

纳税人在办理登记手续时可自行选择生效之日(纳税人办理登记的当月1日或者次月1日)，纳税人自一般纳税人生效之日起，按照增值税一般计税方法计算应纳税额，并可以按照规定领用增值税专用发票，财政部、国家税务总局另有规定的除外。

表4-2 增值税一般纳税人登记表

<table>
<tr><td>纳税人名称</td><td colspan="2"></td><td>社会信用代码（纳税人识别号）</td><td colspan="2"></td></tr>
<tr><td>法定代表人（负责人、业主）</td><td></td><td>证件名称及号码</td><td></td><td>联系电话</td><td></td></tr>
<tr><td>财务负责人</td><td></td><td>证件名称及号码</td><td></td><td>联系电话</td><td></td></tr>
<tr><td>办税人员</td><td></td><td>证件名称及号码</td><td></td><td>联系电话</td><td></td></tr>
<tr><td>税务登记日期</td><td colspan="5"></td></tr>
<tr><td>生产经营地址</td><td colspan="5"></td></tr>
<tr><td>注册地址</td><td colspan="5"></td></tr>
<tr><td colspan="6">纳税人类别：企业□ 非企业性单位□ 个体工商户□ 其他□</td></tr>
<tr><td colspan="6">主营业务类别：工业 □ 商业 □ 服务业 □ 其他□</td></tr>
<tr><td colspan="6">会计核算健全：是□</td></tr>
<tr><td colspan="6">一般纳税人生效之日：当月1日 □ 次月1日 □</td></tr>
<tr><td colspan="6">纳税人（代理人）承诺：
会计核算健全，能够提供准确税务资料，上述各项内容真实、可靠、完整。如有虚假，愿意承担相关法律责任。
经办人： 法定代表人： 代理人： （签章）
年 月 日</td></tr>
<tr><td colspan="6">以下由税务机关填写</td></tr>
<tr><td>税务机关受理情况</td><td colspan="5">受理人： 受理税务机关（章）
年 月 日</td></tr>
</table>

2. 应该作为一般纳税人资格登记的纳税人

年应税销售额超过财政部、国家税务总局规定的小规模纳税人标准的纳税人，不论其是否愿意，都必须向其企业所在地（县、市、区）国家税务局或同级别的税务分局（以下简称主管税务机关）办理一般纳税人登记手续，否则按照一般纳税人的应纳税额计算，不得抵扣进项税额，也不得使用增值税专用发票。

3. 可以作为一般纳税人资格登记的纳税人

年应税销售额未超过规定标准的纳税人，会计核算健全、能够提供准确税务资料的，可以向其企业所在地（县、市、区）主管税务机关办理一般纳税人登记手续。年应税销售额，是指纳税人在连续不超过12个月或四个季度的经营期内累计应征增值税销售额，包括纳税申报销售额、稽查查补销售额、纳税评估调整销售额。

4. 登记为一般纳税人的条件

对提出登记并且同时符合下列条件的纳税人，主管税务机关应当为其办理一般纳税人资格认定：

(1) 有固定的生产经营场所；

（2）能够按照国家统一的会计制度规定设置账簿，根据合法、有效凭证核算，能够提供准确的税务资料。

提示

下列纳税人不办理一般纳税人登记：（1）按照政策规定，选择按照小规模纳税人纳税的；（2）年应税销售额超过规定标准的其他个人。

三、增值税小规模纳税人的情况说明

纳税人新办理一般纳税人资格登记的程序中，纳税人年应税销售额超过财政部、国家税务总局规定标准，可以选择按小规模纳税人纳税，但应当向主管税务机关提交书面说明。增值税小规模纳税人的情况说明见表4-3。

表4-3　　选择按小规模纳税人纳税的情况说明

<table>
<tr><td colspan="2">纳税人名称</td><td></td><td>纳税人识别号</td><td></td></tr>
<tr><td colspan="3" rowspan="2">连续不超过12个月或四个季度的经营期内累计应税销售额</td><td colspan="2">货物劳务：　年　月至　年　月共　　元。</td></tr>
<tr><td colspan="2">应税行为：　年　月至　年　月共　　元。</td></tr>
<tr><td>情况说明</td><td colspan="4"></td></tr>
<tr><td colspan="5">纳税人（代理人）承诺：
上述各项内容真实、可靠、完整。如有虚假，愿意承担相关法律责任。
经办人：　　法定代表人：　　代理人：　　（签章）
年　月　日</td></tr>
<tr><td colspan="5">以下由税务机关填写</td></tr>
<tr><td>税务机关受理情况</td><td colspan="4">受理人：　　受理税务机关（章）
年　月　日</td></tr>
</table>

选择按照小规模纳税人纳税的情形包括：

（1）个体工商户以外的其他个人。

（2）不经常发生应税行为的非企业性单位。

（3）不经常发生应税行为的企业。

提示

个体工商户以外的其他个人年应税销售额超过规定标准的，不需要向主管税务机关提交书面说明。

四、增值税的征税范围

（一）增值税的一般征税范围

增值税征税范围包括货物的生产、批发、零售和进口四个环节，2016年5月1日以后，伴随着营业税改征增值税试点实施办法以及相关配套政策的实施，“营改增”试点行业扩大到销售服务、无形资产或者不动产，增值税的征税范围覆盖全行业。

1. 销售货物

“货物”是指有形动产，包括电力、热力和气体在内。销售货物是指有偿转让货物的所有权。“有偿”不仅指从购买方取得货币，还包括取得货物或其他经济利益。

2. 提供加工和修理修配劳务

“加工”是指接收来料承做货物，加工后的货物所有权仍属于委托者的业务，即通常所说的委托加工业务。“委托加工业务”是指由委托方提供原料及主要材料，受托方按照委托方的要求制造货物并收取加工费的业务。

“修理修配”是指受托对损伤和丧失功能的货物进行修复，使其恢复原状和功能的业务。

提示

单位或个体工商户聘用的员工为本单位或雇主提供加工、修理修配劳务不包括在内。

3. 销售服务

销售服务主要包括交通运输服务、邮政服务、电信服务、建筑服务、金融服务、现代服务、生活服务等。

（1）交通运输服务

交通运输服务，是指使用运输工具将货物或者旅客送达目的地，使其空间位置得到转移的业务活动。包括陆路运输服务、水路运输服务、航空运输服务和管道运输服务。

（2）邮政服务

邮政服务，是指中国邮政集团公司及其所属邮政企业提供邮件寄递、邮政汇兑和机要通信等邮政基本服务的业务活动。包括邮政普遍服务、邮政特殊服务和其他邮政服务。

（3）电信服务

电信服务，是指利用有线、无线的电磁系统或者光电系统等各种通信网络资源，提供语音通话服务，传送、发射、接收或者应用图像、短信等电子数据和信息的业务活动。包括基础电信服务和增值电信服务。

(4) 建筑服务

建筑服务，是指各类建筑物、构筑物及其附属设施的建造、修缮、装饰，线路、管道、设备、设施等的安装以及其他工程作业的业务活动。包括工程服务、安装服务、修缮服务、装饰服务和其他建筑服务。

(5) 金融服务

金融服务，是指经营金融保险的业务活动。包括贷款服务、直接收费金融服务、保险服务和金融商品转让。

(6) 现代服务

现代服务，是指围绕制造业、文化产业、现代物流产业等提供技术性、知识性服务的业务活动。包括研发和技术服务、信息技术服务、文化创意服务、物流辅助服务、租赁服务、鉴证咨询服务、广播影视服务、商务辅助服务和其他现代服务。

(7) 生活服务

生活服务，是指为满足城乡居民日常生活需求提供的各类服务活动。包括文化体育服务、教育医疗服务、旅游娱乐服务、餐饮住宿服务、居民日常服务和其他生活服务。

4. 销售无形资产

销售无形资产，是指转让无形资产所有权或者使用权的业务活动。无形资产，是指不具有实物形态，但能带来经济利益的资产，包括技术、商标、著作权、商誉、自然资源使用权和其他权益性无形资产。

5. 销售不动产

销售不动产，是指转让不动产所有权的业务活动。不动产，是指不能移动或者移动后会引起性质、形状改变的财产，包括建筑物、构筑物等。建筑物，包括住宅、商业营业用房、办公楼等可供居住、工作或者进行其他活动的建造物。构筑物，包括道路、桥梁、隧道、水坝等建造物。

6. 进口货物

进口货物是指申报进入我国海关境内的货物。只要是报关进口的应税货物，均属于增值税征税范围，在进口环节缴纳增值税（享受免税政策的货物除外）。

(二) 不属于增值税的纳税范围

下列情形不属于在境内销售服务或者无形资产：

(1) 境外单位或者个人向境内单位或者个人销售完全在境外发生的服务。例如，境外单位向境内单位提供完全发生在境外的会展服务。

(2) 境外单位或者个人向境内单位或者个人销售完全在境外使用的无形资产。例如，境外单位向境内单位销售完全在境外使用的专利和非专利技术。

(3) 境外单位或者个人向境内单位或者个人出租完全在境外使用的有形动产。例如，境外单位向境内单位或者个人出租完全在境外使用的小汽车。

(4) 财政部和国家税务总局规定的其他情形。

（三）增值税的特殊征税范围

1. 折扣销售

（1）商业折扣。商业折扣是企业为了促销而在标价上给予的价格扣除。企业销售商品涉及商业折扣的，应当按照扣除商业折扣后的金额（即净额）确定收入，会计处理上要求按照净额法核算。

（2）现金折扣。现金折扣是为了鼓励购货方尽快付款而提供的债务扣除。一般现金折扣的表示方法为：2/10，1/20，n/30（10天内付款给予2%的折扣，20天内付款给予1%的折扣，20天以后付款没有现金折扣，最迟的付款期为30天），会计处理上要求按照总额法核算。

提示

销售额和折扣额必须在同一张发票上的金额栏分别注明。未在同一张发票金额栏注明折扣额，而仅在发票的备注栏注明折扣额或另外开具一张发票注明折扣额的，折扣额不得从销售额中减除。

2. 视同销售

（1）老增值税的视同销售。

1）将货物交付其他单位或者个人代销；

2）销售代销货物；

3）设有两个以上机构并实行统一核算的纳税人，将货物从一个机构移送其他机构用于销售，但相关机构设在同一县（市）的除外；

4）将自产、委托加工的货物用于集体福利或者个人消费；

5）将自产、委托加工或者购进的货物作为投资，提供给其他单位或者个体工商户；

6）将自产、委托加工或者购进的货物分配给股东或者投资者；

7）将自产、委托加工或者购进的货物无偿赠送其他单位或者个人。

提示

（1）只要是经过加工的产品（如自产、委托加工的产品），无论用于企业内部（如用于集体福利）还是企业外部（如捐赠），都视同销售计入“销项税额”。

（2）未经加工的货物（如购入的货物）只有用于企业外部才视同销售（如捐赠、对外投资、分配给股东等），用于企业内部（如用于集体福利、在建工程、个人消费等）计入“进项税额转出”。

（3）视同销售的货物如果属于免税货物，不得开具增值税专用发票。

（4）向消费者个人销售视同销售的货物，不得开具增值税专用发票。

（2）营改增企业的视同销售。

1）单位或者个体工商户向其他单位或者个人无偿提供服务，但用于公益事业或者以社会公众为对象的除外。

2）单位或者个人向其他单位或者个人无偿转让无形资产或者不动产，但用于公益事业或者以社会公众为对象的除外。

3）财政部和国家税务总局规定的其他情形。

提示

酒店业在提供酒店住宿的同时，免费提供餐饮服务（以早餐居多），是酒店的一种营销模式，消费者已统一支付对价，且适用税率相同，不视为视同销售。

3. 混合销售行为和兼营业务

（1）混合销售行为。一项销售行为如果既涉及服务又涉及货物，为混合销售。从事货物的生产、批发或者零售的单位和个体工商户的混合销售行为，按照销售货物（税率为17%，11%，3%或0）缴纳增值税；其他单位和个体工商户的混合销售行为，按照销售服务（税率为11%，6%，5%或3%）缴纳增值税。

提示

（1）界定“混合销售”行为的标准有两点：一是其销售行为必须是一项；二是该项行为必须即涉及服务又涉及货物。其中，货物是指增值税条例中规定的有形动产，包括电力、热力和气体；服务是指属于全面营改增范围的交通运输服务、建筑服务、金融保险服务、邮政服务、电信服务、现代服务、生活服务等。

（2）如果一项销售行为只涉及销售服务，不涉及货物，这种行为就不是混合销售行为；反之，如果涉及销售服务和涉及货物的行为，不是在一项销售行为中，也不是混合销售行为。

例如，某整体橱柜厂销售橱柜给客户的同时给客户提供设计、安装服务，该业务按照17%的增值税税率计算。

（2）兼营业务。从2016年5月1日开始，兼营行为有两种情况。

1）纳税人兼营销售货物、劳务、服务、无形资产或者不动产，适用不同税率或者征收率的，应当分别核算适用不同税率或者征收率的销售额。

2）未分别核算的，从高适用税率。纳税人兼营免税、减税项目的，应当分别核算免税、减税项目的销售额；未分别核算的，不得免税、减税。

例如，既有设计资质也有建筑资质的企业与发包方签订的承包合同中，有一份承包合同为设计服务，适用6%的增值税税率，另一份承包合同为建筑服务，适用11%的增值税税率，则可作为兼营行为，分别按照不同税率计算增值税。

提示

兼营行为中的销售业务和兼营业务是两项销售行为，两者是独立的业务。

混合销售和兼营行为的判定标准主要是看其销售货物行为与提供劳务行为是否同时发生在同一业务中。如果是，则为混合销售行为；如果不是，则为兼营行为。

实际工作中，如果签订一份合同即认定为“一项销售行为”，签订两份合同则认定为“两项销售行为”，如果一份合同中分别注明销售货物和销售服务的价格，也认定为是一份销售合同，认定为混合销售行为。

例4-1

（1）某酒店提供住宿餐饮服务（适用生活服务6%的增值税税率），内设商店销售货物（适用17%的增值税税率），同时经营停车场收费业务（适用不动产经营租赁11%的增值税税率）。

（2）汽车美容店提供汽车打蜡服务（适用生活服务6%的增值税税率），同时销售车蜡（适用17%的增值税税率）。

（3）某旅行社举行抽奖活动，为中奖者提供免费的新马泰旅游服务。

【解析】

（1）属于兼营行为。适用不同税率或者征收率的，应当分别核算适用不同税率或者征收率的销售额；未分别核算的，从高适用税率。

（2）属于混合销售行为。主体不属于生产批零企业，按生活服务6%的增值税税率核算。

（3）属于视同销售行为。提供免费旅行应确认收入，按照视同销售的相关规定确定计税价格，计算缴纳增值税。

五、增值税的申报要求

（一）增值税的申报时间

增值税的申报时间为：

（1）销售货物或应税劳务的申报是收讫销售款项或取得索取销售款项凭据的当天；先开具发票的为开具发票的当天。

（2）进口货物的申报是报关进口的当天。

（3）增值税扣缴义务人的申报是增值税纳税义务发生的当天。

上述第（1）项规定的收讫销售款项或者取得索取销售款项凭据的当天，按销售结算方式的不同，具体为：

1）采取直接收款方式销售货物，无论货物是否发出，均为收到销售款项或者取得索取销售款项凭据的当天。

2）采取托收承付和委托银行收款方式销售货物，为发出货物并办妥托收手续的当天。

3）采取赊销和分期收款方式销售货物，为书面合同约定收款日期的当天；没有书面合同或书面合同没有约定收款日期的，为货物发出的当天。

4）采取预收货款方式销售货物，为货物发出的当天；生产、销售生产工期比较长（超过 12 个月）的大型机械设备、船舶、飞机等货物，为收到预收款或者书面合同约定的收款日期的当天。

5）委托其他纳税人代销货物，为收到代销单位的代销清单或者收到全部或部分款项的当天；没有收到代销清单及货物的，为发出代销货物满 180 天的当天。

6）销售应税劳务，为提供劳务同时收讫销售款或者取得索取销售款项凭据的当天。

（二）增值税的纳税地点

1. 增值税纳税地点的基本规定

（1）固定业户应当向其机构所在地或者居住地主管税务机关申报纳税。固定业户应当向其机构所在地的主管税务机关申报纳税，如果固定业户设有分支机构，且不在同一县（市）的，应当分别向各自所在地的主管税务机关申报纳税。经财政部和国家税务总局或者其授权的财政和税务机关批准，可以由总机构汇总向总机构所在地的主管税务机关申报纳税。

具体审批权限为：1）总机构和分支机构不在同一省、自治区、直辖市的，经财政部和国家税务总局批准，可以由总机构汇总向总机构所在地的主管税务机关申报纳税。2）总机构和分支机构不在同一县（市），但在同一省、自治区、直辖市范围内的，经省、自治区、直辖市财政厅（局）、国家税务局审批同意，可以由总机构汇总向总机构所在地的主管税务机关申报纳税。

（2）非固定业户应当向应税行为发生地的主管税务机关申报纳税；未申报纳税的，由其机构所在地或者居住地的主管税务机关补征税款。

（3）其他个人提供建筑服务，销售或者租赁不动产，转让自然资源使用权，应向建筑服务发生地、不动产所在地、自然资源所在地税务机关申报纳税。

（4）扣缴义务人向其机构所在地或者居住地的主管税务机关申报缴纳其扣缴的税款。

2. 建筑业的纳税地点

建筑业有其特殊性，其纳税地点为：

（1）一般纳税人跨县（市）提供建筑服务，适用一般计税方法计税的，应以取得的全部价款和价外费用为销售额计算应纳税额。纳税人应以取得的全部价款和价外费用扣除支付的分包款后的余额，按照 2%的预征率在建筑服务发生地预缴税款后，向机构所在地主管税务机关进行纳税申报。

（2）一般纳税人跨县（市）提供建筑服务，选择适用简易计税方法计税的，应以取得的全部价款和价外费用扣除支付的分包款后的余额为销售额，按照 3%的征收率计算应纳税额。纳税人应按照上述计税方法在建筑服务发生地预缴税款后，向机构所在地主管税务机关进行纳税申报。

（3）一般纳税人跨省（自治区、直辖市或者计划单列市）提供建筑服务，在机构所在地申报纳税时，计算的应纳税额小于已预缴税额，且差额较大的，由国家税务总局通知建筑服务发生地省级税务机关，在一定时期内暂停预缴增值税。

（4）小规模纳税人跨县（市）提供建筑服务，应以取得的全部价款和价外费用扣除支付的分包款后的余额为销售额，按照3%的征收率计算应纳税额。纳税人应按照上述计税方法在建筑服务发生地预缴税款后，向机构所在地主管税务机关进行纳税申报。

提示

老增值税和营业税改征的增值税，由国家税务局负责征收。纳税人销售取得的不动产和其他个人出租不动产的增值税，国家税务局暂委托地方税务局代为征收。

（三）增值税的纳税期限

增值税的纳税期限分别为1日、3日、5日、10日、15日、1个月或者1个季度。纳税人的具体纳税期限由主管税务机关根据纳税人应纳税额的大小分别核定。以1个季度为纳税期限的规定适用于小规模纳税人、银行、财务公司、信托投资公司、信用社，以及财政部和国家税务总局规定的其他纳税人。不能按照固定期限纳税的，可以按次纳税。

纳税人以1个月或者1个季度为一个纳税期的，自期满之日起15日内申报纳税；以1日、3日、5日、10日或者15日为一个纳税期的，自期满之日起5日内预缴税款，于次月1日起15日内申报纳税并结清上月应纳税款。

提示

一般情况下，增值税一般纳税人提供销售、应税服务的（除另有规定外），以1个月为一个纳税期，并自期满之日起15日内申报纳税。增值税小规模纳税人（其他个人除外）提供应税服务的，原则上以1个季度为一个纳税期，并自季满之日起15日内申报纳税。其他个人提供应税服务的，实行按次纳税。

六、增值税的税目税率和征收率

增值税的税目税率和征收率见表4-4。

表4-4 增值税税目税率和征收率表

（2017年7月1日起执行）

一、一般纳税人的税目税率
（一）一般纳税人一般计征的税目税率

<table>
<tr><td></td><td colspan="3">具体范围</td><td>增值税税率</td></tr>
<tr><td rowspan="6">原增值税纳税人</td><td colspan="3">销售或者进口货物（另有列举的货物除外）；提供加工、修理修配劳务</td><td>17%</td></tr>
<tr><td colspan="3">1. 农产品（含粮食）、食用植物油、食用盐</td><td rowspan="4">11%</td></tr>
<tr><td colspan="3">2. 自来水、暖气、冷气、石油液化气、天然气、热水、煤气、居民用煤炭制品、沼气、二甲醚</td></tr>
<tr><td colspan="3">3. 农机、饲料、农药、农膜、化肥</td></tr>
<tr><td colspan="3">4. 图书、报纸、杂志、音像制品、电子出版物</td></tr>
<tr><td colspan="3">出口货物</td><td>0</td></tr>
<tr><td rowspan="9">销售服务</td><td rowspan="4">交通运输服务</td><td colspan="2">陆路运输服务</td><td rowspan="4">11%</td></tr>
<tr><td colspan="2">水路运输服务</td></tr>
<tr><td colspan="2">航空运输服务</td></tr>
<tr><td colspan="2">管道运输服务</td></tr>
<tr><td rowspan="3">邮政服务</td><td colspan="2">邮政普遍服务</td><td rowspan="3">11%</td></tr>
<tr><td colspan="2">邮政特殊服务</td></tr>
<tr><td colspan="2">其他邮政服务</td></tr>
<tr><td rowspan="2">电信服务</td><td colspan="2">基础电信服务</td><td>11%</td></tr>
<tr><td colspan="2">增值电信服务</td><td>6%</td></tr>
<tr><td rowspan="25">销售服务</td><td rowspan="5">建筑服务</td><td colspan="2">工程服务</td><td rowspan="5">11%</td></tr>
<tr><td colspan="2">安装服务</td></tr>
<tr><td colspan="2">修缮服务</td></tr>
<tr><td colspan="2">装饰服务</td></tr>
<tr><td colspan="2">其他建筑服务</td></tr>
<tr><td rowspan="4">金融服务</td><td colspan="2">贷款服务</td><td rowspan="4">6%</td></tr>
<tr><td colspan="2">直接收费金融服务</td></tr>
<tr><td colspan="2">保险服务</td></tr>
<tr><td colspan="2">金融商品转让</td></tr>
<tr><td rowspan="10">现代服务</td><td colspan="2">研发和技术服务</td><td>6%</td></tr>
<tr><td colspan="2">信息技术服务</td><td>6%</td></tr>
<tr><td colspan="2">文化创意服务</td><td>6%</td></tr>
<tr><td colspan="2">物流辅助服务</td><td>6%</td></tr>
<tr><td rowspan="2">租赁服务</td><td>有形动产租赁服务</td><td>17%</td></tr>
<tr><td>不动产租赁服务</td><td>11%</td></tr>
<tr><td colspan="2">鉴证咨询服务</td><td rowspan="4">6%</td></tr>
<tr><td colspan="2">广播影视服务</td></tr>
<tr><td colspan="2">商务辅助服务</td></tr>
<tr><td colspan="2">其他现代服务</td></tr>
<tr><td rowspan="6">生活服务</td><td colspan="2">文化体育服务</td><td rowspan="6">6%</td></tr>
<tr><td colspan="2">教育医疗服务</td></tr>
<tr><td colspan="2">旅游娱乐服务</td></tr>
<tr><td colspan="2">餐饮住宿服务</td></tr>
<tr><td colspan="2">居民日常服务</td></tr>
<tr><td colspan="2">其他生活服务</td></tr>
</table>

销售无形资产	技术	专利技术	6%
		非专利技术	
	商标		
	著作权		
	商誉		
	自然资源使用权		
		土地使用权	11%
	其他权益性无形资产		6%
销售不动产	建筑物 构建物		11%
（二）一般纳税人的简易计征税目税率			
建筑业的清包工、甲供工程、老项目			3%
生活服务业中的旅游服务业			3%
销售试点前取得的不动产			5%
房地产企业销售自行开发的房地产老项目			5%
二、小规模纳税人的税目税率			
动产销售和租赁行为			5%
除动产销售和租赁外的销售			3%

提示

自2018年1月1日起，资管产品管理人运营资管产品过程中发生的增值税应税行为（又称资管产品运营业务），暂适用简易计税方法，按照3%的征收率缴纳增值税。

七、增值税起征点

增值税起征点幅度为：

（1）按期纳税的，为月销售额5 000～20 000元（含本数）。

（2）按次纳税的，为每次（日）销售额300～500元（含本数）。

起征点的调整由财政部和国家税务总局规定。省、自治区、直辖市财政厅（局）和国家税务局应当在规定的幅度内，根据实际情况确定本地区适用的起征点，并报财政部和国家税务总局备案。

例4－2

某修理修配业小规模纳税人按月申报，8月取得修理修配收入1.8万元，其中：0.8万元向税务机关申请代开增值税专用发票，1万元自行开具增值税普通发票，增值税应如何处理？

【解析】

（1）当期实现销售额 1.8 万元，小于 2 万元标准，当向受票人收回 0.8 万元税务机关代开的增值税专用发票时，可按 1.8 万元申请暂免征收增值税；

（2）当不收回 0.8 万元税务机关代开的增值税专用发票时，按 1 万元暂免征收增值税。

提示

（1）自 2018 年 1 月 1 日起至 2020 年 12 月 31 日，继续对月销售额 2 万元（含本数）至 3 万元的增值税小规模纳税人，免征增值税。

（2）增值税小规模纳税人应分别核算销售货物或者加工、修理修配劳务的销售额和销售服务、无形资产的销售额。增值税小规模纳税人销售货物或者加工、修理修配劳务月销售额不超过 3 万元（按季纳税 9 万元），销售服务、无形资产月销售额不超过 3 万元（按季纳税 9 万元）的，自 2018 年 1 月 1 日起至 2020 年 12 月 31 日，可分别享受小微企业暂免征收增值税优惠政策。

八、免征增值税项目

（一）老增值税的免征增值税项目

（1）农业生产者销售的自产农业产品。
（2）避孕药品和用具。
（3）古旧图书。
（4）直接用于科学研究、科学试验和教学的进口仪器、设备。
（5）外国政府、国际组织无偿援助的进口物资和设备。
（6）由残疾人组织直接进口供残疾人专用的物品。
（7）销售自己（不包括个体工商户）使用过的物品。

（二）营改增的免征增值税项目

营改增后，有 40 个项目免征增值税，下面列示其中主要的 15 项：
（1）托儿所、幼儿园提供的保育和教育服务。
（2）养老机构提供的养老服务。
（3）残疾人福利机构提供的育养服务。
（4）婚姻介绍服务。
（5）殡葬服务。
（6）残疾人员本人为社会提供的服务。
（7）医疗机构提供的医疗服务。

（8）从事学历教育的学校提供的教育服务。

（9）学生勤工俭学提供的服务。

（10）农业机耕、排灌、病虫害防治、植物保护、农牧保险以及相关技术培训业务，家禽、牲畜、水生动物的配种和疾病防治。

（11）纪念馆、博物馆、文化馆、文物保护单位管理机构、美术馆、展览馆、书画院、图书馆在自己的场所提供文化体育服务取得的第一道门票收入。

（12）寺院、宫观、清真寺和教堂举办文化、宗教活动的门票收入。

（13）行政单位之外的其他单位收取的符合规定条件的政府性基金和行政事业性收费。

（14）个人转让著作权。

（15）个人销售自建自用住房。

提示

纳税人发生应税行为适用免税、减税规定的，可以放弃免税、减税，依照规定缴纳增值税。放弃免税、减税后，36个月内不得再申请免税、减税。纳税人发生应税行为同时适用免税和零税率规定的，纳税人可以选择适用免税或者零税率。

纳税人在免税期内购进用于免税项目的货物、加工修理修配劳务或者应税行为所取得的增值税扣税凭证，一律不得抵扣。

第2节 增值税的计算

增值税的计税方法，包括一般计税方法和简易计税方法。

一、增值税的一般计税方法

一般纳税人原则上必须采用一般计税方法。只有建筑业、房地产业等可以采用简易计税方法。

提示

采用一般计税方法，不仅包括老增值税企业——工业、商业，而且包括所有的营改增企业——交通运输业、现代服务业、邮政业、电信业、建筑业、房地产业、金融保险业和生活服务业。

计算公式如下：

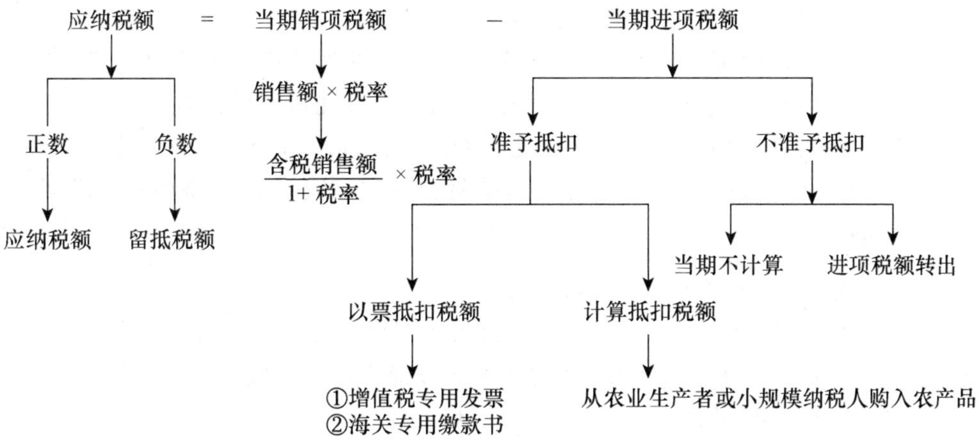

当期销项税额＜当期进项税额，不足抵扣时，其不足部分可以结转下期继续抵扣。

（一）销项税额的计算

当期销项税额＝销售额×适用税率(17%、11%或6%)

1. 一般销售方式下的销售额

销售额是指纳税人发生应税行为向购买方收取的全部价款和价外费用。

一般纳税人发生应税行为开具普通发票或未开具发票的，按下列公式换算销售额：

$$销售额=\frac{含税销售额}{1+增值税税率}$$

所谓价外费用，是指价外向购买方收取的手续费、补贴、基金、集资费、返还利润、奖励费、违约金（延期付款利息）、包装费、包装物租金、储备费、优质费、运输装卸费、代收款项、代垫款项及其他各种性质的价外收费。

凡价外费用，无论其会计制度如何核算，均应并入销售额计算应纳税额。价外费用及包装物押金，应视为含税销售额，计税时应换算成不含税销售额。换算公式为：

$$不含税销售额=\frac{含税销售额}{1+增值税税率}$$

提示

含税价格的判断主要通过：

(1) 看发票来判断，普通发票要换算；

(2) 分析行业来判断，零售行业要换算；

(3) 分析业务来判断，价外费用、建筑业总承包额中的自产货物要换算。

下列内容不包括在销售额中：

（1）向购买方收取的销项税额。（2）受托加工应征消费税的消费品所代收代缴的消费税。（3）代为收取并符合《营业税改征增值税试点实施办法》第十条规定的政府性基金或者行政事业性收费。（4）同时符合以下两个条件的代垫运费：一是承运部门的运费发票开具给购货方的；二是纳税人将该项发票转交给购货方的。

2. 特殊销售方式下的销售额

（1）包装物押金。1）销售货物收取的包装物押金，如果单独记账核算，时间在1年以内，又未过期的，不并入销售额征税；2）因逾期（1年为限）未收回包装物不再退还的押金，应并入销售额征税。

提示

1）逾期包装物押金为含税收入，需换算成不含税收入后再并入销售额。

2）征税率为所包装货物适用税率。

3）酒类产品中的啤酒、黄酒收取的押金按是否逾期处理。啤酒、黄酒以外的其他酒类产品收取的押金，无论是否逾期一律并入销售额征税。

（2）视同销售货物行为的销售额确定

视同销售的货物，销售额按下列顺序确定：

1）按纳税人最近时期同类货物的平均销售价格确定。2）按其他纳税人最近时期同类货物的平均销售价格确定。3）近期没有同类货物时，按组成计税价格确定。其计算公式为：

$$组成计税价格=成本\times(1+成本利润率)$$

或

$$=成本\times(1+成本利润率)+消费税$$

通常成本利润率为10%。

3. 房地产企业销项税额的计算

房地产企业中的一般纳税人销售其开发的房地产项目（选择简易计税方法的房地产老项目除外），以取得的全部价款和价外费用扣除当期销售房地产项目对应的土地价款后的余额计算销售额。计算公式为：

$$销售额=\frac{全部价款+价外费用-当期允许扣除的土地价款}{1+增值税税率(11\%)}$$

（二）进项税额的计算

1. 准予从销项税额中抵扣的进项税额的范围

准予从销项税额中抵扣的进项税额的具体范围为：

（1）从销货方取得的增值税专用发票（含税控机动车销售统一发票）上注明的增值税额。

（2）从海关取得的海关进口增值税专用缴款书上注明的增值税额。

从 2017 年 2 月 13 日起，增值税一般纳税人进口货物时应准确填报企业名称，确保海关缴款书上的企业名称与税务登记的企业名称一致。税务机关将进口货物取得的属于增值税抵扣范围的海关缴款书信息与海关采集的缴款信息进行稽核比对。经稽核比对相符后，海关缴款书上注明的增值税额可作为进项税额在销项税额中抵扣。稽核比对不相符，所列税额暂不得抵扣，待核查确认海关缴款书票面信息与纳税人实际进口业务一致后，海关缴款书上注明的增值税额可作为进项税额在销项税额中抵扣。

（3）购进农产品，除取得增值税专用发票或者海关进口增值税专用缴款书外，按照农产品收购发票或者销售发票上注明的农产品买价和 11%的扣除率计算的进项税额。其计算公式为：

$$进项税额=买价\times增值税扣除率(11\%)$$

（4）从境外单位或者个人购进服务、无形资产或者不动产，自税务机关或者扣缴义务人取得的解缴税款的完税凭证上注明的增值税额。

提示

纳税人凭完税凭证抵扣进项税额的，应当具备书面合同、付款证明和境外单位的对账单或者发票。资料不全的，其进项税额不得从销项税额中抵扣。

纳税人取得的增值税扣税凭证不符合法律、行政法规或者国家税务总局有关规定的，其进项税额不得从销项税额中抵扣。

例 4-3

某汽车修理厂为增值税一般纳税人，5 月购进汽车零配件 200 000 元，取得的增值税专用发票上注明的税金为 34 000 元。当月取得汽车修理费收入 450 000 元，开具增值税专用发票。另收取装卸费 17 000 元，开具普通发票。计算该企业当月应纳的增值税税额。

【解析】

（1）$销项税额=450\,000\times17\%+\dfrac{17\,000}{1+17\%}\times17\%=78\,970.09(元)$

（2）$进项税额=34\,000(元)$

（3）$应纳税额=78\,970.09-34\,000=44\,970.09(元)$

例 4-4

某一般纳税人购进某农场自产玉米，收购凭证注明价款为 65 830 元。

【解析】

$$进项税额=65\,830\times11\%=7\,241.30(元)$$

采购成本＝65 830×(1－11%)＝58 588.70(元)

特殊情况：

烟叶收购金额＝收购价款×(1＋10%)

应纳烟叶税税额＝收购金额×20%

烟叶进项税额＝(烟叶收购金额＋应纳烟叶税税额)×11%

提示

一般纳税人发生财政部和国家税务总局规定的特定应税行为，可以选择适用简易计税方法计税，也可以选择适用一般计税方法计税。但对一项特定应税行为，一般纳税人一经选择适用简易计税方法计税的，在选定后的36个月内不得再变更计税方法。

（5）适用一般计税方法的纳税人，2016年5月1日后取得并在会计制度上按固定资产核算的不动产或者2016年5月1日后取得的不动产在建工程，其进项税额应自取得之日起分2年从销项税额中抵扣，第1年抵扣比例为60%，第2年抵扣比例为40%。

提示

取得不动产，包括以直接购买、接受捐赠、接受投资入股、自建以及抵债等各种形式取得的不动产，不包括房地产开发企业自行开发的房地产项目。融资租入的不动产以及在施工现场修建的临时建筑物、构筑物，其进项税额不适用分2年抵扣的规定。

例4-5

某一般纳税人2016年5月取得交通运输含税收入111万元。当月外购汽油不含税价为10万元，取得的增值税专用发票上注明的增值税税额为1.7万元；购入运输车辆不含税价为20万元，取得的机动车销售统一发票上注明的增值税税额为3.4万元；发生的联运支出不含税价为50万元，取得的增值税专用发票上注明的增值税税额为5.5万元。请计算其应纳增值税。

【解析】

$$应纳税额=\frac{111}{1+11\%}\times 11\%-1.7-3.4-5.5=0.4(万元)$$

例4-6

甲建筑公司为增值税一般纳税人，2016年5月1日承接A工程项目，5月30日发包方按进度支付工程价款222万元，该项目当月发生工程成本100万元，其中购买材料、动力、机械等取得的增值税专用发票上注明的金额为50万元。甲建筑公司对 A 工程项目选择适用一般计税方法计算应纳税额。

【解析】

$$销项税额=\frac{222}{1+11\%}\times 11\%=22(万元)$$

$$进项税额=50\times 17\%=8.5(万元)$$

$$应纳税额=22-8.5=13.5(万元)$$

(6) 自 2018 年 1 月 1 日起，纳税人租入固定资产、不动产，既用于一般计税方法计税项目，又用于简易计税方法计税项目、免征增值税项目、集体福利或者个人消费的，其进项税额准予从销项税额中全额抵扣。

2. 不得从销项税额中抵扣的进项税额

下列进项税额不得从销项税额中抵扣：

(1) 纳税人取得的增值税扣税凭证不符合法律、行政法规或者国家税务总局有关规定的，其进项税额不得从销项税额中抵扣。

纳税人凭完税凭证抵扣进项税额的，应当具备书面合同、付款证明和境外单位的对账单或者发票。资料不全的，其进项税额不得从销项税额中抵扣。

例如，A 企业为增值税一般纳税人，2016 年 6 月境外 B 企业向其提供咨询服务，A 企业在主管税务机关为 B 企业代扣代缴增值税 6 000 元，但 A 企业不能够提供与该业务相关的境外单位的对账单或者发票，所以该项进项税额不得抵扣。

(2) 用于简易计税方法计税项目的购进货物、加工修理修配劳务、服务、无形资产和不动产。

一般纳税人发生财政部和国家税务总局规定的特定应税行为，可以选择适用简易计税方法计税。适用简易计税方法计税的一般纳税人，其取得的用于简易计税方法计税项目的进项税额不得抵扣，如房地产开发企业一般纳税人销售自行开发的房地产老项目、一般纳税人为建筑工程老项目提供的建筑服务等。

适用一般计税方法的纳税人，兼营简易计税项目、免税项目而无法划分不得抵扣的进项税额，应按照下列公式计算不得抵扣的进项税额：

$$\begin{matrix}不得抵扣的\\进项税额\end{matrix}=\begin{matrix}当期无法划分的\\全部进项税额\end{matrix}\times\frac{\begin{matrix}当期简易计税方法\\计税项目销售额\end{matrix}+\begin{matrix}当期免征增值税\\项目销售额\end{matrix}}{当期全部销售额}$$

例 4-7

某企业为一般纳税人，提供货物运输服务和装卸搬运服务，其中货物运输服务适用一般计税方法，装卸搬运服务选择适用简易计税方法。该纳税人 11 月缴纳当月电费 11.7 万元，取得增值税专用发票并于当月认证抵扣，且该进项税额无法在货物运输服务和装卸搬运服务间划分。该纳税人当月取得货物运输收入 6 万元，装卸搬运服务 4 万元。

纳税人因兼营简易计税项目而无法划分所取得进项税额的，应作进项税额转出。

$$进项税额转出=\frac{117\ 000}{1+17\%}\times\frac{40\ 000}{40\ 000+60\ 000}=40\ 000(元)$$

（3）用于免征增值税项目的购进货物、加工修理修配劳务、服务、无形资产和不动产。

免征增值税项目是指财政部及国家税务总局规定的免征增值税的项目，如养老机构提供的养老服务、婚姻介绍服务、从事学历教育的学校提供的教育服务、农业生产者销售的自产农产品等。

（4）用于集体福利的购进货物、加工修理修配劳务、服务、无形资产和不动产。

集体福利是指纳税人为内部职工提供的各种内设福利部门所发生的设备、设施等费用，包括职工食堂、职工浴室、理发室、医务所、托儿所、疗养院等集体福利部门的设备、设施及维修保养费用。

（5）用于个人消费的购进货物、加工修理修配劳务、服务、无形资产和不动产。

个人消费是指纳税人内部职工个人消费的货物、劳务及服务等所发生的费用，如交际应酬消费、职工个人的车辆加油费等。纳税人的交际应酬消费属于个人消费。

（6）非正常损失的购进货物，以及相关的加工修理修配劳务和交通运输服务。

非正常损失的购进货物是指因管理不善造成货物被盗、丢失、霉烂变质，以及因违反法律法规造成货物被依法没收、销毁、拆除的。该货物及相关的销售服务所对应的进项税额不得抵扣。

（7）非正常损失的在产品、产成品所耗用的购进货物（不包括固定资产）、加工修理修配劳务和交通运输服务。

非正常损失的在产品、产成品所耗用的购进货物、加工修理修配劳务和交通运输服务是指因管理不善造成在产品、产成品被盗、丢失、霉烂变质，以及因违反法律法规造成在产品、产成品被依法没收、销毁、拆除的。该在产品、产成品所耗用的购进货物、销售服务所对应的进项税额不得抵扣。

（8）非正常损失的不动产，以及该不动产所耗用的购进货物、设计服务和建筑服务。

非正常损失的不动产是指因管理不善造成不动产被盗、丢失、霉烂变质，以及因违反法律法规造成不动产被依法没收、销毁、拆除的，该不动产以及该不动产所耗用的购进货物、设计服务和建筑服务所对应的进项税额不得抵扣。

（9）非正常损失的不动产在建工程所耗用的购进货物、设计服务和建筑服务。

纳税人新建、改建、扩建、修缮、装饰不动产，均属于不动产在建工程。非正常损失的不动产在建工程所耗用的购进货物、设计服务和建筑服务是指因管理不善造成不动产在建工程被盗、丢失、霉烂变质，以及因违反法律法规造成不动产在建工程被依法没收、销毁、拆除的，该不动产在建工程所耗用的购进货物、设计服务和建筑服务所对应的进项税额不得抵扣。

（10）购进的旅客运输服务。

旅客运输服务是指客运服务，包括通过陆路运输、水路运输、航空运输为旅客个人提供的客运服务。纳税人取得的旅客运输服务的进项税额不得抵扣。

（11）购进的贷款服务。

贷款服务是指将资金贷与他人使用而取得利息收入的业务活动，如银行提供的贷款服务、金融商品持有期间的利息收入、信用卡透支利息收入、买入返售金融商品利息收入、融资融券收取的利息收入，以及融资性售后回租、押汇、罚息、票据贴现、转贷等业务取得的利息及利息性质的收入。纳税人取得的贷款服务的进项税额不得抵扣。

（12）购进的餐饮服务。

餐饮服务是指通过同时提供饮食和饮食场所的方式为消费者提供饮食消费服务的业务活动，纳税人取得的餐饮服务的进项税额不得抵扣。

（13）购进的居民日常服务。

居民日常服务是指主要为满足居民个人及其家庭日常生活需求提供的服务，包括市容市政管理、家政、婚庆、养老、殡葬、照料和护理、救助救济、美容美发、按摩、桑拿、氧吧、足疗、沐浴、洗染、摄影扩印等服务。纳税人取得的居民日常服务的进项税额不得抵扣。

（14）购进的娱乐服务。

娱乐服务是指为娱乐活动同时提供场所和服务的业务，具体包括：歌厅、舞厅、夜总会、酒吧、台球、高尔夫球、保龄球、游艺（包括射击、狩猎、跑马、游戏机、蹦极、卡丁车、热气球、动力伞、射箭、飞镖）。纳税人取得的娱乐服务的进项税额不得抵扣。

二、进口增值税的计算

凡是申报进入我国海关境内的货物，均应缴纳进口环节增值税，由我国海关代征。

纳税人进口货物，按照组成计税价格和与国内货物17%或11%的税率计算应纳税额，其计算公式如下：

应纳进口增值税＝组成计税价格×税率

组成计税价格＝关税完税价格＋关税

或　　　　＝关税完税价格＋关税＋消费税

其中：

$$消费税=\frac{关税完税价格+关税}{1-消费税税率}\times消费税税率$$

关税＝关税完税价格×关税税率

进口货物的关税完税价格是以该货物运抵我国的到岸价格为依据的，包括买价、货物运抵我国关境内输入地点起卸前的包装费、运费、保险费和其他劳务费等。

例4-8

某商场10月进口一批货物，该批货物在国外的买价为40万元，运抵我国海关前发生的包装费、运输费、保险费等共计20万元。货物报关后，商场按规定缴纳了进口环节的增值税。该批进口货物在国内全部销售，取得不含税销售额100万元。货物进口关税税率为15%，增值税税率为17%。

【解析】

关税的组成计税价格=40+20=60(万元)

进口关税=60×15%=9(万元)

增值税的组成计税价格=60+9=69(万元)

进口增值税=69×17%=11.73(万元)

销项税额=100×17%=17(万元)

应交增值税=17-11.73=5.27(万元)

三、简易计税方法

（一）一般纳税人选择简易计税方法需要报送的资料

一般纳税人选择简易计税方法需要报送的资料主要包括：

(1)《增值税一般纳税人简易征收备案表》2份。

(2) 一般纳税人选择简易办法征收备案事项说明。

(3) 选择简易征收的产品、服务符合条件的证明材料，或者企业符合条件的证明材料。上述复印件应注明“与原件相符”字样并由纳税人签章。报送资料齐全、符合法定形式、填写内容完整的，主管国税税务机关受理后即时办结。

（二）一般情况下简易计税方法应纳税额的计算

简易计税方法下的应纳税额，是指按照销售额和增值税征收率计算的增值税税额，不得抵扣进项税额。计算公式为：

应纳税额=销售额×征收率

由于增值税是价外税，如果纳税人采用销售额和应纳税额合并定价方法的（即含税价），需要将含税价换算为不含税价。计算公式为：

$$销售额=\frac{含税销售额}{1+征收率}$$

提示

纳税人适用简易计税方法计税的，因销售折让、中止或者退回而退还给购买方的销售额，应当从当期销售额中扣减。扣减当期销售额后仍有余额，造成多缴的税款，可以从以后的应纳税额中扣减。

例4-9

A演艺公司为增值税一般纳税人，2016年5月举办文艺表演5场，取得门票收入106万元，A演艺公司5月购买背景布、音响道具、钢构舞台等取得的增值税专用发票上注明的增值税合计3万元。

【解析】

一般纳税人提供文化体育服务可以选择适用简易计税方法计税。但一经选择，36个月内不得变更。

（1）按一般计税方法：

$$销项税额=\frac{106}{1+6\%}\times 6\%=6(万元)$$

$$应纳税额=6-3=3(万元)$$

（2）按简易计税方法：

$$应纳税额=\frac{106}{1+3\%}\times 3\%=3.09(万元)$$

(三) 建筑服务业选择简易计税方法的应纳税额计算

1. 建筑服务业选择简易计税方法

（1）一般纳税人以清包工方式提供的建筑服务，可以选择适用简易计税方法计税。以清包工方式提供建筑服务，是指施工方不采购建筑工程所需的材料或只采购辅助材料，并收取人工费、管理费或者其他费用的建筑服务。

（2）一般纳税人为甲供工程提供的建筑服务，可以选择适用简易计税方法计税。甲供工程是指全部或部分设备、材料、动力由工程发包方自行采购的建筑工程。

（3）一般纳税人为建筑工程老项目提供的建筑服务，可以选择适用简易计税方法计税。建筑工程老项目是指：1）建筑工程施工许可证注明的合同开工日期在2016年4月30日前的建筑工程项目；2）未取得建筑工程施工许可证的，建筑工程承包合同注明的开工日期在2016年4月30日前的建筑工程项目。

提示

建筑服务业可以选择其中一个项目实行简易计税方法。

2. 建筑服务业采用简易计税方法的增值税计算

销售额为取得的全部价款和价外费用扣除支付的分包款后的余额。计算公式为：

$$应纳税额=(全部价款+价外费用-分包款)\times 3\%$$

提示

扣除支付的分包款中不包括转包款。因为《中华人民共和国建筑法》规定，禁止承包单位将其承包的全部建筑工程转包给他人，禁止承包单位将其承包的全部建筑工程肢解以后以分包的名义分别转包给他人。

可以扣除分包款的合法有效凭证是：(1) 从分包方取得的2016年4月30日前开具的建筑业营业税发票。(2) 从分包方取得的2016年5月1日后开具的，备注栏注明建筑服务发生地所在县（市、区）、项目名称的增值税发票。(3) 国家税务总局规定的其他凭证。

建筑业营改增的政策要点见表4-5。

表4-5　　建筑业营改增政策要点明细表

纳税人资格类型	施工类型		计税方法	发票开具		申报	预缴《增值税预缴税款表》
				普通发票	专用发票		
一般纳税人	总包方		一般计税	自行开具	自行开具	全额申报，11%税率，扣减预缴	扣除支付的分包款后的余额，按照2%的预征率计算应预缴税款 预缴税款$=\frac{含税价-支付的分包款}{1+11\%}\times 2\%$
一般纳税人	总包方		简易计税	自行开具	自行开具	差额申报，3%征收率，扣减预缴	扣除支付的分包款后的余额，按照3%的征收率计算应预缴税款 预缴税款$=\frac{含税价-支付的分包款}{1+3\%}\times 3\%$
一般纳税人	分包方（不再分包）		一般计税	自行开具	自行开具	全额申报，11%税率，扣减预缴	取得的全部价款与价外费用按照2%的预征率计算应预缴税款 预缴税款$=\frac{含税价}{1+11\%}\times 2\%$
一般纳税人	分包方（不再分包）		简易计税	自行开具	自行开具	全额申报，3%征收率，扣减预缴	取得的全部价款与价外费用按照3%的预征率计算应预缴税款 预缴税款$=\frac{含税价}{1+3\%}\times 3\%$
小规模纳税人	单位和个体工商户	总包方	简易计税	自开或代开	服务发生地国税机关代开	差额申报，3%征收率，扣减预缴	扣除支付的分包款后的余额，按照3%的征收率计算应预缴税款 预缴税款$=\frac{含税价-支付的分包款}{1+3\%}\times 3\%$
小规模纳税人	单位和个体工商户	分包方（不再分包）	简易计税	自开或代开	服务发生地国税机关代开	全额申报，3%征收率，扣减预缴	取得的全部价款与价外费用按照3%的预征率计算应预缴税款 预缴税款$=\frac{含税价}{1+3\%}\times 3\%$
小规模纳税人	自然人	—	简易计税	服务发生地国税机关代开	—	在建筑服务发生地申报纳税，3%征收率	—

注：①分包方如果再向下进行二次分包，相对于二次分包方而言，其为“总包方”，以此类推。

②纳税人提供建筑服务预缴时，计算需扣减的分包款不需分项目对应扣减，可在各项目之间用当期所有的收入扣减当期所有分包款，不足扣减的可结转下期。

③起征点以下的小规模纳税人，无法自行开具增值税发票的，可以向服务发生地国税机关申请代开增值税发票。

例 4－10

甲建筑公司为增值税一般纳税人，2016 年 5 月 1 日以清包工方式承接 A 工程项目（或为甲供工程提供建筑服务），5 月 30 日发包方按工程进度支付工程价款 222 万元，该项目当月发生工程成本 100 万元，其中购买材料、动力、机械等取得的增值税专用发票上注明的金额为 50 万元。甲建筑公司对 A 工程项目选用简易计税方法计算应纳税额。甲建筑公司需缴纳多少增值税？

【解析】

企业以清包工方式提供建筑服务或为甲供工程提供建筑服务，可以选用简易计税方法，其进项税额不能抵扣。

$$应纳增值税=\frac{222}{1+3\%}\times 3\%=6.47(万元)$$

四、预缴增值税

增值税预征，除了已有的经过审批同意的增值税汇总缴纳企业，根据审批结果，按照一定方法就地进行预征增值税、总机构结算缴纳外，普遍性预征主要是营改增中的不动产和建筑两大特殊行业。

1. 预缴税款应提供的资料

自 2016 年 9 月 1 日起，纳税人跨县（市、区）提供建筑服务，在向建筑服务发生地主管国税机关预缴税款时，需提交以下资料：

（1）《增值税预缴税款表》；

（2）与发包方签订的建筑合同复印件（加盖纳税人公章）；

（3）与分包方签订的分包合同复印件（加盖纳税人公章）；

（4）从分包方取得的发票复印件（加盖纳税人公章）。

2. 预征率为 2%

一般纳税人跨县（市、区）提供建筑服务，需要按照工程项目分别计算应预缴税款，适用一般计税方法计税的，以取得的全部价款和价外费用扣除支付的分包款后的余额，按照 2%的预征率，在项目发生地向国税机关预缴税款，并向机构所在地主管税务机关进行汇总纳税申报。

$$预缴税款=\frac{全部价款+价外费用-支付的分包款}{1+11\%}\times 2\%$$

纳税人取得的全部价款和价外费用扣除支付的分包款后的余额为负数的，可结转下次预缴税款时继续扣除。

例 4－11

某外地进京施工企业总包合同为 200 万元，支付的分包款为 100 万元，

【解析】

（1）如企业选用一般计税方法：

$$增值税预缴税款=\frac{200-100}{1+11\%}\times 2\%=1.8(万元)$$

（2）如企业选用简易计税方法：

$$增值税预缴税款=\frac{200-100}{1+3\%}\times 3\%=2.91(万元)$$

3. 预征率为3%

（1）一般纳税人跨县（市、区）提供建筑服务，并选择适用简易计税方法计税的，以及小规模纳税人跨县（市、区）提供建筑服务的，需要按照工程项目分别计算应预缴税款，在项目发生地向国税机关预缴税款，向机构所在地主管税务机关进行汇总纳税申报。

$$预缴税款=\frac{全部价款+价外费用-支付的分包款}{1+3\%}\times 3\%$$

（2）房地产开发企业无论采用何种计税方法，采取预收款方式销售所开发的房地产项目，在收到预收款时都应按照3%的预征率预缴增值税。

$$预缴税款=\frac{预收款}{1+适用税率或征收率}\times 3\%$$

提示

房地产开发企业的一般纳税人应在取得预收款的次月纳税申报期向主管国税机关预缴税款。适用一般计税方法计税的，按照11%的适用税率计算；适用简易计税方法计税的，按照5%的征收率计算。小规模纳税人也应按照5%的征收率计算，在取得预收款的次月纳税申报期或主管国税机关核定的纳税期限向主管国税机关预缴税款。

例4-12

某企业在洱源县提供工程服务，属于甲供工程，该企业选择简易计税方法，含税销售额为103万元，给对方开具了增值税普通发票。该企业需缴纳多少增值税？

【解析】

由于是在洱源县提供工程服务，需要向洱源县国家税务局预缴税款。

$$应预缴的税款=\frac{103}{1+3\%}\times 3\%=3(万元)$$

$$不含税销售额=\frac{103}{1+3\%}=100(万元)$$

$$销项税额=100\times 3\%=3(万元)$$

（3）一般纳税人出租其取得的、与机构所在地不在同一县（市、区）的不动产，选择或者适用一般计税方法的，应向不动产所在地国税机关预缴，向机构所在地地主管国税机关纳税申报。

$$预缴税款=\frac{含税销售额}{1+11\%}\times 3\%$$

提示

一般纳税人出租与机构所在地在同一县（市、区）的不动产，不预缴税款。

4. 预征率为5%

（1）无论一般纳税人还是小规模纳税人，转让取得（包括自建）的不动产均按5%的预征率预缴税款。

1）纳税人转让自建的不动产，按照全额预缴税款。

$$预缴税款=\frac{全部价款+价外费用}{1+5\%}\times 5\%$$

2）纳税人转让除自建以外取得的不动产，按照差额预缴税款。

$$预缴税款=\frac{全部价款+价外费用-\begin{matrix}不动产购置原价或者\\取得不动产时的作价\end{matrix}}{1+5\%}\times 5\%$$

（2）一般纳税人出租其取得的、选择或者适用简易计税方法的不动产，以及小规模纳税人出租的除个体工商户和其他个人住房之外的不动产均按5%的预征率预缴税款。

$$预缴税款=\frac{含税销售额}{1+5\%}\times 5\%$$

提示

（1）其他个人转让取得（包括自建）的不动产，向不动产所在地主管地税机关直接纳税申报。（2）除其他个人外发生转让的，均向不动产所在地主管地税机关预缴，向机构所在地主管国税机关申报纳税。（3）其他个人出租不动产，向不动产所在地主管地税机关申报纳税。（4）除其他个人外，出租与机构所在地不在同一县（市、区）的不动产，应向不动产所在地国税机关预缴，向机构所在地主管国税机关申报纳税。

5. 预征率为1.5%

（1）个体工商户出租住房，按照5%的征收率减按1.5%计算应纳税额。不动产所在地与机构所在地不在同一县（市、区）的，向不动产所在地主管国税机关预缴税款，向机构所在地主管国税机关申报纳税。

（2）其他个人出租住房，按照5%的征收率减按1.5%计算应纳税额，向不动产所在地主管地税机关申报纳税。

五、小规模纳税人的应纳税额计算

（一）一般情况下小规模纳税人的应纳税额计算

小规模纳税人销售货物或者提供应税劳务，实行按照销售额和征收率3%计算应纳税额的简易办法，不得抵扣进项税额。计算公式为：

$$应纳税额=销售额\times 征收率$$

销售额是指小规模纳税人销售货物或提供应税劳务向购买方收取的全部价款和价外费用，其含义与一般纳税人相同。增值税征收率的调整由国务院决定。

由于除了住宿业、鉴证业、建筑业、工业、信息传输、软件和信息技术服务业的小规模纳税人可以开具增值税专用发票外，其他小规模纳税人只能自开普通发票，需要将发票上的含税价换算为不含税价。计算公式为：

$$销售额=\frac{含税销售额}{1+征收率}$$

提示

（1）计算增值税的小规模纳税人的销售额应是不含税销售额，由于小规模纳税人的销售额均为含税销售额，所以须按3%的征收率换算为不含税销售额。

（2）这种简易的征收办法不仅适用于小规模纳税人，有时也适用于一般纳税人。

例4-13

某增值税小规模纳税人属于小型微利企业，2016年8月取得销售收入12.36万元，购进原材料一批，支付货款3.09万元。

【解析】

小型微利企业目前可以享受月不含税销售额3万元免税的优惠。

$$当月应纳增值税税额=\left(\frac{12.36}{1+3\%}-3\right)\times 3\%=0.27(万元)$$

（二）建筑业小规模纳税人的增值税计算

例4-14

甲建筑公司为增值税小规模纳税人，机构所在地为大理市。某年5月1日到洱源县承接A工程项目，并将A项目中的部分施工项目分包给乙公司，5月30日发包方按进度支付工程价款222万元。5月甲公司支付给乙公司工程分包款50万元。

【解析】

试点纳税人中的小规模纳税人跨县（市）提供建筑服务，应以取得的全部价款和价外费用扣除支付的分包款后的余额为销售额，按照3%的征收率计算应纳税额。纳税人应在建筑服务发生地预缴税款后，向机构所在地主管税务机关进行纳税申报。

$$应纳税额=\frac{222-50}{1+3\%}\times 3\%=5.01(万元)$$

在洱源县预缴增值税=5.01(万元)

在大理市全额申报的应纳税额=5.01−5.01=0

六、销售自己使用过的固定资产和物品的增值税计算

1. 一般纳税人销售自己使用过的固定资产和物品

(1) 一般纳税人销售自己使用过的固定资产。

1) 销售抵扣过进项税额且在2009年1月1日后购进的固定资产，按适用税率17%征税。2) 销售属于规定不得抵扣进项税额，并在2009年1月1日后购进应抵扣而未抵扣的固定资产，按照简易办法依照3%征收率减按2%征收增值税。3) 销售2009年1月1日前购进的固定资产，按照简易办法依照3%征收率减按2%征收增值税。

提示

一般纳税人销售自己使用过的固定资产，如果属于按简易办法依2%征收率征收增值税政策的，应开具普通发票，不得开具增值税专用发票。

(2) 一般纳税人销售自己使用过的除固定资产外的其他物品，按适用税率17%征税。

2. 小规模纳税人销售自己使用过的固定资产和物品

(1) 小规模纳税人销售自己使用过的固定资产，按2%征收率征收增值税。销售行为发生在2009年1月1日以后的，不区分购进年限。小规模纳税人不包括其他个人。

提示

小规模纳税人销售自己使用过的固定资产，应开具普通发票，不得由税务机关代开增值税专用发票。

(2) 小规模纳税人销售自己使用过的除固定资产外的其他物品，按3%征收率征收增值税。

3. 其他个人销售自己使用过的固定资产和物品

其他个人销售自己使用过的物品，免征增值税。

提示

2015年12月22日，国家税务总局规定自2016年2月1日起，对纳税人销售自己使用过的固定资产，现行政策规定适用简易办法依照3%征收率减按2%征收增值税的，可以放弃享受优惠政策，适用简易办法依照3%征收率缴纳增值税，并可以开具增值税专用发票。

纳税人销售自己使用过的固定资产和物品的税务处理见表4-6。

表4-6　纳税人销售自己使用过的固定资产和物品的税务处理

纳税人	销售情形	税务处理	计税公式
一般纳税人	(1) 纳税人购进或者自制固定资产时为小规模纳税人，认定为一般纳税人后销售该固定资产 (2) 增值税一般纳税人发生按简易办法征收增值税应税行为，销售其按照规定不得抵扣且未抵扣进项税额的固定资产 (3) 销售自己使用过的有进项税额的购进或者自制的固定资产	依3%征收率减按2%征收	应纳税额$=\dfrac{含税销售额}{1+3\%}\times 2\%$
	销售自己使用过的除固定资产以外的物品	按正常销售的税率17%	应纳税额$=\dfrac{含税销售额}{1+17\%}\times 17\%$
小规模纳税人（除其他个人外）	销售自己使用过的固定资产	减按2%征收率	应纳税额$=\dfrac{含税销售额}{1+3\%}\times 2\%$
	销售自己使用过的除固定资产以外的物品	按3%的征收率	应纳税额$=\dfrac{含税销售额}{1+3\%}\times 3\%$

例4-15

小章将购买不足2年的住房对外销售，取得出售住房收入420万元。

【解析】

$$应纳税额=\frac{420}{1+5\%}\times 5\%=20（万元）$$

七、转让不动产的增值税应纳税额的计算

2016年11月24日国家税务总局规定，纳税人转让不动产按照有关规定差额缴纳增值税的，如因丢失等原因无法提供取得不动产时的发票，可向税务机关提供其他能证明契税计税金额的完税凭证等资料，进行差额扣除。

纳税人以契税计税金额进行差额扣除的，按照下列公式计算增值税应纳税额：

（1）2016 年 4 月 30 日及以前缴纳契税的。

$$应纳税额=\frac{全部交易价格(含增值税)-契税计税金额(含营业税)}{1+5\%}\times5\%$$

（2）2016 年 5 月 1 日及以后缴纳契税的。

$$应纳税额=\left[\frac{全部交易价格(含增值税)}{1+5\%}-契税计税金额(不含增值税)\right]\times5\%$$

纳税人同时保留取得不动产时的发票和其他能证明契税计税金额的完税凭证等资料的，应当凭发票进行差额扣除。

第 3 节 增值税的核算

2016 年 12 月 3 日，财政部颁布《增值税会计处理规定》（财会〔2016〕22 号），对增值税有关会计处理做出相关规定。

一、增值税一般纳税人的会计科目设置

（一）“应收出口退税款”一级科目

该科目反映销售出口货物按规定向税务机关申报应退回及实际收到的增值税、消费税等。

（二）“应交税费”一级科目

增值税一般纳税人在“应交税费”下设置“应交增值税”“未交增值税”“预交增值税”“待抵扣进项税额”“待认证进项税额”“待转销项税额”“增值税留抵税额”“简易计税”“转让金融商品应交增值税”“代扣代交增值税”10 个二级科目。

提示

增值税一般纳税人设置了 10 个二级科目。一般纳税人采用一般计征方法的，通过“应交税费——应交增值税”二级科目下设置的 10 个专栏进行明细核算。一般纳税人采用简易计税方法的，通过“应交税费——简易计税”明细科目核算，不设置专栏。小规模纳税人通过“应交税费——应交增值税”明细科目核算，不设置专栏。

增值税一般纳税人设置的明细科目及专栏说明表见表 4－7。

表4-7 增值税一般纳税人设置的明细科目及专栏说明表

纳税人	明细科目	说明	
一般纳税人	应交增值税	进项税额；销项税额抵减；已交税金；转出未交增值税；减免税款；出口抵减内销产品应纳税额；销项税额；出口退税；进项税额转出；转出多交增值税	
	未交增值税	月末，从“应交增值税”或“预交增值税”转入当月应交未交、多交或预缴的增值税额，以及当月交纳以前期间未交的增值税额	缴税科目
	预交增值税	转让不动产、提供不动产经营租赁服务、提供建筑服务、采用预收款方式销售自行开发的房地产项目等，以及其他按现行增值税制度规定应预缴的增值税额	部分行业预缴
	待抵扣进项税额	已取得增值税扣税凭证并经税务机关认证，按照现行增值税制度规定准予以后期间从销项税额中抵扣的进项税额	待抵扣
	待认证进项税额	由于未经税务机关认证而不得从当期销项税额中抵扣的进项税额	待认证
	待转销项税额	销售货物、加工修理修配劳务、服务、无形资产或不动产，已确认相关收入（或利得）但尚未发生增值税纳税义务而需要在以后期间确认为销项税额的增值税额	税会差异科目
	增值税留抵税额	原增值税一般纳税人，截止到纳入营改增试点之日前的增值税期末留抵税额按照现行增值税制度规定不得从销售服务、无形资产或不动产的销项税额中抵扣的增值税留抵税额	过渡性科目
	简易计税	采用简易计税方法发生的增值税计提、扣减、预缴、缴纳等业务	未单独设置明细
	转让金融商品应交增值税	增值税纳税人转让金融商品发生的增值税额	转让金融商品单独核算科目
	代扣代交增值税	购进在境内未设经营机构的境外单位或个人在境内发生应税行为代扣代交的增值税额	期末一般为零
小规模纳税人		小规模纳税人仅在“应交税费”下设置“应交增值税”明细科目，不需设置上述专栏及除“转让金融商品应交增值税”“代扣代交增值税”外的明细科目	仅三个科目

1.“应交增值税”二级科目

增值税一般纳税人适用一般计税方法的，在“应交税费——应交增值税”二级科目设置以下10个专栏。

（1）“进项税额”三级科目（专栏），记录一般纳税人购进货物、加工修理修配劳务、服务、无形资产或不动产而支付或负担的、准予从当期销项税额中抵扣的增值税额。

如果取得了增值税专用发票没有认证、认证没有通过或不允许当期抵扣的，是不计入“进项税额”专栏内的，比如不动产分期抵扣的增值税专用发票，认证当期可抵扣的 60%计入此明细，延期抵扣的要计入“应交税费——待抵扣进项税额”科目。

（2）“销项税额抵减”三级科目（专栏），记录一般纳税人按照现行增值税制度规定因扣减销售额而减少的销项税额。专用于一般纳税人适用一般计税方法，而且允许差额纳税的情形。它的作用相当于“进项税额”，但不需要增值税专用发票，如果取得的是增值税专用发票，需认证后转出，不能重复抵扣或抵减。

这个专栏可以视为“销项税额”专栏的抵减专栏，即“销项税额”按照全额计提，而允许抵减的部分，通过“销项税额抵减”专栏反映，两者相抵，保证了差额计税在会计核算上的实现。通过该专栏核算的主要包括以下几种情形：1）房地产企业销售营改增之后的房地产项目。2）经纪代理。3）旅游服务。4）融资租赁及融资性售后回租。5）中国移动等电信公司及其成员单位通过手机短信公益特服号为公益性机构接受捐款。6）航空运输企业代收的机场建设费和代售其他航空运输企业客票代收转付的价款。7）客运场站服务。8）中国证券登记结算公司的销售额。

（3）“已交税金”三级科目（专栏），记录一般纳税人当月已交纳的应交增值税额。

（4）“转出未交增值税”和“转出多交增值税”三级科目（专栏），分别记录一般纳税人月度终了转出当月应交未交或多交的增值税额。

（5）“减免税款”三级科目（专栏），记录一般纳税人按现行增值税制度规定准予减免的增值税额。

该专栏用来核算减免的增值税，包括直接减免的，也包括抵减增值税额的。减免税款与差额纳税有区别，直接减免是指按现行的增值税政策，对增值税应纳税额的减免，不是对收入税基的减免。

（6）“出口抵减内销产品应纳税额”三级科目（专栏），记录实行“免、抵、退”办法的一般纳税人按规定计算的出口货物的进项税抵减内销产品的应纳税额。

该专栏只适用于“免抵退”的出口业务，“免抵”和“免”的出口业务用“减免税款”专栏核算。

（7）“销项税额”三级科目（专栏），记录一般纳税人销售货物、加工修理修配劳务、服务、无形资产或不动产应收取的增值税额。

该专栏核算纳税人产生的当期除金融商品转让以外的所有销项税额。如果是金融商品转让的，则可抵减差额部分销项税额应计入“销项税额抵减”专栏。

（8）“出口退税”三级科目（专栏），记录一般纳税人出口货物、加工修理修配劳务、服务、无形资产按规定退回的增值税额。

“出口抵减内销产品应纳税额”和“出口退税”专栏适用于有出口退税业务的一般纳税人。

（9）“进项税额转出”三级科目（专栏），记录一般纳税人购进货物、加工修理修配劳务、服务、无形资产或不动产等发生非正常损失以及其他原因而不应从销项税额中抵扣而应按规定转出的进项税额。

非正常损失，是指因管理不善造成被盗、丢失、霉烂变质的损失。

提示

一般纳税人的“应交税费——应交增值税”科目只核算一般纳税人一般计税方法下的预提数，实际缴纳时，需要结转至“应交税费——未交增值税”明细科目，预缴税款时，通过“应交税费——预交增值税”明细科目核算。

提示

“应交增值税”是一级科目“应交税费”的明细科目，它与“未交增值税”“预交增值税”“待抵扣进项税额”等9个明细科目在级次上是平行的，它们共同构成了增值税会计核算的科目体系。其核算一般纳税人适用一般计税方法计税项目，发生纳税义务，依照一般计税方法计算得出的应纳税额。同时，核算小规模纳税人发生纳税义务，依照简易计税方法计算得出的应纳税额。而房地产开发企业及建筑业企业的一般纳税人适用简易计税方法计税对应的应纳税额不通过“应交增值税”科目核算，而是直接通过“简易计税”明细科目核算，包括计提、扣减、预缴和缴纳。

2. “未交增值税”二级科目

核算一般纳税人月度终了从“应交增值税”或“预交增值税”明细科目转入当月应交未交、多交或预交的增值税额，以及当月交纳以前期间未交的增值税额。

提示

(1) 月度终了从“应交增值税”或“预交增值税”明细科目转入“未交增值税”明细科目。结转之后，应交增值税、预交增值税的余额为零。(2) 反映当月交纳以前期间未交的增值税额。(3) “已交税金”专栏核算当月缴纳当月的增值税，“应交税费——未交增值税”核算当月缴纳上月应交未交的增值税。

3. “预交增值税”二级科目

核算一般纳税人转让不动产、提供不动产经营租赁服务、提供建筑服务、采用预收款方式销售自行开发的房地产项目等，以及其他按现行增值税制度规定应预交的增值税额。预交增值税，是指尽管未达到增值税纳税义务发生时间，但是为了平衡税收稳定性以及考虑行业的特点等，规定采取预收的税金。

4. “待抵扣进项税额”二级科目

核算一般纳税人已取得增值税扣税凭证并经税务机关认证，按照现行增值税制度规定准予在以后期间从销项税额中抵扣的进项税额。包括：(1) 一般纳税人自2016年5月1日后取得并按固定资产核算的不动产或者2016年5月1日后取得的不动产在建工程，按现行增值税制度规定准予在以后期间从销项税额中抵扣的进项税额；(2) 实行纳税辅导期管理的一般纳税人取得的尚未交叉稽核比对的增值税扣税凭证上注明或计算的进项税额。

“待抵扣进项税额”强调的是已认证待抵扣。现行增值税制度规定，专用发票等扣税凭证须在规定的期限内认证，并在认证通过的次月申报期申报抵扣。也就是当期认证，当期申报抵扣，认证和抵扣一般不存在时间差异。但对于不动产的抵扣以及辅导期的一般纳税人，有特殊规定。

一般纳税人购进不动产，取得扣税凭证已经认证，对应进项税额的60%部分计入当期“应交税费——应交增值税（进项税额）”；40%部分计入“应交税费——待抵扣进项税额”，达到可抵扣条件时，自本明细科目贷方转入“应交税费——应交增值税（进项税额）”科目借方。

5.“待认证进项税额”二级科目

核算一般纳税人由于未经税务机关认证而不得从当期销项税额中抵扣的进项税额。包括：(1) 一般纳税人已取得增值税扣税凭证、按照现行增值税制度规定准予从销项税额中抵扣，但尚未经税务机关认证的进项税额；(2) 一般纳税人已申请稽核但尚未取得稽核相符结果的海关缴款书进项税额。

提示

“待抵扣进项税额”指已取得凭证，同时也经过认证，在以后期间可以抵扣；“待认证进项税额”指已取得凭证，未经税务机关认证，不得在当期抵扣。

6.“待转销项税额”二级科目

核算一般纳税人销售货物、加工修理修配劳务、服务、无形资产或不动产，已确认相关收入（或利得）但尚未发生增值税纳税义务而需要在以后期间确认为销项税额的增值税额。

到期一次还本付息的贷款合同属于此类业务，按会计准则的规定，每年应计算利息收入，但增值税的纳税义务时间是到期付息日，因此每年计算利息收入时，价税分离出的销项税额在该明细账内核算。

7.“增值税留抵税额”二级科目

核算兼有销售服务、无形资产或者不动产的原增值税一般纳税人，截止到纳入营改增试点之日前的增值税期末留抵税额按照现行增值税制度规定不得从销售服务、无形资产或不动产的销项税额中抵扣的增值税留抵税额。

8.“简易计税”二级科目

核算一般纳税人采用简易计税方法发生的增值税计提、扣减、预缴、缴纳等业务。

提示

“简易计税”是专门为一般纳税人简易计征业务单独设置的科目。在“简易计税”科目下是否要再设“计提”“扣减”“预缴”“缴纳”等专栏，由企业根据自身情况决定。建筑企业选用简易计税方法，可以扣减分包款后计算应缴纳的增值税额，也通过该科目核算。

9.“转让金融商品应交增值税”二级科目

核算增值税纳税人转让金融商品发生的增值税额。发生纳税义务（产生转让收益）在本科目贷方反映，实际缴纳时在本科目借方反映。产生转让损失，按现行政策规定可在年内抵减的，应将可抵减的应纳税额在本科目借方反映，年末本科目如有借方余额，则应自本科目贷方结转至“投资收益”科目借方。

提示

这是为金融商品转让单设的二级明细科目，企业发生的金融商品转让需缴纳增值税时，将销项税额价税分离后计入该明细账内，不计入“销项税额”专栏，但贷款利息应纳的增值税不在此明细科目内核算。这个明细科目是一般纳税人与小规模纳税人通用的。

10.“代扣代交增值税”二级科目

核算一般纳税人购进在境内未设经营机构的境外单位或个人在境内的应税行为代扣代交的增值税。发生代扣代交义务在本科目贷方反映，实际缴纳时在本科目借方反映。

二、增值税小规模纳税人的会计科目设置

小规模纳税人在“应交税费”科目下只设置3个二级科目，分别为“应交增值税”“转让金融商品应交增值税”和“代扣代交增值税”，不需要设置销项税额、进项税额等三级科目（专栏）。

1.“应交增值税”二级科目

核算小规模纳税人除转让金融商品以及代扣代交业务以外的应纳税额，发生纳税义务在本科目贷方反映；扣减、缴纳、预缴均在本科目借方反映。采购业务对应的进项税额，即便取得专用发票等合规扣税凭证，也应当在发生时计入成本费用或资产科目，不得计入本科目借方。

2.“转让金融商品应交增值税”二级科目

核算小规模纳税人转让金融商品应纳增值税额，发生纳税义务（产生转让收益）在本科目贷方反映，实际缴纳时在本科目借方反映。产生转让损失，按现行政策规定可在年内抵减的，应将可抵减的应纳税额在本科目借方反映，年末本科目如有借方余额，则应自本科目贷方结转至“投资收益”科目借方。

3.“代扣代交增值税”二级科目

核算小规模纳税人购进在境内未设经营机构的境外单位或个人在境内的应税行为代扣代交的增值税。发生代扣代交义务在本科目贷方反映，实际缴纳时在本科目借方反映。

三、增值税会计账表的设置

（一）一般纳税人的“应交税费——应交增值税”账簿设置

在“应交税费——应交增值税”下，按明细项目设置专栏，见表4-8。

表4-8 应交税费——应交增值税

略	借方							贷方					借或贷	余额
	合计	进项税额	已交税金	销项税额抵减	减免税款	转出未交增值税	出口抵减内销产品应纳税额	合计	销项税额	出口退税	进项税额转出	转出多交增值税		

提示

十栏式账页格式在一张账页上总括反映所有明细项目的发生和结转情况，可以达到一目了然的效果。但因账页较长，登账时必须注意不要串栏、串行，以免发生记账错误。

（二）应交增值税明细表（见表4-9）的设置

表4-9 应交增值税明细表

编制单位： 年 月 单位：元

项目	行次	本月数	本年累计数
一、应交增值税			
1. 年初未抵扣数（以“—”号填列）	1		
2. 销项税额	2		
出口退税	3		
进项税额转出	4		
转出多交增值税	5		
	6		
	7		
3. 进项税额	8		
已交税金	9		
销项税额抵减	10		
减免税款	11		
出口抵减内销产品应纳税额	12		
转出未交增值税	13		
	14		
4. 期末未抵扣数（以“—”号填列）	15		

续前表

项　　目	行次	本月数	本年累计数
二、未交增值税			
1. 年初未交数（多交数以“—”号填列）	16		
2. 本期转入数（多交数以“—”号填列）	17		
3. 本期已交数	18		
4. 期末未交数（多交数以“—”号填列）	19		

四、一般纳税人取得资产或接受劳务等业务的账务处理

（一）采购等业务进项税额允许抵扣的账务处理

1. 购进货物、加工修理修配劳务、服务、无形资产或不动产

一般纳税人购进货物、加工修理修配劳务、服务、无形资产或不动产，按应计入相关成本费用或资产的金额计算进项税额。

（1）当月已认证的可抵扣增值税额。

借：在途物资（原材料、库存商品、无形资产、固定资产、管理费用等）　　不含税价

　　应交税费——应交增值税（进项税额）

　贷：银行存款（应付账款、应付票据等）　　含税价

（2）当月未认证的可抵扣增值税额。

借：在途物资（原材料、库存商品、无形资产、固定资产、管理费用）等

　　应交税费——待认证进项税额

　贷：银行存款（应付账款、应付票据等）

次月或在360日内认证相符后。

借：应交税费——应交增值税（进项税额）

　贷：应交税费——待认证进项税额

发生退货的，如原增值税专用发票已做认证，应根据税务机关开具的红字增值税专用发票做相反的会计分录；如原增值税专用发票未做认证，应将发票退回并做相反的会计分录。

提示

“应交税费——待认证进项税额”是“应交税费”下属的二级明细科目，是专门为了反映未进行认证的进项税额而设置的一个二级明细科目。尽管认证后需要转入“应交税费——应交增值税（进项税额）”专栏，但是会计人员需要重视该二级明细科目的借方内容，尽可能在360日的认证期限内扫描认证增值税专用发票的抵扣联，真正完成增值税进项税额的抵扣。

例4－16

甲公司为增值税一般纳税人，6月3日，持银行汇票300万元购入W材料800千克，增值税专用发票上注明的货款为216万元，增值税税额为36.72万元，对方代垫包装费1.8万元，材料已验收入库，剩余票款退回并存入银行。该公司为纳税信用等级为B级的企业，直接于当月在公司的防伪税控系统上进行了增值税专用发票的扫描认证。

【解析】

借：原材料——W材料　2 178 000
　　应交税费——应交增值税（进项税额）　367 200
　贷：其他货币资金——银行汇票存款　2 545 200

借：银行存款　454 800
　贷：其他货币资金——银行汇票存款　454 800

例4－17

某公司10月采购原材料一批，材料已验收，款项已支付，取得对方开具的增值税专用发票，发票上的销售额为100万元，增值税额17万元，10月30日记账时，增值税专用发票尚未认证。

【解析】

借：原材料　1 000 000
　　应交税费——待认证进项税额　170 000
　贷：银行存款　1 170 000

11月14日，该纳税人将此票勾选认证并于12月内申报期内申报抵扣。

借：应交税费——应交增值税（进项税额）　170 000
　贷：应交税费——待认证进项税额　170 000

例4－18

甲公司是一家具有生产销售和安装资质的铝合金门窗企业，甲公司销售铝合金门窗给乙公司，货物金额为2 340 000元，安装金额为555 000元。为了降低税负，甲公司如何签订合同更省税？方案一是甲公司与乙公司签订一份销售安装合同，合同中分别约定：货物金额为2 340 000元，安装金额为555 000元；方案二是甲公司与乙公司签订两份合同：一份是销售合同，金额为2 340 000元；一份是安装合同，金额为555 000元。以上金额均含增值税，均通过银行收取，甲公司也分别核算了销售收入和安装收入。

方案一为混合销售行为。

$$销售额=\frac{2\ 340\ 000}{1+17\%}+\frac{555\ 000}{1+17\%}=2\ 474\ 358.97(元)$$

$$应交纳增值税=2\ 474\ 358.97\times17\%=420\ 641.03(元)$$

借：银行存款　2 895 000

贷：主营业务收入——铝合金门窗 2 474 358.97
应交税费——应交增值税（销项税额） 420 641.03

方案二为兼营行为。

借：银行存款 2 340 000
贷：主营业务收入——铝合金门窗销售 2 000 000
应交税费——应交增值税（销项税额） 340 000

借：银行存款 555 000
贷：主营业务收入——铝合金门窗安装 500 000
应交税费——应交增值税（销项税额） 55 000

2. 企业接受投资转入的货物

借：原材料等
应交税费——应交增值税（进项税额）
贷：股本（或实收资本）
资本公积

例4-19

6月10日，A公司收到乙公司作为资本投入的W材料5 000千克，并验收入库。投资合同约定该批原材料价值（不含可抵扣的增值税进项税额）为1 415万元，增值税进项税额为240.55万元，乙公司开具增值税专用发票。假定合同约定的价值与公允价值相等，未发生资本溢价。

【解析】

借：原材料——W材料 14 150 000
应交税费——应交增值税（进项税额） 2 405 500
贷：实收资本 16 555 500

3. 企业接受捐赠转入的货物

借：原材料
应交税费——应交增值税（进项税额）
贷：营业外收入

4. 企业接受应税劳务

借：生产成本（制造费用、管理费用、销售费用、委托加工物资等）
应交税费——应交增值税（进项税额）
贷：银行存款（应付账款、应付票据等）

例4-20

某厂委托甲厂将一批零件进行精加工，价款为8 000元，加工单位开具的增值税专用发票上注明的加工费为500元，增值税税额为85元，开出转账支票支付价款。

【解析】

(1) 发出加工材料。

借：委托加工物资　8 000
　贷：原材料　8 000

(2) 支付加工费。

借：委托加工物资　500
　　应交税费——应交增值税（进项税额）　85
　贷：银行存款　585

(3) 加工完毕，收回加工材料。

借：原材料　8 500
　贷：委托加工物资　8 500

5. 企业进口货物

企业进口货物，计算和上缴进口增值税给我国海关。

借：应交税费——待抵扣进项税额
　贷：银行存款
借：应交税费——应交增值税（进项税额）
　贷：应交税费——待抵扣进项税额

提示

进口货物的进项税额与国内购进货物的进项税额不同。

(1) 国内购进货物的进项税额是购货方支付给供货方的价款中可以用来抵扣的部分，所以进项税额与购进的买价都是一笔会计分录。

(2) 进口货物的进项税额是购货方支付给我国海关的，所以进项税额与支付给外商的买价是分开的，是单独核算的，不过可在国内销售时进行抵扣。

例 4-21

甲公司为增值税一般纳税人，2017 年 3 月 2 日从境外购入一批原材料，以银行存款支付进口环节增值税 29 万元，当月取得海关《增值税专用缴款书》并向主管税务机关申请稽核比对。

【解析】

计算和上缴进口增值税给我国海关。

借：应交税费——待抵扣进项税额　290 000
　贷：银行存款　290 000
借：应交税费——应交增值税（进项税额）　290 000
　贷：应交税费——待抵扣进项税额　290 000

提示

由于增值税是价外税，进口时计算和上缴进口的增值税是一笔会计分录。

6. 企业购进免税农业产品

借：在途物资（库存商品等）　买价－进项税额

　　应交税费——应交增值税（进项税额）　　　　买价×扣除率
　贷：银行存款（应付账款等）　　　　　　　　　　买价

提示

购进免税农业产品的进项税额＝买价×扣除率，而采购成本＝买价－进项税额。

例4-22

某罐头厂直接从农民手中收购猪肉进行加工，某月购入猪肉2 000千克，每千克11元，按11%的扣除率计算进项税额。根据规定允许坐支销货款，用现金支付。

【解析】

借：在途物资　　　　　　　　　　　　　　19 580
　　应交税费——应交增值税（进项税额）　　2 420
　贷：库存现金　　　　　　　　　　　　　　　22 000

（二）购进不动产或不动产在建工程按规定进项税额分年抵扣的账务处理

一般纳税人购进不动产，取得的扣税凭证已经认证，对应进项税额的60%部分计入“应交税费——应交增值税（进项税额）”，40%部分计入“应交税费——待抵扣进项税额”，达到可抵扣条件时，自本明细科目贷方转入“应交税费——应交增值税（进项税额）”科目借方。

一般纳税人自2016年5月1日后取得并按固定资产核算的不动产或者2016年5月1日后取得的不动产在建工程，其进项税额按现行增值税制度规定自取得之日起分2年从销项税额中抵扣。

（1）购进不动产且当月认证的。

借：固定资产（在建工程等）　　　　　　　　　　不含税价
　　应交税费——应交增值税（进项税额）当期可抵扣的增值税额（60%）
　　　　　　——待抵扣进项税额　　以后期间可抵扣的增值税额（40%）
　贷：银行存款（应付账款、应付票据等）

（2）购进不动产但当月未能及时认证的。

借：固定资产（在建工程等）
　　应交税费——待认证进项税额
　贷：银行存款（应付账款等）

次月以后认证相符后。

借：应交税费——应交增值税（进项税额）
　　　　　　　　　　　　　　　　当期可抵扣的增值税额（60%）
　　　　　　——待抵扣进项税额　　以后期间可抵扣的增值税额（40%）
　贷：应交税费——待认证进项税额

（3）尚未抵扣的进项税额待取得后第13个月允许抵扣时，按允许抵扣的金额。

借：应交税费——应交增值税（进项税额）　　以后期间可抵扣的增值税额（40%）

　贷：应交税费——待抵扣进项税额　　以后期间可抵扣的增值税额（40%）

例4-23

2016年6月10日，某公司购进一幢简易办公楼，并于当月投入使用。6月25日，纳税人取得该大楼的增值税专用发票并认证相符，专用发票注明的价款为800 000元，增值税进项税额为88 000元，款项已用银行存款支付。不考虑其他相关因素。

【解析】

（1）2016年6月10日，某公司购进办公楼。

借：固定资产　　800 000

　　应交税费——应交增值税（进项税额）（88 000×60%）　　52 800

　　应交税费——待抵扣进项税额（88 000×40%）　　35 200

　贷：银行存款　　888 000

（2）2017年6月，剩余40%部分达到允许抵扣条件。

借：应交税费——应交增值税（进项税额）　　35 200

　贷：应交税费——待抵扣进项税额　　35 200

（三）货物等已验收入库但尚未取得增值税扣税凭证的账务处理

购进的货物等已到达并验收入库，但尚未收到增值税扣税凭证的，应按货物清单或相关合同协议上的价格暂估入账。

借：原材料等　　合同暂估价

　　应交税费——待认证进项税额

　贷：应付账款等

如果合同暂估价＝实际不含税价，则待取得发票并经认证后。

借：应交税费——应交增值税（进项税额）

　　应交税费——待抵扣进项税额

　贷：应交税费——待认证进项税额

借：应付账款

　贷：银行存款

如果合同暂估价≠实际不含税价，则红字冲销暂估入账的金额。

借：原材料等　　合同暂估价（红字）

　　应交税费——待认证进项税额

　贷：应付账款等

实际支付购买时。

借：原材料等　　合同暂估价

应交税费——待认证进项税额

贷：银行存款

扫描认证后。

借：应交税费——应交增值税（进项税额）

贷：应交税费——待认证进项税额

例4-24

2016年6月25日，该公司购进原材料一批已验收入库，但尚未收到增值税扣税凭证，款项也未支付。随货同行的材料清单列明的原材料销售价格为260 000元，估计未来可抵扣的增值税额为44 200元。

验收入库时。

借：原材料 260 000

应交税费——待认证进项税额 44 200

贷：应付账款 304 200

待取得相关增值税专用发票上注明的价款为260 000元，增值税税额为44 200元，增值税专用发票已认证。全部款项以银行存款支付。

借：应付账款 304 200

贷：银行存款 304 200

借：应交税费——应交增值税（进项税额） 44 200

贷：应交税费——待认证进项税额 44 200

（四）小规模纳税人采购等业务的账务处理

小规模纳税人购买物资、服务、无形资产或不动产，取得增值税发票上注明的增值税应计入相关成本费用或资产，不通过“应交税费——应交增值税”科目核算。

借：在途物资（原材料、库存商品、生产成本、管理费用等）含税价

贷：银行存款（应付账款、应付票据等）

例4-25

某小规模纳税企业购入材料一批，取得的增值税普通发票上注明的货款为23 400元。

【解析】

借：原材料 23 400

贷：银行存款 23 400

（五）购买方作为扣缴义务人的账务处理

境外单位或个人在境内发生应税行为，在境内未设有经营机构的，以购买方为增值税扣缴义务人。

(1) 境内一般纳税人购进服务、无形资产或不动产。

借：生产成本（无形资产、固定资产、管理费用等）
　　应交税费——应交增值税（进项税额）　　　　可抵扣的增值税额
　贷：银行存款（应付账款、应付票据等）
　　　应交税费——代扣代交增值税　　　　应代扣代交的增值税额

提示

境内一般纳税人购进服务、无形资产或不动产，按可抵扣的增值税额，借记“应交税费——应交增值税（进项税额）”科目。在实务工作中，一般情况下是先进行账务处理，以后支付款项时再行扣缴税费，所以一般是先计入“应交税费——待认证进项税额”，待进项税额认证后，再由“应交税费——待认证进项税额”科目结转到“应交税费——应交增值税（进项税额）”科目中。

（2）境内小规模纳税人购进服务、无形资产或不动产。

借：生产成本（无形资产、固定资产、管理费用等）
　贷：银行存款（应付账款、应付票据等）
　　　应交税费——代扣代交增值税

（3）不论是一般纳税人还是小规模纳税人，实际缴纳代扣代交增值税时。

$$代扣代交增值税=\frac{接受方支付的价款}{1+税率}\times税率$$

借：应交税费——代扣代交增值税
　贷：银行存款

例 4-26

设立于中国香港的 B 公司将 K 品牌授权给设立于我国境内的一般纳税人 A 公司使用。按照约定，A 公司按照销售额的 3%支付特许权使用费给 B 公司，扣除相关税费后按季支付。2013 年第四季度 A 公司的销售额为 1 000 万元，应付税前特许权使用费 30 万元。假设增值税适用税率为 6%，预提所得税税率为 10%，附加税费合计为增值税税额的 12%（城建税 7%，教育费附加 3%，地方教育费附加 2%）。

【解析】

（1）代扣代交增值税的计算。

$$代扣代交增值税=\frac{300\ 000}{1+6\%}\times6\%=16\ 981.13(元)$$

（2）代扣代交附加税费的计算。

$$代扣代交附加税费=16\ 981.13\times12\%=2\ 037.74(元)$$

（3）代扣代交预提所得税的计算。

计算缴纳企业所得税时，应以不含增值税的收入全额作为应纳税所得额。

$$代扣代交预提所得税额=\frac{300\ 000}{1+6\%}\times10\%=28\ 301.89(元)$$

（4）A公司的会计处理。

1）确认当期损益并代扣代交增值税。

借：管理费用——特许权使用费　283 018.87
　　应交税费——应交增值税（进项税额）　16 981.13
　贷：应交税费——代扣代交增值税　16 981.13
　　　应付账款——B公司　283 018.87

2）代扣代交附加税费。

借：应付账款——B公司　2 037.74
　贷：应交税费——代扣代交城市维护建设税等　2 037.74

3）代扣代交预提企业所得税。

借：应付账款——B公司　28 301.89
　贷：应交税费——代扣代交所得税　28 301.89

4）代扣代交上述税费。

借：应交税费——代扣代交增值税　16 981.13
　　　　　　——代扣代交城市维护建设税等　2 037.74
　　　　　　——代扣代交企业所得税　28 301.89
　贷：银行存款　47 320.76

（六）不得从销项税额中抵扣的进项税额的账务处理

（1）企业购入货物及接受应税劳务直接用于免税项目以及直接用于集体福利和个人消费。

借：其他业务成本（管理费用等）
　贷：银行存款

假如取得增值税专用发票，由于不再产生销项税额，所以在计入购入货物及接受劳务的成本时，连同支付给供货方的增值税，一起计入购入货物及接受劳务的成本，不得作为增值税的进项税额。

（2）用于交际应酬的货物，不得抵扣进项税额。纳税人购进用于交际应酬的货物，国际通行做法是不得抵扣进项税额，我国也规定凡是用于交际应酬的货物，不得抵扣其进项税额。

例4－27

购进一次性用具用于职工食堂使用，买价为10 000元，增值税额为1 700元；购进饮料4 500元作为招待客户使用，增值税额为765元，均用转账支票支付。

【解析】

企业应进行如下会计处理。

借：应付职工薪酬——应付福利费　11 700
　　管理费用——招待费　5 265
　贷：银行存款　16 965

（3）企业购入货物或接受应税劳务没有取得增值税专用发票，而取得普通发票的，购货方不能抵扣进项税额。

借：在途物资（材料采购、原材料等）

贷：银行存款

（七）进项税额转出的账务处理

1. 因发生非正常损失或改变用途等，不得作为增值税进项税额从销项税额中抵扣的

（1）因发生非正常损失或改变用途等，原已计入进项税额，但按现行增值税制度规定不得从销项税额中抵扣的。

借：待处理财产损溢（应付职工薪酬、固定资产、无形资产等）

贷：应交税费——应交增值税（进项税额转出）

提示

企业购进的货物发生意外被盗、丢失、霉烂变质，或因违反法律法规被依法没收、销毁、拆除等，其购进货物以及相关的加工修理修配劳务和运输服务所抵扣的进项税额应该转出。

（2）因发生非正常损失或改变用途等，原已计入待抵扣进项税额，但按现行增值税制度规定不得从销项税额中抵扣的。

借：待处理财产损溢（应付职工薪酬、固定资产、无形资产等）

贷：应交税费——待抵扣进项税额

（3）因发生非正常损失或改变用途等，原已计入待认证进项税额，但按现行增值税制度规定不得从销项税额中抵扣的。

借：待处理财产损溢（应付职工薪酬、固定资产、无形资产等）

贷：应交税费——待认证进项税额

例4-28

2016年6月份，A公司发生进项税额转出事项如下：

【解析】

（1）10日，库存材料因管理不善发生火灾造成意外损失，有关增值税专用发票注明的材料成本为20 000元，增值税税额为3 400元。

借：待处理财产损溢	23 400
贷：原材料	20 000
应交税费——应交增值税（进项税额转出）	3 400

（2）18日，领用一批外购原材料用于集体福利消费，该批原材料的成本为60 000元，购入时支付的增值税进项税额为10 200元。

借：应付职工薪酬	70 200
贷：原材料	60 000
应交税费——应交增值税（进项税额转出）	10 200

2. 原不得抵扣，后允许抵扣进项税额的

原不得抵扣且未抵扣进项税额的固定资产、无形资产等，因改变用途等用于允许抵扣进项税额的应税项目的。

借：应交税费——应交增值税（进项税额）

　　贷：固定资产（无形资产等）

固定资产、无形资产等经上述调整后，应按调整后的账面价值在剩余尚可使用寿命内计提折旧或摊销。

3. 原已全额计提进项税额，现结转以后期间的进项税额

一般纳税人购进时已全额计提进项税额的货物或服务等转用于不动产在建工程的，对于结转以后期间的进项税额。

借：应交税费——待抵扣进项税额

　　贷：应交税费——应交增值税（进项税额转出）

例4-29

F公司为一般纳税人，2016年7月1日购进生产用甲材料一批，取得的增值税专用发票上注明的价款为1 000万元，增值税为170万元，材料已收到，货款同时支付。2016年9月经鉴定该批材料存在缺陷，但可以用于生产，经供销双方协定，该批材料价格折让20%，已收到销货方开具的红字发票、红字增值税专用发票信息表和退款。

【解析】

2016年7月1日购进材料时。

借：原材料——甲材料	10 000 000
应交税费——应交增值税（进项税额）	1 700 000
贷：银行存款	11 700 000

2016年9月发生销售折让退款时。

应退回甲材料款＝1 000×20%＝200(万元)

进项税额转出＝200×17%＝34(万元)

借：银行存款	2 340 000
贷：原材料——甲材料	2 000 000
应交税费——应交增值税（进项税额转出）	340 000

4. 纳税人适用一般计税方法用于简易计税方法计税项目的

购进货物、加工修理修配劳务、服务、无形资产和不动产时，一般纳税人可以对特定应税行为采取简易计税方法计税，其取得的用于简易计税方法计税项目的进项税额不得抵扣，如房地产开发企业一般纳税人销售自行开发的房地产老项目、一般纳税人为建筑工程老项目提供的建筑服务等。

例4-30

某建筑企业为增值税一般纳税人，2016年6月购买材料，取得的增值税专用发

票上注明的金额为 100 000 元，进项税额为 17 000 元，该批材料用于适用简易计税方法的老建筑项目，该笔进项税额不得抵扣，应直接计入成本。

【解析】 会计处理如下：

借：原材料等　　117 000

　贷：银行存款　　117 000

例 4 - 31

某企业为增值税一般纳税人，2016 年 5 月购进一栋楼用作职工宿舍，购进时的含税价款为 1 110 万元，已取得增值税专用发票并于当月认证。

【解析】

纳税人取得不动产用于集体福利，应将相应的增值税额列入进项税额，并于当期进行进项税额转出。

$$\text{应转出的进项税额}=\frac{11\ 100\ 000}{1+11\%}\times 11\%=1\ 100\ 000(\text{元})$$

会计处理如下：

借：固定资产　　1 100 000

　贷：应交税费——应交增值税（进项税额转出）　　1 100 000

5. 适用一般计税方法的纳税人，兼营简易计税项目、免税项目的

一般纳税人购进货物的进项税额涉及兼营简易计税项目、免税项目时，其进项税额采用恰当的方式在可抵扣进项税额与不能抵扣进项税额之间进行分配，一般应采用下列公式进行分配：

$$\text{不得抵扣的进项税额}=\text{当期全部进项税额}\times\frac{\text{当期简易计税方法计税项目销售额}+\text{当期免税项目销售额}}{\text{当期全部销售额}}$$

例 4 - 32

某企业为一般纳税人，提供货物运输服务和装卸搬运服务，其中货物运输服务适用一般计税方法，装卸搬运服务选择适用简易计税方法。该纳税人 2016 年 7 月缴纳当月电费 11.7 万元，取得增值税专用发票并于当月认证抵扣，且该进项税额无法在货物运输服务和装卸搬运服务间划分。该纳税人当月取得货物运输收入 6 万元，装卸搬运服务 4 万元。

【解析】

纳税人因兼营简易计税项目而无法划分所取得进项税额的，按照下列公式计算应转出的进项税额。

$$\text{应转出的进项税额}=\frac{117\ 000}{1+17\%}\times\frac{40\ 000}{40\ 000+60\ 000}=40\ 000(\text{元})$$

会计处理如下：

借：管理费用　　40 000

贷：应交税费——应交增值税（进项税额转出） 40 000

6. 已抵扣进项税额的固定资产，发生进项税额转出的

不得抵扣的进项税额＝固定资产、无形资产或不动产净值×适用税率

固定资产、无形资产或者不动产净值，是指纳税人根据财务会计制度计提折旧或摊销后的余额。

例4－33

某企业为一般纳税人，提供职业和婚姻中介服务，适用一般计税方法，其中婚姻中介服务享受免征增值税优惠政策。2016年5月1日购进复印机一台，在会计上作为固定资产核算，折旧年限为5年，兼用于上述两项服务，取得增值税专用发票列明的货物金额1万元，于当月认证抵扣。2016年12月，该纳税人将上述复印机移送至婚姻中介部门，专用于免征增值税项目。

【解析】

纳税人购进的固定资产专用于免税项目，应于发生的次月按下列公式计算不得抵扣的进项税额。

固定资产的净值＝10 000－(10 000÷5÷12×6)＝9 000(元)

进项税额转出＝9 000×17%＝1 530(元)

会计处理如下：

借：固定资产 1 530

贷：应交税费——应交增值税（进项税额转出） 1 530

五、销售等业务的增值税账务处理

（一）一般纳税人销售业务的账务处理

1. 按现行增值税制度规定计算的销项税额

（1）企业销售货物、加工修理修配劳务、服务、无形资产或不动产时取得收入的核算。

借：银行存款（应收账款、应收票据等）

贷：主营业务收入（其他业务收入、固定资产清理、工程结算等）

不含税价

应交税费——应交增值税（销项税额）

（2）价外费用的核算。

借：银行存款

贷：主营业务收入 收取的奖励费、优质费、返还利润

其他业务收入 收取的手续费、包装费、包装物租金等

营业外收入 收取的补贴、收取违约金

销售费用 收取的包装费、运输装卸费、储备费

财务费用　　　　　　　　　　　　　　　　收取的购货方延期付款利息
其他应付款　　　　　　　　　　　　　　　　收取的基金、集资费
应交税费——应交增值税（销项税额）

例 4－34

（2016年初级会计职称试题）某企业是增值税一般纳税人，适用的增值税税率为17%，某月31日销售M产品1 000件，每件售价为0.3万元，开具的增值税专用发票上注明的价款为300万元，增值税税额为51万元，以银行存款为客户代垫运杂费5万元。客户以商业汇票结算全部款项，企业已收到票据。

【解析】

借：应收票据　　3 560 000
　贷：主营业务收入　　3 000 000
　　应交税费——应交增值税（销项税额）　　510 000
　　银行存款　　50 000

例 4－35

28日，某企业为外单位代加工电脑桌500个，每个收取加工费80元，已加工完成。开具增值税专用发票注明的价款为40 000元，增值税税额为6 800元，款项已收到并存入银行。

【解析】

借：银行存款　　46 800
　贷：主营业务收入　　40 000
　　应交税费—应交增值税（销项税额）　　6 800

2. 包装物的销项税额

（1）随同产品销售并单独计价的包装物销售收入，应作为其他业务收入，并按规定计算缴纳增值税。

借：应收账款（应收票据）
　贷：主营业务收入
　　其他业务收入
　　应交税费——应交增值税（销项税额）

（2）出租包装物的租金收入，属于纳税人销售货物或提供应税劳务向购买方收取的价外费用，应缴纳增值税。

借：应收账款（应收票据）
　贷：其他业务收入
　　应交税费——应交增值税（销项税额）

（3）出租、出借包装物的押金收入。若购货方逾期不予退还包装物，则企业应没收押金，没收的押金应作为其他业务收入。但收取的包装物押金是含税的，没收时应将其还原为不含税价格，再并入其他业务收入征税。

借：其他应付款　　押金

贷：其他业务收入　　　　　　　　　　　　　　　　　　　不含税价
　　应交税费——应交增值税（销项税额）　　　　　　　　不含税价×17%

例4-36

企业将某单位逾期未退还的包装物押金3 600元转作其他业务收入。

【解析】

将包装物押金转作收入，应换算为不含税价。

借：其他应付款　　　　　　　　　　　　　　3 600
　贷：其他业务收入　　　　　　　　　　　　　　3 076.92
　　　应交税费——应交增值税（销项税额）　　　　523.08

3. 一般纳税人采用简易计税方法计算增值税额

借：银行存款（应收账款、应收票据等）
　贷：主营业务收入（其他业务收入、固定资产清理、工程结算等）
　　　　　　　　　　　　　　　　　　　　　　　　　　不含税价
　　　应交税费——简易计税

例4-37

甲公司将2016年4月30日前取得的门面房一间出售，2016年12月15日收到租金105 000元（含税价），适用简易征收。该资产原来在投资性房地产科目核算。

【解析】

一般纳税人出租其2016年4月30日前取得的不动产，简易计税的征收率为5%。

借：银行存款　　　　　　　　　　　　　　105 000
　贷：其他业务收入　　　　　　　　　　　　　　100 000
　　　应交税费——简易计税　　　　　　　　　　　5 000

例4-38

A建筑公司为一般纳税人，采用简易计税方法。收取业主全部工程款100万元，自建部分成本为16万元，支付C公司分包款80万元。A建筑公司向业主开具了增值税专用发票。

【解析】

A建筑公司按差额计算税额申报：

$$\frac{1\,000\,000-800\,000}{1+3\%}\times 3\%=5\,825.24(\text{元})$$

A建筑公司按全额向业主开具建筑服务发票，发票金额（不含税）和应纳税额计算如下：

$$\text{应纳税额}=\frac{1\,000\,000}{1+3\%}\times 3\%=29\,126.21(\text{元})$$

$$\text{发票金额}=1\,000\,000-29\,126.21=970\,873.79(\text{元})$$

按照上述全额和税额开具增值税专用发票，建筑业差额纳税属于可以全额开具增值税专用发票的情况。业主取得增值税专用发票后，可以抵扣的进项税额应包括全部工程的增值税。

A公司账务处理如下：

(1) 工地发生成本费用。

借：工程施工——合同成本　160 000

　贷：原材料等　160 000

(2) 支付C公司分包款。

借：工程施工——合同成本　800 000

　贷：银行存款　800 000

(3) 取得分包发票且纳税义务发生。

$$允许抵扣的进项税额=\frac{800\ 000}{1+3\%}\times 3\%=23\ 300.97(元)$$

借：应交税费——简易计税　23 300.97

　贷：工程施工——合同成本　23 300.97

(4) 确认收入和费用。

$$合同总收入=\frac{1\ 000\ 000}{1+3\%}=970\ 873.79(元)$$

$$合同总成本=160\ 000+(800\ 000-23\ 300.97)=936\ 699.03(元)$$

借：主营业务成本　936 699.03

　　工程施工——合同毛利　34 174.76

　贷：主营业务收入　970 873.79

(5) 收取业主工程款。

借：银行存款　1 000 000

　贷：工程结算　970 873.79

　　　应交税费——简易计税　29 126.21

(6) 工程项目结束。

借：工程结算　970 873.79

　贷：工程施工——合同成本　936 699.03

　　　　　　——合同毛利　34 174.76

(二) 小规模纳税人销售业务的账务处理

1. 小规模纳税人确认销售时

借：银行存款（应收账款、应收票据等）

　贷：主营业务收入（其他业务收入、固定资产清理、工程结算等）

不含税价

　　应交税费——应交增值税

发生销售退回的，应根据按规定开具的红字增值税专用发票做相反的会计分录。

提示

自2016年4月1日起，增值税小规模纳税人缴纳增值税、消费税、文化事业建设费，以及随增值税、消费税附征的城市维护建设税、教育费附加等税费，原则上实行按季度申报。

例4－39

某企业为增值税小规模纳税人，10月取得销售收入95 400元，款项存入银行。购进原材料取得增值税普通发票36 400元，小规模纳税人适用税率为3%。

【解析】

$$\text{不含税价}=\frac{95\,400}{1+3\%}=92\,621.36(\text{元})$$

$$\text{应纳税额}=92\,621.36\times3\%=2\,778.64(\text{元})$$

借：银行存款	95 400
贷：主营业务收入	92 621.36
应交税费——应交增值税	2 778.64

2. 小微企业（小规模纳税人）免征增值税

借：银行存款（应收账款、应收票据等）

　贷：主营业务收入（其他业务收入）

　　　应交税费——应交增值税

达到增值税制度规定的免征增值税条件时：

借：应交税费——应交增值税

　贷：营业外收入

提示

小微企业在取得销售收入时，应当按照税法的规定计算应交增值税，并确认为应交税费，在达到增值税制度规定的免征增值税条件时，将有关应交增值税以“营业外收入”转入当期损益。

例4－40

某小规模纳税人是工业企业，企业所得税实行核定征收，应税所得率为10%，2016年第一季度销售收入合计为8万元（不含税，下同），其中1月销售收入为5万元，2月销售收入为2万元，3月销售收入为1万元。（暂不考虑城市维护建设税及教育费附加。）

【解析】

如果企业按季度申报增值税，则会计处理如下：

1月的会计处理。

借：应收账款　51 500
　贷：主营业务收入　50 000
　　　应交税费——应交增值税　1 500

2月的会计处理。

借：应收账款　20 600
　贷：主营业务收入　20 000
　　　应交税费——应交增值税（减免税款）　600

3月的会计处理。

（1）借：应收账款　10 300
　　贷：主营业务收入　10 000
　　　　应交税费——应交增值税（减免税款）　300

（2）3月末，计算本季度销售收入是否达到免征增值税条件，如果达到免征增值税条件，将有关应交增值税转入营业外收入。会计分录如下：

借：应交税费——应交增值税　1 500
　　　　　　——应交增值税（减免税款）（600＋300）　900
　贷：营业外收入（1 500＋900）　2 400

（3）第一季度末计算企业所得税为2 000元（80 000×10%×25%）。

借：所得税费用　2 000
　贷：应交税费——应交企业所得税　2 000

提示

按照现行月销售额3万元（含）以下免征增值税的优惠性政策，如果按月申报增值税，则1月缴纳增值税1 500元，2月免征增值税，3月免征增值税；第一季度合计缴纳增值税1 500元，免征增值税合计900元。

如果按季度申报增值税，则应缴纳的增值税为零，免征增值税合计2 400元。按季度申报增值税时，每月只做计提增值税的会计处理，不做缴纳或免征增值税的会计处理，季度末合并计算销售额，如果达到免征增值税条件，就将计提的增值税合计转入营业外收入；如果不符合免征增值税条件，则按季度合并销售额全额计算缴纳增值税。

3. 会计确认收入和税法确认收入的不同处理

（1）按照国家统一的会计制度确认收入或利得的时点早于按照增值税制度确认增值税纳税义务发生时点的会计处理。例如，某建造合同约定，建设完成验收合格后一次性收取费用，企业收入按完工百分比确认。

借：银行存款（应收账款、应收票据等）
　贷：主营业务收入（其他业务收入、固定资产清理、工程结算等）
　　　　　　　　　　　　　　　　　　　　　　不含税价
　　　应交税费——待转销项税额

待实际发生纳税义务时。

借：应交税费——待转销项税额

　　贷：应交税费——应交增值税（销项税额）

或

借：应交税费——待转销项税额

　　贷：应交税费——简易计税

例4-41

A建筑公司的甲工程项目，采用一般计税方法计税，2016年10月业主对其9月已完工程量计量金额为1 110万元，款项尚未支付，合同约定的付款日期未到，A公司未对业主开具发票。10月末，A公司甲工程项目部应如何进行会计处理？

【解析】

借：应收账款	11 100 000	
贷：主营业务收入		10 000 000
应交税费——待转销项税额		1 100 000

假定2016年12月16日，A建筑公司自甲方收取工程款999万元，同日向甲方开具增值税专用发票，金额为900万元，税额为99万元，纳税义务发生，则会计处理如下：

借：银行存款	9 990 000	
贷：应收账款		9 990 000
借：应交税费——待转销项税额	990 000	
贷：应交税费——应交增值税（销项税额）		990 000

此时，“应交税费——待转销项税额”明细科目贷方余额11万元，反映的是未来的纳税义务。

（2）按照增值税制度确认增值税纳税义务发生时点早于按照国家统一的会计制度确认收入或利得的时点的会计处理。例如，企业先开发票的情况。

借：应收账款

　　贷：应交税费——应交增值税（销项税额）

或

借：应收账款

　　贷：应交税费——简易计税

按照国家统一的会计制度确认收入或利得时，应按扣除增值税销项税额后的金额确认收入。

借：银行存款（应收账款、应收票据等）

　　贷：主营业务收入（其他业务收入、固定资产清理、工程结算等）

不含税价

（三）视同销售的账务处理

1. 委托代销商品的账务处理

（1）视同买断方式下委托方和受托方的账务处理。

1）委托方

发出商品时。

借：应收账款

　贷：主营业务收入

　　　应交税费——应交增值税（销项税额）

借：主营业务成本

　贷：库存商品

收到受托方汇来款项时。

借：银行存款

　贷：应收账款

2）受托方

收到商品时。

借：库存商品

　　应交税费——应交增值税（进项税额）

　贷：应付账款

实际销售时。

借：银行存款

　贷：主营业务收入

　　　应交税费——应交增值税（销项税额）

借：主营业务成本

　贷：库存商品

支付款项时。

借：应付账款

　贷：银行存款

提示

由委托方和受托方签订协议，委托方按协议价收取所代销的货款，实际售价可由受托方自定，实际售价与协议价之间的差额归受托方所有。受托方作为购进商品处理，委托方在交付商品时确认收入。受托方将商品销售后，应按实际售价确认为销售收入，并向委托方开具代销清单。

（2）收取手续费方式下委托方和受托方的账务处理。

1）委托方

发出商品时。

借：委托代销商品

　贷：库存商品

收到代销清单时。

借：应收账款

　贷：主营业务收入

应交税费——应交增值税（销项税额）

借：主营业务成本

贷：委托代销商品

借：销售费用——代销手续费

贷：应收账款

收到货款时。

借：银行存款

贷：应收账款

2）受托方

收到商品时。

借：受托代销商品

贷：受托代销商品款

实际销售时。

借：银行存款

贷：应付账款

应交税费——应交增值税（销项税额）

借：应交税费——应交增值税（进项税额）

贷：应付账款

借：受托代销商品款

贷：受托代销商品

支付价款时。

借：应付账款

贷：银行存款

主营业务收入（或其他业务收入）

提示

受托方根据所代销的商品数量向委托方收取手续费，这对受托方来说实际上是一种劳务收入。这种代销方式下，受托方通常应按照委托方规定的价格销售，不得自行改变售价。委托方应在受托方将商品销售后，在受托方向委托方开具代销清单时，确认收入。受托方在商品销售后，按应收取的手续费确认收入。

例4-42

11月30日甲公司委托丙公司销售商品100件，商品已经发出，每件成本为6万元。合同约定丙公司应按每件10万元对外销售，甲公司按售价的10%向丙公司支付手续费。12月份丙公司对外实际销售80件，12月31日甲公司收到丙公司开具的代销清单时，向丙公司开具一张增值税专用发票。假定：11月30日甲公司发出商品时纳税义务尚未发生。甲公司采用实际成本核算。次年1月5日甲公司收到货款。

【解析】

(1) 委托方——甲公司的会计处理如下：

1) 11月30日发出商品时。

	借方	贷方
借：委托代销商品（100×60 000）	6 000 000	
贷：库存商品		6 000 000

2) 12月31日收到代销清单时。

	借方	贷方
借：应收账款	9 360 000	
贷：主营业务收入（80×100 000）		8 000 000
应交税费——应交增值税（销项税额）		1 360 000
借：主营业务成本（80×60 000）	4 800 000	
贷：发出商品（委托代销商品）		4 800 000
借：销售费用（8 000 000×10%）	800 000	
贷：应收账款		800 000

3) 次年1月5日甲公司收到丙公司支付的货款时。

	借方	贷方
借：银行存款（9 360 000－800 000）	8 560 000	
贷：应收账款		8 560 000

(2) 受托方——丙公司的会计处理如下：

1) 11月30日收到商品时。

	借方	贷方
借：受托代销商品（100×100 000）	10 000 000	
贷：受托代销商品款		10 000 000

2) 12月份对外销售时。

	借方	贷方
借：银行存款	9 360 000	
贷：受托代销商品（80×100 000）		8 000 000
应交税费——应交增值税（销项税额）		1 360 000

3) 12月31日收到增值税专用发票时。

	借方	贷方
借：应交税费——应交增值税（进项税额）	1 360 000	
贷：应付账款		1 360 000
借：受托代销商品款（80×100 000）	8 000 000	
贷：应付账款		8 000 000

4) 次年1月5日支付货款并计算代销手续费时。

	借方	贷方
借：应付账款（1 360 000＋8 000 000）	9 360 000	
贷：银行存款		8 560 000
其他业务收入（8 000 000×10%）		800 000

例4-43

(2015年初级会计职称试题) 20日，甲公司与丁公司签订委托代销协议，丁公司按照协议价的5%收取手续费，并直接从代销款中扣除。协议价款600万元，实际成本460万元。25日，甲公司收到代销清单，已售出50%的商品，甲公司向丁公司开具增值税专用发票，同时扣除手续费的代销商品款存入银行。

【解析】

甲公司的会计处理如下：

20日，发出商品时。

借：委托代销商品	4 600 000	
贷：库存商品		4 600 000

25日，收到代销清单时。

借：应收账款	3 510 000	
贷：主营业务收入		3 000 000
应交税费——应交增值税（销项税额）		510 000
借：主营业务成本	2 300 000	
贷：委托代销商品		2 300 000
借：销售费用	150 000	
贷：应收账款		150 000

收到丁公司支付的货款时。

借：银行存款	3 360 000	
贷：应收账款		3 360 000

2. 设有两个以上机构并实行统一核算的纳税人，将货物从一个机构移送其他机构用于销售，但相关机构设在同一县（市）的除外。

（1）移送货物的一方。

借：其他应收款——内部应收款

贷：库存商品（或主营业务收入等）

应交税费——应交增值税（销项税额）

（2）接受货物的一方。

借：库存商品

应交税费——应交增值税（进项税额）

贷：其他应付款——内部应付款

3. 将自产、委托加工的货物用于集体福利或者个人消费

（1）用于集体福利。

借：应付职工薪酬——非货币性福利

贷：库存商品

应交税费——应交增值税（销项税额）

例4-44

（2016年初级会计职称题）某企业是增值税一般纳税人，适用的增值税税率为17%，某月31日以其生产的M产品10件作为福利发放给销售人员。每件成本价为0.225万元，市场价格为0.3万元，与其计税价格一致。

【解析】

1）发放M产品确认收入时。

借：应付职工薪酬　35 100

　贷：主营业务收入　30 000

　　应交税费——应交增值税（销项税额）　5 100

2）发放 M 产品结转成本时。

借：主营业务成本　22 500

　贷：库存商品　22 500

3）确认非货币性职工薪酬时。

借：销售费用　35 100

　贷：应付职工薪酬　35 100

（2）用于交际应酬消费等个人消费。

借：管理费用——业务招待费

　贷：库存商品

　　应交税费——应交增值税（销项税额）

4. 将自产、委托加工或者购进的货物作为投资，提供给其他单位或者个体工商户

借：长期股权投资

　贷：库存商品（原材料、主营业务收入等）

　　应交税费——应交增值税（销项税额）

5. 将自产、委托加工或者购进的货物分配给股东或者投资者

借：应付利润（应付股利）

　贷：库存商品（原材料、主营业务收入等）

　　应交税费——应交增值税（销项税额）

6. 将自产、委托加工或者购进的货物无偿赠送其他单位或者个人

借：营业外支出

　贷：库存商品（原材料、主营业务收入等）

　　应交税费——应交增值税（销项税额）

7. 小规模纳税人视同销售的账务处理

借：应付职工薪酬（利润分配等）

　贷：应交税费——应交增值税

8. 全面试行营业税改征增值税前已确认收入，此后产生增值税纳税义务的账务处理

（1）企业营业税改征增值税前已确认收入，但因未产生营业税纳税义务而未计提营业税的，在达到增值税纳税义务时点时，企业应在确认应交增值税销项税额的同时冲减当期收入。

借：主营业务收入

　贷：应交税费——应交增值税（销项税额）

（2）企业营业税改征增值税前已确认收入，已经计提营业税但未缴纳的，在达

到增值税纳税义务时点时。

借：应交税费——应交营业税

——应交城市维护建设税

——应交教育费附加等

贷：主营业务收入

并根据调整后的收入计算确定计入“应交税费——待转销项税额”的金额，同时冲减收入。

借：主营业务收入

贷：应交税费——待转销项税额

提示

全面试行营业税改征增值税后，“营业税金及附加”名称调整为“税金及附加”，该科目核算企业经营活动发生的消费税、城市维护建设税、资源税、教育费附加、房产税、城镇土地使用税、车船税、印花税等相关税费；利润表中的“营业税金及附加”项目调整为“税金及附加”项目。

（四）差额征税的账务处理

发生成本费用时。

借：主营业务成本（原材料、工程施工等）

贷：银行存款（应付账款、应付票据等）

1. 取得合规增值税扣税凭证且纳税义务发生时的账务处理

一般纳税人待取得合规增值税扣税凭证且纳税义务发生时，按允许抵扣的增值税扣减销售额。

借：应交税费——应交增值税（销项税额抵减）允许抵扣的税额

贷：主营业务成本（原材料、工程施工等）

一般纳税人实行简易计税，待取得合规增值税扣税凭证且纳税义务发生时，按允许抵扣的增值税扣减销售额。

借：应交税费——简易计税允许抵扣的税额

贷：主营业务成本（原材料、工程施工等）

小规模纳税人实行简易计税，待取得合规增值税扣税凭证且纳税义务发生时，按允许抵扣的增值税扣减销售额。

借：应交税费——应交增值税允许抵扣的税额

贷：主营业务成本（原材料、工程施工等）

例 4-45

某旅游公司为一般纳税人，2016 年 6 月取得旅游收入 106 万元（价税合计，差额开具增值税专用发票，税金 0.6 万元，价款 105.4 万元），其中，支付给其他单位或个人的住宿费 21.2 万元（取得增值税专用发票，注明价款 20 万元，税款 1.2 万元），餐饮费 24 万元（取得普通发票），交通费 6 万元（取得普通发票），门票费 20.2 万元（取得普通发票）和地陪费用 24 万元（取得普通发票），选择差额征税。当月支付办公费用 1.17 万元（取得增值税专用发票，注明价款 1 万元，税款 0.17 万元）。

【解析】

(1) 收到旅游费。

借：银行存款	1 060 000	
贷：主营业务收入		1 000 000
应交税费——应交增值税（销项税额）		60 000

(2) 支付旅游相关费。

借：主营业务成本	900 000	
应交税费——应交增值税（销项税额抵减）	54 000	
贷：银行存款		954 000

(3) 支付办公费。

借：管理费用	10 000	
应交税费——应交增值税（进项税额）	1 700	
贷：银行存款		11 700

(4) 转出未交增值税。

借：应交税费——应交增值税（转出未交增值税）	4 300	
贷：应交税费——未交增值税		4 300

(5) 下月交纳增值税。

借：应交税费——未交增值税	4 300	
贷：银行存款		4 300

2. 金融商品转让按规定以盈亏相抵后的余额作为销售额的账务处理

金融商品实际转让月末，如产生转让收益。

借：投资收益

　贷：应交税费——转让金融商品应交增值税

如产生转让损失，则按可结转下月抵扣税额。

借：应交税费——转让金融商品应交增值税

　贷：投资收益

交纳增值税。

借：应交税费——转让金融商品应交增值税

　贷：银行存款

年末，本科目如有借方余额：

借：投资收益

　贷：应交税费——转让金融商品应交增值税

例 4-46

某增值税一般纳税人于2016年5月买入国债，买入价为30万元，2016年12月卖出，卖出价为35万元。

【解析】

$$不含税销售额=\frac{35-30}{1+6\%}=4.72(万元)$$

$$应纳税额=4.72\times6\%=0.28(万元)$$

借：投资收益　　2 800

　贷：应交税费——转让金融商品应交增值税　　2 800

（五）销售固定资产的账务处理

企业销售固定资产的会计处理如下：

借：银行存款

　贷：固定资产清理

　　应交税费——应交增值税（销项税额）

1. 固定资产在2009年1月1日增值税转型之前购进（没有进项税额时期）

一般纳税人销售自己使用过的2008年12月31日以前购进或者自制的固定资产，2008年12月31日以前未纳入扩大增值税抵扣范围试点的纳税人销售自己使用过的2008年12月31日以前购进或者自制的固定资产，和2008年12月31日以前已纳入扩大增值税抵扣范围试点的纳税人销售自己使用过的在本地区扩大增值税抵扣范围试点以前购进或者自制的固定资产，均按照4%的征收率减半征收增值税，不论售价高低，均不得抵扣增值税的进项税额。

例 4-47

某企业转让2009年1月1日前购入的八成新小轿车，固定资产账面含税价30万元，已提折旧0.5万元，转让价为30.5万元，未计提固定资产减值准备。该固定资产进项税额未计入“应交税费——应交增值税（进项税额）”，假设不考虑城建税及附加税费。

【解析】

（1）注销固定资产。

借：固定资产清理　　295 000

　　累计折旧　　5 000

　贷：固定资产　　300 000

（2）取得固定资产销售价款。

借：银行存款　　305 000

　贷：固定资产清理　　305 000

（3）计算销售时的增值税。

$$\frac{305\ 000}{1+4\%}\times 4\%\times 50\%=5\ 865.38(\text{元})$$

借：固定资产清理　5 865.38

　贷：应交税费——应交增值税　5 865.38

月末结转“固定资产清理”账户。

$$305\ 000-295\ 000-5\ 865.38=4\ 134.62(\text{元})$$

借：固定资产清理　4 134.62

　贷：营业外收入　4 134.62

(4) 当月上交增值税。

借：应交税费——应交增值税（已交税金）　5 865.38

　贷：银行存款　5 865.38

2. 固定资产在2009年1月1日增值税转型之后购进（可以有进项税额时期）

一般纳税人销售自己使用过的2009年1月1日以后购进或者自制的固定资产，按照17%适用税率征收增值税。

例4-48

E企业销售一台生产上已使用过的设备，含税价为117万元，已提折旧10万元，该设备是在2009年1月1日增值税转型之后购进的，出售时收到含税价款80万元。

【解析】

(1) 购进（在2009年1月1日增值税转型之后购进）时。

借：固定资产　1 000 000

　　应交税费——应交增值税（进项税额）　170 000

　贷：银行存款　1 170 000

(2) 注销固定资产。

借：固定资产清理　900 000

　　累计折旧　100 000

　贷：固定资产　1 000 000

(3) 取得销售收入。

借：银行存款　800 000

　贷：固定资产清理　683 760.68

　　　应交税费——应交增值税（销项税额）　116 239.32

(4) 期末结转“固定资产清理”216 239.32元（900 000－683 760.68）。

借：营业外支出　216 239.32

　贷：固定资产清理　216 239.32

六、月末转出多交增值税和未交增值税的账务处理

月度终了，企业应当将当月应交未交或多交的增值税自“应交增值税”明细科

目转入“未交增值税”明细科目。

对于当月应交未交的增值税。

借：应交税费——应交增值税（转出未交增值税）

　贷：应交税费——未交增值税

例4-49

某一般纳税人月末结转未交增值税15 000元。

（1）当月结转未交增值税。

借：应交税费——应交增值税（转出未交增值税）　15 000

　贷：应交税费——未交增值税　15 000

（2）对于当月多交的增值税。

借：应交税费——未交增值税

　贷：应交税费——应交增值税（转出多交增值税）

七、交纳增值税的账务处理

1. 交纳当月应交增值税的账务处理

（1）一般纳税人交纳当月应交的增值税。

借：应交税费——应交增值税（已交税金）

　贷：银行存款

（2）小规模纳税人交纳当月应交的增值税。

借：应交税费——应交增值税

　贷：银行存款

2. 缴纳以前期间未交增值税的账务处理

借：应交税费——未交增值税

　贷：银行存款

3. 预缴增值税的账务处理

（1）“应交税费——预交增值税”明细科目。

核算一般纳税人转让不动产、提供不动产经营租赁服务、提供建筑服务、采用预收款方式销售自行开发的房地产项目等，以及其他按现行增值税制度规定应预缴的增值税额。预交增值税，是指尽管未达到增值税纳税义务发生时间，但是为了平衡税收稳定性，以及考虑行业的特点等，规定采取预收的税金。

（2）账务处理。

企业预缴增值税时。

借：应交税费——预交增值税

　贷：银行存款

月末，企业应将“预交增值税”明细科目余额转入“未交增值税”明细科目。

借：应交税费——未交增值税

贷：应交税费——预交增值税

提示

（1）收到预收款的当天不是销售不动产的纳税义务发生时间，只有开具售房发票或不动产产权发生转移以及合同约定的交房日期，方可确认纳税义务发生。

（2）发票"备注"栏要注明建筑服务发生地所在县（市、区）及项目名称，如果采用一般计税方法计税，仅按照 3%的预征率预缴增值税；如果采用简易计税方法计税，一般纳税人预缴的税款等于向机构所在地主管税务机关纳税申报的税额。

例 4－50

某房地产开发公司开发甲房地产项目，2016 年 10 月 18 日预售房屋一套，售价为 100 万元，同时收到客户乙交付的预售款 80 万元，甲房地产项目采用一般计税方法计税。

【解析】

（1）预收房款时，应预缴增值税。

一般计税方法预缴增值税按 11%的适用税率和 3%的预征率计算应预缴的增值税。

$$预缴增值税=\frac{80}{1+11\%}\times 3\%=2.16(万元)$$

收到预售款时。

借：银行存款	800 000	
贷：预收账款		800 000
借：应交税费——预交增值税	21 600	
贷：银行存款		21 600

（2）销售房屋时，确认收入。

借：银行存款	200 000	
预收账款	800 000	
贷：主营业务收入		900 900
应交税费——应交增值税（销项税额）		99 100

（3）已预缴税款进行抵减。

一般纳税人销售自行开发的房地产项目适用一般计税方法计税的，应按税法规定的纳税义务发生时间，以当期销售额和 11%的适用税率计算当期应纳税额，抵减已预缴税款后，向主管国税机关申报纳税，未抵减完的预缴税款可以结转下期继续抵减。

该房地产公司将本月应抵减的预缴税款转入"未交增值税"科目。

借：应交税费——未交增值税	21 600	
贷：应交税费——预交增值税		21 600

4. 减免增值税的账务处理

对于当期直接减免的增值税，计算免缴税额时。

借：主营业务收入

贷：应交税费——应交增值税（销项税额）

结转免缴税额时。

借：应交税费——应交增值税（减免税款）

贷：营业外收入——减免税

例 4-51

某小型微利企业（小规模纳税人）6 月含税收入 30 000 元 。

【解析】

$$不含税价=\frac{30\,000}{1+3\%}=29\,126.21(元)$$

$$增值税税额=\frac{30\,000}{1+3\%}\times 3\%=873.79\ (元)$$

借：银行存款 30 000

贷：主营业务收入 29 126.21

应交税费——应交增值税（销项税额） 873.79

结转减免税额时。

借：应交税费——应交增值税（减免税款） 873.79

贷：营业外收入——减免税 873.79

八、增值税期末留抵税额的账务处理

纳入营改增试点当月月初，原增值税一般纳税人应按不得从销售服务、无形资产或不动产的销项税额中抵扣的增值税留抵税额：

借：应交税费——增值税留抵税额

贷：应交税费——应交增值税（进项税额转出）

待以后期间允许抵扣时，按允许抵扣的金额：

借：应交税费——应交增值税（进项税额）

贷：应交税费——增值税留抵税额

九、增值税税控系统专用设备和技术维护费用抵减增值税额的账务处理

企业初次购买增值税税控系统专用设备支付的费用以及缴纳的技术维护费允许在增值税应纳税额中全额抵减。

1. 一般纳税人取得增值税专用发票或增值税普通发票

借：管理费用

贷：银行存款

借：应交税费——应交增值税（减免税款）
　贷：管理费用

2. 小规模纳税人取得增值税普通发票

借：管理费用
　贷：银行存款
借：应交税费——应交增值税
　贷：管理费用

十、减免税款的核算

直接减免、先征后返、即征即退属于以税收优惠形式给予的一种政府补助。

实际收到返还的增值税时。

借：银行存款
　　应交税费——应交增值税（减免税款）
　贷：营业外收入

例 4 - 52

某企业生产一种先进的模具产品，可以享受增值税的先征后返政策，按实际缴纳增值税额返还 80%，2009 年 10 月实际缴纳增值税 100 万元，2009 年 12 月该企业实际收到返还的增值税 80 万元。

【解析】

实际收到返还的增值税额时。

借：银行存款	800 000	
贷：营业外收入		800 000

第 4 节　增值税的纳税申报

一、一般纳税人的纳税申报必报资料

（1）增值税纳税申报表（适用于增值税一般纳税人）及其附列资料；
（2）资产负债表和利润表；
（3）使用防伪税控系统的纳税人，必须报送记录当期纳税信息的 IC 卡等。

二、增值税一般纳税人纳税申报表的填写

增值税一般纳税人的增值税纳税申报表见表 4 - 10。

表4-10

增值税纳税申报表

（一般纳税人适用）

根据国家税收法律法规及增值税相关规定制定本表。纳税人不论有无销售额，均应按税务机关核定的纳税期限填写本表，并向当地税务机关申报。

税款所属时间：自　　年　月　日至　　年　月　日　　　　填表日期：　年　月　日

金额单位：元至角分

纳税人识别号				所属行业：	
纳税人名称（公章）	法定代表人姓名		注册地址	生产经营地址	
开户银行及账号	登记注册类型			电话号码	

项目		栏次	一般项目		即征即退项目	
			本月数	本年累计	本月数	本年累计
销售额	（一）按适用税率计税销售额	1				
	其中：应税货物销售额	2				
	应税劳务销售额	3				
	纳税检查调整的销售额	4				
	（二）按简易办法计税销售额	5				
	其中：纳税检查调整的销售额	6				
	（三）免、抵、退办法出口销售额	7			—	—
	（四）免税销售额	8			—	—
	其中：免税货物销售额	9			—	—
	免税劳务销售额	10			—	—
税款计算	销项税额	11				
	进项税额	12				
	上期留抵税额	13				—
	进项税额转出	14				
	免、抵、退货物应退税额	15			—	—
	按适用税率计算的纳税检查应补缴税额	16			—	—
	应抵扣税额合计	17=12+13−14−15+16		—		—
	实际抵扣税额	18（如17＜11，则为17，否则为11）				
	应纳税额	19=11−18				
	期末留抵税额	20=17−18				—
	简易计税办法计算的应纳税额	21				
	按简易计税办法计算的纳税检查应补缴税额	22			—	—
	应纳税额减征额	23				
	应纳税额合计	24=19+21−23				

税款缴纳	期初未缴税额（多缴为负数）	25				
	实收出口开具专用缴款书退税额	26			—	—
	本期已缴税额	27=28+29+30+31				
	①分次预缴税额	28		—		—
	②出口开具专用缴款书预缴税额	29		—	—	—
	③本期缴纳上期应纳税额	30				
	④本期缴纳欠缴税额	31				
	期末未缴税额（多缴为负数）	32=24+25+26−27				
	其中：欠缴税额（≥0）	33=25+26−27		—		—
	本期应补（退）税额	34=24−28−29		—		—
	即征即退实际退税额	35	—	—		
	期初未缴查补税额	36			—	—
	本期入库查补税额	37			—	—
	期末未缴查补税额	38=16+22+36−37			—	—
授权声明	如果你已委托代理人申报，请填写下列资料： 为代理一切税务事宜，现授权， （地址）　　　　为本纳税人的代理申报人，任何与本申报表有关的往来文件，都可寄予此人。 授权人签字：			申报人声明	本纳税申报表是根据国家税收法律法规及相关规定填报的，我确定它是真实的、可靠的、完整的。 声明人签字：	

主管税务机关：　　　　　　　　接收人：接收日期：

提示

（1）纳税人应按月进行纳税申报，申报期为次月 1 日起至 15 日止，遇最后一日为法定节假日的，顺延 1 日；在每月 1 日至 15 日内有连续 3 日以上法定休假日的，按休假日天数顺延。

（2）纳税人不论有无销售额，均应按主管税务机关核定的纳税期限按期填报本表，并于次月 1 日至 15 日内，向当地税务机关进行申报。

三、增值税纳税申报表附列资料的填写

（一）增值税纳税申报表附列资料（一）的填写

增值税纳税申报表附列资料（一）（自 2017 年 8 月 1 日起施行）见表 4－11。

表 4-11

增值税纳税申报表附列资料（一）

（本期销售情况明细）

税款所属时间：　　年　月　日至　　年　月　日

纳税人名称：（公章）

金额单位：元至角分

项目及栏次				开具增值税专用发票		开具其他发票		未开具发票		纳税检查调整		合计			服务、不动产和无形资产扣除项目本期实际扣除金额	扣除后	
				销售额	销项（应纳）税额	销售额	销项（应纳）税额	销售额	销项（应纳）税额	销售额	销项（应纳）税额	销售额	销项（应纳）税额	价税合计		含税（免税）销售额	销项（应纳）税额
				1	2	3	4	5	6	7	8	9=1+3+5+7	10=2+4+6+8	11=9+10	12	13=11-12	14=13÷(100%+税率或征收率)×税率或征收率
一、一般计税方法计税	全部征税项目	17%税率的货物及加工修理修配劳务	1											—	—	—	—
		17%税率的服务、不动产和无形资产	2														
		11%税率的货物及加工修理修配劳务	3											—	—	—	—
		11%税率的服务、不动产和无形资产	4														
		6%税率	5														
	其中：即征即退项目	即征即退货物及加工修理修配劳务	6	—	—	—	—	—	—	—	—			—	—	—	—
		即征即退服务、不动产和无形资产	7	—	—	—	—	—	—	—	—						

续前表

项目及栏次				开具增值税专用发票		开具其他发票		未开具发票		纳税检查调整		合计			服务、不动产和无形资产扣除项目本期实际扣除金额	扣除后	
				销售额	销项(应纳)税额	销售额	销项(应纳)税额	销售额	销项(应纳)税额	销售额	销项(应纳)税额	销售额	销项(应纳)税额	价税合计		含税(免税)销售额	销项(应纳)税额
				1	2	3	4	5	6	7	8	9=1+3+5+7	10=2+4+6+8	11=9+10	12	13=11−12	14=13÷(100%+税率或征收率)×税率或征收率
二、简易计税方法计税	全部征税项目	6%征收率	8							—	—			—	—	—	—
		5%征收率的货物及加工修理修配劳务	9a							—	—			—	—	—	—
		5%征收率的服务、不动产和无形资产	9b							—	—						
		4%征收率	10							—	—			—	—	—	—
		3%征收率的货物及加工修理修配劳务	11							—	—			—	—	—	—
		3%征收率的服务、不动产和无形资产	12							—	—						
		预征率 %	13a							—	—						
		预征率 %	13b							—	—						
		预征率 %	13c							—	—						
	其中：即征即退项目	即征即退货物及加工修理修配劳务	14	—	—	—	—	—	—	—	—			—	—	—	—
		即征即退服务、不动产和无形资产	15	—	—	—	—	—	—	—	—						
三、免抵退税	货物及加工修理修配劳务		16	—	—		—		—	—	—		—	—	—	—	—
	服务、不动产和无形资产		17	—	—		—		—	—	—		—				—
四、免税	货物及加工修理修配劳务		18				—		—	—	—		—	—	—	—	—
	服务、不动产和无形资产		19	—	—		—		—	—	—		—				—

（二）增值税纳税申报表附列资料（二）的填写

增值税纳税申报表附列资料（二）（自2017年8月1日起施行）见表4-12。

表4-12　　增值税纳税申报表附列资料（二）

（本期进项税额明细）

税款所属时间：　　年　月　日至　　年　月　日

纳税人名称：（公章）　　金额单位：元至角分

一、申报抵扣的进项税额				
项目	栏次	份数	金额	税额
（一）认证相符的增值税专用发票	1=2+3			
其中：本期认证相符且本期申报抵扣	2			
前期认证相符且本期申报抵扣	3			
（二）其他扣税凭证	4=5+6+7+8a+8b			
其中：海关进口增值税专用缴款书	5			
农产品收购发票或者销售发票	6			
代扣代缴税收缴款凭证	7		—	
加计扣除农产品进项税额	8a	—	—	
其他	8b			
（三）本期用于购建不动产的扣税凭证	9			
（四）本期不动产允许抵扣进项税额	10	—	—	
（五）外贸企业进项税额抵扣证明	11	—	—	
当期申报抵扣进项税额合计	12=1+4-9+10+11			

二、进项税额转出额		
项目	栏次	税额
本期进项税额转出额	13=14至23之和	
其中：免税项目用	14	
集体福利、个人消费	15	
非正常损失	16	
简易计税方法征税项目用	17	
免抵退税办法不得抵扣的进项税额	18	
纳税检查调减进项税额	19	
红字专用发票信息表注明的进项税额	20	
上期留抵税额抵减欠税	21	
上期留抵税额退税	22	
其他应作进项税额转出的情形	23	

三、待抵扣进项税额				
项目	栏次	份数	金额	税额
（一）认证相符的增值税专用发票	24	—	—	—
期初已认证相符但未申报抵扣	25			
本期认证相符且本期未申报抵扣	26			
期末已认证相符但未申报抵扣	27			
其中：按照税法规定不允许抵扣	28			
（二）其他扣税凭证	29=30 至 33 之和			
其中：海关进口增值税专用缴款书	30			
农产品收购发票或者销售发票	31			
代扣代缴税收缴款凭证	32		—	
其他	33			
	34			
四、其他				
项目	栏次	份数	金额	税额
本期认证相符的增值税专用发票	35			
代扣代缴税额	36	—	—	

（三）增值税纳税申报表附列资料（三）的填写

增值税纳税申报表附列资料（三）（自 2016 年 6 月 1 日起施行）见表 4-13。

表 4-13　　增值税纳税申报表附列资料（三）

（本期抵扣进项税额结构明细表）

税款所属时间：　　年　月　日至　　年　月　日

纳税人名称：（公章）　　　　金额单位：元至角分

项目	栏次	金额	税额
合计	1=2+4+5+11+16+18+27+29+30		
一、按税率或征收率归集（不包括购建不动产、通行费）的进项			
17%税率的进项	2		
其中：有形动产租赁的进项	3		
13%税率的进项	4		
11%税率的进项	5		
其中：运输服务的进项	6		
电信服务的进项	7		
建筑安装服务的进项	8		
不动产租赁服务的进项	9		
受让土地使用权的进项	10		
6%税率的进项	11		
其中：电信服务的进项	12		
金融保险服务的进项	13		
生活服务的进项	14		
取得无形资产的进项	15		

续前表

项目	栏次	金额	税额
5%征收率的进项	16		
其中：不动产租赁服务的进项	17		
3%征收率的进项	18		
其中：货物及加工、修理修配劳务的进项	19		
运输服务的进项	20		
电信服务的进项	21		
建筑安装服务的进项	22		
金融保险服务的进项	23		
有形动产租赁服务的进项	24		
生活服务的进项	25		
取得无形资产的进项	26		
减按 1.5%征收率的进项	27		
	28		
二、按抵扣项目归集的进项			
用于购建不动产并一次性抵扣的进项	29		
通行费的进项	30		
	31		
	32		

（四）增值税减免税申报明细表的填写

增值税减免税申报明细表见表 4-14，由享受增值税减免税优惠政策的增值税一般纳税人和小规模纳税人在办理增值税纳税申报时填报。仅享受月销售额不超过 3 万元（按季纳税 9 万元）免征增值税政策或未达起征点的增值税小规模纳税人不需填报此明细表。

表 4-14　增值税减免税申报明细表

（自 2015 年 7 月 1 日起施行）

税款所属时间：自　年　月　日至　年　月　日

纳税人名称（公章）：　　金额单位：元至角分

一、减税项目						
减税性质代码及名称	栏次	期初余额	本期发生额	本期应抵减税额	本期实际抵减税额	期末余额
		1	2	3=1+2	4≤3	5=3-4
合计	1					
××××减税性质代码及名称	2					
××××减税性质代码及名称	3					
××××减税性质代码及名称	4					
	5					
	6					

二、免税项目						
免税性质代码及名称	栏次	免征增值税项目销售额	免税销售额扣除项目本期实际扣除金额	扣除后免税销售额	免税销售额对应的进项税额	免税额
		1	2	3=1-2	4	5
合计	7					
出口免税	8		—	—	—	—
××××免税性质代码及名称	9					
××××免税性质代码及名称	10					
××××免税性质代码及名称	11					
	12					
	13					

(五) 固定资产进项税额抵扣情况表的填写

固定资产进项税额抵扣情况表见表4-15。

表4-15 固定资产进项税额抵扣情况表

纳税人识别号： 纳税人名称（公章）：

填表日期： 年 月 日 金额单位：元至角分

项目	当期申报抵扣的固定资产进项税额	当期申报抵扣的固定资产进项税额累计
增值税专用发票		
海关进口增值税专用缴款书		
合计		

注：本表一式二份，一份纳税人留存，一份主管税务机关留存。

四、增值税小规模纳税人纳税申报表及其附列资料的填写

增值税小规模纳税人纳税申报表和增值税纳税申报表（小规模纳税人适用）附列资料的表格见表4-16和表4-17。

表4-16 增值税纳税申报表

（适用小规模纳税人）

纳税人识别号：□□□□□□□□□□□□□□□□□□□□

纳税人名称（公章）： 金额单位：元至角分

税款所属期： 年 月 日至 年 月 日 填表日期： 年 月 日

	项目	栏次	本期数		本年累计	
			货物及劳务	服务、不动产和无形资产	货物及劳务	服务、不动产和无形资产
一、计税依据	（一）应征增值税不含税销售额（3%征收率）	1				
	税务机关代开的增值税专用发票不含税销售额	2				

	税控器具开具的普通发票不含税销售额	3				
	（二）应征增值税不含税销售额（5%征收率）	4	—		—	
	税务机关代开的增值税专用发票不含税销售额	5	—		—	
	税控器具开具的普通发票不含税销售额	6	—		—	
一、计税依据	（三）销售使用过的固定资产不含税销售额	7（7≥8）		—		—
	其中：税控器具开具的普通发票不含税销售额	8		—		—
	（四）免税销售额	9=10+11+12				
	其中：小微企业免税销售额	10				
	未达起征点销售额	11				
	其他免税销售额	12				
	（五）出口免税销售额	13（13≥14）				
	其中：税控器具开具的普通发票销售额	14				
二、税款计算	本期应纳税额	15				
	本期应纳税额减征额	16				
	本期免税额	17				
	其中：小微企业免税额	18				
	未达起征点免税额	19				
	应纳税额合计	20=15-16				
	本期预缴税额	21			—	—
	本期应补（退）税额	22=20-21			—	—
纳税人或代理人声明：	如纳税人填报，由纳税人填写以下各栏：					
本纳税申报表是根据国家税收法律法规及相关规定填报的，我确定它是真实的、可靠的、完整的。	办税人员： 财务负责人： 法定代表人： 联系电话：					
	如委托代理人填报，由代理人填写以下各栏：					
	代理人名称（公章）： 经办人： 联系电话：					

主管税务机关： 接收人： 接收日期：

表 4-17 增值税纳税申报表（小规模纳税人适用）附列资料

（自2016年6月1日起施行）

税款所属期： 年 月 日至 年 月 日 填表日期： 年 月 日

纳税人名称（公章）： 金额单位：元至角分

应税行为（3%征收率）扣除额计算			
期初余额	本期发生额	本期扣除额	期末余额
1	2	3（3≤1+2之和，且3≤5）	4=1+2-3

应税行为（3%征收率）计税销售额计算			
全部含税收入（适用3%征收率）	本期扣除额	含税销售额	不含税销售额
5	6=3	7=5−6	8=7÷1.03
应税行为（5%征收率）扣除额计算			
期初余额	本期发生额	本期扣除额	期末余额
9	10	11（11≤9+10之和，且11≤13）	12=9+10−11
应税行为（5%征收率）计税销售额计算			
全部含税收入（适用5%征收率）	本期扣除额	含税销售额	不含税销售额
13	14=11	15=13−14	16=15÷1.05

习 题

一、单项选择题

1. 我国现行的增值税采用（　　）。

A. 价内税　　B. 价外税　　C. 定额税　　D. 累进税

2. 下列有关增值税纳税人的表述中，正确的是（　　）。

A. 年应征增值税销售额未超过小规模纳税人标准的，一律不得申请登记为一般纳税人

B. 从事货物生产的纳税人，年应征增值税销售额超过30万元的，应当申请登记为一般纳税人

C. 除个体经营者以外的其他个人，不得办理一般纳税人资格登记

D. 非企业性单位，不得办理一般纳税人资格登记

3. 下列不属于视同销售行为计征增值税的是（　　）。

A. 将货物交付他人代销　　B. 将自产货物无偿赠送他人

C. 将购买的货物用于对外投资　　D. 将购买的货物用于集体福利

4. 下列业务中免征增值税的是（　　）。

A. 农业生产者销售自产农业产品　　B. 粮油商店销售外购粮食

C. 销售图书、报纸、杂志　　D. 出口货物

5. 一般纳税人发生的下列应税行为中，不得选择适用简易计税办法计税的是（　　）。

A. 公共交通运输服务　　B. 认证服务

C. 仓储服务　　D. 收派服务

6. 增值税纳税人年应税销售额超过小规模纳税人标准，申请一般纳税人资格认定的时限是申报期结束后（　　）日内。

A. 15　　B. 20　　C. 30　　D. 40

7. 某商店为增值税小规模纳税人，本月取得含税销售额5 800元，当月进货3 000元。该商店当月应纳增值税（　　）元。

A. 168.93　　B. 223.08　　C. 406.84　　D. 842.74

8. 某企业为增值税一般纳税人，购入材料一批，增值税专用发票上标明的价款为25万元，增值税为4.25万元，另支付材料保险费2万元，包装物押金2万元。则该批材料的采购成本为（　　）万元。

A. 27　　B. 29　　C. 29.25　　D. 31.25

9. 下列各项中，应当计算缴纳增值税的是（　　）。

A. 个人转让著作权

B. 农业生产者销售自产农产品

C. 电力公司向发电企业收取过网费

D. 残疾人组织直接进口供残疾人专用的物品

10. 下列各项不属于增值税特点的是（　　）。

A. 保持税收中性　　B. 普遍征收

C. 实行价内税制度　　D. 实行税款抵扣制度

11. 2015年5月，某商场（增值税一般纳税人）因管理不善发生火灾，库存10台外购冰箱损坏，每台零售价1 440元，每台进价1 000元（不含税）。则不得抵扣的进项税额为（　　）元。

A. 1 700　　B. 14 400　　C. 12 307.69　　D. 8 547

12. 下列属于增值税视同销售行为，应计算缴纳增值税的是（　　）。

A. 某生产企业将外购钢材用于扩建仓库

B. 某电器厂委托商店代销小电器

C. 某KTV购进一批饮料销售给客户

D. 某餐饮企业购进服装用于集体福利

13. 下列进项税额可以从销项税额中抵扣的是（　　）。

A. 购进发生霉烂变质的货物的进项税额

B. 外购货物或应税劳务用于非应税项目

C. 外购原材料的进项税额

D. 外购货物或应税劳务用于集体福利

14. 以下对增值税纳税义务发生时间说法错误的是（　　）。

A. 以预收货款方式销售货物的，为发出货物的当天

B. 委托代销货物的，为收到代销清单的当天

C. 视同销售的，为货物移送的次日

D. 进口货物的，为报关进口的当天

15. 增值税纳税人的销售额中的价外费用不包括（　　）。

A. 包装物租金　　B. 手续费

C. 违约金　　D. 销项税额

16. 新办小型商贸企业在认定为一般纳税人之前，一律按小规模纳税人计税，一年内销售额达到或超过（　　）后，可申报一般纳税人。

A. 50万　　B. 100万　　C. 150万　　D. 80万

17. 以下不能被认定为一般纳税人的是（　　）。

A. 年应纳税销售额205万元的个体工商户

B. 年应纳税额在 82 万元以上，会计核算健全的工业企业

C. 年应纳税销售额在 80 万元以下，会计核算健全的商业企业

D. 年应纳税销售额在 800 万元以上，全部经营出口货物的外贸企业

18. 采用折扣销售方式销售货物的，其应纳税销售额为（　　）。

A. 如果销售额和折扣额在同一张发票分别注明，可按折扣后的余额作为销售额计算增值税

B. 按销售折扣后的余额作为销售额计算增值税

C. 如果销售额和折扣额不在同一张发票分别注明，可按折扣后的余额作为销售额计算增值税

D. 销售折扣不得从销售额中扣减，按原价计算增值税

19. 公司外购一批礼品，取得增值税专用发票上注明的价款 8.7 万元，其中赠送客户部分价值 6.1 万元，剩余部分发给了职工，则应计算的增值税销项税额是（　　）元。

A. 1.48 万　　B. 1.14 万　　C. 1.04 万　　D. 0.44 万

20. 增值税一般纳税人申请抵扣的防伪税控系统开具的增值税专用发票，必须自开具之日起（　　）内到税务机关认证，否则不予抵扣进项税额。

A 30 日　　B. 180 日　　C. 360 日　　D. 90 日

二、多项选择题

1. 根据增值税法律制度的规定，下列各项中免予缴纳增值税的有（　　）。

A. 果农销售自产水果　　B. 药店销售避孕药品

C. 王某销售自己使用过的空调　　D. 直接用于教学的进口设备

2. 企业用于非应税项目的购进货物或应税劳务的进项税额不得从销项税额中抵扣，其中的非应税项目是指（　　）。

A. 转让无形资产　　B. 销售不动产

C. 装饰建筑物　　D. 新建在建工程

3. 下列各项中属于视同销售行为应当计算销项税额的有（　　）。

A. 将自产的货物用于非应税项目　　B. 将购买的货物委托外单位加工

C. 将购买的货物无偿赠送他人　　D. 将购买的货物用于集体福利

4. 下列行为应进行进项税额转出的有（　　）。

A. 外购货物用于集体福利　　B. 外购货物用于无偿赠送他人

C. 外购货物用于在建工程　　D. 自产商品用于对外投资

5. 应在“应交税费——应交增值税”借方反映的有（　　）。

A. 出口退税　　B. 进项税额

C. 转出多交增值税　　D. 减免税款

6. 下列混合销售应当征收增值税的有（　　）。

A. 电信部门销售移动电话并为客户提供电信服务

B. 运输企业销售货物并负责运输

C. 纳税人销售软件产品并随同销售一并收取的软件安装费、维护费

D. 超市销售冰箱并负责运输

7. 下列行为中，涉及的进项税额可以从销项税额中抵扣的是（　　）。

A. 将外购的货物用于本单位集体福利
B. 将外购的货物分配给股东和投资者
C. 将外购的货物无偿赠送给其他个人
D. 将外购的货物作为投资提供给其他单位

8. 增值税一般纳税人销售货物时，下列情况中不能开具增值税专用发票的是（　　）。

A. 购货方购进免税药品要求开具增值税专用发票
B. 消费者个人购进电脑要求开具增值税专用发票
C. 商店零售化妆品
D. 境内易货贸易

9. 以下关于增值税一般纳税人和小规模纳税人划分的规定，表述正确的是（　　）。

A. 个体工商户不需要办理增值税一般纳税人资格登记
B. 年应税销售额超过小规模纳税人标准的其他个人按小规模纳税人纳税
C. 旅店业和饮食业纳税人销售非现场消费的食品，可以选择按小规模纳税人缴纳增值税
D. 年应税销售额未超过小规模纳税人标准的企业，也可以申请一般纳税人资格登记

10. 一般销售方式下的销售额包括（　　）。

A. 销售货物或应税劳务取自购买方的全部价款
B. 向购买方收取的各种价外费用
C. 消费税
D. 向购买方收取的销项税额

11. 某商场为增值税一般纳税人，与其供货企业甲服装厂达成协议，按销售量的一定比例进行平销返利。2016年9月从甲服装厂购进商品取得增值税专用发票，注明价款200万元、增值税34万元，当月按平价全部销售，月末甲服装厂按照协议支付给商场返利6万元。下列关于该项业务的处理，符合增值税有关规定的有（　　）。

A. 商场应以200万元作为计税销售额计算销项税额
B. 商场该项业务的销项税额为34.87万元
C. 商场应缴纳的增值税为0.87万元
D. 商场该项业务的进项税额为33.13万元

12. 增值税一般纳税人发生下列项目而支出的款项，可以按11%的扣除率计算进项税额的有（　　）。

A. 销售货物所支付的运输费用
B. 收购免税农业产品的买价
C. 收购废旧物资的收购金额
D. 购入货物所支付的运输费用

13. 下列能被认定为增值税一般纳税人的是（　　）。

A. 年应税销售额在50万元以上，会计核算健全的工业企业
B. 年应税销售额在100万元以上，会计核算健全的商业企业
C. 年应税销售额在50万元以上，会计核算健全的商业企业

D. 年应税销售额在 200 万元的自然人

14. 下列纳税人经营活动中适用简易办法征收增值税的有（ ）。

A. 典当业死当物品的销售　　B. 免税商店零售免税货物

C. 一般纳税人销售他人赠送的新设备　　D. 寄售商店代销寄售物品

15. 下列进项税额不得从销项税额中抵扣的是（ ）。

A. 购进固定资产的进项税额　　B. 外购货物或应税劳务用于非应税项目

C. 外购原材料的进项税额　　D. 外购货物或应税劳务用于集体福利

16. 增值税一般纳税企业购进的生产、经营用货物日后被用于（ ），即改变用途时，应将其相应的增值税进项税额转出。

A. 非应税项目　　B. 集体福利

C. 分配给股东　　D. 个人消费

17. “营改增”一般纳税人发生下列情形，其进项税额不得从销项税额中抵扣的有（ ）。

A. 用于适用简易计税方法计税项目、非增值税应税项目、增值税免税项目、集体福利或者个人消费的购进货物、接受加工修理修配劳务或者应税服务

B. 非正常损失的购进货物及相关的加工修理修理配劳务和交通运输业服务

C. 纳税人自用的应征消费税的摩托车、汽车、游艇

D. 接受的旅客运输服务

18. “营改增”试点纳税人中的一般纳税人提供的（ ）应税服务，可以选择按照简易计税办法计算缴纳增值税。

A. 电影放映服务　　B. 仓储服务

C. 装卸搬运服务　　D. 收派服务

三、业务题

1. 甲公司为增值税一般纳税人，增值税税率为 17%，商品销售价格不含增值税，在确认销售收入时逐笔结转销售成本。假定不考虑其他相关税费。6 月份甲公司发生如下业务：

(1) 2 日，向乙公司销售 A 商品 1 600 件，标价总额为 800 万元（不含增值税），商品实际成本为 480 万元。为了促销，甲公司给予乙公司 15%的商业折扣并开具了增值税专用发票。甲公司已发出商品，并向银行办理了托收手续。

(2) 10 日，因部分 A 商品的规格与合同不符，乙公司退回 A 商品 800 件。当日，甲公司按规定向乙公司开具增值税专用发票（红字），销售退回允许扣减当期增值税销项税额，退回商品已验收入库。

(3) 15 日，甲公司将部分退回的 A 商品作为福利发放给本公司职工，其中生产工人 500 件，行政管理人员 40 件，专设销售机构人员 60 件，该商品每件市场价格为 0.4 万元（与计税价格一致），实际成本 0.3 万元。

(4) 25 日，甲公司收到丙公司来函。来函提出，5 月 10 日从甲公司所购 B 商品不符合合同规定的质量标准，要求甲公司给予 10%的销售折让。该商品售价 600 万元，增值税 102 万元，货款已结清。经甲公司认定，同意给予折让并以银行存款退还折让款，同时开具了增值税专用发票（红字）。除上述资料外，不考虑其他因素。

要求：

(1) 逐笔编制甲公司上述业务的会计分录（“应交税费”科目要求写出明细科目及专栏名称，金额单位用万元表示）。

(2) 计算甲公司6月份主营业务收入总额。

2. 某公司系增值税一般纳税人，增值税税率为17%，按月交纳增值税。该公司3月份发生有关销售资料如下：

(1) 6日收到长虹公司退回A产品80台，每台成本300元，不含税对外售价500元，已收到对方转来的增值税专用发票联和抵扣联。

(2) 7日对外加工完毕，开出的增值税专用发票上注明加工费8 000元，增值税额1 360元。款项已收到。

(3) 10日向长虹公司销售A产品300台，每台不含税售价500元，单位成本每台300元。规定商业折扣条件为5%，规定现金折扣条件为“2/10，n/30”。企业在发票上注明了5%的折扣额。8天后收到货款。

(4) 11日将C产品2 000箱用于分配股利。该产品每箱单位成本为300元，不含税对外售价每箱500元。

(5) 15日将购买的原材料B用于对外投资，其实际成本为30万元，双方协议确认价值为40万元，并开具增值税专用发票。

(6) 16日采取银行汇票结算方式销售给蓝天公司D产品2 000件，每件单位成本500元，不含税售价600元/件。另收到包装物租金2万元，承租期为两个月，一次收取包装物押金3万元。

(7) 18日采用分期收款方式向飞达企业销售C产品400箱，每箱不含税售价500元，单位成本每箱300元。按合同规定，收款期限为一年，货款分6期收取，第一期收取货款的50%，其余各期各收取货款的10%。当天为第一期货款收取日，但由于对方资金紧张，只收到款项5万元。

(8) 20日将E产品200件无偿赠送给有关单位。该产品单位成本每件800元，不含税对外售价1 000元/件。

(9) 21日上月收取的红星工厂的包装物押金5万元，本月到期，但红星工厂未返还包装物，其押金予以没收。

(10) 23日将A产品200台用于本企业职工福利。该产品单位成本300元/台，不含税对外售价500元。

(11) 上月售给长安公司的10万元（不含税）A产品质量不符合要求，双方协商折让30%。当天收到长安公司转来的证明单上注明折让价款3万元，折让税额5 100元，公司据此开出红字增值税专用发票。27日收到长安公司承付的货款。

(12) 28日销售A产品给小规模纳税人，开具的普通发票上注明价款58 500元。款项已收存银行，该批产品的成本为3万元。

要求：根据上述资料，编制相应的会计分录。

3. 某工业企业某年5月份发生如下业务：

(1) 3日，该企业销售甲产品1 000吨，单价为3 400元/吨，规定立即付款，但由于对方开发公司资金紧张，货款未付。

(2) 7日，销售给A公司甲产品500吨，单价为3 400元/吨。委托运输公司将这批货物送到A公司，代A公司垫付运费69 000元，收到运输公司开给A公司的运输发票，A公司验收后，共支付款项1 656 200元。

(3) 10日，该企业采用托收承付结算方式向外地某企业发出乙产品，增值税专用发票上注明价款为180 000元，增值税30 600元，代垫运杂费2 800元。根据发货票和铁路运单，已向银行办妥托收手续。

(4) 12日，销售乙产品20 000元，应收取增值税3 400元。款项已收到，对方要求该产品先存放于该厂，另收到对方支付的仓库保管费500元。

(5) 16日，该企业向华明公司销售丙产品300件，单价为250元/件，产品成本为60 000元。按合同规定，货款分3个月支付，本月为产品销售第一期，增值税专用发票上注明价款为25 000元，增值税4 250元，已收到款项。

(6) 21日，该企业委托某公司代销丁产品2 000只，每只成本25元，售价45元，售完后，按不含税销售额5%计提手续费。5月30日，收到该公司交来的代销清单，产品全部售出，价款为50 000元，增值税8 500元，开出增值税专用发票2 500元。

要求：根据上述资料编制相应的会计分录。

四、计算题

1. 某制药厂（一般纳税人）生产各类应税和免税药品，当年8—9月发生如下经济业务：

(1) 8月销售抗生素药品取得含税销售额117 000元。

(2) 8月销售其他应税药品，收到含税货款23 400元；销售免税药品50 000元。

(3) 8月购入生产用原材料一批，取得经税务机关认证的防伪税控系统开具的增值税专用发票，注明税款68 000元，用于生产应税与免税药品，但无法划分耗料情况。支付运费1 200元（有运输发票），其中，建设基金100元，装卸费200元，运费900元。

(4) 9月销售免税药品一批，取得价款150 000元（不含税），动用外购原料成本28 000元，其中含购货运费930元（有运输发票），另支付运输公司运输免费药品的费用700元（有运输发票）。

(5) 9月销售应税药品，取得不含税收入300 000元。

(6) 9月外购应税产品包装物，取得经税务机关认证的防伪税控系统增值税专用发票，注明税款5 000元。支付产品说明书加工费2 000元，取得的专用发票上注明税款340元。

要求：

(1) 计算8月份应缴纳的增值税额。

(2) 计算9月份应缴纳的增值税额。

2. 甲公司为增值税一般纳税人，主要生产和销售洗衣机。2017年3月，销售A型洗衣机1 000台，含增值税销售单价3 510元/台，另收取优质费526 500元、包装物租金175 500元。采取以旧换新方式销售A型洗衣机50台，旧洗衣机作价117元/台。

要求：计算甲企业3月份的增值税销项税额。

第5章

出口退税的会计核算

本章导言

近年来，为保障纳税人权益，国家税务总局陆续颁布了有利于出口企业的税收政策。2015年4月30日，国家税务总局为了便利企业办理出口退（免）税，规定出口企业或其他单位办理出口退（免）税资格认定时，《出口退（免）税资格认定申请表》中的“退税开户银行账号”从税务登记的银行账号中选择一个填报，不再向主管国税机关提供银行开户许可证。出口企业也不再填报《出口企业预计出口情况报告表》。

第1节 出口退税的基本内容

一、出口退（免）税资格备案

出口退税是指一个国家或地区对已报关离境的出口货物，由税务机关根据本国税法规定，将其在出口前国内生产和流通环节缴纳的增值税、消费税等间接税款退还给出口企业的一种税收管理制度。主要包括：生产企业自营出口或委托出口货物、外贸企业自营出口或委托出口货物、出口企业或其他单位视同出口货物、出口企业对外提供加工修理修配劳务、适用增值税零税率应税服务等按国家政策规定可以享受出口退（免）税政策的企业。

（一）申请条件

自2014年1月1日起，企业出口货物劳务及适用增值税零税率的应税服务（简称出口货物劳务及服务），在正式申报出口退（免）税之前，应向主管税务机关进行预申报，在主管税务机关确认申报凭证的内容与对应的管理部门电子信息无误后，方可提供规定的申报退（免）税凭证、资料及正式申报电子数据，向主管税务机关进行正式申报。

正式申报时，只计算免抵退税额，不计算免抵退税不得免征和抵扣的税额。申报的出口销售额是指单证齐全、信息齐全的出口额。

具体规定为：出口企业在办理对外贸易经营者备案登记或签订首份委托出口协议之日起 30 日内，提供有关资料到税务机关办理出口退（免）税资格认定。其他单位在发生出口货物劳务业务之前，到税务机关办理出口退（免）税资格认定。增值税零税率应税服务提供者，在申报办理增值税零税率应税服务退（免）税之前，应办理出口退（免）税资格认定。

企业进行正式退（免）税申报时须满足 3 个前置条件：

（1）收齐按规定需向主管税务机关提供的退（免）税申报凭证和资料；

（2）按规定进行退（免）税预申报；

（3）经税务机关预审，企业预申报凭证的内容与对应的管理部门电子信息核对无误。

出口企业信息查询申请表见表 5－1。

表 5－1　　出口企业信息查询申请表

企业海关代码：
纳税人识别号：
企业名称：

序号	无相关电子信息单证种类及号码		出口（开具）日期	是否已经进行报关单确认或增值税发票认证	备注
	单证种类	单证号码			
	1	2	3	4	5
1					
2					
3					
出口企业					
经办人：			企业负责人：		
			填报日期：		
财务负责人：			（公章）		

提示

已办理过出口退（免）税资格认定的出口企业或其他单位，无须再办理出口退（免）税备案。

（二）办理材料

需要办理的材料主要有：

（1）《出口退（免）税资格备案表》2 份及电子数据，其中“退税开户银行账号”须从税务登记的银行账号中选择一个填报。（在国家税务总局出口退税审核系统尚未同步升级前，继续沿用通过该系统企业端生成的表头为“出口退（免）税资格认定申请表”的电子数据。）

（2）出口企业报送的资料包括：1）加盖备案登记专用章的《对外贸易经营者备案登记表》或《中华人民共和国外商投资企业批准证书》的原件和复印件；2）中华人民共和国海关进出口货物收发货人报关注册登记证明的原件和复印件；3）未办理备案登记而发生委托出口业务的生产企业需提供委托代理出口协议，不需要提供1.2项资料。

提示

（1）企业办理退税认定时，不再需要提供银行开户许可证；

（2）企业办理进料加工业务退（免）税核销时，不需要再提供向报关海关查询情况的书面说明；

（3）企业不再填报《出口企业预计出口情况报告表》。

提示

2015年5月1日以后出口的货物，出口企业申报出口退（免）税及相关业务时，免予提供纸质报关单。但申报适用启运港退税政策的货物除外。不过，有的地方仅对出口退税分类管理的一二类企业实行无纸化申报。

表5-2　　出口退（免）税备案表

<table>
<tr><td>纳税人名称</td><td colspan="3"></td></tr>
<tr><td>纳税人英文名称</td><td colspan="3"></td></tr>
<tr><td>企业海关代码</td><td colspan="3"></td></tr>
<tr><td>电话</td><td></td><td>传真</td><td></td></tr>
<tr><td>邮编</td><td></td><td>电子信箱：</td><td></td></tr>
<tr><td>企业注册地址</td><td colspan="3"></td></tr>
<tr><td>经营场所（中文）</td><td colspan="3"></td></tr>
<tr><td rowspan="3">纳税人识别号</td><td rowspan="3"></td><td rowspan="3">纳税人类型</td><td>增值税一般纳税人（ ）</td></tr>
<tr><td>增值税小规模纳税人（ ）</td></tr>
<tr><td>其他（ ）</td></tr>
<tr><td>主管税务机关名称</td><td></td><td>纳税信用等级</td><td></td></tr>
<tr><td>登记注册类型代码</td><td></td><td>行业归属代码</td><td></td></tr>
<tr><td>隶属关系代码</td><td></td><td>经营者类型代码</td><td></td></tr>
<tr><td>对外贸易经营者备案登记表编号</td><td colspan="3"></td></tr>
<tr><td>是否提供零税率应税服务</td><td>是（）否（）</td><td>提供零税率应税服务代码</td><td></td></tr>
</table>

工商登记	注册号		企业法定代表人（个体工商户负责人）	姓名	
	注册日期			身份证号	
	有效期			电话	
	注册资金				
退税开户银行					
退税开户银行账号					
企业办理退免税人员	姓名		电话		
	身份证号				
	姓名		电话		
	身份证号				
享受增值税优惠政策情况					
先征后退（ ）		即征即退（ ）	超税负返还（ ）	其他（ ）	
主管外汇管理局					
附送资料					
退税计算办法及申报方式					
退（免）税计算方法		1. 免抵退税（ ）			
		2. 免退税（ ）			
		3. 免税（ ）			
		4. 其他（ ）			
纸质凭证申报方式		上门申报（ ）	数据电文申报	上门申报（ ）	
		邮寄申报（ ）		远程申报（ ）	
是否分部核算		是（ ） 否（ ）	分部核算部门代码		
申请认定者请认真阅读以下条款，并由企业法定代表人或个体工商户负责人签字、盖章以示确认。					
一、遵守各项税收法律、法规及规章。					
二、在《出口退（免）税备案表》中所填写的信息及提交的材料是完整的、准确的、真实的。					
三、《出口退（免）税备案表》上填写的任何事项发生变化，应到原备案机关办理备案变更。					
以上如有违反，将承担一切法律责任。					
此表一式两份。					
法定代表人（申明签章）：					
纳税人公章：					
年 月 日					

二、出口退（免）税企业分类管理

（一）出口退（免）税企业的分类

为进一步规范出口退（免）税管理，优化出口退税服务，支持我国外贸发展，国家税务总局发布了《出口退（免）税企业分类管理办法》，自2015年3月1日起施行。出口退（免）税企业管理类别评定表见表5-3。出口企业分为外贸企业、生产企业、其他单位，出口企业管理类别分为一类、二类、三类、四类。

表5-3　　出口退（免）税企业管理类别评定表

填报机关：________县（区）国家税务局　　　　所属年度：

<table>
<tr><td>编号</td><td>海关企业代码</td><td>纳税人识别号</td><td>出口企业名称</td><td>出口企业类型</td><td>评定类别的主要事项</td><td>评定类别</td><td>备注</td></tr>
<tr><td>1</td><td></td><td></td><td></td><td></td><td></td><td></td><td></td></tr>
<tr><td>2</td><td></td><td></td><td></td><td></td><td></td><td></td><td></td></tr>
<tr><td>⋮</td><td></td><td></td><td></td><td></td><td></td><td></td><td></td></tr>
<tr><td>合计</td><td></td><td></td><td></td><td></td><td></td><td></td><td></td></tr>
<tr><td colspan="5">县（区）级国税机关意见：
（公章）
经办人：　科长：　主管局长：
年 月 日　年 月 日　年 月 日</td><td colspan="3">地（市）级国税机关意见：
（公章）
经办人：　科长：　主管局长：
年 月 日　年 月 日　年 月 日</td></tr>
</table>

（1）一类企业。上一年度内，同时具备下列条件的出口企业，管理类别可评定为一类：1）年末净资产大于当年已办理的出口退（免）税总额。2）纳税信用等级为B级以上。3）能主动配合国税机关实施出口退（免）税管理，能按规定收集、装订、存放出口退税凭证及备案单证。4）出口企业内部建立了较为完善的出口退（免）税风险控制体系。5）未发生过违反出口退（免）税相关规定的情形。6）满足省国家税务局规定的其他风险可控的条件。

（2）三类企业。符合下列条件之一的出口企业，管理类别应评定为三类：1）自首笔申报出口退（免）税之月起至评定当日未满12个月，或尚未申报过出口退（免）税。2）上一年度内，累计6个月以上未申报出口退（免）税。3）上一年度内，纳税信用等级为C级。4）上一年度内，发生过违反出口退（免）税有关规定的情形，但尚未达到税务机关或司法机关处理标准的。5）存在省国家税务局规定的其他失信情形。

（3）四类企业。上一年度内，符合下列条件之一的出口企业，管理类别应评定为四类：1）纳税信用等级为D级。2）发生过拒绝提供有关出口退（免）税账簿、凭证、资料等情形。3）因违反出口退（免）税有关规定，被税务机关或司法机关处理过的。4）海关信用管理类别认定为失信企业。5）外汇管理的分类管理等级为C级。6）存在省国家税务局规定的其他严重失信情形。截至评定之日，出口企业因骗取出口退税被停止出口退税权期限届满后未满2年的，管理类别应评定为四类。

（4）二类企业。被评定为一类、三类、四类以外管理类别的出口企业，其管理类别应评定为二类。

（二）出口退（免）税企业的分类管理规定

管理类别为一类的出口企业，在出口退（免）税申报相关电子信息齐全并经预审通过后，即可进行正式申报，申报时不需要提供原始凭证，对应的原始凭证按规定留存企业备查；管理类别为二类、三类的出口企业，在申报出口退（免）税时，应按规定提供原始凭证、资料及正式申报电子数据；管理类别为四类的出口企业，在申报出口退（免）税时，除提供上述原始凭证、资料及正式申报电子数据外，还须同时按规定报送收汇凭证。

（三）出口企业的管理措施

1. 管理类别为一类的出口企业的管理措施

（1）国税机关受理该类企业的出口退（免）税正式申报后，经核对申报信息齐全无误的，即可办理出口退（免）税。

（2）在国家下达的出口退税计划内，可优先安排该类企业办理出口退税。

（3）国税机关可向该类企业提供绿色办税通道（特约服务区），并建立重点联系制度，指定专人负责并定期联系企业，及时解决其有关出口退（免）税问题。

（4）该类企业属于外贸企业的，国税机关应定期使用增值税专用发票稽核、协查信息对其申报的出口退税进行复核，对复核有误的，应按规定处理。

2. 管理类别为二类的出口企业的管理措施

（1）对该类企业申报的出口退（免）税，国税机关应先审核电子信息，再抽取一定比例的原始凭证进行人工审核。抽取比例应不低于该类企业每个申报批次所附原始凭证的20%。

（2）该类企业属于外贸企业的，对其申报的出口退税，国税机关应先使用出口货物报关单电子信息和增值税专用发票认证信息审核办理退税，再定期用增值税专用发票稽核、协查信息进行复核，对复核有误的，应按规定处理。

（3）国税机关每年评估该类企业的退（免）税的户数，应不低于所辖有出口退（免）税申报业务的该类企业总户数的3%。

3. 管理类别为三类的出口企业的管理措施

（1）对该类企业申报的出口退（免）税，国税机关应先审核电子信息，再抽取一定比例的原始凭证进行人工审核。抽取比例应不低于该类企业每个申报批次所附原始凭证的60%。

（2）该类企业属于外贸企业的，对其申报的出口退税，国税机关应使用出口货物报关单电子信息和增值税专用发票稽核、协查信息审核办理出口退税。

（3）国税机关每年评估该类企业的退（免）税的户数，应不低于所辖有出口退（免）税申报业务的该类企业总户数的5%。

（4）对该类企业申报的出口退（免）税，每年国税机关应抽查不低于20%的对应备案单证及收汇凭证。

4. 管理类别为四类的出口企业的管理措施

（1）对该类企业申报的出口退（免）税，国税机关除审核电子信息外，还应逐笔人工审核对应的原始凭证。

(2) 该类企业属于外贸企业的，对其申报的出口退税，国税机关应使用出口货物报关单电子信息和增值税专用发票稽核、协查信息审核办理出口退税。

(3) 该类企业属于生产企业的，对其申报出口退（免）税的自产产品，国税机关对其生产能力、纳税有关情况核实无误后，方可办理退（免）税。

(4) 对该类企业申报出口退（免）税的外购出口货物或视同自产产品，国税机关应对每户供货企业的发票抽取一定比例发函调查。

(5) 国税机关对所辖该类企业，每年应至少进行一次出口退（免）税评估。

(6) 该类企业自评定之日起，2 年内不得评定为其他管理类别。

三、出口退税预审核

出口退税预审核是税务机关利用计算机，将企业预申报电子数据与企业出口退税认定信息、出口商品退税率文库及外部的增值税专用发票、消费税专用税票、海关进口增值税（或消费税）专用缴款书、出口报关单、代理出口货物证明等电子信息进行对审，并结合其他审核条件进行预审核，预审核后产生反馈信息。出口退税预审核是税务机关为了提高企业申报数据的准确性，减少企业的工作量而提供的一种服务。预审核有助于提高出口退税申报质量和审核效率。

（一）申请条件

出口企业使用国家税务总局认可的出口货物退（免）税电子申报系统生成出口货物免退税预审核、出口货物免抵退税预审核电子数据，在当期免抵退税正式申报之前，将电子数据提交主管税务机关办理出口退（免）税预审核。

出口企业通过使用国家税务总局认可的出口货物退（免）税电子申报系统生成出口退（免）税证明预审核电子数据后，将电子数据提交主管税务机关办理出口退（免）税预审核。

（二）办理材料

需要办理的材料主要有：

(1) 外贸企业办理出口退税申报预审核需报送的资料：出口货物免退税预审核电子数据；

(2) 生产企业办理出口退税申报预审核需报送的资料：出口货物免抵退税预审核电子数据；

(3) 申请开具出口退（免）税证明预审核需报送的资料：出口退（免）税证明预审核电子数据。

四、外贸企业免退税申报

出口企业免退税申报核准包括外贸企业和外贸综合服务企业出口货物免退税申

报核准。

（一）申请条件

纳税人当月出口的货物须在次月的增值税纳税申报期内，向主管税务机关办理增值税纳税申报，纳税人应在货物报关出口之日次月起至次年 4 月 30 日前的各增值税纳税申报期内，收齐有关凭证，向主管税务机关办理出口货物增值税、消费税免退税申报。经主管税务机关批准的，企业在增值税纳税申报期以外的其他时间也可办理免退税申报。逾期的，企业不得申报免退税。

（二）办理材料

出口企业免退税申报需报送的资料有：（下述资料中要求同时提供原件和复印件的，复印件上均应写明“与原件相符”字样并加盖单位公章。）

（1）《外贸企业出口退税汇总申报表》；

（2）《外贸企业出口退税进货明细申报表》；

（3）《外贸企业出口退税出口明细申报表》；

（4）出口货物退（免）税正式申报电子数据；

（5）增值税专用发票（抵扣联）；

（6）属委托出口货物的，还需报送代理出口货物证明、代理出口协议副本；

（7）出口日期为 2015 年 4 月 30 日（含 30 日）之前的，还需报送出口货物报关单（出口退税专用）；

（8）经保税区仓储企业出口货物申报退税时，还需报送出境货物备案清单；

（9）属出口消费税应税货物的，还需报送消费税税收（出口货物专用）缴款书或消费税出口货物完税分割单；

（10）出口货物报关单上的申报日期和出口日期期间，若海关调整商品代码，导致出口货物报关单上的商品代码与调整后的商品代码不一致的，还需报送《海关出口商品代码、名称、退税率调整对应表》；

（11）外贸企业采用单票对应法申报退税时，如进货有结余，还需报送出口退税进货分批申报单；

（12）进口货物复出口时，还需报送海关进口增值税专用缴款书、进口货物报关单；其中属消费税应税货物的，还需报送海关进口消费税专用缴款书；

（13）存在《国家税务总局关于出口货物劳务退（免）税管理有关问题的公告》（国家税务总局公告 2014 年第 51 号）第一条所列情形的，还需报送《出口货物收汇申报表》、出口收汇凭证；

（14）属于《国家税务总局关于出口货物劳务退（免）税管理有关问题的公告》（国家税务总局公告 2014 年第 51 号）第一条规定的可不提供出口收汇凭证的出口企业，主管税务机关在出口退（免）税审核中，发现其申报退（免）税的出口货物存在需要进一步核实出口业务真实性的，还需报送《出口货物不能收汇申报表》。

五、生产企业免抵退税申报

（一）申请条件

适用“免、抵、退”税办法的纳税人在货物报关出口并按会计规定做销售后，在做销售的次月的增值税纳税申报期内，向主管税务机关办理增值税纳税申报，于货物报关出口之日次月起至次年4月30日前的各增值税纳税申报期内收齐有关凭证，向当地主管税务机关申报办理出口货物增值税免抵退税，逾期的，不得申报免抵退税。

（二）办理材料

出口企业免抵退税申报需报送的资料有：（下述资料中要求同时提供原件和复印件的，复印件上均应写明“与原件相符”字样并加盖单位公章。）

（1）《免抵退税申报汇总表》；

（2）《免抵退税申报汇总表附表》；

（3）《免抵退税申报资料情况表》；

（4）《生产企业出口货物免、抵、退税申报明细表》；

（5）出口货物退（免）税正式申报电子数据；

（6）出口发票；

（7）属委托出口货物的，还需报送代理出口货物证明、代理出口协议副本；

（8）企业购进不计提进项税额的国内免税原材料用于加工出口货物时，还需报送《生产企业出口货物扣除国内免税原材料申请表》等。

六、市场经营户免抵退税申报

2015年12月17日，国家税务总局规定，市场经营户自营或委托市场采购贸易经营者以市场采购贸易方式出口的货物免征增值税。

（一）市场经营户的概念

市场采购贸易方式出口货物，是指经国家批准的专业市场集聚区内的市场经营户（简称市场经营户）自营或委托从事市场采购贸易经营的单位（简称市场采购贸易经营者），按照海关总署规定的市场采购贸易监管办法办理通关手续，并纳入涵盖市场采购贸易各方经营主体和贸易全流程的市场采购贸易综合管理系统管理的货物（国家规定不适用市场采购贸易方式出口的商品除外）。

提示

经国务院批准开展市场采购贸易方式试点的市场集聚区，其市场采购贸易综合管理系统的免税管理系统经国家税务总局验收后，出口货物执行交易清单免税管理，不实行免税资料备查管理和备案单证管理。

委托出口的市场经营户应与市场采购贸易经营者签订《委托代理出口货物协议》。受托出口的市场采购贸易经营者在货物报关出口后，应在规定的期限内向主管国税机关申请开具《代理出口货物证明》。

（二）市场经营户需要提供的交易清单

市场经营户或市场采购贸易经营者应按以下要求时限，在市场采购贸易综合管理系统中准确、及时录入商品名称、规格型号、计量单位、数量、单价和金额等相关内容形成交易清单。

（1）自营出口，市场经营户应当于同外商签订采购合同时自行录入；

（2）委托出口，市场经营户将货物交付市场采购贸易经营者时自行录入，或由市场采购贸易经营者录入。

市场经营户应在货物报关出口次月的增值税纳税申报期内按规定向主管国税机关办理市场采购贸易出口货物免税申报；委托出口的，市场采购贸易经营者可以代为办理免税申报手续。

第2节 出口退税的计算

一、生产企业“免、抵、退”税的计算

（一）“免、抵、退”税的含义

“免”税是指对生产企业出口的自产货物，免征本企业生产销售环节增值税。

“抵”税是指生产企业出口自产货物所耗用的原材料、零部件、燃料、动力等所含应予退还的进项税额，抵顶内销货物的应纳税额。

“退”税是指生产企业出口的自产货物在当月内应抵顶的进项税额大于应纳税额时，对未抵顶完的部分予以退税。

（二）“免、抵、退”税的适用范围

“免、抵、退”办法，主要适用于自营和委托出口自产货物的生产企业。

（三）“免、抵、退”税的计算方法

（1）当期应纳税额的计算。

$$\text{当期应纳税额}=\text{当期内销货物的销项税额}-\left(\text{当期进项税额}-\text{当期免抵退税不得免征和抵扣税额}\right)-\text{上期留抵税额}$$

式中，

当期免抵退税不得免征和抵扣税额＝出口货物离岸价×外汇人民币牌价×（出口货物征税率－出口货物退税率）－免抵退税不得免征和抵扣税额抵减额

免抵退税不得免征和抵扣税额抵减额＝免税购进原材料价格×（出口货物征税率－出口货物退税率）

（2）免抵退税额的计算。

免抵退税额＝出口货物离岸价×外汇人民币牌价×出口货物退税率－免抵退税额抵减额

免抵退税额抵减额＝免税购进原材料价格×出口货物退税率

（3）当期应退税额和免抵税额的计算。

1）当期期末留抵税额≤当期免抵退税额，则

当期应退税额＝当期期末留抵税额

当期免抵税额＝当期免抵退税额－当期应退税额

2）当期期末留抵税额＞当期免抵退税额，则

当期应退税额＝当期免抵退税额

当期免抵税额＝0

例 5－1

某自营出口的生产企业为增值税一般纳税人，出口货物的征税率为17%，退税率为11%。2012年4月的有关经营业务为：购进原材料一批，取得的增值税专用发票注明价款200万元，外购货物准予抵扣的进项税额34万元通过认证。上月末留抵税款3万元，本月内销货物不含税销售额100万元，收款117万元存入银行，本月出口货物的销售额折合人民币200万元。计算该企业当期的免、抵、退税额。

【解析】

（1）当期免抵退税不得免征和抵扣税额＝200×(17%－11%)＝12(万元)

（2）当期应纳税额＝100×17%－(34－12)－3＝17－22－3＝－8(万元)

（3）出口货物免、抵、退税额＝200×11%＝22(万元)

（4）按规定，当期期末留抵税额小于等于当期免抵退税额时：

当期应退税额＝当期期末留抵税额＝8(万元)

（5）当期免抵税额＝当期免抵退税额－当期应退税额＝22－8＝14(万元)

二、外贸企业“先征后退”的计算

2012年6月1日，国家税务总局规定外贸企业可使用经税务机关审核允许纳税人抵扣其进项税额的增值税专用发票作为出口退税申报凭证向主管税务机关申报出口退税。

提示

(1) 外贸企业丢失已开具增值税专用发票发票联和抵扣联的，在增值税专用发票认证相符后，可凭增值税专用发票记账联复印件及销售方所在地主管税务机关出具的《丢失增值税专用发票已报税证明单》，经购买方主管税务机关审核同意后，向主管出口退税的税务机关申报出口退税。

(2) 外贸企业丢失已开具增值税专用发票抵扣联的，在增值税专用发票认证相符后，可凭增值税专用发票发票联复印件向主管出口退税的税务机关申报出口退税。

(一)“先征后退”的计算

应退税额＝不含增值税的购进金额×退税率

例5-2

某进出口公司2012年5月购进牛仔布委托加工成服装出口，取得牛仔布增值税专用发票一张，注明计税金额10 000元（退税率11%）；服装加工费计税金额2 000元（退税率17%）。计算该公司应退税额。

【解析】

应退税额＝10 000×11%＋2 000×17%＝1 440(元)

(二) 外贸企业收购小规模纳税人出口货物增值税的退税

(1) 凡从小规模纳税人购进持普通发票特准退税的抽纱、工艺品等12类出口货物，同样实行销售出口货物的收入免税，并退还出口货物进项税额的办法。

$$应退税额=\frac{普通发票上的销售额}{1+征收率3\%}\times征收率3\%$$

提示

外贸企业购进小规模纳税人的货物在出口时有12种情况可以退税，说明外贸企业购进持普通发票的货物出口时不一定能退税。但是商贸企业出口一定不能退税。

(2) 从小规模纳税人购进税务机关代开增值税专用发票的出口货物。

应退税额＝增值税专用发票上的销售额×退税率

例5-3

某进出口公司4月从某小规模纳税人购进抽纱出口，普通发票注明金额6 000元；生产西服出口，取得税务机关代开的增值税专用发票，发票注明金额5 000元，退税率6%。计算该公司应退税额。

【解析】

$$应退税额=\frac{6\ 000}{1+3\%}\times 3\%+5\ 000\times 6\%=474.76(元)$$

三、小规模纳税人出口货物的免税

为规范对增值税小规模纳税人出口货物免税的管理，国家税务总局规定小规模纳税人2008年1月1日后自营或委托出口的货物应按照规定向税务机关进行免税或免税核销申报。

（一）办理出口货物免税的认定

小规模纳税人应在规定期限内填写《出口货物退（免）税认定表》并持有关资料到主管税务机关办理出口货物免税认定。已办理对外贸易经营者备案登记的小规模纳税人办理出口货物免税认定的期限是办理对外贸易经营者备案登记之日起30日内。

（二）办理出口货物免税的申报资料

（1）免税电子申报数据；

（2）《小规模纳税人出口货物免税核销申报汇总表》（一式三份）；

（3）《小规模纳税人出口货物免税申报明细表》；

（4）出口发票；

（5）出口货物报关单（出口退税专用）；

（6）经税务机关签章的代理出口货物证明（委托其他企业代理出口货物的企业提供）。

第3节 出口退税的核算

一、生产企业出口退税的核算

（1）不得退的增值税。按规定计算的当期出口物资不予免征、抵扣和退税的税额，计入出口物资成本，即企业购进原材料等取得的增值税专用发票上记载的增值税税额与按退税率计算的增值税税额的差额。

借：主营业务成本

　　贷：应交税费——应交增值税（进项税额转出）

（2）如果出口企业有出口和内销，按规定的退税率计算的出口货物的进项税额抵减内销产品的应纳税额，在取得主管退税机关出具的《生产企业免抵退税审批通知单》后的会计处理如下：

借：应交税费——应交增值税（出口抵减内销产品应纳税额）

　　贷：应交税费——应交增值税（出口退税）

（3）如果出口企业只有出口，没有内销或内销很少，按规定应予退回的税款的会计处理如下：

借：其他应收款

　　贷：应交税费——应交增值税（出口退税）

收到退回的税款。

借：银行存款

　　贷：其他应收款

（4）退关和退货。生产企业已办理退税和免抵税的出口货物发生退关、退货的，应及时到其所在地主管出口退税的税务机关申请办理《出口货物退运已办结税务证明》，缴纳已退的税款，调整已免抵税额。同时做相反的会计分录冲减销售收入和销售成本，调整不得免征和抵扣税额。

例5-4

某工业企业3月购入并验收原材料一批，取得的增值税专用发票上注明材料价款40万元，增值税税额6.8万元；本月内销收入100万元，外销收入按当日市场汇价折合人民币140万元。增值税征收率和退税率分别为17%和11%。本月已销产品的生产成本为140万元，上期留抵税额12万元。本月申报所属期上月的免抵退税（全部为一般贸易），外销收入为120万元，在国内销售40%，出口60%。购销业务均以银行存款收付。计算该企业应交税费并作会计分录。

【解析】会计分录为：

（1）购进。

借：原材料	400 000	
应交税费——应交增值税（进项税额）	68 000	
贷：银行存款		468 000

（2）内销和出口。

借：银行存款	2 570 000	
贷：应交税费——应交增值税（销项税额）（内销1 000 000×17%）		170 000
主营业务收入——内销		1 000 000
——外销		1 400 000

（3）结转已销售产品成本。

借：主营业务成本——内销（1 400 000×40%）	560 000	
——外销（1 400 000×60%）	840 000	
贷：库存商品		1 400 000

（4）计算出口货物不得免征和抵扣税额，调整出口货物主营业务成本。

不得免征和抵扣税额＝1 400 000×(17%－11%)＝84 000(元)

借：主营业务成本——外销	84 000	

贷：应交税费——应交增值税（进项税额转出） 84 000

（5）计算当期申报的免抵退税额、应退税额、免抵税额。

免抵退税额＝1 200 000×11%＝132 000(元)＞上期留抵税额 120 000(元)

应退税额＝120 000(元)

免抵税额＝132 000—120 000＝12 000(元)

借：应交税费——应交增值税（出口抵减内销产品应纳税额） 12 000

其他应收款——应收出口退税 120 000

贷：应交税费——应交增值税（出口退税） 132 000

（6）计算并缴纳当期应交增值税。

应纳税额＝170 000－(68 000－84 000)＝186 000(元)

借：应交税费——应交增值税（已交税金） 186 000

贷：银行存款 186 000

二、外贸企业出口退税的核算

外贸企业的退税适用“先征后退”。

（1）外贸企业在国内收购出口的货物。

借：在途物资（材料采购、原材料、库存商品）等

应交税费——应交增值税（进项税额）

贷：银行存款

（2）货物出口销售。

1）出口销售时。

借：银行存款等

贷：主营业务收入

2）结转主营业务成本。

借：主营业务成本

贷：库存商品

3）按购进时取得的增值税专用发票上记载的增值税与按规定的退税率计算的增值税的差额，即不清退的部分，作为出口商品的已销成本，如（购进税率17%－出口退税率9%）×进价。

借：主营业务成本

贷：应交税费——应交增值税（进项税额转出）

4）按退税率计算应收的出口退税。

借：其他应收款

贷：应交税费——应交增值税（出口退税）

5）收到出口退税时。

借：银行存款

贷：其他应收款

例5-5

某外贸企业国内收购货物一批，得到的增值税专用发票上注明的价款为930万元，税额为120.9万元，直接报关出口，出口销售额为180万美元（汇率为1∶8.4），该批货物的增值税税率为11%，出口退税率为10%。

【解析】 会计分录为：

（1）国内采购货物。

借：在途物资　9 300 000

　　应交税费——应交增值税（进项税额）　1 023 000

　贷：银行存款　10 323 000

验收入库时。

借：库存商品　9 300 000

　贷：在途物资　9 300 000

（2）报关出口，销售收入为15 120 000元（1 800 000×8.4）。

借：银行存款　15 120 000

　贷：主营业务收入　15 120 000

（3）结转已销商品成本。

借：主营业务成本　9 300 000

　贷：库存商品　9 300 000

（4）出口货物不予抵扣金额为93 000元［9 300 000×(11%－10%)］。

借：主营业务成本　93 000

　贷：应交税费——应交增值税（进项税额转出）　93 000

（5）按退税率10%计算应收的出口退税额为930 000元（9 300 000×10%）。

借：其他应收款　930 000

　贷：应交税费——应交增值税（出口退税）　930 000

（6）收到出口退税额。

借：银行存款　930 000

　贷：其他应收款　930 000

提示

在会计准则下，商业企业包括外贸企业采购商品的运杂费，与工业企业相同，计入“在途物资”等科目的采购成本中。

习　题

一、单项选择题

1. 下列各项中，与我国现行出口退（免）税政策不符的是（　　）。

A. 免税但不退税　　B. 不免税也不退税

C. 不免税但退税　　D. 免税并退税

2. 我国现行生产企业出口退（免）税的计算方法是（　　）。

A. 免、抵、退　　B. 先征后退

C. 即征即退　　D. 免征

3. 出口货物退（免）税凭证、资料应当保存（　　）年，但是法律法规另有规定的除外。

A. 3　　B. 5　　C. 10　　D. 15

4. 按税法规定，出口货物不能享受退（免）税政策的是（　　）。

A. 有出口经营权的生产企业

B. 有出口经营权的外贸企业

C. 委托外贸企业代理出口货物的生产企业

D. 委托外贸企业代理出口货物的商贸企业

5. 下列关于出口退税不正确的是（　　）。

A. 来料加工复出口货物退税，应退税额＝出口货物应退税额－销售进口料件应抵减退税额

B. 外贸企业出口货物退增值税的计税依据为购进货物的增值税专用发票注明的进货金额和出口货物对应的退税率

C. 增值税一般纳税人和非增值税纳税人出口的外购旧设备，实行免税不退税的办法

D. 小规模纳税人出口的自用旧设备，实行免税不退税的办法

6. 某进出口公司本月出口英国平纹布2 000米，在国内购进的增值税专用发票上注明货物的单价为20元/平方米，金额40 000元，退税率11%。该进出口公司本月应退税额为（　　）元。

A. 6 800　　B. 4 400　　C. 1 600　　D. 0

7. 下列出口货物劳务，适用出口退（免）税政策的是（　　）。

A. 出口企业或其他单位销售给用于国际金融组织或外国政府贷款国际招标建设项目的中标机电产品

B. 增值税小规模纳税人出口的货物

C. 国家计划内出口的卷烟

D. 非出口企业委托出口的货物

8. 对出口企业管理类别为二类的企业申报的出口退（免）税，国税机关应先审核电子信息，再抽取不低于（　　）的原始凭证进行人工审核。

A. 20%　　B. 30%　　C. 50%　　D. 60%

9. 某制药企业为增值税一般纳税人，某年当月外购原材料取得防伪税控专用发票，注明进项税额223.75万元。当月内销药品取得不含税销售额550万元，外销药品取得收入205万美元（美元与人民币的比价为1∶6.8），出口退税率为11%。该制药企业当月应退的增值税为（　　）万元。

A. 75.4　　B. 65.60　　C. 64.65　　D. 46.61

10. 某具有出口经营权的电器生产企业（增值税一般纳税人）自营出口自产货物，10月末未退税前计算出的期末留抵税款为19万元，当期免抵退税额为15万元，则当期免抵税额为（　　）。

A. 0　B. 6　C. 9　D. 15

11. 企业应在办理对外贸易经营备案登记或签订代理出口协议之日起（　）内如实填写《出口货物退（免）税认定表》。

A. 30　B. 60　C. 90　D. 180

12. 某一外贸公司进购一批货物出口，增值税发票注明进项金额 50 000 元，税额 6 500 元，征税率 11%，退税率 5%，该批货物全部出口，收汇额 7 500 元，记账汇率 8.28 元/美元，则该企业可退增值税（　）元。

A. 5 500　B. 6 500　C. 3 750　D. 3 105

13. 某纸业有限公司出口的纸张在商品代码库中的征税率 17%、退税率 0，出口额为 200 万美元（FOB 价，汇率 8.26 元/美元），对这些出口销售收入应（　）。

A. 免税不退税

B. 计提申报销项税额 280.84 万元

C. 计提申报销项税额 240.03 万元

D. 按照 17%的税率申报办理退税

14. 出口货物的出口日期以（　）为准。

A. 外销发票的开票日期　B. 报关单注明的签发日期

C. 报关单注明的出口日期　D. 提运单日期

15. 某外贸公司 8 月份购进及出口情况如下：第一次购电风扇 500 台，单价 150 元/台；第二次购进电风扇 200 台，单价 148 元/台（均已取得增值税专用发票）；将两次外购的电风扇 700 台报关出口，离岸单价 20 美元/台，此笔出口已收汇并做销售处理。（美元与人民币比价为 1∶6.8，退税率为 11%）该笔出口业务应退增值税为（　）元。

A. 13 559　B. 11 506　C. 15 106　D. 17 782

二、多项选择题

1. 除另有规定外，增值税给予免税并退税的有（　）。

A. 生产企业自营出口或委托外贸企业代理出口的自产货物

B. 有出口经营权的外贸企业收购后直接出口或委托其他外贸企业代理出口的货物

C. 对外承包工程公司运出境外用于对外承包项目的货物

D. 小规模纳税人出口的自产货物

2. 下列关于出口退（免）税政策的陈述，不正确的是（　）。

A. 通过借权、挂靠出口的货物不得享受出口退税政策

B. 国家明确规定不予退税的货物，出口要视同内销货物计提销项税额或征收增值税

C. 目前出口任何货物都可以按规定予以退税

D. 对生产企业和外贸企业出口，目前均以出口货物的离岸价格作为计税依据

3. 下列关于出口货物退（免）税的规定，说法正确的是（　）。

A. 企业出口货物后，须在自报关出口之日起 90 天后第一个增值税纳税申报截止之日向税务机关申报退（免）税

B. 出口货物退（免）税的地点是出口企业按规定申报出口退（免）税的所在地

C. 出口货物退（免）税的税种包括增值税、消费税和关税

D. 出口企业未在规定期限内申报退（免）税的货物，应视同内销货物计提销项税额

或征收增值税

4. 关于特定企业或特准货物出口退（免）税的有关规定，说法正确的是（　　）。

A. 小规模纳税人自营或委托出口的货物，一律免征增值税、消费税，其进项税额不予抵扣或退税

B. 对一般物资援助项下出口的货物不予办理退税

C. 代理出口货物一律在受托方退（免）税

D. 国内原材料、物料等进入加工区视同出口，海关按照对出口货物的有关规定办理报关手续，并签发出口退税报关单

5. 下列产品出口可以退消费税的有（　　）。

A. 外贸企业从一般纳税人生产企业购进的香烟出口

B. 外贸企业从小规模纳税人生产企业购进的化妆品出口

C. 生产企业自行出口小汽车

D. 生产企业从商业企业购进鞭炮出口

6. 生产企业出口的视同自产货物，可以实行“免、抵、退”税管理办法。下列货物视同自产货物的有（　　）。

A. 外购的与本企业所生产的产品名称、性能相同，使用本企业注册商标，并出口给进口本企业自产货物的外商的产品

B. 外购的与本企业所生产的产品配套出口，不经过本企业加工或组装，出口后能直接与本企业自产货物组合成成套产品，并出口给进口本企业自产货物的外商的产品

C. 外购的与本企业所生产的产品配套出口，出口给进口本企业自产货物外商的，用于维修本企业出口的自产货物的零部件

D. 委托加工收回的与本企业所生产的产品名称、性能不同的产品，出口给进口本企业自产货物的外商的产品

7. 下列选项中，适用出口免征增值税政策的有（　　）。

A. 已使用过的设备（购进时未取得增值税专用发票）

B. 非出口企业委托出口的货物

C. 农业生产者自产农产品

D. 以旅游购物贸易方式报关出口的货物

8. 某企业当月增值税纳税申报“期末留抵税额”为10万元，当月税务机关审批“免抵退”税额8万元，则下列说法正确的是（　　）。

A. 该企业当月应退税额为10万元

B. 该企业当月应退税额为8万元

C. 该企业当月免抵税额为0

D. 该企业当月免抵税额为2万元

9. 我国现行对增值税出口退税采用的方式有（　　）。

A. 先征后返　　B. 免税采购

C. 免抵退税　　D. 名抵法

10. 实行“免、抵、退”税办法的出口企业，计算出的当期免抵退税不得免征和抵扣

税额，会计处理错误的是（　　）。

A. 不需会计处理

B. 借：主营业务成本

　　贷：应交税金——增值税（进项税额转出）

C. 借：应交税金——增值税（出口抵减内销产品应纳税额）

　　贷：应交税金——增值税（出口退税）

D. 借：应交税金——增值税（出口退税）

　　贷：应交税金——增值税（出口抵减内销产品应纳税额）

11. 依据出口退（免）税政策，一般情况下，应按“免、抵、退”方法计算退税的有（　　）。

A. 生产企业自营出口货物

B. 生产企业委托出口货物

C. 生产性外商投资企业自营出口货物

D. 外贸企业出口收购货物

12. 我国出口货物退（免）税的企业主要有（　　）。

A. 外贸企业

B. 外商投资企业

C. 有进出口经营权的内资生产企业

D. 委托外贸企业代理出口的无进出口经营权的内资生产企业

13. 外贸企业根据退税申报时间和程序先后可分为（　　）。

A. 预申报　　　　B. 正式申报

C. 一般申报　　　　D. 特殊申报

14. 生产企业申报办理免、抵、退税时，需要提供的资料有（　　）。

A.《生产企业出口货物免、抵、退税申报汇总表》

B. 经退税部门审核签章的当期《增值税纳税申报表》

C.《生产企业出口货物免、抵、退税申报明细表》

D. 有进料加工业务的还应填报《生产企业进料加工进口料件申报表明细表》

15. 可以退（免）税的出口货物一般应具备以下条件（　　）。

A. 必须是属于增值税、消费税征税范围的货物

B. 必须是报关离境的货物

C. 必须是在财务上做销售处理的货物

D. 必须是出口收汇并已核销的货物

三、业务题

1. 某进出口公司从某小规模纳税人购进抽纱并出口，普通发票注明金额6 000元；出口西服，取得税务机关代开的增值税专用发票，发票注明金额5 000元，退税率6%。计算该进出口公司应退税额。

2. 某玩具厂是有出口经营权的集体所有制的生产企业。本月在国内销售毛绒玩具，不含税的销售额为3 000万元；该季度报关离境的出口毛绒玩具离岸价为1 000万美元；该月购入纺织品等原料，增值税专用发票上注明的金额为5 000万元。上期未抵扣完结转

当期抵扣的进项税额为 5 万元。汇率为 1 美元=8.3 元人民币，出口玩具退税率为 15%。

要求：

(1) 该企业适用的出口退税办法是什么？为什么？

(2) 外销货物出口环节应纳增值税为多少？为什么？

(3) 当期不予抵扣或退税的数额是多少？

(4) 当期应纳税额是多少？

(5) 当期是否应退税？若应退税，退税额为多少？

(6) 列出相关会计分录（共 5 组）。

第6章

消费税的会计核算

本章导言

我国消费税起源于1994年的税制改革，规定从当年1月1日开始，在对货物普遍征收增值税的基础上，根据特定的财政或调节目的选择部分消费品再征收一道消费税。消费税是价内税，主要在应税消费品的生产、委托加工和进口环节征收。商业零售业只有从事金银首饰、铂金饰品、钻石饰品销售的单位和个人需要缴纳消费税。

第1节　消费税的基本内容

一、消费税的定义

消费税是指对在我国境内从事生产、委托加工和进口应税消费品的单位和个人，以及国务院确定的销售应交消费税的消费品的其他单位和个人征收的一种流转税。

2008年11月5日国务院第34次常务会议修订了《中华人民共和国消费税暂行条例》，2008年12月15日财政部和国家税务总局颁布了《中华人民共和国消费税暂行条例实施细则》，从2009年1月1日起开始施行。

二、消费税的纳税义务人和征税范围

1. 纳税义务人

消费税的纳税义务人，是指在我国境内生产、委托加工和进口应税消费品（金银首饰、铂金饰品、钻石饰品除外）的单位和个人。其中，金银首饰、铂金饰品、钻石饰品消费税的纳税人，是指在中华人民共和国境内从事金银首饰、铂金饰品、钻石饰品商业零售的单位和个人；委托加工（另有规定者除外）、委托代销金银首饰、铂金饰品、钻石饰品的，委托方也是纳税人。

2. 消费税的征税范围

消费税的征税范围一般情况下针对特殊的生产企业和零售业，它包括：

(1) 奢侈品、非生活必需品，如化妆品、贵重首饰、高尔夫球及球具、高档手表；

(2) 高能耗及高档消费品，如小汽车、摩托车和成品油；

(3) 木制一次性筷子和实木地板；

(4) 烟和酒；

(5) 零售环节销售的金银首饰（含镶嵌首饰）、铂金首饰和钻石及钻石饰品消费品，从2009年1月1日起在零售环节征收。

提示

(1) 消费税的征税环节包括生产、委托加工、进口、零售。指定环节一次性缴纳，其他环节不再缴纳。

(2) 消费税与增值税的区别：消费税的绝大多数应税消费品只在货物出厂销售（或委托加工、进口）环节一次性征收，以后的批发零售环节不再征收。增值税是在货物生产、流通各环节道道征收。

三、纳税申报

(1) 纳税人生产的应税消费品，于纳税人销售时纳税。

(2) 纳税人自产自用的应税消费品，用于连续生产应税消费品的，不纳税；用于其他方面的，于移送使用时纳税。

(3) 委托加工的应税消费品，除受托方为个人外，由受托方在向委托方交货时代收代缴税款。委托加工的应税消费品，委托方用于连续生产应税消费品的，所纳税款准予按规定抵扣。

(4) 进口的应税消费品，于报关进口时纳税。

四、消费税的税目、税率

2017年最新的消费税税目税率表见表6-1。

表6-1　消费税税目税率表

税目	税率
一、烟	
1. 卷烟	
工业	
(1) 甲类卷烟（调拨价70元（不含增值税）/条以上（含70元））	56%加0.003元/支
(2) 乙类卷烟（调拨价70元（不含增值税）/条以下）	36%加0.003元/支
(3) 商业批发	11%加0.005元/支
2. 雪茄烟	36%
3. 烟丝	30%

续前表

税目	税率
二、酒	
1. 白酒	20%加 0.5 元/500 克（或 500 毫升）
2. 黄酒	240 元/吨
3. 啤酒	
（1）甲类啤酒	250 元/吨
（2）乙类啤酒	220 元/吨
4. 其他酒	10%
三、高档化妆品	15%
四、贵重首饰及珠宝玉石	
1. 金银首饰、铂金首饰和钻石及钻石饰品	5%
2. 其他贵重首饰和珠宝玉石	10%
五、鞭炮、焰火	15%
六、成品油	
1. 汽油	1.52 元/升
2. 柴油	1.20 元/升
3. 航空煤油	1.20 元/升
4. 石脑油	1.52 元/升
5. 溶剂油	1.52 元/升
6. 润滑油	1.52 元/升
7. 燃料油	1.20 元/升
七、摩托车	
1. 气缸容量（排气量，下同）在 250 毫升的	3%
2. 气缸容量在 250 毫升以上的	10%
八、小汽车	
1. 乘用车	
（1）气缸容量（排气量，下同）在 1.0 升（含 1.0 升）以下的	1%
（2）气缸容量在 1.0 升以上至 1.5 升（含 1.5 升）的	3%
（3）气缸容量在 1.5 升以上至 2.0 升（含 2.0 升）的	5%
（4）气缸容量在 2.0 升以上至 2.5 升（含 2.5 升）的	9%
（5）气缸容量在 2.5 升以上至 3.0 升（含 3.0 升）的	12%
（6）气缸容量在 3.0 升以上至 4.0 升（含 4.0 升）的	25%
（7）气缸容量在 4.0 升以上的	40%
2. 中轻型商用客车	5%
3. 超豪华小汽车（零售环节）	10%
九、高尔夫球及球具	10%
十、高档手表（10 000 元及以上/只）	20%
十一、游艇	10%
十二、木制一次性筷子	5%
十三、实木地板	5%
十四、铅蓄电池	4%（部分免征收）
十五、涂料	4%（部分免征收）

五、消费税的纳税地点和纳税期限

（一）纳税地点

（1）纳税人销售的应税消费品，以及自产自用的应税消费品，除国务院财政、税务主管部门另有规定外，应当向纳税人机构所在地或者居住地的主管国家税务局申报纳税。

(2) 委托加工的应税消费品，由受托方在向委托方交货时代收代缴消费税。委托方收回后直接出售的，不再征收消费税。但对纳税人委托个体经营者加工的应税消费品，一律于委托方收回后在委托方所在地缴纳消费税。

(3) 进口的应税消费品，应当向报关地海关申报纳税。

提示

消费税的纳税地点与增值税不同，消费税主要是核算地纳税。消费税由国税局征收，进口应税消费品的消费税由报关地海关代征。

(二) 纳税期限

消费税的纳税期限分别为 1 日、3 日、5 日、10 日、15 日、1 个月或者一个季度。纳税人的具体纳税期限，由主管税务机关根据纳税人应纳税额的大小分别核定；不能按照固定期限纳税的，可以按次纳税。

纳税人以 1 个月或者一个季度为一个纳税期的，自期满之日起 15 日内申报纳税；以 1 日、3 日、5 日、10 日或者 15 日为一个纳税期的，自期满之日起 5 日内预缴税款，于次月 1 日起 15 日内申报纳税并结清上月应纳税款。纳税人进口应税消费品，应当自海关填发海关进口消费税专用缴款书之日起 15 日内缴纳税款。

消费税与增值税纳税环节对比表见表 6－2。

表 6－2　消费税与增值税纳税环节对比表

征税环节	增值税	消费税
进口应税消费品	缴纳	缴纳（金、银、钻除外）
生产应税消费品出厂销售	缴纳	缴纳（金、银、钻除外）
将自产应税消费品连续生产应税消费品	无	无
将自产应税消费品连续生产非应税货物	无	缴纳
将自产应税消费品用于投资、分红、赠送、职工福利、个人消费、基建工程	缴纳	缴纳
批发应税消费品	缴纳	个别缴纳（限于卷烟）
零售应税消费品	缴纳	个别缴纳（限于金、银、钻）

第 2 节　消费税的计算

一、销售数量的确定

(1) 销售应税消费品的，为应税消费品的销售数量。

(2) 自产自用应税消费品的，为应税消费品的移送使用数量。

（3）委托加工应税消费品的，为纳税人收回的应税消费品数量。

（4）进口的应税消费品，为海关核定的应税消费品进口征税数量。

二、销售应税消费品的应纳税额计算

（一）销售应税消费品的应纳税额计算

我国消费税实行从价定率、从量定额，或者从价定率和从量定额复合计税（以下简称复合计税）的办法计算应纳税额。

（1）实行从价定率办法计算（除列举项目之外的应税消费品）：

应纳税额＝销售额×比例税率

（2）实行从量定额办法计算（啤酒、黄酒、成品油）：

应纳税额＝销售数量×定额税率

（3）实行复合计税办法计算（粮食白酒、薯类白酒、卷烟）：

应纳税额＝销售额×比例税率＋销售数量×定额税率

其中，“销售额”为纳税人销售应税消费品向购货方收取的全部价款和价外费用，不包括向购买方收取的增值税税额。一般情形下，计算消费税的销售额与计算增值税的销售额是一致的。

如果纳税人应税消费品的销售额中未扣除增值税税款或者因不得开具增值税专用发票而发生价款和增值税税款合并收取的，在计算消费税时，应当换算为不含增值税税款的销售额。换算公式为：

$$\text{应税消费品的销售额}=\frac{\text{含增值税的销售额}}{1+\text{增值税税率或征收率}}$$

提示

消费税与增值税是交叉课征的关系。相同的是两者都属于流转税，不同的是：（1）由于消费税是价内税，所以计税依据中含消费税，如果计税依据中不含消费税，需要换算为含消费税的销售额。而增值税是价外税，所以计税依据中不含增值税，如果计税依据中包含增值税，需要换算为不含增值税的销售额。（2）利润表中的“税金及附加”包括消费税，但不包括增值税。（3）消费税主要在烟酒等特殊产品的生产环节一次课征，而增值税是在生产、销售等环节多次课征。

例6-1

（2013年初级会计职称考试试题）甲酒厂为增值税一般纳税人，2012年5月销售果木酒，取得不含增值税销售额10万元，同时收取包装物租金0.585万元、优质费 2.34 万元。已知果木酒消费税税率为 10%，增值税税率为 17%。甲酒厂当月销售果木酒应缴纳的消费税是多少？

【解析】销售果木酒的同时收取的包装物租金和优质费属于消费税的价外费用，应价税分离后并入销售额征收消费税。

$$\text{甲酒厂销售果木酒应纳消费税}=[10+(0.585+2.34)\div(1+17\%)]\times 10\%=1.25(\text{万元})$$

（二）自产自用应税消费品的应纳税额计算

纳税人自产自用的应税消费品，按照纳税人生产的同类消费品的销售价格计算纳税；没有同类消费品销售价格的，按照组成计税价格计算纳税。

实行从价定率办法计算纳税的组成计税价格的计算公式为：

$$\text{组成计税价格}=\frac{\text{成本}+\text{利润}}{1-\text{消费税税率}}$$

实行复合计税办法计算纳税的组成计税价格的计算公式为：

$$\text{组成计税价格}=\frac{\text{成本}+\text{利润}+\text{自产自用数量}\times\text{定额税率}}{1-\text{消费税税率}}$$

提示

如果属于自产自用的应税消费品，需要针对不同情况判断是否计算消费税。

(1) 如果用于本企业连续生产应税消费品，则不缴纳消费税。如卷烟厂生产的烟丝，如果直接对外销售，应缴纳消费税。但如果用于本厂连续生产卷烟，则不缴纳消费税，只对生产销售的卷烟征收消费税。

(2) 如果用于下列其他方面，于移送使用时缴纳消费税。1) 用于生产非应税消费品时，缴纳消费税，不缴纳增值税。2) 用于在建工程、管理部门、非生产机构时，消费税及增值税视同销售计算（属于内部移送），所得税不视同销售计算。3) 用于馈赠、赞助、集资、广告、样品、职工福利、奖励等时（属于外部移送），增值税及消费税视同销售计算，所得税也视同销售计算。

例 6-2

某化妆品公司将一批自产的化妆品用作职工福利，化妆品的成本 8 000 元，该化妆品无同类产品市场销售价格，已知其成本利润率为 5%，消费税税率为 30%。计算该批化妆品应缴纳的消费税税额。

【解析】

组成计税价格＝8 000×(1＋5%)÷(1－30%)＝12 000(元)

应纳消费税＝12 000×30%＝3 600(元)

(三) 委托加工应税消费品的应纳税额计算

委托加工的应税消费品，是指由委托方提供原料和主要材料，受托方只收取加工费和代垫部分辅助材料加工的应税消费品。对于由受托方提供原材料生产的应税消费品，或者受托方先将原材料卖给委托方，然后再接受加工的应税消费品，以及由受托方以委托方名义购进原材料生产的应税消费品，不论在财务上是否作销售处理，都不得作为委托加工应税消费品，而应当按照销售自制应税消费品缴纳消费税。

委托加工的应税消费品直接出售的，不再缴纳消费税。

委托个人加工的应税消费品，由委托方收回后缴纳消费税。委托加工的应税消费品，按照受托方的同类消费品的销售价格计算纳税；没有同类消费品销售价格的，按照组成计税价格计算纳税。

受托方加工完毕向委托方交货时，由受托方代收代缴消费税。如果受托方是个体经营者，委托方须在收回加工应税消费品后向所在地主管税务机关缴纳消费税。

实行从价定率办法计算纳税的组成计税价格的计算公式为：

$$\text{组成计税价格}=\frac{\text{材料成本}+\text{加工费}}{1-\text{消费税税率}}$$

实行复合计税办法计算纳税的组成计税价格的计算公式为：

$$\text{组成计税价格}=\frac{\text{材料成本}+\text{加工费}+\text{委托加工数量}\times\text{定额税额}}{1-\text{消费税税率}}$$

提示

委托加工应税消费品要缴纳消费税，但不缴纳增值税；委托加工应税消费品的委托方是消费税的纳税人，但不是增值税的纳税人；受托方提供了加工劳务，需缴纳增值税。

例 6-3

甲企业为增值税一般纳税人，4 月接受某烟厂委托加工烟丝，甲企业自行提供烟叶的成本为 35 000 元，代垫辅助材料 2 000 元（不含税），发生加工支出 4 000 元（不含税）；甲企业当月允许抵扣的进项税额为 340 元。烟丝的成本利润率为 5%。计算该企业应缴纳的增值税和消费税。

【解析】

$$\begin{aligned}\text{组成计税价格}&=(35\,000+2\,000+4\,000)\times(1+5\%)\div(1-30\%)\\&=61\,500(\text{元})\end{aligned}$$

$$\text{应缴纳增值税}=61\,500\times17\%-340=10\,115(\text{元})$$

$$\text{应缴纳消费税}=61\,500\times30\%=18\,450(\text{元})$$

（四）进口应税消费品的应纳税额计算

实行从价定率办法计算纳税的组成计税价格的计算公式为：

$$组成计税价格=\frac{关税完税价格+关税}{1-消费税税率}$$

实行复合计税办法计算纳税的组成计税价格的计算公式为：

$$组成计税价格=\frac{关税完税价格+关税+进口数量\times消费税定额税率}{1-消费税税率}$$

提示

关税完税价格是指海关核定的关税计税价格。

例6-4

某公司进口一批摩托车，海关应征进口关税15万元。关税税率为30%，消费税税率为10%。计算该企业应缴纳的消费税和增值税。

【解析】

关税完税价格=15÷30%=50(万元)

应缴纳消费税=(50+15)÷(1−10%)×10%=7.22(万元)

应缴纳增值税=(50+15+7.22)×17%=12.28(万元)

三、已纳消费税扣除的计算

（一）外购应税消费品已纳消费税的扣除

外购已税消费品连续生产应税消费品销售时，可按当期生产领用数量计算准予扣除外购应税消费品已纳的消费税税款。

1. 扣税范围

在消费税14个税目中，除酒及酒精、成品油（石脑油、润滑油除外）、小汽车、高档手表、游艇五个税目外，其余税目有扣税规定：(1) 用外购已税烟丝生产的卷烟；(2) 用外购已税珠宝玉石生产的贵重首饰及珠宝玉石；(3) 用外购已税化妆品生产的化妆品；(4) 用外购已税鞭炮焰火生产的鞭炮焰火；(5) 用外购已税摩托车生产的摩托车；(6) 以外购已税杆头、杆身和握把为原料生产的高尔夫球杆；(7) 以外购已税木制一次性筷子为原料生产的木制一次性筷子；(8) 以外购已税实木地板为原料生产的实木地板；(9) 以外购已税石脑油为原料生产的应税消费品；(10) 以外购已税润滑油为原料生产的润滑油。

例6-5

（2010年注册税务师考试试题）某工艺品厂外购已税珠宝玉石用于加工各种饰品，允许从应征消费税中扣除外购已税珠宝玉石已纳消费税的是（　　）。

A. 外购已税玉石用于镶嵌纯金戒指

B. 外购已税玉石用于镶嵌镀金手链

C. 外购已税珍珠用于加工珍珠项链

D. 外购已税钻石镶嵌白金首饰

【解析】答案：选项C。用外购已税珠宝玉石生产的贵重首饰及珠宝玉石，可以按照当期生产领用数量计算准予扣除外购时已纳的消费税税款。

2. 扣税计算

（1）实行从价定率办法计算应纳税额。

当期准予扣除的外购应税消费品已纳税款＝当期准予扣除的外购应税消费品买价×外购应税消费品适用税率

当期准予扣除的外购应税消费品买价＝期初库存外购应税消费品买价＋当期购进外购应税消费品买价－期末库存外购应税消费品买价

（2）实行从量定额办法计算应纳税额。

当期准予扣除的外购应税消费品已纳税款＝当期准予扣除的外购应税消费品数量×外购应税消费品单位税额×30%

当期准予扣除的外购应税消费品数量＝期初库存外购应税消费品数量＋当期购进外购应税消费品数量－期末库存外购应税消费品数量

例6-6

某烟厂2009年10月外购烟丝，取得的增值税专用发票上注明税款为8.5万元，本月生产领用80%，期初尚有库存的外购烟丝2万元，期末库存烟丝12万元。计算该企业本月准予扣除的消费税是多少。

【解析】

本月外购烟丝的买价＝8.5÷17%＝50(万元)

生产领用部分的买价＝50×80%＝40(万元)

或　　＝2＋50－12＝40(万元)

本月准予扣除的消费税＝40×30%＝12(万元)

（二）委托加工收回的应税消费品已纳税款的扣除

当期准予扣除的委托加工应税消费品已纳税款＝期初库存委托加工应税消费品已纳税款＋当期收回委托加工应税消费品已纳税款－期末库存委托加工应税消费品已纳税款

提示

从 2015 年 5 月 22 日起，取消“消费税税款抵扣审核”审批事项后，税务机关对纳税人外购应税消费品消费税申报抵扣情况，由事前审核调整为事后核查。经主管税务机关核实，纳税人申报抵扣消费税的外购应税消费品未缴纳消费税的，按照已抵扣消费税税款冲减核实当月允许抵扣的消费税。

第 3 节 消费税的核算

一、会计账户的设置

消费税是价内税，通过“税金及附加”和“应交税费——应交消费税”账户进行核算。

二、消费税的核算

（一）企业对外销售应税消费品

借：税金及附加　　　　（主营和附营业务）
　贷：应交税费——应交消费税

实际缴纳消费税时。

借：应交税费——应交消费税
　贷：银行存款

发生销售退回及退税时作相反的会计处理。

企业出口应税消费品，按规定不予免税或退税时，应视同国内销售，做会计分录的方法同上。

例 6-7

某化妆品公司 5 月销售一批化妆品，增值税专用发票上注明不含税收入 60 000 元，该批化妆品成本 40 000 元，款项已收到并存入银行。

【解析】

应纳消费税＝60 000×30%＝18 000(元)

会计分录为：

(1) 销售时。

借：银行存款　　70 200
　贷：主营业务收入　　60 000
　　应交税费——应交增值税（销项税额）　　10 200

(2) 计算消费税。

借：税金及附加　　18 000

　贷：应交税费——应交消费税　　18 000

(3) 缴纳税款。

借：应交税费——应交消费税　　18 000

　贷：银行存款　　18 000

(二) 以生产的商品作为股权投资，用于在建工程、油气开发、地质勘探、非生产机构、赠送他人等

借：长期股权投资　　（股权投资成本）

　　固定资产

　　在建工程

　　管理费用　　（职工福利费直接计入）

　　应付职工薪酬——职工福利　　（冲减原计提的福利费）

　　营业外支出等

　贷：应交税费——应交消费税

例 6-8

某啤酒厂自产啤酒 10 吨，无偿提供给某啤酒节，已知每吨成本为 1 000 元，无同类产品售价。税务机关核定的消费税单位税额为 220 元/吨。

【解析】

应纳消费税＝10×220＝2 200(元)

应纳增值税＝[10×1 000×(1＋10%)＋2 200]×17%＝2 244(元)

会计分录为：

借：营业外支出　　14 444

　贷：库存商品　　10 000

　　　应交税费——应交增值税（销项税额）　　2 244

　　　　　　　——应交消费税　　2 200

(三) 随同应税消费品出售的包装物

随同商品出售但单独计价的包装物按规定缴纳消费税。出租、出借包装物逾期未收回而没收的押金应缴纳消费税。与主营业务和其他业务相关的价内税都记入“税金及附加”。

借：税金及附加

　贷：应交税费——应交消费税

出租、出借包装物逾期不能收回而没收押金时，将其换算为不含税价，作为其他业务收入处理，换算公式为：

$$不含税价=\frac{押金}{1+17\%}$$

提示

收取押金的会计核算分为两种情况：

首先看货物的种类

销售啤酒、黄酒以外的酒：无论怎么核算均并入销售额征税

啤酒、黄酒和其他非酒类产品按一般押金处理：
①单独记账的押金，1年以内且未逾期，不并入销售额
②按合同规定实际逾期或一年以上的押金，并入销售额征税

例 6－9

（2010 年注册税务师考试试题）某酒厂为增值税一般纳税人，2010 年 2 月销售粮食白酒 3 吨，取得不含税收入 300 000 元，包装物押金 2 340 元，该企业包装物押金单独记账核算，货物已经发出。

【解析】

$$\begin{aligned}应纳消费税&=(300\,000+2\,340\div1.17)\times20\%+3\times2\,000\times0.5\\&=63\,400(元)\end{aligned}$$

会计分录为：

借：税金及附加　　63 400
　贷：应交税费——应交消费税　　63 400

假定将逾期未退还的包装物押金 2 340 元进行转账处理。增值税税率为 17%，消费税税率为 8%。

$$没收押金的不含税收入=\frac{2\,340}{1+17\%}=2\,000(元)$$

$$应纳增值税=2\,000\times17\%=340(元)$$

$$应纳消费税=2\,000\times8\%=160(元)$$

会计分录为：

借：其他应付款　　2 340
　贷：其他业务收入　　2 000
　　　应交税费——应交增值税（销项税额）　　340
借：税金及附加　　160
　贷：应交税费——应交消费税　　160

（四）委托加工的应税消费品

1. 受托方

在委托方提货时，由受托方代收代缴消费税。

借：应收账款（应收票据、银行存款）等

　贷：应交税费——应交消费税

2. 委托方

（1）委托方收回委托加工应税消费品直接用于销售的，按规定不再征收消费税。由受托方代收的消费税随同应支付的加工费一并计入委托加工应税消费品的成本。

借：委托加工物资

　贷：应付账款（应付票据、银行存款）等

例 6－10

（2010 年初级会计职称考试试题）甲公司为增值税一般纳税人，委托外单位加工一批应交消费税的商品，以银行存款支付加工费 200 万元、增值税 34 万元、消费税 30 万元，该加工商品收回后将直接用于销售。甲公司支付上述相关款项时，应如何编制会计分录？

【解析】会计分录为：

借：委托加工物资	2 300 000（2 000 000＋300 000）
应交税费——应交增值税（进项税额）	340 000
贷：银行存款	2 640 000

（2）委托加工的应税消费品收回后用于连续生产应税消费品，按规定准予抵扣的，委托方应按受托方代扣代缴的消费税税款进行抵扣。

借：应交税费——应交消费税

　贷：应付账款（应付票据、银行存款）等

例 6－11

甲公司委托乙公司加工应税消费品，该应税消费品无同类产品销售价格，甲公司提供的原材料成本 40 000 元，加工费 4 000 元（不含增值税），消费税税率为 5%。甲公司为一般纳税人，增值税税率为 17%；乙公司为小规模纳税人，增值税征收率为 3%。

【解析】

（1）受托方在移送货物时确认收入和代扣税金。

应税消费品组成计税价格＝(40 000＋4 000)÷(1－5%)＝46 315.79(元)

代扣代缴消费税＝46 315.79×5%＝2 315.79(元)

应纳增值税＝4 000×3%＝120(元)

会计分录为：

借：应收账款	6 435.79
贷：主营业务收入	4 000
应交税费——应交消费税	2 315.79
——应交增值税（销项税额）	120

（2）委托方。

1）收回货物如果直接用于销售，将代扣的消费税计入委托加工的应税消费品成本。会计分录为：

借：委托加工物资　　6 435.79
　贷：应付账款　　6 435.79

2）收回货物如果用于连续生产应税消费品，代缴的消费税按规定准予抵扣，不计入委托加工材料成本。会计分录为：

借：委托加工物资　　4 120
　　应交税费——应交消费税　　2 315.79
　贷：应付账款　　6 435.79

（五）进口应税消费品

进口应税消费品的消费税应在进口时由进口者缴纳给我国海关，并计入进口应税消费品的成本。

借：在途物资（原材料、库存商品、固定资产）等
　贷：应交税费——应交消费税

例6－12

某外贸公司7月从国外进口卷烟320箱，每箱250条，每条200支，支付买价200 0000元，支付到达我国海关前的运输费用120 000元，保险费用80 000元。已知进口卷烟的关税税率为20%。计算卷烟在进口环节应缴纳的消费税和增值税。

【解析】

由于单条卷烟价格（48元）小于70元，适用消费税税率36%。

（1）每条进口卷烟消费税适用比例税率的价格＝[(2 000 000＋120 000＋80 000)÷(320×250)×(1＋20%)＋0.6]÷(1－36%)＝52.5（元）

（2）进口卷烟应缴纳给我国海关的消费税＝320×250×52.5×36%＋320×250×0.6＝1 560 000（元）

（3）进口环节应缴纳给我国海关的增值税＝320×250×52.5×17%＝714 000（元）

会计分录为：

（1）支付给外商货款及国外运费、保险费等。

借：库存商品　　2 200 000
　贷：银行存款　　2 200 000

（2）计算进口的消费税。

借：库存商品　　1 560 000
　贷：应交税费——应交消费税　　1 560 000

（3）上缴进口消费税给我国海关。

借：应交税费——应交消费税　　1 560 000
　贷：银行存款　　1 560 000

（4）上缴进口增值税给我国海关。

借：应交税费——应交增值税（进项税额）　　714 000
　贷：银行存款　　714 000

（六）出口应税消费品

出口的消费税比增值税简单，征多少退多少，退税率和消费税税率一致。免征消费税的办法有两种：一是直接减免；二是先税后退。除生产企业、外贸企业外的一般商贸企业不免不退。免征消费税的出口应税消费品应分别不同情况进行会计处理。

1. 直接免征消费税的企业

生产企业直接出口应税消费品或通过外贸企业出口应税消费品，按规定直接予以免税的，可不计算应交消费税。

2. 先税后退的企业

（1）通过外贸企业出口应税消费品，先征后退

1）生产企业的会计处理。

①委托外贸企业代理出口应税消费品。

借：应收账款——外贸企业
　贷：应交税费——应交消费税

②实际缴纳消费税时。

借：应交税费——应交消费税
　贷：银行存款

③应税消费品出口后，收到外贸企业退回的税金。

借：银行存款
　贷：应收账款——外贸企业

④发生退关、退货时，补缴已退的消费税要作相反的会计分录。

2）代理出口外贸企业的会计处理。

①代理出口应税消费品的外贸企业将应税消费品出口后，收到税务部门退回的生产企业缴纳的消费税。

借：银行存款
　贷：应付账款——生产企业

②将此项税金退给生产企业。

借：应付账款——生产企业
　贷：银行存款

③应税消费品出口后发生退关或退货的，应补缴已退的消费税。

借：应收账款——应收生产企业消费税
　贷：银行存款

④收到生产企业退还的应补缴的税款。

借：银行存款

　贷：应收账款——生产企业

提示

生产企业委托外贸企业代理出口产品，凡在计算消费税时做“应收账款”处理的，其所获得的消费税退税款，应冲抵“应收账款”，不并入利润征收企业所得税。

例 6－13

某生产企业委托外贸企业省进出口公司出口香烟，收入为 500 000 元，消费税税率 45%，消费税为 225 000 元。

【解析】

（1）生产企业会计分录为：

1）出口。

借：应收账款	500 000	
贷：主营业务收入		500 000

2）计算消费税。

借：应收账款——省进出口公司	255 000	
贷：应交税费——应交消费税		255 000

3）生产企业缴纳消费税。

借：应交税费——应交消费税	255 000	
贷：银行存款		255 000

4）生产企业收到外贸企业退回的税金。

借：银行存款	255 000	
贷：应收账款——省进出口公司		255 000

（2）外贸企业会计分录为：

1）收到税务部门退回的消费税。

借：银行存款	255 000	
贷：应付账款——生产企业		255 000

2）支付给生产企业的税款。

借：应付账款——生产企业	255 000	
贷：银行存款		255 000

（2）外贸企业自营出口，先征后退

有出口经营权的外贸企业出口消费品，又免又退，即只有外贸企业出口应税消费品，才能退回采购环节已纳的消费税。

应退消费税＝出口货物工厂销售额（不含增值税）×退税率

1）生产企业的会计处理。

①生产企业将应税消费品销售给外贸企业，由外贸企业自营出口的，生产企业的销售属于国内销售。

借：税金及附加

　贷：应交税费——应交消费税

②实际缴纳消费税时。

借：应交税费——应交消费税

　贷：银行存款

③发生销货退回及退税时，做相反的会计分录。

2）自营出口外贸企业的会计处理。

①自营出口外贸企业购买该项应税消费品。

借：在途物资（库存商品）

　　应交税费——应交增值税（进项税额）

　贷：银行存款（应付账款）

②自营出口外贸企业应在应税消费品报关出口后申请出口退税。

借：应收出口退税

　贷：商品销售成本

③实际收到出口应税消费品退回的税金。

借：银行存款

　贷：其他应收款——应收出口退税

④发生退关或退货而补缴已退的消费税，做相反的会计处理。

⑤外贸企业自营出口获得消费税退税款。

借：其他应收款——应收出口退税

　贷：商品销售成本

（七）缴纳消费税

缴纳消费税的会计处理为：

借：应交税费——应交消费税

　贷：银行存款

例6-14

（2015年初级会计职称考试试题）甲企业为增值税一般纳税人，主要从事小汽车的制造和销售业务，7月有关业务如下：

（1）销售1辆定制小汽车取得含增值税价款234 000元，另收取手续费35 100元。

（2）将20辆小汽车对外投资，小汽车生产成本10万元/辆，甲企业同类小汽车不含增值税最高销售价格16万元/辆、平均销售价格15万元/辆、最低销售价格14万元/辆。

（3）采取预收款方式销售给4S店一批小汽车，当月5日签订合同，当月10日收到预售款，当月 15 日发出小汽车，当月 20 日开具发票。

(4) 生产中轻型商用客车 500 辆，其中 480 辆用于销售、10 辆用于广告、8 辆用于企业管理部门、2 辆用于赞助。

已知：小汽车增值税税率为 17%，消费税税率为 5%。

要求：

根据上述资料，分析回答下列小题。

(1) 甲企业销售定制小汽车应缴纳的消费税税额的下列计算中，正确的是（　　）。

A. 234 000×5%＝11 700（元）

B. (234 000＋35 100)÷(1＋17%)×5%＝11 500（元）

C. 234 000÷(1＋17%)×5%＝10 000（元）

D. (234 000＋35 100)×5%＝13 455（元）

【答案】 B

【解析】 销售小汽车同时收取的手续费应作为“价外收入”，价税分离后计入销售额征收消费税。因此，甲企业销售定制小汽车应缴纳消费税＝(234 000＋35 100)÷(1＋17%)×5%＝11 500（元）。

(2) 甲企业以小汽车投资应缴纳消费税税额的下列计算中，正确的是（　　）。

A. 20×16×5%＝16（万元）

B. 20×15×5%＝15（万元）

C. 20×10×5%＝10（万元）

D. 20×14×5%＝14（万元）

【解析】

A. 纳税人用于换取生产资料和消费资料、投资入股和抵偿债务等方面的应税消费品，应当以纳税人同类应税消费品的“最高”销售价格作为计税依据计算消费税。

(3) 甲企业采用预收款方式销售小汽车，消费税的纳税义务发生时间是（　　）。

A. 7 月 5 日

B. 7 月 10 日

C. 7 月 15 日

D. 7 月 20 日

【解析】

C. 采取预收货款结算方式的，消费税纳税义务发生时间为发出应税消费品的当天。

(4) 下列行为应缴纳消费税的是（　　）。

A. 480 辆用于销售

B. 10 辆用于广告

C. 8 辆用于企业管理部门

D. 2 辆用于赞助

【解析】

ABCD。纳税人将自产自用的应税消费品用于生产非应税消费品、在建工程、管理部门、非生产机构、提供劳务、馈赠、赞助、集资、广告、样品、职工福利、奖励等方面，视同销售应税消费品，于移送使用时纳税。

消费税纳税申报表的填制从略。

习 题

一、单项选择题

1. 根据消费税法律制度的规定，下列各项中，属于消费税应税消费品的是（ ）。

A. 调味料酒　　B. 润滑油

C. 高档手机　　D. 鞭炮药引线

2. 根据消费税法律制度的规定，下列各项中，需要计算缴纳消费税的是（ ）。

A. 汽车专卖店销售小汽车　　B. 珠宝店进口钻石饰品

C. 烟草专卖店零售卷烟　　D. 酒厂委托加工白酒

3.《中华人民共和国消费税暂行条例》规定，纳税人自产自用的应税消费品用于连续生产应税消费品的（ ）。

A. 视同销售纳税　　B. 于移送使用时纳税

C. 按组成计税价格纳税　　D. 不纳税

4. 根据消费税法律制度的规定，没收与销售应税消费品（从价计征消费税）有关的包装物押金（ ）。

A. 应按包装物的适用税率征收消费税

B. 应按所包装的消费品的适用税率征收消费税

C. 可不征收消费税

D. 根据会计核算的不同而不同

5. 计提消费税税金时，应借记（ ）。

A. “应交税费——应交消费税”　　B. “销售费用”

C. “税金及附加”　　D. “管理费用”

6. 下列各项中，符合消费税纳税义务发生时间规定的是（ ）。

A. 进口的应税消费品，为取得进口货物的当天

B. 自产自用的应税消费品，为移送使用的当天

C. 委托加工的应税消费品，为支付加工费的当天

D. 采取预收货款结算方式的，为收到预收款的当天

7. 根据消费税法律制度的规定，下列各项中，委托加工收回的应税消费品的已纳税款可以扣除的是（ ）。

A. 以委托加工收回的已税小汽车为原料生产的小汽车

B. 以委托加工收回的已税化妆品为原料生产的化妆品

C. 以委托加工收回的已税珠宝玉石为原料生产的金银首饰

D. 以委托加工收回的已税白酒为原料生产的白酒

8. 卷烟批发企业甲某年1月批发销售卷烟500箱，其中批发给另一卷烟批发企业300箱、零售专卖店150箱、个体烟摊50箱。每箱不含税批发价为13 000元。卷烟批发环节的消费税税率为5%，甲企业应缴纳的消费税为（ ）。

A. 32 500元　　B. 325 000元　　C. 130 000元　　D. 195 000元

9. 下列消费品中，应在零售环节征收消费税的有（ ）。

A. 化妆品　　B. 珠宝玉石

C. 金银首饰　　D. 镀金（银）首饰

10. 下列关于领用化妆品的消费税处理，正确的是（　　）。

A. 外购已税化妆品的消费税可以按购进入库数量在应纳消费税税款中扣除

B. 外购已税化妆品的消费税可以按生产领用数量在应纳消费税税款中扣除

C. 外购已税化妆品的消费税可以按出厂销售数量在应纳消费税税款中扣除

D. 外购已税化妆品的消费税不可以在应纳消费税税款中扣除

11. 某卷烟厂某年某月研发生产一种新型卷烟，当月用生产的20箱卷烟与某企业换取生产资料，该卷烟厂同类卷烟的平均售价为8万元/箱，最高售价为10万元/箱，经税务机关批准，卷烟适用的税率为56%，以上售价均为不含税价格，则该批卷烟应纳消费税为（　　）万元。

A. 112.3　　B. 146.55　　C. 117.91　　D. 145.20

12. 委托加工实行复合计税办法计算纳税的应税消费品，受托方没有同类消费品销售价格的，按照组成计税价格计算纳税。组成计税价格为（　　）。

A. 组成计税价格=(材料成本+加工费+委托加工数量×定额税率)÷(1-比例税率)

B. 组成计税价格=(材料成本+加工费)÷(1-比例税率)

C. 组成计税价格=(材料成本+加工费)÷(1-比例税率)+委托加工数量×定额税率

D. 组成计税价格=材料成本+加工费+委托加工数量×定额税率

13. 根据消费税暂行条例的规定，委托加工的特点是（　　）。

A. 委托方提供原料或主要材料，受托方代垫部分辅助材料并收取加工费

B. 委托方支付加工费，受托方提供原料或主要材料

C. 委托方支付加工费，受托方以委托方的名义购买原料或主要材料

D. 委托方支付加工费，受托方购买原料或主要材料卖给委托方再接受加工

14. 某百货公司是增值税一般纳税人，其黄金饰品部某年2月直接零售金首饰3 000克，每克零售价200元；以旧换新销售金首饰，收回旧首饰200克，换出新首饰600克，收取含税差价80 000元，并收取旧首饰折价补偿20元/克。当月该黄金饰品部还零售镀金首饰一批，收取零售收入30 000元。该黄金饰品部当月应缴纳消费税（　　）元。

A. 29 059.82　　B. 29 230.77

C. 30 769.23　　D. 30 940.17

15. 甲厂将一批原材料委托乙厂加工成应税消费品，该批原材料不含税价格10万元，乙厂代垫辅料收费1万元（含税），另收取加工费3万元（含税），假定该应税消费品消费税税率为5%，甲厂、乙厂均为增值税一般纳税人，则该项委托加工业务消费税组成计税价格为（　　）。

A. 13.68万元　　B. 14.13万元

C. 14.74万元　　D. 15万元

二、多项选择题

1. 根据消费税法律制度的规定，下列各项中，不征收消费税的有（　　）。

A. 汽车轮胎生产企业　　B. 珠宝首饰零售商

C. 鞭炮零售商　　D. 红酒进口商

2. 根据消费税法律制度的规定，下列业务中，应当征收消费税的有（　　）。

A. 甲卷烟厂将自产卷烟用于馈赠
B. 乙日化厂将自产化妆品用于分配利润
C. 丙汽车厂将自产小汽车用于赞助
D. 丁酒厂将自产白酒用于对外投资

3. 根据消费税法律制度的规定，下列各项中，实行从量定额计征消费税的有（　　）。

A. 白酒
B. 啤酒
C. 黄酒
D. 卷烟

4. 委托加工应税消费品收回后直接用于销售的，应借记（　　）等科目。

A. “委托加工物资”
B. “应交税费——应交消费税”
C. “自制半成品——委托外部加工自制半成品”
D. “生产成本——委托加工产品”

5. 根据消费税法律制度的规定，下列情形中，应以纳税人同类应税消费品的最高销售价格作为计税依据计算消费税的有（　　）。

A. 将自产应税消费品用于换取生产资料
B. 将自产应税消费品用于投资入股
C. 将自产应税消费品用于无偿赠送
D. 将自产应税消费品用于抵债

6. 下列关于消费税征税范围的说法，正确的有（　　）。

A. 销售价格为8 000元/只的手表征收消费税
B. 涂料征收消费税
C. 高尔夫车不征收消费税
D. 电动汽车征收消费税

7. 下列环节既征消费税又征增值税的有（　　）。

A. 卷烟的批发环节
B. 小汽车的生产和零售环节
C. 金银首饰的零售环节
D. 化妆品的生产销售环节

8. 某汽车制造厂生产的小汽车用于以下方面，应缴纳消费税的有（　　）。

A. 用于本厂研究所作碰撞试验
B. 投资给某企业
C. 移送改装分厂改装加长型豪华小轿车
D. 赠送当地公安机关办案用

9. 依据消费税的规定，下列应税消费品中，准予扣除已纳消费税的有（　　）。

A. 以已税化妆品为原料生产的化妆品
B. 以已税珠宝玉石为原料生产的金银首饰
C. 以已税烟丝连续生产的卷烟
D. 以已税石脑油为原料生产的应税消费品

10. 自2009年5月1日起，卷烟在批发环节加征一道从价消费税。下列关于批发环节消费税的规定中正确的有（　　）。

A. 从事卷烟批发业务的单位和个人，批发销售的所有牌号规格的卷烟，均按统一税率计算消费税
B. 纳税人应将卷烟销售额与其他商品销售额分开核算，未分开核算的，一并征收消

费税

C. 从事卷烟批发业务的单位和个人之间销售卷烟，不缴纳消费税

D. 批发企业在计算纳税时，可以扣除已含的生产环节的消费税税款

11. 下列单位中属于消费税纳税人的有（　　）。

A. 小汽车生产企业　　B. 委托加工烟丝的卷烟厂

C. 进口红酒的外贸公司　　D. 受托加工白酒的加工厂

12. 某木材公司将一批自产实木地板用于本企业宾馆装修，其成本为 8 万元，消费税税率和成本利润率均为 5%，则其计税销售额（组价）为（　　）。

A. 消费税组价为 8.84 万元　　B. 消费税组价为 9.26 万元

C. 增值税组价为 7.18 万元　　D. 增值税组价为 8.84 万元

13. 消费税的计税方法有（　　）。

A. 从量定额法　　B. 按年计税法

C. 从价从量复合计税法　　D. 从价定率法

14. 纳税人将自产的应税消费品用于（　　），应视同销售，实行从价定率计税的，应当按纳税人同类应税消费品的最高售价作为计税依据。

A. 对外投资　　B. 在建工程

C. 对外偿债　　D. 职工福利

三、业务题

1. 某橡胶厂系增值税一般纳税人，8 月销售汽车轮胎取得货款，开具的增值税专用发票上注明价款 200 万元；销售农用拖拉机通用轮胎取得含税收入 100 万元；以成本价转给统一核算的门市部汽车轮胎一批，成本价为 60 万元，门市部当月全部售出，开具普通发票上注明货款金额 74.88 万元。已知汽车轮胎适用消费税率为 3%，计算该橡胶厂本月应纳消费税税额。

2. 甲酒厂为增值税一般纳税人，2012 年 5 月销售果木酒，取得不含增值税销售额 10 万元，同时收取包装物租金 0.585 万元、优质费 2.34 万元。已知果木酒消费税税率为 10%，增值税税率为 17%，甲酒厂当月销售果木酒应缴纳的消费税是多少？

3. 甲公司为增值税一般纳税人，主要从事汽车制造和销售业务。2017 年 11 月有关经营情况如下：

（1）进口小汽车 1 辆作为董事长的座驾，海关审定的货价 100 万元，运抵我国境内输入地点起卸前的包装费 5 万元、运输费和保险费共 10 万元、向境外采购代理人支付的买方佣金 5 万元。

（2）将自产的 10 辆小汽车对外投资，小汽车生产成本 10 万元/辆，甲公司同类小汽车最高销售价格 16 万元/辆（不含增值税，下同），平均销售价格 14 万元/辆，最低销售价格 12 万元/辆。

（3）接受乙公司委托加工汽车电池，收取不含增值税的加工费 35 万元，乙公司提供的原材料成本 200 万元，甲公司无同类产品销售价格。

（4）销售小汽车取得含增值税价款 351 万元，另收取手续费 3.51 万元，代办保险费 10 万元。

已知：小汽车增值税税率为 17%，小汽车消费税税率为 5%，电池消费税税率为 4%，

关税税率为10%，车辆购置税税率为10%。

要求：

(1) 计算甲公司进口小汽车的关税和车辆购置税税额；

(2) 计算甲公司以小汽车投资应缴纳的消费税税额；

(3) 计算甲公司受托加工汽车电池应代收代缴的消费税；

(4) 计算甲公司销售小汽车应纳的消费税税额。

第7章

企业所得税的会计核算

本章导言

企业所得税是仅次于增值税的第二大税种，是我国两大主体税种之一。企业所得税在国外称为"公司税""公司所得税""法人税"或"法人所得税"。对公司这一组织的所得课征税收，起源于英国早期商业活动时期。英国自1909年开始征收公司所得税，是最早实行公司税制的国家，此后其他国家相继开征。目前，世界上有160多个国家和地区开征了企业所得税。

第1节　企业所得税的基本内容

企业所得税是指对企业和其他取得收入的组织（以下统称企业）的所得和其他所得征收的一种税。企业所得税是国家财政的一大重要来源，与增值税一样是我国的主体税种。

一、纳税义务人

纳税义务人为中华人民共和国境内的企业和其他取得收入的组织。企业分为居民企业和非居民企业。

（一）居民企业

居民企业是指依法在中国境内成立，或者依照外国（地区）法律成立但实际管理机构在中国境内的企业。征税范围是来源于中国境内、境外的所得。具体包括：

（1）依照中国法律、法规在中国境内成立的企业。具体包括：国有、集体、私营、联营、股份制等各类企业；外商投资企业和外国企业；有生产经营所得和其他所得的其他组织。

（2）依照外国（地区）法律成立但实际管理机构在中国境内的企业。这里的企业是指在其他国家和地区注册，但实际管理机构在我国境内的企业。

提示

只要企业的注册地或实际管理机构在我国，就可以认定为居民企业。

（二）非居民企业

非居民企业是指有来源于中国境内、境外所得的企业，即在我国设立有代表处及其他分支机构的外国企业。征税范围是来源于中国境内的所得。具体包括：

（1）依照外国（地区）法律、法规成立且实际管理机构不在中国境内，但在中国境内设立机构、场所的企业。比如，德国大众公司在中国境内设立的分支机构，既要向中国政府缴纳所得税，同时也要向德国政府缴纳所得税。

（2）在中国境内未设立机构、场所，但有来源于中国境内所得的企业。具体包括：1）管理机构、营业机构、办事机构；2）工厂、农场、开采自然资源的场所；3）提供劳务的场所；4）从事建筑、安装、装配、修理、勘探等工程作业的场所；5）其他从事生产经营活动的机构、场所。

提示

参照国际惯例将纳税人分为居民企业和非居民企业，这样的划分与税收管辖权相关，而不再区分为内资企业和外资企业。

二、税率

企业所得税的税率见表 7－1。

表 7－1　　企业所得税的税率表

种类	税率	适用范围
基本税率	25%	（1）居民企业 （2）非居民企业在中国境内设立机构、场所的
两档优惠税率	减按 20%	符合条件的小型微利企业
	减按 15%	国家重点扶持的高新技术企业
低税率	20%（非居民企业取得的适用低税率的所得减按 10%）	（1）非居民企业在中国境内未设立机构、场所的 （2）虽设立机构、场所但取得的所得与其所设机构、场所没有实际联系的非居民企业

（一）小型微利企业的认定标准

小型微利企业是指从事国家非限制和禁止行业，并符合下列条件的企业：

（1）工业企业，年度应纳税所得额不超过 50 万元，从业人数不超过 100 人，资产总额不超过 3 000 万元；

（2）其他企业，年度应纳税所得额不超过 50 万元，从业人数不超过 80 人，资产总额不超过 1 000 万元。

提示

（1）享受企业所得税优惠的小型微利企业必须要符合以下四项条件及相关政策：1）必须从事国家非限制和禁止的行业。2）应纳税所得额不超过 50 万元。3）从业人数符合规定。4）资产总额符合规定。

（2）小型微利企业符合享受优惠政策条件，但预缴时未享受的，在年度汇算清缴时统一计算享受。小型微利企业在预缴时享受了优惠政策，但年度汇算清缴时超过规定标准的，应按规定补缴税款。

（二）高新技术企业的认定标准

高新技术企业是指在《国家重点支持的高新技术领域》内，持续进行研究开发与技术成果转化，形成企业核心自主知识产权，并以此为基础开展经营活动，在中国境内（不包括港澳台地区）注册一年以上的居民企业。国家需要重点扶持的高新技术企业，减按 15%的税率征收企业所得税。

企业对照上述规定进行自我评价，认为符合认定条件的，可在"高新技术企业认定管理工作网"注册登记，向认定机构提出认定申请。申请时提交下列材料：

（1）高新技术企业认定申请书；

（2）证明企业依法成立的相关注册登记证件；

（3）知识产权相关材料、科研项目立项证明、科技成果转化、研究开发的组织管理等相关材料；

（4）企业高新技术产品（服务）的关键技术和技术指标、生产批文、认证认可和相关资质证书、产品质量检验报告等相关材料；

（5）企业职工和科技人员情况说明材料；

（6）经具有资质的中介机构出具的企业近三个会计年度研发费用和近一个会计年度高新技术产品（服务）收入专项审计或鉴证报告，并附研究开发活动说明材料；

（7）经具有资质的中介机构鉴证的企业近三个会计年度的财务会计报告（包括会计报表、会计报表附注和财务情况说明书，专项审计报告必须是指定的会计师事务所中的一家）；

（8）近三个会计年度企业所得税年度纳税申报表。

提示

自 2017 年 1 月 1 日至 2019 年 12 月 31 日，对年应纳税所得额低于 50 万元（含 50 万元）的小型微利企业，其所得减按 50%计入应纳税所得额，按 20%的税率缴纳企业所得税。

三、缴纳办法

（一）纳税期限

企业所得税按年计征，分月或者分季预缴，年终汇算清缴，多退少补。自年度终了之日起 5 个月内，向税务机关报送《年度企业所得税纳税申报表》，并汇算清缴，结清应缴应退税款。

（二）纳税申报

按月或按季预缴的，应当自月份或者季度终了之日起 15 日内，向税务机关报送预缴企业所得税纳税申报表，预缴税款。

（三）纳税地点

一般情况下，向企业登记注册地或者实际管理机构所在地的主管税务机关缴纳税金。居民企业在中国境内设立不具有法人资格的营业机构的，应当汇总计算并缴纳企业所得税。

提示

自 2009 年 1 月 1 日起，新增企业所得税纳税人中，应缴纳增值税的企业，其企业所得税由国家税务局管理；原应缴纳营业税的企业，其企业所得税由地方税务局管理。

四、扣缴义务人的义务

（1）对非居民企业的所得税，以支付人为扣缴义务人。

（2）对非居民企业在中国境内取得工程作业和劳务所得应缴纳的所得税，税务机关可以指定工程价款或者劳务费的支付人为扣缴义务人。

扣缴义务人每次代扣的税款，应当自代扣之日起 7 日内缴入国库，并向所在地的税务机关报送《扣缴企业所得税报告表》。

第 2 节　资产的税务处理

企业的各项资产，包括固定资产、生物资产、无形资产、长期待摊费用、投资资产、存货等，都以历史成本为计税基础。历史成本是指企业取得该项资产时实际发生的支出。

企业持有各项资产期间资产增值或者减值，除国务院财政、税务主管部门规定可以确认损益外，不得调整该资产的计税基础。

一、固定资产的税务处理

（一）固定资产的计税基础

（1）外购的固定资产，以购买价款和支付的相关税费以及直接归属于使该资产达到预定用途发生的其他支出为计税基础；

（2）自行建造的固定资产，以竣工结算前发生的支出为计税基础；

（3）融资租入的固定资产，以租赁合同约定的付款总额和承租人在签订租赁合同过程中发生的相关费用为计税基础，租赁合同未约定付款总额的，以该资产的公允价值和承租人在签订租赁合同过程中发生的相关费用为计税基础；

（4）盘盈的固定资产，以同类固定资产的重置完全价值为计税基础；

（5）通过捐赠、投资、非货币性资产交换、债务重组等方式取得的固定资产，以该资产的公允价值和支付的相关税费为计税基础；

（6）改建的固定资产，除已足额提取折旧的固定资产和租入的固定资产以外的其他固定资产，以改建过程中发生的改建支出增加计税基础。

（二）固定资产折旧的计算方法

《企业会计准则》中规定的折旧计算方法有平均年限法、工作量法，以及加速折旧法中的年数总和法和双倍余额递减法，但是企业所得税法规定原则上采用直线法计提折旧，其计算公式为：

$$月折旧额=原值\times\frac{1-净残值率}{使用年限\times 12}$$

提示

2014 年 9 月 24 日，国务院常务会议上提出几条十分具体的对企业利好的固定资产优惠性政策：

（1）对所有行业企业 2014 年 1 月 1 日后新购进用于研发的仪器、设备，单位价值不超过 100 万元的，允许一次性计入当期成本费用在税前扣除；超过 100 万元的，可按 60%的比例缩短折旧年限，或采取双倍余额递减等方法加速折旧。

（2）对所有行业企业持有的单位价值不超过 5 000 元的固定资产，允许一次性计入当期成本费用在税前扣除。

（3）对生物药品制造业，专用设备制造业，铁路、船舶、航空航天和其他运输设备制造业，计算机、通信和其他电子设备制造业，仪器仪表制造业，信息传输、软件和信息技术服务业等 6 个行业的企业，2014 年 1 月 1 日后新购进的固定资产，允许按规定年限的 60%缩短折旧年限，或采取双倍余额递减等方法加速折旧，扩大高技术产品进口。

(三) 固定资产折旧的范围

在计算应纳税所得额时，企业按照规定计算的固定资产折旧准予扣除。下列固定资产不得计算折旧扣除：(1) 房屋、建筑物以外未投入使用的固定资产；(2) 以经营租赁方式租入的固定资产；(3) 以融资租赁方式租出的固定资产；(4) 已足额提取折旧仍继续使用的固定资产；(5) 与经营活动无关的固定资产；(6) 单独估价作为固定资产入账的土地；(7) 其他不得计算折旧扣除的固定资产。

二、无形资产的税务处理

无形资产的摊销费用，准予在计算应纳税所得额时扣除。无形资产的摊销采取直线法计算，其摊销年限不得低于 10 年。

下列无形资产不得计算摊销费用扣除：(1) 自行开发的支出已在计算应纳税所得额时扣除的无形资产；(2) 自创商誉；(3) 与经营活动无关的无形资产；(4) 其他不得计算摊销费用扣除的无形资产。

三、长期待摊费用的税务处理

企业发生的下列支出作为长期待摊费用，按照年限不得低于 3 年进行摊销，准予扣除：

(1) 已足额提取折旧的固定资产的改建支出。

(2) 租入固定资产的改建支出。

(3) 固定资产的大修理支出。其中大修理支出是指：1) 修理支出达到取得固定资产时的计税基础 50%以上；2) 修理后固定资产的使用年限延长 2 年以上。

提示

如果是日常性修理支出，可在发生当期直接扣除。由于在《企业会计准则》中取消了“预提费用”科目，不采取预提固定资产大修理费用的方式，因此只能在实际发生时列支，若已经支付，则于 3 年以上进行摊销。

四、存货的税务处理

(1) 存货的成本计算方法，可以在先进先出法、加权平均法、个别计价法中选用一种（新《企业会计准则》取消了后进先出法）。计价方法一经选用，不得随意变更。确实需要改变计价方法的，应当在下一纳税年度开始前报当地税务机关批准。

(2) 除国务院财政、税务主管部门另有规定外，企业在重组过程中，应当在交易发生时确认有关资产的转让所得或者损失，相关资产应当按照交易价格重新确定计税基础。

第3节 企业所得税的计算

一、居民企业应纳税额的计算

应纳税额的计算公式为：

应纳税额＝应纳税所得额×适用税率－减免税额－抵免税额

式中，减免税额和抵免税额是指依照《企业所得税法》和国务院的税收优惠的规定减征、免征和抵免的应纳税额。

在实际工作中，应纳税所得额的计算一般有两种方法。

（一）直接计算法

应纳税所得额＝收入总额－不征税收入－免税收入－各项扣除项目金额－允许弥补的以前年度亏损

企业所得税应纳税所得额的计算以权责发生制为原则。属于当期的收入和费用，不论款项是否收付，均作为当期的收入和费用；不属于当期的收入和费用，即使款项已经在当期收付，也不作为当期的收入和费用。

例7-1

某年，某居民企业收入总额为3 000万元（其中不征税收入400万元，符合条件的技术转让收入900万元），各项成本、费用和税金等扣除金额合计1 800万元（其中含技术转让准予扣除的金额200万元）。计算该企业的应纳税额。

【解析】居民企业转让技术所有权不超过500万元的部分，免征企业所得税；超过500万元的部分，减半征收企业所得税。

应纳税额＝[3 000(收入总额)－400(不征税收入)－1 800(扣除项目)
－500(技术转让免税所得)]×25%－(900－200－500)
×25%÷2(技术转让所得减免的所得税税额)
＝50(万元)

（二）间接计算法

应纳税所得额＝会计利润总额±纳税调整项目金额

纳税调整增加额是指超范围、超标准、未计少计的项目金额，而纳税调整减少额是指不纳税、免税、弥补以前年度亏损的项目金额。

提示

在实际工作中，采用间接计算法计算企业所得税的情况偏多。

例7-2

某年A企业取得主营业务收入4 000万元，发生主营业务成本2 600万元，销售费用770万元，其中广告费650万元，管理费用480万元，财务费用60万元，税金160万元，含增值税120万元。

【解析】

（1）直接法：

广告费和业务宣传费＝4 000×15％＝600(万元)

应纳税所得额＝4 000－2 600－[(770－650)＋600]－480－60－(160－120)
＝100(万元)

（2）间接法：

会计利润＝4 000－2600－770－480－60－(160－120)＝50(万元)

广告费和业务宣传费调增额＝650－4 000×15％＝650－600＝50(万元)

应纳税所得额＝50＋50＝100(万元)

二、收入的确认

（一）收入总额的确认

企业以货币形式和非货币形式从各种来源取得的收入为收入总额。具体包括：

1. 销售货物收入

销售货物收入是指企业销售库存商品、产成品、半成品、原材料、包装物、低值易耗品以及其他货物取得的收入。企业销售收入的确认必须遵循权责发生制原则和实质重于形式原则。

2. 提供劳务收入

提供劳务收入是指企业从事建筑安装、交通运输、仓储、邮政、信息传输、计算机服务、住宿、餐饮、金融、商务服务、科学研究、技术服务、地质勘查、水利管理、环境管理、公共设施管理、居民服务、教育、卫生、文化、体育、娱乐和其他劳务服务活动取得的收入。

3. 转让财产收入

转让财产收入是指企业转让固定资产、无形资产、股权、债权等所取得的收入。

4. 股息、红利等权益性投资收益

股息、红利等权益性投资收益是指企业凭借权益性投资从被投资方分配取得的收入，包括股息、红利、联营分利等。

5. 利息收入

利息收入是指企业将资金提供给他人使用或他人占用本企业资金所取得的利息收入，包括存款利息、贷款利息、债券利息、欠款利息等收入。

6. 租金收入

租金收入是指企业提供固定资产、包装物和其他资产的使用权取得的收入。

7. 特许权使用费收入

特许权使用费收入是指企业提供专利权、非专利技术、商标权、著作权以及其他特许权的使用权而取得的收入。

8. 接受捐赠收入

接受捐赠收入是指企业接受捐赠的货币性和非货币性资产。包括：(1) 企业接受捐赠的货币性、非货币性资产，均并入当期的应纳税所得。(2) 企业接受捐赠的非货币性资产，按接受捐赠时资产的入账价值确认捐赠收入，并入当期应纳税所得。受赠非货币性资产计入应纳税所得额的内容包括受赠资产价值和由捐赠企业代为支付的增值税，不包括由受赠企业另外支付或应付的相关税费。

9. 其他收入

其他收入包括企业资产盘盈或溢余收入、罚款收入、逾期未返还的包装物押金、因债权人原因确实无法支付的应付款项、债务重组收入、非货币性资产交换实现的收入、政府补助（财政拨款、税收返还等）、视同销售收入、依法收取并纳入财政管理的行政事业性收费和政府性基金、已作坏账损失处理后又收回的应收账款，以及国务院规定的其他收入等。

提示

如果合同或协议规定租赁期限跨年度，且租金提前一次性支付的，出租人可将已确认的收入在租赁期内分期均匀计入相关年度收入。

（二）不征税收入的确认

1. 财政拨款

财政拨款是指财政部门根据法律法规等有关规定，经过预算程序对国家机关和事业单位、社会团体、企业直接拨付的经费。

提示

企业实际收到的财政拨款中的财政补贴和税收返还等，按照现行会计准则的规定，属于政府补助的范畴，记入企业的“营业外收入”科目，除企业取得的所得税返还（退税）和出口退税的增值税进项税额外，一般作为应税收入征收企业所得税。

2. 行政事业性收费和政府性基金

行政事业性收费是指国家机关、事业单位、代行政府职能的社会团体及其他组织根据法律法规等有关规定，依照国务院规定程序批准，在实施社会公共管理，以及向公民、法人提供特定公共服务的过程中，向特定对象收取的费用。

政府性基金是各级人民政府及其所属部门根据法律、国家行政法规和中共中央、国务院有关文件的规定，为支持某项事业发展，按照国家规定程序批准，向公民、法人和其他组织征收的具有专项用途的资金，包括各种基金、资金、附加以及专项收费等。

3. 其他不征税收入

为了适应社会发展的需要，承担公共管理职能的非营利组织可能会取得一些新的不征税收入。其他不征税收入的界定权属于国务院。

（三）免税收入的确认

1. 国债利息收入

国债利息收入是指购买国债取得的利息收入，对此项收入免征企业所得税。如果是转让国债取得的收益，则要照常征税。

2. 符合条件的居民企业之间的股息、红利等权益性投资收益

这里所指的是权益性投资的股息、红利所得，而非债权性投资的利息所得。股息、红利是指居民企业直接投资于其他居民企业取得的投资收益。股息、红利所得免税，股权转让收益则要照常征税。

3. 在中国境内设立机构、场所的非居民企业从居民企业取得的与该机构、场所有实际联系的股息、红利等权益性投资收益

该收益是指连续持有居民企业的股权在12个月及以上取得的境内投资收益。对境外投资收益则要正常征税。

4. 符合条件的非营利组织的收入

非营利组织是指同时符合下列条件的组织：（1）依法履行非营利组织登记手续；（2）从事公益性或者非营利性活动；（3）取得的收入除用于与该组织有关的、合理的支出外，全部用于登记核定或者章程规定的公益性或者非营利性事业；（4）财产及其孳息不用于分配；（5）按照登记核定或者章程规定，该组织注销后的剩余财产用于公益性或者非营利目的，或者由登记管理机关转赠给与该组织性质、宗旨相同的组织，并向社会公告；（6）投入人对投入该组织的财产不保留或者享有任何财产权利；（7）工作人员工资福利开支控制在规定的比例内，不变相分配该组织的财产。

非营利组织的认定管理办法由国务院财政、税务主管部门会同国务院有关部门制定。符合条件的非营利组织的收入，不包括非营利组织从事营利性活动取得的收入。

提示

注意严格区分不征税收入和免税收入，不征税收入本身不构成应税收入，如财政拨款，纳入财政管理的行政事业性收费、政府性基金等。而免税收入本身已构成应税收入但对税收予以免除，如国债利息收入，符合条件的居民企业之间的股息、红利收入等。

三、准予扣除的项目

企业实际发生的与取得收入有关的、合理的支出，包括成本、费用、税金、损失和其他支出，准予在计算应纳税所得额时扣除。准予扣除的具体项目包括以下内容。

（一）成本

成本是指企业在生产经营活动中发生的销售成本、销货成本、业务支出以及其他耗费。

（二）费用

费用是指企业在生产经营活动中发生的三大期间费用，即销售费用、管理费用和财务费用（已经计入成本的有关费用，如制造费用除外）。

（三）税金

税金是指记入“税金及附加”科目的税费，即已缴纳的消费税、城建税、资源税、土地增值税、出口关税、房产税、车船税、城镇土地使用税、印花税和教育费附加等。

提示

增值税为价外税，不包含在销售收入中，计算应纳税所得额时不得扣除。企业所得税也不包括在“税金及附加”项目中。

（四）损失

损失是指企业在生产经营活动中的损失和其他损失。具体包括：固定资产和存货的盘亏、毁损、报废损失，转让财产损失，呆账损失，坏账损失，自然灾害等不可抗力因素造成的损失以及其他损失。企业已经作为损失处理的资产，在以后纳税年度又全部收回或者部分收回时，应当计入当期收入。

提示

税前可以扣除的损失为净损失，即企业的损失减除责任人赔偿和保险赔款后的余额。

（五）其他支出

其他支出是指除成本、费用、税金、损失外，企业在生产经营活动中发生的与生产经营活动有关的、合理的支出。

提示

企业所得税税前扣除的凭证必须合法、有效，发票是企业所得税税前扣除的基本凭证，除发票以外，企业真实发生的各项费用（如折旧、工资等费用）不需要取得发票的，可以凭自制凭证扣除。从2017年7月1日开始，增值税普通发票上无购买方纳税人识别号或统一社会信用代码的，不得作为扣税凭证。

四、具体扣除项目和标准

准予按规定范围和标准扣除的项目包括以下内容。

1. 工资薪金支出

企业发生的合理的工资薪金支出准予扣除。合理的工资薪金是指企业按照股东大会、董事会、薪酬委员会或相关管理机构制定的工资薪金制度实际发放给员工的工资薪金。

提示

（1）税法中的工资薪金支出不同于《企业会计准则》中的职工薪酬的概念，准则中的职工薪酬的内容要大于税法中的工资薪金支出，如准则中的职工薪酬包括工会经费、职工教育经费、社会保险费等。

（2）从2012年4月24日起，企业因雇用季节工、临时工、实习生、返聘离退休人员以及接受外部劳务派遣用工所实际发生的费用，应区分为工资薪金支出和职工福利费支出，并按企业所得税法的规定在企业所得税前扣除。其中属于工资薪金支出的，准予计入企业工资薪金总额的基数，作为计算其他各项相关费用扣除的依据。

2. 职工福利费、职工工会经费和职工教育经费（“三费”）

（1）企业发生的职工福利费支出，不超过工资薪金总额14%的部分准予扣除。企业发生的职工福利费，应该单独设置会计账册进行核算，没有单独设置账册进行核算的，税务机关应责令企业在规定的期限内改正，逾期仍未改正的，税务机关可对企业发生的职工福利费进行合理的核定。《企业会计准则》中规定职工福利费不允许采用计提方法，应首先将原来计提的应付职工薪酬中职工福利费的贷方余额抵减完，然后连同实际支付的工资费用一起计入成本费用中。

（2）企业拨缴的工会经费，不超过工资薪金总额2%的部分准予扣除。自2010年7月1日起，企业拨缴的职工工会经费，不超过工资薪金总额2%的部分，凭工会组织开具的《工会经费收入专用收据》在企业所得税前扣除。

（3）企业发生的职工教育经费支出，不超过工资薪金总额2.5%的实际支出部分准予扣除。

例7-3

某企业为居民企业，某年实际发生的工资薪金支出为100万元，核算计提三项经费18.5万元，其中福利费本期发生12万元，拨缴的工会经费为2万元，已经取得工会拨缴收据，实际发生职工教育经费3万元。该企业该年计算应纳税所得额时，应调增的应纳税所得额是多少？

【解析】

福利费扣除限额＝100×14%＝14(万元)

实际发生12万元，可据实扣除。

工会经费扣除限额＝100×2%＝2(万元)

实际发生2万元，可据实扣除。

职工教育经费扣除限额＝100×2.5%＝2.5(万元)

实际发生3万元，可扣除2.5万元。

应调增应纳税所得额＝18.5－(12＋2＋2.5)＝2（万元）

3. 社会保险费

（1）按照政府规定的范围和标准为职工缴纳的“五险一金”，即基本养老保险费、基本医疗保险费、失业保险费、工伤保险费、生育保险费和住房公积金，准予扣除。

（2）企业为在本企业任职或受雇的全体职工支付的补充养老保险费、补充医疗保险费，分别在不超过职工工资总额5%标准以内的部分，准予扣除。

（3）企业参加财产保险，按照规定缴纳的保险费，准予扣除。

4. 利息费用

（1）非金融企业向金融企业借款的利息支出、金融企业的各项存款利息支出和同业拆借利息支出、企业经批准发行债券的利息支出，可据实扣除。

（2）非金融企业向非金融企业借款的利息支出，不超过按照金融企业同期同类贷款基准利率计算的数额的部分，可据实扣除，超过部分不允许扣除。

例7-4

某公司年度会计利润总额为40万元。记入“财务费用”科目的有向银行借入生产用资金 200 万元，借用期限 6 个月，支付借款利息 5 万元，银行的贷款利率为 5%；经过批准向本企业职工借入生产用资金 60 万元，借用期限 10 个月，支付借款利息 3.5 万元。计算该公司应纳所得税额。

【解析】

可税前扣除职工借款利息＝60×5%÷12×10＝2.5(万元)

应纳所得税＝[40＋(3.5－2.5)]×25%＝10.25(万元)

5. 借款费用

(1) 企业在生产经营活动中发生的合理的不需要资本化的借款费用，准予扣除。

(2) 企业为购置、建造固定资产、无形资产和经过 12 个月以上的建造才能达到预定可销售状态的存货发生借款的，在有关资产购置、建造期间发生的合理的借款费用，应予以资本化，作为资本性支出计入有关资产的成本。有关资产交付使用后发生的借款利息，可在发生当期扣除。

6. 汇兑损失

按照汇率折算形成的汇兑损失，准予扣除。

7. 业务招待费

企业实际发生的与生产经营活动有关的业务招待费支出，按实际发生额的 60% 扣除，但最高不得超过当年销售收入的 5‰。

提示

业务招待费采取两者结合的办法，即遵循最高扣除限额与实际发生数额的 60%孰低原则进行税前扣除。计提依据范围为当年销售收入，包括销售货物收入、劳务收入、出租财产收入、转让无形资产使用权收入、视同销售收入等。

例 7-5

某居民企业某年向其主管税务机关申报的应纳税所得额与利润总额相等，均为 10 万元，其中主营业务收入 2 000 万元。假设不存在其他纳税调整事项，计算该公司该年税前可扣除的金额。

【解析】

销售收入的扣除标准＝2 000×5‰＝10(万元)

如记入“管理费用——业务招待费”科目 40 万元，则招待费的扣除标准＝40×60%＝24（万元）；由于销售收入的扣除标准 10 万元小于招待费的扣除标准 24 万元，因此税前可扣除 10 万元。

如记入“管理费用——业务招待费”科目 15 万元，则招待费的扣除标准＝15×60%＝9（万元）。由于销售收入的扣除标准 10 万元大于招待费的扣除标准 9 万元，因此税前实际可扣除 9 万元。

8. 广告费和业务宣传费

（1）企业发生的符合条件的广告费和业务宣传费支出，除国务院财政、税务主管部门另有规定外，不超过当年销售收入15%的部分，准予扣除；超过部分，准予在以后纳税年度结转扣除。

（2）广告费应具备的条件：1）广告是通过工商部门批准的专门机构制作的；2）已实际支付费用，并取得相应发票；3）通过一定的媒体传播。

提示

（1）企业申报扣除的广告费支出应与赞助支出严格区分。

（2）销售收入包括销售货物收入、劳务收入、出租财产收入、特许权使用费收入、视同销售收入等，即包括主营业务收入和其他业务收入。

（3）广告费和业务宣传费支出，超过扣除标准的部分，准予在以后纳税年度结转扣除。这与职工教育经费处理方式一致。

（4）广告费不再按行业确定扣除标准，而是执行统一比例。

发生广告费和业务宣传费纳税调整项目（含广告费和业务宣传费结转）的纳税人填报《广告费和业务宣传费跨年度纳税调整明细表》，见表7-2。

表7-2 广告费和业务宣传费跨年度纳税调整明细表 单位：元

行次	项目	金额
1	一、本年广告费和业务宣传费支出	
2	减：不允许扣除的广告费和业务宣传费支出	
3	二、本年符合条件的广告费和业务宣传费支出（1－2）	
4	三、本年计算广告费和业务宣传费扣除限额的销售（营业）收入	
5	乘：税收规定扣除率	
6	四、本企业计算的广告费和业务宣传费扣除限额（4×5）	
7	五、本年结转以后年度扣除额（3＞6，本行＝3－6；3≤6，本行＝0）	
8	加：以前年度累计结转扣除额	
9	减：本年扣除的以前年度结转额［3＞6，本行＝0；3≤6，本行＝8与（6－3）孰小值］	
10	六、按照分摊协议归集至其他关联方的广告费和业务宣传费（10≤3与6孰小值）	
11	按照分摊协议从其他关联方归集至本企业的广告费和业务宣传费	
12	七、本年广告费和业务宣传费支出纳税调整金额（3＞6，本行＝2＋3－6＋10－11；3≤6，本行＝2＋10－11－9）	
13	八、累计结转以后年度扣除额（7＋8－9）	

提示

自2016年1月1日起至2020年12月31日止，广告费和业务宣传费支出税前扣除规定如下：

(1) 对化妆品制造或销售、医药制造和饮料制造（不含酒类制造）企业发生的广告费和业务宣传费支出，不超过当年销售收入30%的部分，准予扣除；超过部分，准予在以后纳税年度结转扣除。

(2) 对签订广告费和业务宣传费分摊协议（简称分摊协议）的关联企业，其中一方发生的不超过当年销售收入税前扣除限额比例内的广告费和业务宣传费支出可以在本企业扣除，也可以将其中的部分或全部按照分摊协议归集至另一方扣除。另一方在计算本企业广告费和业务宣传费支出企业所得税税前扣除限额时，可将按照上述办法归集至本企业的广告费和业务宣传费不计算在内。

(3) 烟草企业的烟草广告费和业务宣传费支出，一律不得在计算应纳税所得额时扣除。

例7-6

某居民企业实现年销售收入2 000万元，发生现金折扣100万元，接受捐赠收入100万元，转让无形资产所有权收入20万元。该企业当年实际发生业务招待费30万元，广告费240万元，业务宣传费80万元。该企业可税前扣除的业务招待费、广告费、业务宣传费合计多少万元？

【解析】销售商品涉及现金折扣的，应当按扣除现金折扣前的金额确定销售商品收入金额。

业务招待费扣除标准：2 000×0.5%=10万元，30×60%=18万元，按10万元税前扣除。

广告费和业务宣传费扣除标准：2 000×15%=300万元，小于实际发生额320万元，因此按300万元税前扣除。

可税前扣除金额合计=10+300=310(万元)

9. 租赁费

(1) 属于经营性租赁发生的租入固定资产租赁费，根据租赁期限均匀扣除。

(2) 属于融资性租赁发生的租入固定资产租赁费，构成融资租入固定资产价值的部分应当提取折旧费用，分期扣除；租赁费支出不得扣除。

10. 劳动保护费

企业发生的合理的劳动保护支出，准予扣除。

11. 捐赠支出

(1) 公益性捐赠支出，不超过年度利润总额12%的部分，准予扣除。扣除限额=年度利润总额×12%，扣除方法是按扣除限额与实际发生额中的较小者进行扣除。对于通过公益性社会团体发生的公益性捐赠支出，企业或个人应提供省级以上

（含省级）财政部门印制并加盖接受捐赠单位印章的公益性捐赠票据，或加盖接受捐赠单位印章的《非税收入一般缴款书》收据联，方可按规定进行税前扣除。

（2）非公益性捐赠包括纳税人向受赠人的直接捐赠，不允许扣除。

例 7-7

某居民企业某年实现会计利润总额120万元，在当年生产经营活动中发生公益性捐赠支出20万元，购买了价值30万元的环境保护专用设备。假设当年无其他纳税调整项目，该年该企业应缴纳企业所得税多少万元？

【解析】

公益性捐赠支出税前扣除限额＝120×12%＝14.4(万元)

捐赠支出纳税调增额＝20－14.4＝5.6(万元)

购买环境保护专用设备投资额的10%可以从企业当年的应纳税额中抵免。

应纳企业所得税＝(120＋5.6)×25%－30×10%＝28.4(万元)

12. 有关资产的费用

（1）允许扣除企业转让各类固定资产发生的费用。

（2）准予扣除企业按规定计算的固定资产折旧费、无形资产和递延资产的摊销费。

13. 总机构分摊的费用

非居民企业在中国境内设立的机构、场所，就其中国境外总机构发生的与该机构、场所生产经营有关的费用，能够提供总机构出具的费用汇集范围、定额、分配依据和方法等证明文件，并合理分摊的，准予扣除。

14. 资产损失

（1）企业当期发生的固定资产和流动资产盘亏、毁损净损失，由其提供清查盘存资料经主管税务机关审核后，准予扣除。

（2）企业因存货盘亏、毁损、报废等原因不得从销项税额中抵扣的进项税额，即进项税额转出，应视同企业财产损失，准予与存货损失一起在所得税前按规定扣除。

提示

2012年4月24日，国家税务总局规定对企业发现以前年度实际发生的、按照税收规定应在企业所得税前扣除而未扣除或者少扣除的支出，企业做出专项申报及说明后，准予追补至该项目发生年度计算扣除，但追补确认期限不得超过5年。企业由于上述原因多缴的企业所得税税款，可以在追补确认年度企业所得税应纳税款中抵扣；不足抵扣的，可以向以后年度递延抵扣或申请退税。

亏损企业追补确认以前年度未在企业所得税前扣除的支出，或盈利企业经过追补确认后出现亏损的，应首先调整该项支出所属年度的亏损额，然后再按照弥补亏损的原则计算以后年度多缴的企业所得税税款，并作相应处理。

15. 其他项目

准予扣除的其他项目包括会员费、合理的会议费、差旅费、违约金、诉讼费用等。

有扣除标准的项目见表 7-3。

表 7-3　有扣除标准的项目表

项目	扣除标准	超标准处理
职工福利费	不超过工资薪金总额 14%的部分准予按照实际数扣除	当年不得扣除
工会经费	不超过工资薪金总额 2%的部分准予扣除	当年不得扣除
职工教育经费	不超过工资薪金总额 2.5%的部分准予按照实际数扣除	当年不得扣除；但超过部分准予在以后纳税年度结转扣除
利息费用	不超过按金融企业同期同类贷款基准利率计算的数额准予扣除	当年不得扣除
业务招待费	按照发生额的 60%扣除，但最高不得超过当年销售收入的 5‰	当年不得扣除
广告费和业务宣传费	不超过当年销售收入 15%的部分准予扣除	当年不得扣除；但超过部分准予在以后纳税年度结转扣除
公益性捐赠支出	不超过年度利润总额 12%的部分准予扣除	当年不得扣除

提示

纳税人提供真实、合法、有效凭据，按照规定的税前扣除范围、标准方可税前扣除。合法有效凭证包括发票、财政票据、境外签收单据或公证机构证明、《工会经费收入专用收据》、公益性捐赠票据、法院判决书、裁定书、调解书，以及可由人民法院执行的仲裁裁决书、公证债权文书。另外，还包括自制的有效凭证。

五、不得扣除的项目

（1）向投资者支付的股息、红利等权益性投资收益款项。股息、红利不能混入工资薪金支出，向投资者支付的股息、红利等权益性投资收益款项不得扣除。对于诸如分红、借款利息支出等与受雇无关且不具有合理性的项目，不得作为工资薪金支出列支。

（2）企业所得税。企业所得税不得在计算企业所得税时扣减。

（3）税收滞纳金。税务部门等收取的滞纳金不得扣除。

（4）罚金、罚款和被没收财物的损失。罚金、罚款和被没收财物的损失是指纳税人违反国家有关法律、法规规定，被有关部门处以的罚款以及被司法机关处以的罚金和被没收财物。

罚款分为经营性罚款和行政性罚款两类，经营性罚款是企业在经营活动中被处以的罚款，如合同违约金、逾期归还银行贷款的罚款、罚息，在计算应纳税所得额时准予扣除；行政性罚款是因纳税人违反相关法规被政府处以的罚款，如税收罚款、工商局罚款、交通违章罚款等，在计算应纳税所得额时不得扣除。

(5) 超过规定标准的捐赠支出。公益性捐赠支出在年度利润总额12%以内的部分允许扣除，年度利润总额是指按会计制度正确计算的会计利润总额，如果企业自行计算的年度利润总额不正确，则需进行调整。

(6) 非广告性质的赞助支出。非广告性质的赞助支出是指企业发生的与生产经营活动无关的各种赞助支出，不论是否自愿，一律不得扣除。

(7) 超过规定标准的广告费和业务宣传费。企业发生的与生产经营活动有关的广告费和业务宣传费在当年销售收入15%以内的部分，允许扣除；超过部分允许在以后纳税年度结转扣除。

(8) 未经核定的准备金支出。未经核定的准备金支出是指不符合国务院财政、税务主管部门规定的各项资产减值准备、风险准备等准备金支出，不包括计提的环境保护和生态恢复方面的准备金。

除企业依照法律、行政法规有关规定提取的用于环境保护、生态恢复等方面的专项资金准予扣除外，企业计提的其他准备金不得扣除。会计上计提的坏账准备（金融企业的坏账准备除外）、存货跌价准备、短期投资跌价准备、长期投资减值准备、固定资产减值准备、在建工程减值准备和无形资产减值准备共七项资产减值准备不得扣除。

企业提取的资产跌价准备或资产减值准备，尽管在提取年度的税前不允许扣除，但当企业资产损失实际发生时，在实际发生年度允许扣除，这体现了企业所得税据实扣除和确定性的原则。

(9) 企业之间支付的管理费用。能够提供总机构出具的费用汇集范围、定额、分配依据和方法等证明文件的非居民企业向总机构支付的合理费用可以扣除。而关联企业之间支付的管理费用不得扣除。

(10) 企业内营业机构之间支付的租金和特许权使用费。

(11) 非银行企业内营业机构之间支付的利息。

(12) 与取得收入无关的其他支出。如为取得不征税收入而支付的管理费用等。

(13) 企业对外投资期间的投资成本。

(14) 房屋、建筑物以外未投入使用的固定资产折旧。

六、居民企业核定征收应纳税额的计算

(一) 核定征收企业所得税的范围

核定征收企业所得税的范围包括：

(1) 依照法律、行政法规的规定可以不设置账簿的；

(2) 依照法律、行政法规的规定应当设置但未设置账簿的；

(3) 擅自销毁账簿或者拒不提供纳税资料的；

（4）虽设置账簿，但账目混乱或者成本资料、收入凭证、费用凭证残缺不全，难以查账的；

（5）发生纳税义务，未按照规定的期限办理纳税申报，经税务机关责令限期申报，逾期仍不申报的；

（6）申报的计税依据明显偏低，又无正当理由的。

（二）核定征收的办法

核定征收的办法分为核定应税所得率和核定应纳所得税额。

1. 核定应税所得率

具有下列情形之一的，核定其应税所得率：（1）能正确核算（查实）收入总额，但不能正确核算（查实）成本费用总额；（2）能正确核算（查实）成本费用总额，但不能正确核算（查实）收入总额；（3）通过合理方法，能计算和推定纳税人收入总额或成本费用总额。核定应税所得率计算应纳税所得额和应纳所得税额的公式为：

$$应纳税所得额=收入总额\times应税所得率$$

或

$$应纳税所得额=\frac{成本(费用)支出额}{1-应税所得率}\times应税所得率$$

$$应纳所得税额=应纳税所得额\times适用税率$$

2. 核定应纳所得税额

税务机关采用下列方法核定征收企业所得税：

（1）参照当地同类行业或者类似行业中经营规模和收入水平相近的纳税人的税负水平核定；

（2）按照应税收入额或成本费用支出额定率核定；

（3）按照耗用的原材料、燃料、动力等推算或测算核定；

（4）按照其他合理方法核定。

例 7－8

某小型企业不能正确核算收入总额，某年发生成本费用 180 万元，税务机关核定的应税所得率为 10%。该企业应缴纳多少企业所得税？

【解析】

$$应纳税所得额=180\div(1-10\%)\times10\%=20(万元)$$

$$应纳所得税=20\times25\%=5(万元)$$

七、境外所得抵扣税额的计算

（一）可以从其当期应纳税额中抵免的在境外缴纳的所得税税额

企业取得的下列所得已在境外缴纳的所得税税额，可以从其当期应纳税额中抵免，抵免限额为该项所得依照《企业所得税法》的规定计算的应纳税额；超过抵免限额的部分，可以在以后5个纳税年度内，用每年度抵免限额抵免当年应抵税额后的余额进行抵补。

（1）限额抵免的范围。1）居民企业来源于中国境外的应税所得；2）非居民企业在中国境内设立机构、场所，取得发生在中国境外但与该机构、场所有实际联系的应税所得。

（2）来源于中国境外的股息、红利等权益性投资收益。居民企业从其直接或间接控制的外国企业分得的来源于中国境外的股息、红利等权益性投资收益，外国企业在境外实际缴纳的所得税税额中属于该项所得负担的部分，可以作为该居民企业的可抵免境外所得税税额，在《企业所得税法》规定的抵免限额内抵免。其中直接或间接控制指持有20%以上的股份。

（二）抵免限额的计算

$$\text{抵免限额}=\frac{\text{境内、境外所得按}}{\text{税法计算的应纳税总额}}\times\frac{\text{来源于某国的应纳税所得额}}{\text{境内、境外应纳税所得总额}}$$

八、非居民企业应纳税额的计算

按照国际上的通行做法，我国目前与其他国家签订的税收协定也遵循了国际惯例。对于在中国境内未设立机构、场所的，或者虽设立机构、场所但取得所得与其所设机构、场所没有实际联系的非居民企业，按照下列方法计算应纳税所得额。

1. 股息、红利等权益性投资收益和利息、租金、特许权使用费所得

应纳税所得额＝收入全额

在计算应纳税额时，一般不扣除任何成本费用，而是按收入全额征税。

2. 转让财产所得

应纳税所得额＝收入全额－财产净值

其中，财产净值是指财产的计税基础减除已经按照规定计算的折旧、折耗、摊销、准备金等后的余额。

3. 其他所得

非居民企业还可能因向中国境内的企业或个人提供咨询而从中国境内取得咨询费收入，以及因向中国境内企业或个人提供境外保险而从中国境内取得保险费收入等，这些收入也按收入全额征收所得税。

例7-9

境外某公司在中国境内未设立机构、场所，某年取得境内甲公司支付的贷款利息收入100万元，取得境内乙公司支付的财产转让收入80万元，该项财产净值60万元。计算该企业应纳的企业所得税。

【解析】

应纳企业所得税=100×10%+(80-60)×10%=12(万元)

九、预缴企业所得税

从事房地产开发经营业务的居民纳税人实行预缴企业所得税（自2008年1月1日起执行）。

(1) 采取预售方式销售取得的预售收入，按照规定的预计利润率分季（或月）计算出预计利润总额，预缴所得税，开发产品完工、结算计税成本后按照实际利润再行调整。

(2) 预计利润率暂按以下规定的标准确定：

1) 非经济适用房开发项目的预计利润率按地区不得低于20%，15%，10%。

2) 经济适用房开发项目的预计利润率不得低于3%。

十、亏损弥补

亏损指按规定将每一纳税年度的收入总额减除免税收入、不征税收入和各项扣除项目金额后数额小于零的情形。

(一) 亏损弥补的规定

(1) 企业纳税年度发生的亏损，准予向以后年度结转，用以后年度的所得弥补，但结转年限最长不得超过5年。

(2) 弥补期从亏损年度后第1年算起，连续5年内不论是盈利或亏损，都作为实际弥补年限计算。先亏先补，按顺序连续计算弥补期。

(3) 可弥补的亏损额并不是企业利润表中的亏损额，而是企业利润表中的亏损额经税务机关按税法规定核实、调整后的金额。

(4) 企业在汇总计算缴纳企业所得税时，其境外营业机构的亏损不得抵减境内营业机构的盈利。

(二) 弥补亏损的方式

1. 税前利润的弥补

企业发生的亏损，可以用次年度的税前利润弥补，次年度税前利润不足以弥补的，可以在5年内延续弥补。不需要专门作会计处理，通过本年利润的期末结转进行弥补即可。

年末，结转本年发生的亏损，会计分录为：

借：利润分配——未分配利润

　　贷：本年利润

第二年年末，结转本年发生的盈利，会计分录为：

借：本年利润

　贷：利润分配——未分配利润

在“利润分配——未分配利润”科目中进行借贷双方的弥补。

2. 税后利润的弥补

企业发生的亏损，5年内的税前利润不足以弥补时，用税后利润弥补，即盈余公积补亏。这种方式不确认递延所得税。税法规定在计算应纳税所得额时不能扣除亏损余额。会计分录为：

借：盈余公积

　贷：利润分配——盈余公积补亏

第4节 会计差异

一、永久性差异

永久性差异是指某一会计期间，由于会计制度和税法在计算收益、费用或损失时的口径不同、标准不同，所产生的税前会计利润与应纳税所得额之间的差异。这种差异仅影响发生当期，不影响以后期间，不存在不同会计期间摊配问题，如果此差异对应了资产或负债，则账面价值与计税基础相同。

1. 会计认定为收入而税务不认定

计算企业所得税时作纳税调减。比如国债利息收入，平时作“投资收益”核算。

2. 税务认定为费用而会计不认定

计算企业所得税时作纳税调减。比如企业研发费用的追加扣税额。(1) 未形成无形资产计入当期损益的，在按照规定据实扣除的基础上，再按照研发费用的50%加计扣除；(2) 形成无形资产的，按照无形资产成本的150%摊销。

3. 会计认定为费用而税务不认定

计算企业所得税时作纳税调增。主要包括：

(1) 贿赂等违法支出，平时作“营业外支出”或“管理费用”核算。

(2) 违法经营的罚款和被没收财物的损失，平时作“营业外支出”核算。

(3) 各种税收的滞纳金、罚金和罚款，平时作“营业外支出”核算。

(4) 各种非救济性、非公益性捐赠和赞助支出，平时作“营业外支出”核算。

(5) 超过同期金融机构贷款利率标准的利息费用，平时作“财务费用”核算。

(6) 坏账准备提取，平时作“资产减值损失”核算。税法要求企业只有在按照税法标准认定该项资产实际发生损失时（如实体发生毁损），其损失金额才可在税前扣除，未经核定的准备金不得在税前扣除。

(7) 业务招待费，平时作“管理费用”核算。按企业全年营业收入（主营业务、其他业务和视同销售）的5‰以内和实际发生额的60%孰低扣除。

(8) 广告费和业务宣传费，平时作“销售费用”核算。税法规定企业每一纳税年度发生的符合条件的广告费和业务宣传费，除国务院财政、税务主管部门另有规定外，不超过当年销售（营业）收入15%的部分，准予扣除；超过部分，准予在以后纳税年度结转扣除。

4. 税务认定为收入而会计不认定

计算企业所得税时作纳税调增。比如，将自产、委托加工或购买的货物作为对外投资，以及企业收到的价外费用。

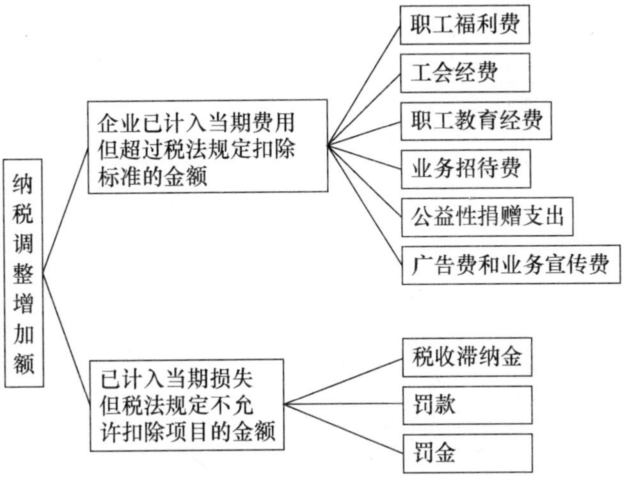

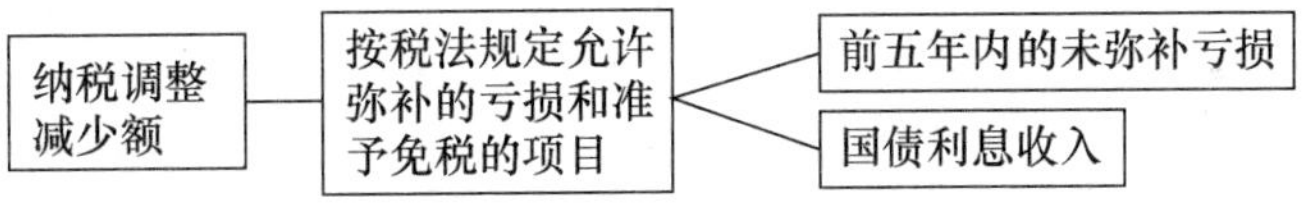

例7-10

（2013年初级会计职称考试试题）某企业2012年度税前会计利润为2 000万元，其中本年国债利息收入120万元，税收滞纳金20万元，企业所得税税率为25%。假定不考虑其他因素，该企业2012年度的所得税费用为多少万元？

【解析】

应纳税所得额＝2 000－120＋20＝1 900（万元）

所得税费用＝1 900×25%＝475（万元）

提示

2012年4月24日，国家税务总局规定："在计算应纳税所得额时，企业财务、会计处理办法与税收法律、行政法规的规定不一致的，应当依照税收法律、行政法规的规定计算。"但企业按照会计要求确认的支出，没有超过税法规定的标准和范围（如折旧年限的选择）的，为减少会计与税法差异的调整，便于税收征管，在税务处理时不再进行调整。

纳税调整是企业所得税汇算清缴中的重点和难点。《纳税调整项目明细表》（2017年版）由纳税人根据税法、相关税收规定以及国家统一会计制度的规定，填报企业所得税涉税事项的会计处理、税务处理以及纳税调整情况，见表7-4。视同销售和房地产开发企业特定业务纳税调整明细表见表7-5。

表7-4　　纳税调整项目明细表

行次	项目	账载金额	税收金额	调增金额	调减金额
		1	2	3	4
1	一、收入类调整项目（2+3+…+8+10+11）	*	*		
2	（一）视同销售收入（填写A105010）	*			*
3	（二）未按权责发生制原则确认的收入（填写A105020）				
4	（三）投资收益（填写A105030）				
5	（四）按权益法核算长期股权投资对初始投资成本调整确认收益	*	*	*	
6	（五）交易性金融资产初始投资调整	*	*		*
7	（六）公允价值变动净损益		*		
8	（七）不征税收入	*	*		
9	其中：专项用途财政性资金（填写A105040）	*	*		
10	（八）销售折扣、折让和退回				
11	（九）其他				
12	二、扣除类调整项目（13+14+…+24+26+27+28+29+30）	*	*		
13	（一）视同销售成本（填写A105010）	*		*	
14	（二）职工薪酬（填写A105050）				
15	（三）业务招待费支出				*
16	（四）广告费和业务宣传费支出（填写A105060）	*	*		
17	（五）捐赠支出（填写A105070）				
18	（六）利息支出				
19	（七）罚金、罚款和被没收财物的损失		*		*
20	（八）税收滞纳金、加收利息		*		*
21	（九）赞助支出		*		*
22	（十）与未实现融资收益相关在当期确认的财务费用				
23	（十一）佣金和手续费支出				*
24	（十二）不征税收入用于支出所形成的费用	*	*		*
25	其中：专项用途财政性资金用于支出所形成的费用（填写A105040）	*	*		*
26	（十三）跨期扣除项目				
27	（十四）与取得收入无关的支出		*		*
28	（十五）境外所得分摊的共同支出	*	*		*
29	（十六）党组织工作经费				
30	（十七）其他				

续前表

行次	项目	账载金额	税收金额	调增金额	调减金额
		1	2	3	4
31	三、资产类调整项目（32+33+34+35）	*	*		
32	（一）资产折旧、摊销（填写 A105080）				
33	（二）资产减值准备金		*		
34	（三）资产损失（填写 A105090）				
35	（四）其他				
36	四、特殊事项调整项目（37+38+…+42）	*	*		
37	（一）企业重组及递延纳税事项（填写 A105100）				
38	（二）政策性搬迁（填写 A105110）	*	*		
39	（三）特殊行业准备金（填写 A105120）				
40	（四）房地产开发企业特定业务计算的纳税调整额（填写 A105010）	*			
41	（五）有限合伙企业法人合伙方应分得的应纳税所得额				
42	（六）其他	*	*		
43	五、特别纳税调整应税所得	*	*		
44	六、其他	*	*		
45	合计（1+12+31+36+43+44）	*	*		

表 7-5　视同销售和房地产开发企业特定业务纳税调整明细表

行次	项目	税收金额	纳税调整金额
		1	2
1	一、视同销售（营业）收入（2+3+4+5+6+7+8+9+10）		
2	（一）非货币性资产交换视同销售收入		
3	（二）用于市场推广或销售视同销售收入		
4	（三）用于交际应酬视同销售收入		
5	（四）用于职工奖励或福利视同销售收入		
6	（五）用于股息分配视同销售收入		
7	（六）用于对外捐赠视同销售收入		
8	（七）用于对外投资项目视同销售收入		
9	（八）提供劳务视同销售收入		
10	（九）其他		
11	二、视同销售（营业）成本（12+13+14+15+16+17+18+19+20）		
12	（一）非货币性资产交换视同销售成本		
13	（二）用于市场推广或销售视同销售成本		
14	（三）用于交际应酬视同销售成本		
15	（四）用于职工奖励或福利视同销售成本		
16	（五）用于股息分配视同销售成本		
17	（六）用于对外捐赠视同销售成本		
18	（七）用于对外投资项目视同销售成本		

续前表

行次	项目	税收金额	纳税调整金额
		1	2
19	（八）提供劳务视同销售成本		
20	（九）其他		
21	三、房地产开发企业特定业务计算的纳税调整额（22－26）		
22	（一）房地产企业销售未完工开发产品特定业务计算的纳税调整额（24－25）		
23	1. 销售未完工产品的收入		*
24	2. 销售未完工产品预计毛利额		
25	3. 实际发生的税金及附加、土地增值税		
26	（二）房地产企业销售的未完工产品转完工产品特定业务计算的纳税调整额（28－29）		
27	1. 销售未完工产品转完工产品确认的销售收入		*
28	2. 转回的销售未完工产品预计毛利额		
29	3. 转回实际发生的税金及附加、土地增值税		

二、暂时性差异

暂时性差异是指资产、负债的账面价值与其计税基础不同所产生的差额。其中，账面价值是指按照会计准则规定确定的有关资产、负债在资产负债表中应列示的金额。由于资产、负债的账面价值与其计税基础不同，产生了在未来收回资产或清偿负债的期间内，应纳税所得额增加或减少并导致未来期间应交所得税增加或减少的情况，在这些暂时性差异发生的当期，一般应当确认相应的递延所得税负债或递延所得税资产。暂时性差异的基本内容见表7-6。

表7-6　　暂时性差异的基本内容表

暂时性差异——资产、负债的账面价值与其计税基础不同所产生的差额。根据暂时性差异对未来期间应纳税所得额的影响，分为应纳税暂时性差异和可抵扣暂时性差异。

除因资产、负债的账面价值与其计税基础不同产生的暂时性差异以外，按照税法规定可以结转以后年度的未弥补亏损和税款抵减，视同可抵扣暂时性差异处理。

	（一）应纳税暂时性差异（未来多交税）	（二）可抵扣暂时性差异（未来少交税）
定义	应纳税暂时性差异——在确定未来收回资产或清偿负债期间的应纳税所得额时，将导致产生应税金额的暂时性差异。在其产生当期应当确认相关的递延所得税负债。	可抵扣暂时性差异——在确定未来收回资产或清偿负债期间的应纳税所得额时，将导致产生可抵扣金额的暂时性差异。在可抵扣暂时性差异产生当期，符合确认条件时，应当确认相关的递延所得税资产。
产生	资产的账面价值＞计税基础，形成应纳税暂时性差异，确认递延所得税负债。 负债的账面价值＜计税基础，形成应纳税暂时性差异，确认递延所得税负债。	资产的账面价值＜计税基础，形成可抵扣暂时性差异，确认递延所得税资产。 负债的账面价值＞计税基础，形成可抵扣暂时性差异，确认递延所得税资产。

	特殊项目产生的暂时性差异： (1) 未作为资产、负债确认的项目产生的暂时性差异。某些交易或事项发生以后，因为不符合资产、负债确认条件而未体现为资产负债表中的资产或负债，但按照税法规定能够确定其计税基础的，其账面价值与计税基础之间的差异也构成暂时性差异。 (2) 未弥补亏损及税款抵减产生的暂时性差异。按照税法规定可以结转以后年度的未弥补亏损及税款抵减，虽不是因资产、负债的账面价值与计税基础不同产生的，但与可抵扣暂时性差异具有同样的作用，均能够减少未来期间的应纳税所得额，进而减少未来期间的应交所得税，会计处理上视同可抵扣暂时性差异，在符合条件的情况下，应确认与其相关的递延所得税资产。
注意事项	(1) 资产的计税基础＝未来期间可税前扣除的金额＝资产成本－本期及以前期间已税前扣除的金额。 (2) 负债的计税基础＝负债的账面价值－未来期间可税前扣除的金额。 (3) 资产的账面价值＞计税基础，形成应纳税暂时性差异，确认递延所得税负债；账面价值＜计税基础，形成可抵扣暂时性差异，确认递延所得税资产。 (4) 负债的账面价值＞计税基础，形成可抵扣暂时性差异，确认递延所得税资产；账面价值＜计税基础，形成应纳税暂时性差异，确认递延所得税负债。

提示

(1) 账面价值是各项资产的账面净值计提减值准备后的余额。账面价值为会计概念，计税基础为税法概念。

(2) 资产账面价值与资产账面原值、资产账面净值之间的区别是：资产账面原值是各资产账户累计结余的金额。资产账面净值是资产账面原值扣减累计折旧（摊销）后的余值。

资产账面价值＝资产账面净值－相关资产减值准备

资产账面净值＝资产账面原值－累计折旧(累计摊销)

(3) 计税基础分为资产计税基础和负债计税基础。

资产计税基础＝按税法规定在未来使用或处置资产时作为成本费用可于税前列支的金额

负债计税基础＝负债账面价值－该负债在未来期间税前可以抵扣的金额

例7-11

某公司某年利润总额为2 000万元，适用的所得税税率为25%。该年发生如下事项：(1) 当期计提存货跌价准备700万元；(2) 年末持有的交易性金融资产当期公允价值上升1 500万元；(3) 当年确认持有至到期国债投资利息收入300万元。该公司该年1月1日不存在暂时性差异，预计未来期间能够产生足够的应纳税所得额可抵扣暂时性差异。该公司这一年度的所得税费用为多少？

【解析】

年应纳税所得额＝2 000＋700－1 500－300＝900(万元)

年应交所得税额＝900×25%＝225(万元)

年“递延所得税资产”科目借记额＝700×25%＝175(万元)

年“递延所得税负债”科目贷记额＝1 500×25%＝375(万元)

年所得税费用＝225－175＋375＝425(万元)

第5节 企业所得税的核算

我国目前的会计政策执行情况是“准则”和“小准则”同时进行，《企业会计准则》(准则)自2007年1月1日起在上市公司执行，2008年1月1日在中央企业执行。《小企业会计准则》(小准则)于2013年1月1日起执行。执行小准则的企业以后也将执行《企业会计准则》。

目前，几乎所有的企业都采用了应付税款法，下面主要介绍准则和小准则中执行的应付税款法和资产负债表债务法。

一、应付税款法

应付税款法是指将本期的账面会计利润与应纳税所得额之间的差异直接计入当期损益，而不递延到以后各期。

(一) 应付税款法的特点

采用应付税款法时，企业的账面会计利润与应纳税所得额之间存在的差异(包括永久性差异和暂时性差异)要按照税法的规定进行计算并剔除，直到计算出应纳税所得额。

(二) 应付税款法的计算步骤

(1) 确定会计利润，即按企业的会计制度计算出本期会计利润；

(2) 根据税法的规定，确定出各类需调整的差异额，包括永久性差异和暂时性差异；

(3) 将会计利润加、减纳税调整额，计算出本期的应纳税所得额；

(4) 将应纳税所得额乘以适用所得税税率，计算出本期应纳所得税额；

(5) 按计算出的应纳税额进行会计处理。

应纳税所得额＝税前会计利润＋纳税调整增加额－纳税调整减少额

应交所得税额＝应纳税所得额×所得税税率

(三) 应付税款法的会计账户设置

在应付税款法下，设置“所得税费用”和“应交税费——应交所得税”科目进行核算。

“所得税费用”科目用来核算企业按规定从本期损益中扣除的所得税。其借方发生额反映企业计入本期损益的所得税税额；其贷方发生额反映转入“本年利润”科目的所得税税额。期末结转“本年利润”后该科目无余额。

（四）应付税款法的主要会计处理

会计分录为：

借：所得税费用

　贷：应交税费——应交所得税

应付税款法将所得税视同收益分配，根据税法计算出来的所得税列示在利润表上，作为利润总额的抵减项目，同时也作为应交所得税。应付税款法的优点是简便，不必确认递延所得税；缺点是违背了权责发生制原则。除了执行准则的上市公司、中央企业以外的近 99%的企业仍然在采用应付税款法。

例 7-12

（2012 年初级会计职称考试试题）甲公司为增值税一般纳税人，适用的增值税税率为 17%，所得税税率为 25%。假定销售商品、原材料和提供劳务均符合收入确认条件，其成本在确认收入时逐笔结转，商品、原材料售价中不含增值税。2011 年甲公司发生如下交易或事项：

（1）3 月 2 日，向乙公司销售商品一批，按商品标价计算的金额为 200 万元。该批商品实际成本为 150 万元。由于是成批销售，甲公司给予乙公司 10%的商业折扣并开具了增值税专用发票，在销售合同中规定现金折扣条件为“2/10，1/20，n/30”，甲公司于当日发出商品，乙公司于 3 月 15 日付款，假定计算现金折扣时不考虑增值税。

（2）5 月 5 日，甲公司由于产品质量原因对上年出售给丙公司的一批商品按售价给予 10%的销售折让，该批商品售价为 300 万元，增值税税额为 51 万元。货款已结清。以银行存款退还折让款，同时开具红字增值税专用发票。

（3）9 月 20 日，销售一批材料，增值税专用发票上注明的售价为 15 万元。增值税税额为 2.55 万元。款项已由银行收妥。该批材料的实际成本为 10 万元。

（4）10 月 5 日，承接一项设备安装劳务，合同期为 6 个月，合同总收入为 120 万元，已经预收 80 万元，余额在设备安装完成时收回。采用完工百分比法确认劳务收入，完工率按照已发生成本占估计总成本的比例确定，至 2011 年 12 月 31 日已发生的成本为 50 万元，预计完成劳务还将发生成本 30 万元。

（5）11 月 10 日，向本公司行政管理人员发放自产产品作为福利。该批产品的实际成本为 8 万元，市场售价为 10 万元。

（6）12 月 20 日，收到国债利息收入 59 万元，以银行存款支付销售费用 5.5 万元，支付税收滞纳金 2 万元。

要求：根据上述资料，不考虑其他因素，分别回答下列小题。（答案中的金额单位用万元表示。）

问题：（1）根据资料（1），下列各项中，会计处理结果正确的是（　　）。

A. 3月2日，甲公司应确认销售商品收入180万元
B. 3月2日，甲公司应确认销售商品收入176万元
C. 3月15日，甲公司应确认财务费用2万元
D. 3月15日，甲公司应确认财务费用1.8万元
【解析】 答案：选项A和D。
会计分录为：

借：应收账款	210.6	
贷：主营业务收入		180
应交税费——应交增值税（销项税额）		30.6
借：主营业务成本	150	
贷：库存商品		150
借：银行存款	208.8	
财务费用	1.8	
贷：应收账款		210.6

(2) 根据资料 (2) 至 (5)，下列各项中，会计处理正确的是（　　）。
A. 5月5日，甲公司发生销售折让时的会计分录为：

借：主营业务收入	30	
应交税费——应交增值税（销项税额）	5.1	
贷：银行存款		35.1

B. 9月20日，甲公司销售材料时的会计分录为：

借：银行存款	17.55	
贷：其他业务收入		15
应交税费——应交增值税（销项税额）		2.55
借：其他业务成本	10	
贷：原材料		10

C. 11月10日，甲公司向本公司行政管理人员发放自产产品时的会计分录为：

借：管理费用	11.7	
贷：应付职工薪酬		11.7
借：应付职工薪酬	11.7	
贷：主营业务收入		10
应交税费——应交增值税（销项税额）		1.7
借：主营业务成本	8	
贷：库存商品		8

D. 12月31日，甲公司确认劳务收入、结转劳务成本的会计分录为：

借：预收账款	75	
贷：主营业务收入		75
借：主营业务成本	50	
贷：劳务成本		50

【解析】 答案：选项A，B，C，D。

(3) 根据资料 (1) 至 (5)，甲公司 2011 年度利润表中“营业收入”的金额是（ ）万元。

A. 225　　B. 235　　C. 250　　D. 280

【解析】 答案：选项 C。

营业收入＝180－30＋15＋75＋10＝250(万元)

(4) 根据资料 (1) 至 (5)，甲公司 2011 年度利润表中“营业成本”的金额是（ ）万元。

A. 168　　B. 200　　C. 208　　D. 218

【解析】 答案：选项 D。

营业成本＝150＋10＋50＋8＝218(万元)

(5) 根据资料 (1) 至 (6)，下列各项中，关于甲公司 2011 年期间费用和营业利润计算结果正确的是（ ）。

A. 期间费用为 7.3 万元　　B. 期间费用为 19 万元

C. 营业利润为 13 万元　　D. 营业利润为 72 万元

【解析】 答案：选项 B 和 D。

期间费用＝1.8(业务 1)＋11.7(业务 5)＋5.5(业务 6)＝19(万元)

营业利润＝250－218－19＋59(业务 6)＝72 (万元)

(6) 根据资料 (1) 至 (6)，下列各项中，关于甲公司 2011 年度利润表中“所得税费用”和“净利润”的计算结果正确的是（ ）。

A. 所得税费用 3.25 万元　　B. 净利润 66.75 万元

C. 所得税费用 17.5 万元　　D. 净利润 52.5 万元

【解析】 答案：选项 A 和 B。

所得税费用＝[(72－2)＋2－59]×25%＝3.25(万元)

净利润＝70－3.25＝66.75(万元)

会计分录为：

借：所得税费用　　3.25

　贷：应交税费——应交所得税　　3.25

二、资产负债表债务法

(一) 资产负债表债务法的特点

资产负债表债务法，是指从资产负债表出发，比较资产负债表上列示的资产、负债，按照会计准则规定确定的账面价值与按照税法规定确定的计税基础两者之间的差异分为应纳税暂时性差异与可抵扣暂时性差异，据以确认相关的递延所得税负债与递延所得税资产，并在此基础上确定每一会计期间利润表中的所得税费用。资产负债表债务法从暂时性差异产生的本质出发，分析暂时性差异产生的原因及其对期末资产负债的影响。

资产负债表债务法的重点在于确定递延所得税资产或递延所得税负债，关键在于确定资产、负债的计税基础。资产、负债的计税基础是从税法的角度来看资产和负债，反映的是税法对资产和负债有关项目的处理规定。而资产、负债的账面价值是期末资产负债表上反映的金额，是会计核算的结果，资产、负债账面价值是根据会计准则的规定来确定的。

（二）资产负债表债务法的计算步骤

在计算递延所得税时，企业应于每年年末根据资产负债表的各资产、负债项目和所得税法规的规定，计算确定递延所得税负债、递延所得税资产及当年所得税费用。企业进行所得税核算一般应遵循以下步骤：

1. 分析是应纳税暂时性差异还是可抵扣暂时性差异

计算资产或负债各项目账面价值与计税基础的差异，并确认差异的性质，分析是应纳税暂时性差异还是可抵扣暂时性差异。

2. 计算期末递延所得税负债或资产余额

期末递延所得税负债＝应纳税暂时性差异×所得税税率

期末递延所得税资产＝可抵扣暂时性差异×所得税税率

新准则下企业所得税会计处理的思路如图 7－1 所示。

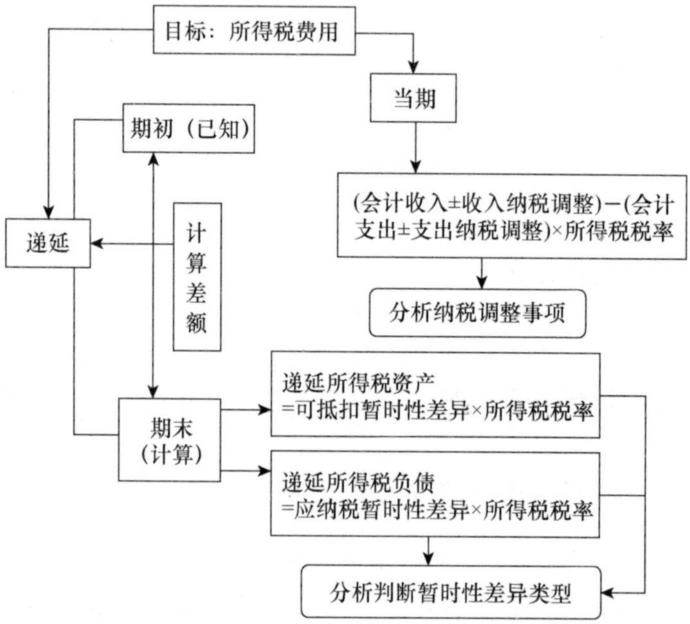

图 7－1 新准则下企业所得税会计处理的思路

例 7-13

（2011 年中级会计实务试题）甲公司 2007 年末“递延所得税资产”科目的借方余额为 66 万元（均为固定资产后续计量对所得税的影响），适用的所得税税率为 33%。2008 年初适用的所得税税率改为 25%。甲公司预计会持续盈利，各年能够获得足够的应纳税所得额。2008 年末固定资产的账面价值为 6 000 万元，计税基础为 6 600 万元，2008 年确认因销售商品提供售后服务的预计负债 100 万元，年末预计负债的账面价值为 100 万元，计税基础为 0。甲公司 2008 年末“递延所得税资产”科目的借方余额为多少万元？

【解析】

$$\begin{matrix}\text{2008 年末“递延所得税}\\\text{资产”科目的借方余额}\end{matrix}=[(6\,600-6\,000)+100)]\times 25\%=175(\text{万元})$$

3. 计算本期递延所得税负债或资产调整额

$$\begin{matrix}\text{本期递延所得税}\\\text{负债调整额}\end{matrix}=\begin{matrix}\text{递延所得税}\\\text{负债期末余额}\end{matrix}-\begin{matrix}\text{递延所得税}\\\text{负债期初余额}\end{matrix}$$

$$\begin{matrix}\text{本期递延所得税}\\\text{资产调整额}\end{matrix}=\begin{matrix}\text{递延所得税}\\\text{资产期末余额}\end{matrix}-\begin{matrix}\text{递延所得税}\\\text{资产期初余额}\end{matrix}$$

4. 计算本期应交所得税

$$\text{应交所得税}=(\text{会计利润}\pm\text{纳税调整额})\times\text{所得税税率}$$

5. 计算本期所得税费用

$$\begin{aligned}\begin{matrix}\text{所得税}\\\text{费用}\end{matrix}&=\begin{matrix}\text{本期应交}\\\text{所得税}\end{matrix}\pm\begin{matrix}\text{本期所得税}\\\text{负债调整额}\end{matrix}\pm\begin{matrix}\text{本期所得税}\\\text{资产调整额}\end{matrix}\\&=\begin{matrix}\text{本期应交}\\\text{所得税}\end{matrix}+\left(\begin{matrix}\text{所得税负债}\\\text{期末余额}\end{matrix}-\begin{matrix}\text{所得税负债}\\\text{期初余额}\end{matrix}\right)+\left(\begin{matrix}\text{所得税资产}\\\text{期末余额}\end{matrix}-\begin{matrix}\text{所得税资产}\\\text{期初余额}\end{matrix}\right)\end{aligned}$$

如果税率或税基变动，要按预期税率对“递延所得税负债”和“递延所得税资产”科目的余额进行调整，即对企业期末资产或负债进行调整。

资产负债表债务法下既有永久性差异又有暂时性差异时的会计处理程序见表 7-7。

表 7-7　　资产负债表债务法的会计处理程序

项目	计算方法	
税前会计利润	来自会计口径利润	
永久性差异	+	会计认可而税务上不认可的支出
		税务认可而会计上不认可的收入
	−	会计认可而税务上不认可的收入
		税务认可而会计上不认可的支出

续前表

项目	计算方法	
暂时性差异	+	新增可抵扣暂时性差异
		转回应纳税暂时性差异
	−	转回可抵扣暂时性差异
		新增应纳税暂时性差异
应税所得	推算认定	
应交税费	应税所得×税率	
递延所得税资产	借记	新增可抵扣暂时性差异×税率
	贷记	转回可抵扣暂时性差异×税率
递延所得税负债	贷记	新增应纳税暂时性差异×税率
	借记	转回应纳税暂时性差异×税率
本期所得税费用	倒挤认定	

（三）资产负债表债务法的会计账户设置

在资产负债表债务法下，设置“所得税费用”“递延所得税资产”“递延所得税负债”“应交税费——应交所得税”科目进行核算。

1. “所得税费用”科目

该科目用来核算企业根据所得税准则确认的应从当期利润总额中扣除的所得税费用，通过“当期所得税费用”“递延所得税费用”科目进行明细核算，其借方登记计算出的所得税费用，其贷方登记期末转入“本年利润”的所得税费用，结转后该科目无余额。

2. “递延所得税资产”科目

该科目用来核算企业根据所得税准则确认的可抵扣暂时性差异产生的所得税资产。根据税法规定可用以后年度税前利润弥补的亏损产生的所得税资产，也通过“应交税费”科目核算，按照可抵扣暂时性差异项目进行明细核算。“应交税费”科目期末借方余额反映企业已确认的递延所得税资产的余额。

3. “递延所得税负债”科目

该科目用来核算企业根据所得税准则确认的应纳税暂时性差异产生的所得税负债。该科目应当按照应纳税暂时性差异项目进行明细核算。“应交税费”科目期末贷方余额反映企业已确认的递延所得税负债的余额。

4. “应交税费——应交所得税”科目

该科目用来核算企业应交未交的所得税税款。其借方登记预交数或补交数，其贷方登记应交数。该科目贷方余额表示欠交数，借方余额表示多交数。

（四）资产负债表债务法的主要会计处理

1. 递延所得税资产的核算

(1) 企业在确认相关资产、负债时，根据所得税会计准则确认递延所得税资产。

借：递延所得税资产

贷：所得税费用——递延所得税费用

资本公积——其他资本公积

（2）资产负债表日，企业根据所得税会计准则确认的递延所得税资产大于应交税费余额。

借：递延所得税资产

贷：所得税费用——递延所得税费用

资本公积——其他资本公积

（3）资产负债表日，企业根据所得税会计准则确认的递延所得税资产小于应交税费余额的，做相反的会计分录。

借：所得税费用——递延所得税费用

资本公积——其他资本公积

贷：递延所得税资产

2. 递延所得税负债的核算

（1）企业在确认相关资产、负债时，根据所得税会计准则确认递延所得税负债。

借：所得税费用——递延所得税费用

资本公积——其他资本公积

贷：递延所得税负债

（2）资产负债表日，企业根据所得税会计准则确认的递延所得税负债大于应交税费余额。

借：所得税费用——递延所得税费用

资本公积——其他资本公积

贷：递延所得税负债

（3）资产负债表日，企业根据所得税会计准则确认的递延所得税负债小于应交税费余额的，做相反的会计分录。

借：递延所得税负债

贷：所得税费用——递延所得税费用

资本公积——其他资本公积

三、企业所得税汇算清缴的基本内容

（一）汇算清缴时间

企业所得税汇算清缴，是指纳税人在纳税年度终了后5个月内，依照税收法律、法规、规章及其他有关企业所得税的规定，自行计算全年应纳税所得额和应纳所得税额，根据月度或季度预缴所得税的数额，确定该年度应补或者应退税额，并填写年度企业所得税纳税申报表，向主管税务机关办理年度企业所得税纳税申报，提供税务机关要求提供的有关资料，结清全年企业所得税税款的行为。

（二）汇算清缴申报方式

年度企业所得税汇算清缴提供网上申报、前台申报等申报方式，企业所得税纳税人应尽可能使用网上申报方式申报。

（1）网上申报

已在主管税务机关办妥开通网上申报手续的纳税人，进入各省国税局或者地税局网上办税大厅进行申报。

（2）前台申报

纳税人携带电子申报数据和纸质申报资料直接到主管税务机关的办税服务厅办理纳税申报。纳税人在汇算清缴期内发现当年企业所得税申报有误的，可在汇算清缴期内按照规定程序到主管税务机关征收前台重新填报纳税申报表并进行更正申报。

（三）查账征收企业所得税的纳税人汇算清缴报送的资料

1. 独立经营纳税人及跨地区经营总机构汇算清缴报送的资料

（1）《中华人民共和国企业所得税年度纳税申报表（A类）》及相关附列资料；

（2）《中华人民共和国企业年度关联业务往来报告表》；

（3）年度财务报表；

（4）税收优惠备案事项相关资料；

（5）有发生资产损失税前扣除事项的纳税人，应报送规定格式的资产损失税前扣除相关资料。

（6）载有申报数据的软盘（或U盘）（申报后返还给企业，采用网上申报方式的纳税人不需报送）；

（7）委托中介机构代理纳税申报的，应出具双方签订的代理合同，并附送中介机构出具的包括纳税调整的项目、原因、依据、计算过程、调整金额等内容的报告；

（8）主管税务机关要求报送的其他有关资料。

2. 跨地区经营分支机构汇算清缴报送的资料

（1）《中华人民共和国企业所得税月（季）度预缴纳税申报表（A类）》；

（2）经总机构所在地主管税务机关受理的《中华人民共和国企业所得税汇总纳税分支机构分配表》；

（3）分支机构的年度财务报表（或年度财务状况和营业收支情况）；

（4）分支机构参与企业年度纳税调整情况的说明。

（四）核定应税所得率征收企业所得税的纳税人汇算清缴报送的资料

核定应税所得率征收企业所得税的纳税人汇算清缴报送的资料如下：

（1）《中华人民共和国企业所得税月（季）度和年度纳税申报表（B类）》；

（2）财务会计报告；

（3）主管税务机关要求报送的其他资料。

提示

企业所得税汇算清缴和关联申报时间于每年5月31日截止。根据《国家税务总局关于完善关联申报和同期资料管理有关事项的公告》（国家税务总局公告2016年第42号），对企业所得税汇算清缴有更加明确的规定：

（1）没有发生关联交易的企业2016年度及以后会计年度不再需要申报关联报表；有关联交易的企业需要在年报申报结束后，再一次下载报表或新建征期，网报系统内才会出现关联报表。

（2）纳税人在完成申报后，对于电子申报端平台推送的疑点信息应认真核对分析，有疑问的可以拨打12366或向主管税务所咨询，发现差错的及时更正申报，在确认申报无误后，于5月31日前缴纳应补缴税款。

（3）在企业所得税汇算清缴期内，纳税人如发现企业所得税年度申报有误的，可以进行更正申报，涉及补缴税款的不加收滞纳金。超过汇缴期，纳税人未进行申报，或者发现企业所得税年度申报有误的，可以进行补充申报，涉及补缴税款的，自汇缴期结束的次日起按日加收滞纳税款万分之五的滞纳金。

四、减免所得税的核算

（一）纳税人申请减免税需提供的书面资料

（1）减免税申请报告，包括减免税依据、范围、年限、金额、企业的基本情况等；

（2）财务会计报表；

（3）工商营业执照的复印件；

（4）根据不同减免税项目，税务机关要求提供的其他资料。

（二）减免所得税的会计处理

1. 先计后免的会计处理

（1）计提所得税时。

借：所得税费用

　　贷：应交税费——应交所得税

（2）减免所得税时。

借：应交税费——应交所得税

　　贷：资本公积

2. 先缴后退的会计处理

（1）上缴所得税时。

借：应交税费——应交所得税

　　贷：银行存款

（2）收到退税款时。

借：银行存款

贷：资本公积

3. 法定直接减免不作会计处理

五、以前年度损益调整的核算

“以前年度损益调整”科目核算企业本年度发生的调整以前年度损益的事项以及本年度发现的重要前期差错更正涉及调整以前年度损益的事项。企业在资产负债表日至财务报告批准报出日之间发生的需要调整报告年度损益的事项，也在这个科目核算，该科目结转后应无余额。主要的会计处理如下：

（1）企业调整增加以前年度利润或减少以前年度亏损。

借：有关资产科目

贷：以前年度损益调整

（2）企业调整减少以前年度利润或增加以前年度亏损。

借：以前年度损益调整

贷：有关资产科目

（3）由于以前年度损益调整增加的所得税。

借：以前年度损益调整

贷：应交税费——应交所得税

（4）由于以前年度损益调整减少的所得税。

借：应交税费——应交所得税

贷：以前年度损益调整

经上述调整后，应将本科目的余额转入“利润分配——未分配利润”科目。本科目如为贷方余额，则会计分录为：

借：以前年度损益调整

贷：利润分配——未分配利润

如为借方余额，则做相反的会计分录：

借：利润分配——未分配利润

贷：以前年度损益调整

第 6 节　企业所得税税收优惠的报批和备案事项

一、税收优惠的主要内容

企业的下列所得可以免征、减征企业所得税；企业如果从事国家限制和禁止发展的项目，则不得享受企业所得税优惠。

（一）从事农、林、牧、渔业项目的所得

1. 免征企业所得税的所得

以下所得免征企业所得税：(1) 蔬菜、谷物、薯类、油料、豆类、棉花、麻类、糖料、水果、坚果的种植；(2) 农作物新品种的选育；(3) 中药材的种植；(4) 林木的培育和种植；(5) 牲畜、家禽的饲养；(6) 林产品的采集；(7) 灌溉、农产品初加工、兽医、农技推广、农机作业和维修等农、林、牧、渔服务业项目；(8) 远洋捕捞；(9) 以"公司+农户"经营模式从事农、林、牧、渔业项目生产的农产品。

2. 减半征收企业所得税的所得

以下所得减半征收企业所得税：(1) 花卉、茶以及其他饮料作物和香料作物的种植；(2) 海水养殖、内陆养殖。

（二）从事国家重点扶持的公共基础设施项目投资经营的所得

从事国家重点扶持的公共基础设施项目投资经营的所得，自项目取得第一笔生产经营收入所属纳税年度起，三年免征企业所得税，三年减半征收企业所得税（以下简称三免三减半）。

（三）从事符合条件的环境保护、节能节水项目的所得

从事符合条件的环境保护、节能节水项目的所得，自项目取得第一笔生产经营收入所属纳税年度起，三免三减半。

（四）符合条件的技术转让所得

居民企业转让技术所有权所得不超过 500 万元的部分，免征企业所得税；超过 500 万元的部分，减半征收企业所得税。

（五）高新技术企业优惠

高新技术企业实行以下优惠：(1) 国家需要重点扶持的高新技术企业减按 15% 的税率征收企业所得税；(2) 经济特区和上海浦东新区新设立高新技术企业过渡性税收优惠。

（六）研究开发费的加计扣除优惠

研究开发费是指企业为开发新技术、新产品、新工艺发生的研究开发费用。(1) 未形成无形资产计入当期损益的，在按照规定据实扣除的基础上，按照研究开发费用的 70%加计扣除；(2) 形成无形资产的，按照无形资产成本的 150%摊销。

（七）非居民企业优惠（减按 10%的税率）

非居民企业取得下列所得免征企业所得税：(1) 外国政府向中国政府提供贷款

取得的利息所得；(2) 国际金融组织向中国政府和居民企业提供优惠贷款取得的利息所得；(3) 经国务院批准的其他所得。

提示

自2011年1月1日至2020年12月31日，对设在西部地区以《西部地区鼓励类产业目录》中规定的产业项目为主营业务，且其当年主营业务收入占企业收入总额70%以上的企业，经申请，主管税务机关首次审核确认后，可减按15%的税率缴纳企业所得税。

企业申请享受西部大开发税收优惠采取企业自行申请，主管税务机关审批确认的管理办法。首次申请的企业第一年需经主管税务机关审核确认，第二年及以后年度企业适用优惠条件是否发生变化采取备案的方式加以管理。

例7-14

(2013年初级会计职称考试试题) 我国企业所得税的税收优惠包括（　　）。

A. 免税收入　　B. 加计扣除

C. 减计收入　　D. 税额抵免

【解析】 答案：选项A，B，C，D。我国企业所得税的税收优惠包括免税收入、可以减免税的所得、优惠税率、民族自治地方的减免税、加计扣除、抵扣应纳税所得额、加速折旧、减计收入、抵免应纳税额和其他专项优惠政策。

二、企业所得税减免的报批事项

报批类税收优惠是指须经税务机关审批后方可享受的税收优惠。纳税人享受报批类税收优惠，应向主管税务机关提出申请，提交相应资料，经税务机关审批确认后执行。未按规定申请或虽申请但未经税务机关审批确认的，纳税人不得享受税收优惠。

1. 纳税人申请报批类税收优惠提交的资料

纳税人申请报批类税收优惠的，应当在年度申报前，向主管税务机关提出书面申请，按规定提交以下相关资料，并对其申请材料的真实性负责：(1) 申请报告，列明企业的经营情况、享受税收优惠的政策依据、期限、数额等；(2) 企业所得税税收优惠审批表；(3) 财务会计报表；(4) 根据不同的企业所得税税收优惠项目，税务机关要求提供的其他证明材料。

2. 报批类税收优惠事项内容

目前，报批类税收优惠事项主要是再投资退税审批。

提示

税收优惠批复未下达前，纳税人应按规定办理申报纳税。收到税务机关准予享受税收优惠的批复后，可到主管税务机关办理手续，退回多缴纳的税款。

三、企业所得税优惠事项备案表

企业应当自行判断其是否符合税收优惠政策规定的条件。凡享受企业所得税优惠的，应当按照规定向税务机关履行备案手续，妥善保管留存备查资料。企业向税务机关进行企业所得税优惠事项备案时填写《企业所得税优惠事项备案表》，见表 7－8。企业同时备案多个所得税优惠事项的，也应当分别填写该表。

提示

企业应当按照税务机关要求限期提供留存备查资料，以证明其符合税收优惠政策条件。

企业不能提供留存备查资料，或者留存备查资料与实际生产经营情况、财务核算、相关技术领域、产业、目录、资格证书等不符，不能证明企业符合税收优惠政策条件的，税务机关追缴其已享受的减免税，并按照税收征管法的有关规定处理。

表 7－8　　企业所得税优惠事项备案表

（　　）年度

<table>
<tr><td>纳税人识别号</td><td colspan="2"></td><td colspan="2">纳税人名称</td><td colspan="2"></td></tr>
<tr><td>经办人</td><td colspan="2"></td><td colspan="2">联系电话</td><td colspan="2"></td></tr>
<tr><td colspan="7">优惠事项备案情况</td></tr>
<tr><td colspan="2">优惠事项名称</td><td colspan="5"></td></tr>
<tr><td colspan="2">备案类别（√）</td><td colspan="3">正常备案（　）</td><td colspan="2">变更备案（　）</td></tr>
<tr><td colspan="2">享受优惠期间</td><td colspan="5">自　　年　　月　　日至　　年　　月　　日</td></tr>
<tr><td colspan="2">主要政策依据
文件及文号</td><td colspan="5"></td></tr>
<tr><td colspan="2">具有相关资格的批准文件（证书）及文号（编号）</td><td colspan="2"></td><td colspan="2">文件（证书）有效期</td><td>自　　年　　月　　日
至　　年　　月　　日</td></tr>
<tr><td colspan="2">有关情况说明</td><td colspan="5"></td></tr>
<tr><td rowspan="4">企业留存备查资料清单</td><td colspan="6">1.</td></tr>
<tr><td colspan="6">2.</td></tr>
<tr><td colspan="6">3.</td></tr>
<tr><td colspan="6">4.</td></tr>
<tr><td>企业声明</td><td colspan="6">我单位已知悉本优惠事项全部相关政策和管理要求。此表是根据《中华人民共和国企业所得税法》及其实施条例和国家税收规定填报的，是真实、完整的，提交的资料真实、合法、有效。
（企业公章）
财务负责人：　　　　法定代表人（负责人）：　　　　年　　月　　日</td></tr>
<tr><td>税务机关回执</td><td colspan="6">您单位于　　　　年　　月　　日向我机关提交本表及相关资料。我机关意见：　　　　。特此告知。
（税务机关印章）
经办人：　　　　年　　月　　日</td></tr>
</table>

四、企业所得税的主要优惠事项备案管理

国家税务总局发布的2015年版企业所得税优惠事项备案管理目录共包括55项企业所得税优惠事项，现将其中主要的7项列示如下，见表7-9。

表7-9　　企业所得税优惠事项备案管理目录（2015年版）

序号	优惠事项名称	政策概述	备案资料	预缴期是否享受优惠	主要留存备查资料
1	国债利息收入免征企业所得税	企业持有国务院财政部门发行的国债取得的利息收入免征企业所得税。	企业所得税优惠事项备案表。	预缴享受年度备案	1. 国债净价交易交割单； 2. 购买、转让国债的证明，包括持有时间、票面金额、利率等相关材料； 3. 应收利息（投资收益）科目明细账或按月汇总表； 4. 减免税计算过程的说明。
2	符合条件的居民企业之间的股息、红利等权益性投资收益免征企业所得税	居民企业直接投资于其他居民企业取得的权益性投资收益免征企业所得税。所称股息、红利等权益性投资收益，不包括连续持有居民企业公开发行并上市流通的股票不足12个月取得的投资收益。	企业所得税优惠事项备案表。	预缴享受年度备案	1. 被投资企业出具的股东名册和持股比例（企业在证券交易市场购买上市公司股票获得股权的，提供相关记账凭证、本公司持股比例以及持股时间超过12个月情况说明）； 2. 被投资企业董事会（或股东大会）利润分配决议； 3. 若企业取得的是被投资企业未按股东持股比例分配的股息、红利等权益性投资收益，还需提供被投资企业的最新公司章程； 4. 被投资企业进行清算所得税处理的，留存被投资企业填报的加盖主管税务机关受理章的《中华人民共和国清算所得税申报表》及附表三《剩余财产计算和分配明细表》复印件。
3	开发新技术、新产品、新工艺发生的研究开发费用加计扣除	企业为开发新技术、新产品、新工艺发生的研究开发费用，未形成无形资产计入当期损益的，在按照规定据实扣除的基础上，按照研究开发费用的70%加计扣除；形成无形资产的，按照无形资产成本150%摊销。对从事文化产业支撑技术等领域的文化企业，开发新技术、新产品、新工艺发生的研究开发费用，允许按照税收法律法规的规定，在计算应纳税所得额时加计扣除。	1. 企业所得税优惠事项备案表； 2. 研发项目立项文件。	汇缴享受	1. 自主、委托、合作研究开发项目计划书和企业有权部门关于自主、委托、合作研究开发项目立项的决议文件； 2. 自主、委托、合作研究开发专门机构或项目组的编制情况和研发人员名单； 3. 经国家有关部门登记的委托、合作研究开发项目的合同； 4. 从事研发活动的人员和用于研发活动的仪器、设备、无形资产的费用分配说明； 5. 集中开发项目研发费决算表、集中研发项目费用分摊明细情况表和实际分享比例等资料； 6. 研发项目辅助明细账和研发项目汇总表； 7. 省税务机关规定的其他资料。

续前表

序号	优惠事项名称	政策概述	备案资料	预缴期是否享受优惠	主要留存备查资料
4	从事农、林、牧、渔业项目的所得减免征收企业所得税	企业从事蔬菜、谷物、薯类、油料、豆类、棉花、麻类、糖料、水果、坚果的种植，农作物新品种选育，中药材种植，林木培育和种植，牲畜、家禽饲养，林产品采集，灌溉、农产品初加工、兽医、农技推广、农机作业和维修等农、林、牧、渔服务业项目，远洋捕捞项目所得免征企业所得税。企业从事花卉、茶以及其他饮料作物和香料作物种植，海水养殖、内陆养殖项目所得减半征收企业所得税。“公司＋农户”经营模式从事农、林、牧、渔业项目生产企业，可以减免企业所得税。	1. 企业所得税优惠事项备案表； 2. 有效期内的远洋渔业企业资格证书（从事远洋捕捞业务的）； 3. 从事农作物新品种选育的认定证书（从事农作物新品种选育的）。	预缴享受年度备案	1. 有效期内的远洋渔业企业资格证书（从事远洋捕捞业务的）； 2. 从事农作物新品种选育的认定证书（从事农作物新品种选育的）； 3. 与农户签订的委托养殖合同（“公司＋农户”经营模式的企业）； 4. 与家庭承包户签订的内部承包合同（国有农场实行内部家庭承包经营）； 5. 农产品初加工项目及工艺流程说明（两个或两个以上的分项目说明）； 6. 同时从事适用不同企业所得税待遇项目的，每年度单独计算减免税项目所得的计算过程及其相关账册，期间费用合理分摊的依据和标准； 7. 省税务机关规定的其他资料。
5	符合条件的小型微利企业减免企业所得税	从事国家非限制和禁止行业的企业，减按20%的税率征收企业所得税。对年应纳税所得额低于50万元（含50万元）的小型微利企业，其所得减按50%计入应纳税所得额，按20%的税率缴纳企业所得税。	不履行备案手续	预缴享受年度备案	1. 所从事行业不属于限制性行业的说明； 2. 优惠年度的资产负债表； 3. 从业人数的计算过程。
6	国家需要重点扶持的高新技术企业减按15%的税率征收企业所得税	国家需要重点扶持的高新技术企业，减按15%的税率征收企业所得税。国家需要重点扶持的高新技术企业，是指拥有核心自主知识产权，产品（服务）属于国家重点支持的高新技术领域规定的范围、研究开发费用占销售收入的比例不低于规定比例、高新技术产品（服务）收入占企业总收入的比例不低于规定比例、科技人员占企业职工总数的比例不低于规定比例，以及高新技术企业认定管理办法规定的其他条件的企业。	1. 企业所得税优惠事项备案表； 2. 高新技术企业资格证书。	预缴享受年度备案	1. 高新技术企业资格证书； 2. 高新技术企业认定资料； 3. 年度研发费专账管理资料； 4. 年度高新技术产品（服务）及对应收入资料； 5. 年度高新技术企业研究开发费用及占销售收入比例，以及研发费用辅助账； 6. 研发人员花名册； 7. 省税务机关规定的其他资料。

续前表

序号	优惠事项名称	政策概述	备案资料	预缴期是否享受优惠	主要留存备查资料
7	固定资产加速折旧或一次性扣除	对生物药品制造业，专用设备制造业，铁路、船舶、航空航天和其他运输设备制造业，计算机、通信和其他电子设备制造业，仪器仪表制造业，信息传输、软件和信息技术服务业，轻工、纺织、机械、汽车等行业企业新购进的固定资产，可缩短折旧年限或采取加速折旧的方法。对所有行业企业新购进的专门用于研发的仪器、设备，单位价值不超过100万元的，允许一次性计入当期成本费用在计算应纳税所得额时扣除，不再分年度计算折旧；单位价值超过100万元的，可缩短折旧年限或采取加速折旧的方法。对所有行业企业持有的单位价值不超过5000元的固定资产，允许一次性计入当期成本费用在计算应纳税所得额时扣除，不再分年度计算折旧。	不履行备案手续	预缴享受年度备案	1. 企业属于重点行业、领域企业的说明材料（以某重点行业业务为主营业务，固定资产投入使用当年主营业务收入占企业收入总额50%（不含）以上）； 2. 购进固定资产的发票、记账凭证等有关凭证、凭据（购入已使用过的固定资产，应提供已使用年限的相关说明）等资料； 3. 核算有关资产税法与会计差异的台账； 4. 省税务机关规定的其他资料。

五、税前扣除的有效凭证

（一）常见的税前扣除有效凭证

常见的税前扣除有效凭证包括但不限于以下几种：

（1）购买不动产、货物、工业性劳务、服务，接受劳务、受让无形资产，支付给境内企业单位或者个人的应税项目款项，该企业单位或者个人开具的发票。

（2）支付给行政机关、事业单位、军队等非企业性单位的租金等经营性应税收入，该单位开具（税务机关代开）的发票。

（3）从境内的农（牧）民手中购进免税农产品，农（牧）民开具的农产品销售发票或者企业自行开具的农产品收购发票。

（4）非金融企业实际发生的借款利息，应分别不同情况处理：

1）向银行金融企业借款发生的利息支出，该银行开具的银行利息结算单据。

2）向非银行金融企业、非金融企业或个人借款而发生的利息支出，须取得付款单据和发票，辅以借款合同（协议）；在按照合同要求首次支付利息并进行税前扣除时，应提供（本省任何一家）金融企业的同期同类贷款利率情况说明。

3）为向银行或非银行金融企业借款而支付的融资服务费、融资顾问费，应取得符合规定的发票。

（5）缴纳政府性基金、行政事业性收费，征收部门开具的财政票据。

（6）缴纳可在税前扣除的各类税金（费），税务机关开具的税收缴款书或表格式完税证明。

（7）拨缴职工工会经费，工会组织开具的工会经费收入专用收据。

（8）支付的土地出让金，国土部门开具的财政票据。

（9）缴纳的社会保险费，社保机构开具的财政票据（社会保险费专用收据或票据）。

（10）缴存的住房公积金，公积金管理机构盖章的住房公积金汇（补）缴书和银行转账单据。

（11）通过公益性社会团体或者县级以上人民政府及其部门的用于法定公益事业的捐赠，财政部门监制的捐赠票据，如公益性单位接受捐赠统一收据等。

（12）由税务部门或其他部门代收的且允许扣除的费、金，代收部门开具的代收凭据、缴款书（如工会经费代收凭据）等。

（13）根据法院判决、调解、仲裁等发生的支出，法院判决书、裁定书、调解书，以及可由人民法院执行的仲裁裁决书、公证债权文书和付款单据。

（14）企业发生的资产损失税前扣除，按照《企业资产损失所得税税前扣除管理办法》（国家税务总局公告 2011 年第 25 号）的规定执行。

（15）发生非价外费用的违约金、赔偿费，解除劳动合同（辞退）补偿金、拆迁补偿费等非应税项目支出，取得盖有收款单位印章的收据或收款个人签具的收据、收条或签收花名册等单据，并附合同（如拆迁、回迁补偿合同）等凭据以及收款单位或个人的证照或身份证明复印件为辅证。

（16）支付给中国境外单位或个人的款项，应当提供合同、外汇支付单据、单位、个人签收单据等。税务机关在审查时有疑义的，可以要求其提供境外公证机构的确认证明并经税务机关审核认可。

（17）税收法律、法规对企业所得税税前扣除有特殊规定或要求的，按该规定或要求扣除。如研发费用加计扣除，需提供自主、委托、合作研究开发项目计划书和研究开发费预算、当年研究开发费用发生情况归集表，研究开发专门机构或项目组的编制情况和专业人员名单，研究开发项目的效用情况说明、研究成果报告等资料。

（18）签订了分摊协议的关联企业，其中一方可将另一方发生的，不超过另一方当年销售（营业）收入税前扣除限额比例的部分或全部广告费和业务宣传费支出，归集至本企业扣除，且可以不计算在本企业广告费和业务宣传费支出税前扣除限额内，但必须提供分摊协议且按协议归集。

（19）企业自制的符合财务、会计处理规定，能直观反映成本费用分配计算依据和发生过程的材料成本核算表（入库单、领料单、耗用汇总表等）、资产折旧或摊销表、制造费用的归集与分配表、产品成本计算单、支付职工薪酬的工资表、差旅费补助、交通费补贴、通讯费补贴单据等内部凭证。

（20）国务院财政、税务主管部门规定的其他合法有效凭证。

（二）税前扣除及有效扣除凭证管理的特殊规定

特殊支付项目还应将相关资料作为附件或备查资料。有些支出即使符合规定比例，也取得了有效凭证，但国家税务总局规定仍不能扣除。

（1）工资扣除。需要提供工资分配方案、工资结算单、企业与职工签订的劳动合同、个人所得税扣缴情况以及社保机构盖章的社会保险名单清册等。

（2）企业实行股权激励的，以激励对象实际行权日该股票的收盘价格与激励对象实际行权支付价格的差额及数量计算，作为当年的工资薪金支出给予扣除，应以公告董事会决议、股权激励计划以及股票交割单（转让协议）等作为扣除凭证。

（3）会议费支出，以召开会议的文件、通知、会议纪要、参会人员的签到单等能够证明会议真实性的资料以及会议费用明细单等为辅证。

（4）企业集团或其成员企业统一向金融机构借款分摊给集团内部其他成员企业使用，必须取得借入方出具的从金融机构取得借款的证明文件，使用借款的房地产企业分摊的合理利息方准予在税前扣除。

（5）烟草企业的烟草广告费和业务宣传费支出，即使取得有效扣除凭证，也一律不得在计算应纳税所得额时扣除。

（6）发生与生产经营有关的手续费及佣金支出，应符合规定的计算依据和比例，其受托方必须是具有合法经营资格的中介服务企业或个人且应签订代办协议或合同。但是，即使符合前述条件，也取得了发票作为有效扣除凭证，还应注意，除委托个人代理外，以现金等非转账方式支付的手续费及佣金仍不得在税前扣除。企业为发行权益性证券支付给有关证券承销机构的手续费及佣金也不得在税前扣除。

（7）不征税收入用于支出所形成的费用，不得在计算应纳税所得额时扣除；用于支出所形成的资产，其计算的折旧、摊销不得在计算应纳税所得额时扣除。

提示

现行企业所得税征缴方式为按季（月）预缴，年终汇算清缴。企业当年度实际发生的相关成本、费用，由于各种原因未能及时取得该成本、费用的有效凭证，在预缴季度所得税时，企业的工资薪金等可暂按账面发生金额进行核算，但在汇算清缴时，应补充提供该成本、费用的有效凭证。

第7节 企业所得税纳税申报表的填制

一、企业所得税纳税申报表的基本内容

企业所得税纳税申报表是根据企业所得税征收与管理规程的要求，纳税人与税

务机关为处理企业所得税征管事宜所使用的具有固定格式的报表。它既是纳税人或纳税代理人履行纳税义务以规范格式申报纳税的书面报告，也是税务机关据以征收、分析、评估、检查企业所得税所使用的重要资料。

（一）居民企业所得税纳税申报表

（1）《中华人民共和国企业所得税年度纳税申报表》（A类）及其附表，适用于实行查账征收的居民企业纳税人的年度申报，由1张主表、15张附表（分为通用附表和行业附表）组成。

（2）《中华人民共和国企业所得税年度纳税申报表》（B类），适用于实行核定应税所得率方式核定征收的纳税人的年度申报。

（3）《中华人民共和国企业所得税月（季）度预缴纳税申报表》（A类），适用于实行查账征收方式的居民企业纳税人进行预缴申报。

（4）《中华人民共和国企业所得税月（季）度预缴纳税申报表》（B类），适用于实行核定应税所得率或核定税额方式核定征收的纳税人进行预缴申报。

（5）《中华人民共和国企业所得税汇总纳税分支机构分配表》，适用于在中国境内跨省、自治区、直辖市设立不具有法人资格的营业机构，并实行"统一计算、分级管理、就地预缴、汇总清算、财政调库"汇总纳税办法的居民企业填报。本表分别在预缴申报、年度申报时随同纳税申报表报送。

（二）纳税申报表的申报时间

1. 预缴纳税申报表的申报时间

纳税人应当在月份或者季度终了后15日内，向其所在地主管税务机关报送会计报表和预缴所得税申报表。

2. 年度纳税申报表的申报时间

年度终了后，纳税人应在45日内进行纳税申报；就地纳税企业和汇总纳税的总机构应在次年5月底前进行纳税申报。

提示

纳税人在纳税年度内无论盈利或亏损，都应当按照规定的期限，向当地主管税务机关报送所得税纳税申报表和年度会计报表。

二、企业所得税预缴纳税申报表的填制

企业所得税月（季）度预缴纳税申报表见表7-10。企业所得税月（季）度预缴和年度纳税申报表见表7-11。

表 7-10 中华人民共和国企业所得税月（季）度预缴纳税申报表（A 类，2015 年版）

税款所属期间： 年 月 日至 年 月 日

纳税人识别号：□□□□□□□□□□□□□□□□□□

纳税人名称：

金额单位：元至角分

行次	项目		本期金额	累计金额
1	一、按照实际利润额预缴			
2	营业收入			
3	营业成本			
4	利润总额			
5	加：特定业务计算的应纳税所得额			
6	减：不征税收入和税基减免应纳税所得额（请填附表 1）			
7	固定资产加速折旧（扣除）调减额（请填附表 2）			
8	弥补以前年度亏损			
9	实际利润额（4 行+5 行−6 行−7 行−8 行）			
10	税率（25%）			
11	应纳所得税额（9 行×10 行）			
12	减：减免所得税额（请填附表 3）			
13	实际已预缴所得税额		—	
14	特定业务预缴（征）所得税额			
15	应补（退）所得税额（11 行−12 行−13 行−14 行）		—	
16	减：以前年度多缴在本期抵缴所得税额			
17	本月（季）实际应补（退）所得税额		—	
18	二、按照上一纳税年度应纳税所得额平均额预缴			
19	上一纳税年度应纳税所得额		—	
20	本月（季）应纳税所得额（19 行×1/4 或 1/12）			
21	税率（25%）			
22	本月（季）应纳所得税额（20 行×21 行）			
23	减：减免所得税额（请填附表 3）			
24	本月（季）实际应纳所得税额（22 行−23 行）			
25	三、按照税务机关确定的其他方法预缴			
26	本月（季）税务机关确定的预缴所得税额			
27	总分机构纳税人			
28	总机构	总机构分摊所得税额（15 行或 24 行或 26 行×总机构分摊预缴比例）		
29		财政集中分配所得税额		
30		分支机构分摊所得税额（15 行或 24 行或 26 行×分支机构分摊比例）		
31		其中：总机构独立生产经营部门应分摊所得税额		
32	分支机构	分配比例		
33		分配所得税额		

是否属于小型微利企业： 是□ 否□

谨声明：此纳税申报表是根据《中华人民共和国企业所得税法》《中华人民共和国企业所得税法实施条例》和国家有关税收规定填报的，是真实的、可靠的、完整的。

法定代表人（签字）：

年 月 日

纳税人公章： 会计主管： 填表日期：　　年　月　日	代理申报中介机构公章： 经办人： 经办人执业证件号码： 代理申报日期：　　年　月　日	主管税务机关受理专用章： 受理人： 受理日期：　　年　月　日

表 7-11　中华人民共和国企业所得税月（季）度预缴和年度纳税申报表（B 类，2015 年版）

税款所属期间：　　年　月　日至　　年　月　日

纳税人识别号：□□□□□□□□□□□□□□□

纳税人名称：　　　　　　　　　　　　　　　　　　　　　　　金额单位：元至角分

项目			行次	累计金额
一、以下由按应税所得率计算应纳所得税额的企业填报				
应纳税所得额的计算	按收入总额核定应纳税所得额	收入总额	1	
		减：不征税收入	2	
		免税收入	3	
		其中：国债利息收入	4	
		地方政府债券利息收入	5	
		符合条件居民企业之间股息红利等权益性收益	6	
		符合条件的非营利组织收入	7	
		其他免税收入	8	
		应税收入额（1 行－2 行－3 行）	9	
		税务机关核定的应税所得率（%）	10	
		应纳税所得额（9 行×10 行）	11	
	按成本费用核定应纳税所得额	成本费用总额	12	
		税务机关核定的应税所得率（%）	13	
		应纳税所得额［12 行÷(100%－13 行)×13 行］	14	
应纳所得税额的计算		税率（25%）	15	
		应纳所得税额（11 行×15 行或 14 行×15 行）	16	
应补（退）所得税额的计算		减：符合条件的小型微利企业减免所得税额	17	
		其中：减半征税	18	
		已预缴所得税额	19	
		应补（退）所得税额（16 行－17 行－19 行）	20	
二、以下由税务机关核定应纳所得税额的企业填报				
税务机关核定应纳所得税额			21	
预缴申报时填报	是否属于小型微利企业：　是□　否□			
年度申报时填报	所属行业：		从业人数：	
	资产总额：		国家限制和禁止行业：是□　否□	
谨声明：此纳税申报表是根据《中华人民共和国企业所得税法》《中华人民共和国企业所得税法实施条例》和国家有关税收规定填报的，是真实的、可靠的、完整的。 法定代表人（签字）： 年　月　日				

纳税人公章： 会计主管： 填表日期：　　年　月　日	代理申报中介机构公章： 经办人： 经办人执业证件号码： 代理申报日期：　　年　月　日	主管税务机关受理专用章： 受理人： 受理日期：　　年　月　日

三、企业所得税年度纳税申报表的填制

（一）企业所得税年度纳税申报表

2017 年 12 月 29 日，国家税务总局发布《中华人民共和国企业所得税年度纳税申报表（A 类，2017 年版）》，适用于 2017 年度及以后年度企业所得税汇算清缴纳税申报。该申报表适用于实行查账征收企业所得税的居民纳税人填报。新版申报表删除了 4 张三级附表，同时把相关需要填报的内容归入到上一级的二级附表，申报表数量从原 41 张降到了 37 张，具体结构如下：

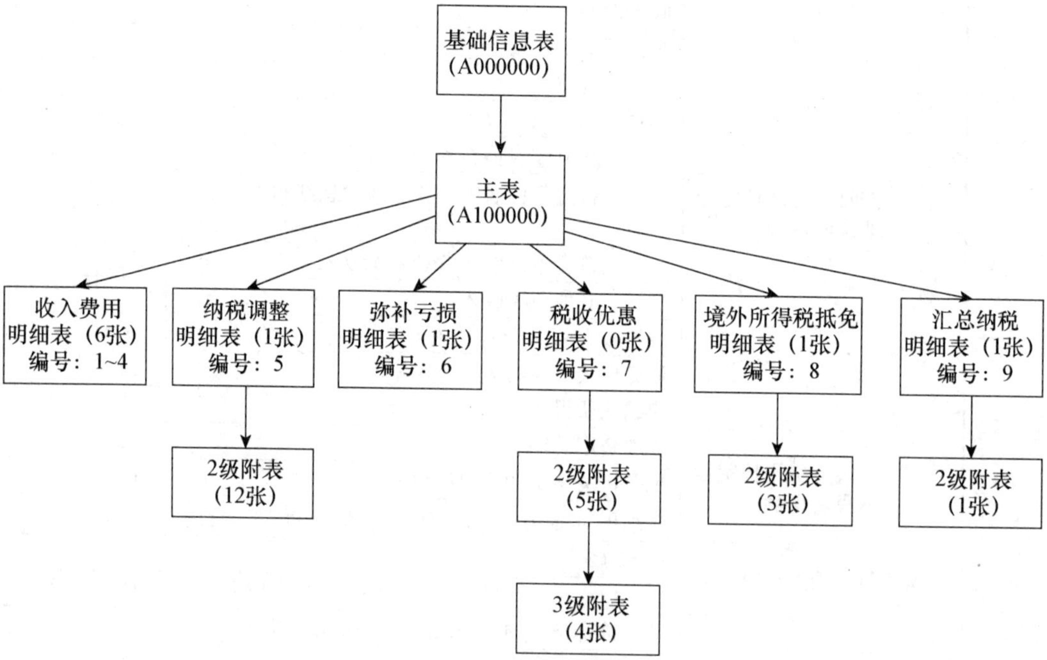

国家税务总局要求纳税人在填报申报表之前，需要仔细阅读下列表单，并根据企业的涉税业务，选择“填报”或“不填报”。选择“填报”的，需完成该表格相关内容的填报；选择“不填报”的，可以不填报该表格。对选择“不填报”的表格，可以不向税务机关报送。有关表格如下：

1.《企业基础信息表》(A000000)

本表为必填表，主要反映纳税人的基本信息，包括纳税人基本信息、重组事项、企业主要股东及分红情况等。纳税人填报申报表时，首先填报此表，为后续申报提供指引。

2.《中华人民共和国企业所得税年度纳税申报表（A 类)》(A100000)

本表为必填表，是纳税人计算申报缴纳企业所得税的主表。

3.《一般企业收入明细表》(A101010)

本表适用于除金融企业、事业单位和民间非营利组织外的纳税人填报，反映一

般企业按照国家统一会计制度规定取得收入的情况。

4.《金融企业收入明细表》(A101020)

本表仅适用于金融企业（包括银行、信用社、保险公司、证券公司等金融企业）填报，反映金融企业按照企业会计准则规定取得收入的情况。

5.《一般企业成本支出明细表》(A102010)

本表适用于除金融企业、事业单位和民间非营利组织外的纳税人填报，反映一般企业按照国家统一会计制度的规定发生成本支出的情况。

6.《金融企业支出明细表》(A102020)

本表仅适用于金融企业（包括银行、信用社、保险公司、证券公司等金融企业）填报，反映金融企业按照企业会计准则规定发生支出的情况。

7.《事业单位、民间非营利组织收入、支出明细表》(A103000)

本表适用于事业单位和民间非营利组织填报，反映事业单位、社会团体、民办非企业单位、非营利性组织等按照有关会计制度规定取得收入，发生支出、费用的情况。

8.《期间费用明细表》(A104000)

本表适用于除事业单位和民间非营利组织外的纳税人填报。纳税人根据国家统一会计制度规定，填报期间费用明细项目。

9.《纳税调整项目明细表》(A105000)

本表填报纳税人财务、会计处理办法（以下简称会计处理）与税收法律、行政法规的规定（以下简称税收规定）不一致，需要进行纳税调整的项目和金额。

10.《视同销售和房地产开发企业特定业务纳税调整明细表》(A105010)

本表填报纳税人发生视同销售行为、房地产开发企业销售未完工产品、未完工产品转完工产品，会计处理与税收规定不一致，需要进行纳税调整的项目和金额。

11.《未按权责发生制确认收入纳税调整明细表》(A105020)

本表填报纳税人会计处理按照权责发生制确认收入，而税收规定不按照权责发生制确认收入，需要进行纳税调整的项目和金额。

12.《投资收益纳税调整明细表》(A105030)

本表填报纳税人发生投资收益，由于会计处理与税收规定不一致，需要进行纳税调整的项目和金额。

13.《专项用途财政性资金纳税调整明细表》(A105040)

本表填报纳税人取得符合不征税收入条件的专项用途财政性资金，由于会计处理与税收规定不一致，需要进行纳税调整的金额。

14.《职工薪酬支出及纳税调整明细表》(A105050)

本表填报纳税人发生的职工薪酬（包括工资薪金、职工福利费、职工教育经费、工会经费、各类基本社会保障性缴款、住房公积金、补充养老保险、补充医疗保险等支出）情况，以及由于会计处理与税收规定不一致，需要进行纳税调整的项目和金额。纳税人只要发生职工薪酬支出，均须填报本表。

15.《广告费和业务宣传费跨年度纳税调整明细表》(A105060)

本表填报纳税人发生的广告费和业务宣传费支出，会计处理与税收规定不一致，需要进行纳税调整的金额。纳税人发生以前年度广告费和业务宣传费未扣除完毕的，也应填报以前年度累计结转情况。

16.《捐赠支出及纳税调整明细表》(A105070)

本表填报纳税人发生捐赠支出的情况，以及由于会计处理与税收规定不一致，需要进行纳税调整的项目和金额。纳税人发生以前年度捐赠支出未扣除完毕的，也应填报以前年度累计结转情况。

17.《资产折旧、摊销及纳税调整明细表》(A105080)

本表填报纳税人资产折旧、摊销情况，以及由于会计处理与税收规定不一致，需要进行纳税调整的项目和金额。

18.《资产损失税前扣除及纳税调整明细表》(A105090)

本表填报纳税人发生的资产损失的项目及金额，以及由于会计处理与税收规定不一致，需要进行纳税调整的项目和金额。

19.《企业重组及递延纳税事项纳税调整明细表》(A105100)

本表填报纳税人发生企业重组、非货币性资产对外投资、技术入股等业务所涉及的所得或损失情况，以及由于会计处理与税收规定不一致，需要进行纳税调整的项目和金额。

20.《政策性搬迁纳税调整明细表》(A105110)

本表填报纳税人发生政策性搬迁所涉及的所得或损失，由于会计处理与税收规定不一致，需要进行纳税调整的项目和金额。

21.《特殊行业准备金及纳税调整明细表》(A105120)

本表填报保险、证券、期货、金融、担保、小额贷款公司等特殊行业纳税人发生特殊行业准备金情况，以及由于会计处理与税收规定不一致，需要进行纳税调整的项目和金额。

22.《企业所得税弥补亏损明细表》(A106000)

本表填报纳税人以前年度发生的亏损需要在本年度结转弥补的金额，本年度可弥补的金额以及可继续结转以后年度弥补的亏损额。

23.《免税、减计收入及加计扣除优惠明细表》(A107010)

本表填报纳税人本年度所享受免税收入、减计收入、加计扣除等优惠的项目和金额。

24.《符合条件的居民企业之间的股息、红利等权益性投资收益优惠明细表》(A107011)

本表填报纳税人本年度享受居民企业之间的股息、红利等权益性投资收益免税优惠的项目和金额。

25.《研发费用加计扣除优惠明细表》(A107012)

本表填报纳税人享受研发费用加计扣除优惠的情况和金额。纳税人以前年度有销售研发活动直接形成产品（包括组成部分）对应材料部分未扣减完毕的，也应填报以前年度未扣减情况。

26.《所得减免优惠明细表》(A107020)

本表填报纳税人本年度享受减免所得额（包括农、林、牧、渔项目和国家重点扶持的公共基础设施项目，环境保护、节能节水项目以及符合条件的技术转让项目等）优惠的项目和金额。

27.《抵扣应纳税所得额明细表》(A107030)

本表填报纳税人本年度享受创业投资企业抵扣应纳税所得额优惠的情况和金额。纳税人有以前年度结转的尚未抵扣的股权投资余额的，也应填报以前年度累计结转情况。

28.《减免所得税优惠明细表》(A107040)

本表填报纳税人本年度享受减免所得税（包括小型微利企业、高新技术企业、民族自治地方企业、其他专项优惠等）的项目和金额。

29.《高新技术企业优惠情况及明细表》(A107041)

本表填报高新技术企业本年度优惠的有关情况和优惠金额。

30.《软件、集成电路企业优惠情况及明细表》(A107042)

本表填报纳税人本年度享受软件、集成电路企业优惠的有关情况和优惠金额。

31.《税额抵免优惠明细表》(A107050)

本表填报纳税人享受购买专用设备投资额抵免税额情况和金额。纳税人有以前年度结转的尚未抵免的专用设备投资额的，也应填报以前年度已抵免情况。

32.《境外所得税收抵免明细表》(A108000)

本表填报纳税人本年度来源于或发生于不同国家、地区的所得，按照我国税收规定计算应缴纳和应抵免的企业所得税额。

33.《境外所得纳税调整后所得明细表》(A108010)

本表填报纳税人本年度来源于或发生于不同国家、地区的所得，按照我国税收规定计算调整后的所得。

34.《境外分支机构弥补亏损明细表》(A108020)

本表填报纳税人境外分支机构本年度及以前年度发生的税前尚未弥补的非实际亏损额和实际亏损额、结转以后年度弥补的非实际亏损额和实际亏损额。

35.《跨年度结转抵免境外所得税明细表》(A108030)

本表填报纳税人本年度发生的来源于不同国家或地区的境外所得按照我国税收法律、法规的规定可以抵免的所得税额。

36.《跨地区经营汇总纳税企业年度分摊企业所得税明细表》(A109000)

本表由跨地区经营汇总纳税企业的总机构按照规定计算的总机构、分支机构本年度应缴的企业所得税，以及总机构、分支机构应分摊的企业所得税。

37.《企业所得税汇总纳税分支机构所得税分配表》（A109010）

本表填报总机构本年度实际应纳所得税额以及所属分支机构本年度应分摊的所得税额。

（二）企业所得税年度纳税申报表中的部分重要表格

1. 基础信息表

基础信息表主要内容包括基本信息、重组事项、企业主要股东及分红情况等内容。基础信息表见表 7-12。

表 7-12　企业基础信息表 A000000

<table>
<tr><td colspan="7">100 基本信息</td></tr>
<tr><td>101 汇总纳税企业</td><td colspan="6">□总机构（跨省）——适用《跨地区经营汇总纳税企业所得税征收管理办法》
□总机构（跨省）——不适用《跨地区经营汇总纳税企业所得税征收管理办法》
□总机构（省内）
□分支机构（须进行完整年度纳税申报且按比例纳税）——就地缴纳比例＝　%
□分支机构（须进行完整年度纳税申报但不就地缴纳）
□否</td></tr>
<tr><td colspan="2">102 所属行业明细代码</td><td></td><td colspan="2">103 资产总额（万元）</td><td colspan="2"></td></tr>
<tr><td colspan="2">104 从业人数</td><td></td><td colspan="2">105 国家限制或禁止行业</td><td colspan="2">□是　□否</td></tr>
<tr><td colspan="2">106 非营利组织</td><td>□是　□否</td><td colspan="2">107 存在境外关联交易</td><td colspan="2">□是　□否</td></tr>
<tr><td colspan="2">108 上市公司</td><td>是（□境内 □境外）□否</td><td colspan="2">109 从事股权投资业务</td><td colspan="2">□是　□否</td></tr>
<tr><td>110 适用的会计准则或会计制度</td><td colspan="6">企业会计准则（□一般企业　□银行　□证券　□保险　□担保）
□小企业会计准则
□企业会计制度
事业单位会计准则（□事业单位会计制度　□科学事业单位会计制度　□医院会计制度　□高等学校会计制度　□中小学校会计制度　□彩票机构会计制度）
□民间非营利组织会计制度
□村集体经济组织会计制度
□农民专业合作社财务会计制度（试行）
□其他</td></tr>
<tr><td colspan="7">200 企业重组及递延纳税事项</td></tr>
<tr><td colspan="3">201 发生资产（股权）划转特殊性税务处理事项</td><td colspan="2">□是</td><td colspan="2">□否</td></tr>
<tr><td colspan="3">202 发生非货币性资产投资递延纳税事项</td><td colspan="2">□是</td><td colspan="2">□否</td></tr>
<tr><td colspan="3">203 发生技术入股递延纳税事项</td><td colspan="2">□是</td><td colspan="2">□否</td></tr>
<tr><td colspan="3">204 发生企业重组事项</td><td colspan="4">是（□一般性税务处理　□特殊性税务处理）　□否</td></tr>
<tr><td>204-1 重组开始时间</td><td colspan="2">年　月　日</td><td colspan="2">204-2 重组完成时间</td><td colspan="2">年　月　日</td></tr>
<tr><td>204-3 重组交易类型</td><td>□法律形式改变</td><td>□债务重组</td><td>□股权收购</td><td>□资产收购</td><td>□合并</td><td>□分立</td></tr>
</table>

204-4 企业在重组业务中所属当事方类型	*	□债务人 □债权人	□收购方 □转让方 □被收购企业	□收购方 □转让方	□合并企业 □被合并企业 □被合并企业股东	□分立企业 □被分立企业 □被分立企业股东
300 企业主要股东及分红情况						
股东名称	证件种类	证件号码	投资比例	当年（决议日）分配的股息、红利等权益性投资收益金额		国籍（注册地址）
其余股东合计	—	—				—

2. 企业所得税年度纳税申报表的主表

企业所得税年度纳税申报表的主表为《中华人民共和国企业所得税年度纳税申报表（A类）》（见表7-13）。企业应该根据《中华人民共和国企业所得税法》及其实施条例（以下简称税法）、相关税收政策，以及国家统一会计制度（企业会计准则、小企业会计准则、企业会计制度、事业单位会计准则和民间非营利组织会计制度等）的规定，计算填报纳税人利润总额、应纳税所得额和应纳税额等有关项目。

企业在计算应纳税所得额及应纳所得税时，企业会计处理与税收规定不一致的，应当按照税收规定计算。税收规定不明确的，在没有明确规定之前，暂按国家统一会计制度计算。

表7-13 中华人民共和国企业所得税年度纳税申报表（A类 A100000）

行次	类别	项目	金额
1	利润总额计算	一、营业收入（填写 A101010 \ 101020 \ 103000）	
2		减：营业成本（填写 A102010 \ 102020 \ 103000）	
3		税金及附加	
4		销售费用（填写 A104000）	
5		管理费用（填写 A104000）	
6		财务费用（填写 A104000）	
7		资产减值损失	
8		加：公允价值变动收益	
9		投资收益	
10		二、营业利润（1－2－3－4－5－6－7＋8＋9）	
11		加：营业外收入（填写 A101010 \ 101020 \ 103000）	
12		减：营业外支出（填写 A102010 \ 102020 \ 103000）	
13		三、利润总额（10＋11－12）	

续前表

行次	类别	项目	金额
14	应纳税所得额计算	减：境外所得（填写 A108010）	
15		加：纳税调整增加额（填写 A105000）	
16		减：纳税调整减少额（填写 A105000）	
17		减：免税、减计收入及加计扣除（填写 A107010）	
18		加：境外应税所得抵减境内亏损（填写 A108000）	
19		四、纳税调整后所得（13－14＋15－16－17＋18）	
20		减：所得减免（填写 A107020）	
21		减：弥补以前年度亏损（填写 A106000）	
22		减：抵扣应纳税所得额（填写 A107030）	
23		五、应纳税所得额（19－20－21－22）	
24	应纳税额计算	税率（25%）	
25		六、应纳所得税额（23×24）	
26		减：减免所得税额（填写 A107040）	
27		减：抵免所得税额（填写 A107050）	
28		七、应纳税额（25－26－27）	
29		加：境外所得应纳所得税额（填写 A108000）	
30		减：境外所得抵免所得税额（填写 A108000）	
31		八、实际应纳所得税额（28＋29－30）	
32		减：本年累计实际已缴纳的所得税额	
33		九、本年应补（退）所得税额（31－32）	
34		其中：总机构分摊本年应补（退）所得税额（填写 A109000）	
35		财政集中分配本年应补（退）所得税额（填写 A109000）	
36		总机构主体生产经营部门分摊本年应补（退）所得税额（填写 A109000）	

3. 一般企业收入明细表

本表适用于除金融企业、事业单位和民间非营利组织外的企业填报。纳税人应根据国家统一会计制度的规定，填报“主营业务收入”“其他业务收入”和“营业外收入”等项目。一般企业收入明细表见表 7－14。

表 7－14　　一般企业收入明细表　A101010

行次	项目	金额
1	一、营业收入（2＋9）	
2	（一）主营业务收入（3＋5＋6＋7＋8）	
3	1. 销售商品收入	
4	其中：非货币性资产交换收入	
5	2. 提供劳务收入	
6	3. 建造合同收入	
7	4. 让渡资产使用权收入	
8	5. 其他	
9	（二）其他业务收入（10＋12＋13＋14＋15）	

续前表

行次	项目	金额
10	1. 销售材料收入	
11	其中：非货币性资产交换收入	
12	2. 出租固定资产收入	
13	3. 出租无形资产收入	
14	4. 出租包装物和商品收入	
15	5. 其他	
16	二、营业外收入（17+18+19+20+21+22+23+24+25+26）	
17	（一）非流动资产处置利得	
18	（二）非货币性资产交换利得	
19	（三）债务重组利得	
20	（四）政府补助利得	
21	（五）盘盈利得	
22	（六）捐赠利得	
23	（七）罚没利得	
24	（八）确实无法偿付的应付款项	
25	（九）汇兑收益	
26	（十）其他	

4. 一般企业成本支出明细表

该表适用于除金融企业、事业单位和民间非营利组织外的企业填报。纳税人应根据国家统一会计制度的规定，填报“主营业务成本”“其他业务成本”和“营业外支出”等项目。一般企业成本支出明细表见表 7－15。

表 7－15　一般企业成本支出明细表（A102010）

行次	项目	金额
1	一、营业成本（2+9）	
2	（一）主营业务成本（3+5+6+7+8）	
3	1. 销售商品成本	
4	其中：非货币性资产交换成本	
5	2. 提供劳务成本	
6	3. 建造合同成本	
7	4. 让渡资产使用权成本	
8	5. 其他	
9	（二）其他业务成本（10+12+13+14+15）	
10	1. 销售材料成本	
11	其中：非货币性资产交换成本	
12	2. 出租固定资产成本	
13	3. 出租无形资产成本	
14	4. 包装物出租成本	
15	5. 其他	
16	二、营业外支出（17+18+19+20+21+22+23+24+25+26）	
17	（一）非流动资产处置损失	

续前表

行次	项目	金额
18	（二）非货币性资产交换损失	
19	（三）债务重组损失	
20	（四）非常损失	
21	（五）捐赠支出	
22	（六）赞助支出	
23	（七）罚没支出	
24	（八）坏账损失	
25	（九）无法收回的债券股权投资损失	
26	（十）其他	

5. 期间费用明细表

该表适用于执行企业会计准则、小企业会计准则、企业会计制度、分行业会计制度的实行查账征收的居民纳税人填报。纳税人应根据企业会计准则、小企业会计准则、企业会计制度、分行业会计制度的规定，填报“销售费用”“管理费用”和“财务费用”等项目。期间费用明细表见表7-16。

表7-16　　期间费用明细表　A104000

行次	项目	销售费用	其中：境外支付	管理费用	其中：境外支付	财务费用	其中：境外支付
		1	2	3	4	5	6
1	一、职工薪酬		*		*	*	*
2	二、劳务费					*	*
3	三、咨询顾问费					*	*
4	四、业务招待费		*		*	*	*
5	五、广告费和业务宣传费		*		*	*	*
6	六、佣金和手续费						
7	七、资产折旧摊销费		*		*	*	*
8	八、财产损耗、盘亏及毁损损失		*		*	*	*
9	九、办公费		*		*	*	*
10	十、董事会费		*		*	*	*
11	十一、租赁费					*	*
12	十二、诉讼费		*		*	*	*
13	十三、差旅费		*		*	*	*
14	十四、保险费		*		*	*	*
15	十五、运输、仓储费					*	*
16	十六、修理费					*	*
17	十七、包装费		*		*	*	*
18	十八、技术转让费					*	*
19	十九、研究费用					*	*
20	二十、各项税费		*		*	*	*

续前表

行次	项目	销售费用	其中：境外支付	管理费用	其中：境外支付	财务费用	其中：境外支付
		1	2	3	4	5	6
21	二十一、利息收支	*	*	*	*		
22	二十二、汇兑差额	*	*	*	*		
23	二十三、现金折扣	*	*	*	*		*
24	二十四、党组织工作经费	*	*		*	*	*
25	二十五、其他						
26	合计（1+2+3+…25）						

四、核定征收企业所得税纳税申报表的填制

核定征收企业所得税纳税申报表相对于查账征收企业需填制的申报表要简单些。该表适合按照核定征收方法（包括核定应税所得率和核定定额征收方式）缴纳企业所得税的纳税人在月（季）度和年度申报缴纳企业所得税时使用。

企业所得税纳税申报表见表 7－17。

表 7－17　企业所得税纳税申报表

（适用于核定征收企业）

税款所属时间：自　　年　月　日至　　年　月　日

纳税人识别号：□□□□□□□□□□□□□□□　　　　金额单位：元至角分

纳税人名称			
纳税申报栏			
项目	行次	本期数	累计数
收入总额	1		
成本费用	2		
应税所得率	3		
应纳税所得额	4		
适用税率	5		
应纳所得税额（4×5）	6		
减：实际已预缴的所得税额	7		
应补（退）的所得税额（8=6−7）	8		
纳税人公章： 经办人（签章）： 申报日期：　年　月　日	主管税务机关受理专用章： 受理人： 受理日期：　年　月　日		

习　题

一、单项选择题

1. 根据企业所得税法律制度的规定，在计算企业所得税应纳税所得额时，下列支出

允许按照税法规定的标准扣除的是（　　）。

A. 税收滞纳金　　　　B. 企业拨缴的工会经费

C. 非广告性质的赞助支出　　　　D. 企业所得税税款

2. 符合条件的小型微利企业适用的优惠所得税税率是（　　）。

A. 25%　　B. 20%　　C. 15%　　D. 10%

3. 根据企业所得税法律制度的规定，下列关于销售货物确认收入实现时间的表述正确的是（　　）。

A. 销售商品采用托收承付方式的，在签订合同时确认

B. 销售商品采用支付手续费方式委托代销的，在销售时确认

C. 销售商品采用预收款方式的，在商品发出时确认

D. 销售商品需要安装的，在商品发出时确认

4. 在计算企业所得税应纳税所得额时，下列项目准予从收入总额中直接扣除的是（　　）。

A. 对外投资的支出　　　　B. 各项税收滞纳金、罚款支出

C. 无形资产开发支出形成资产的部分　　　　D. 用于对外投资的借款费用

5. 根据企业所得税法律制度的规定，运输货物的大卡车最低折旧年限是（　　）年。

A. 5　　B. 10　　C. 4　　D. 3

6. 根据企业所得税法律制度的规定，在计算企业所得税应纳税所得额时，可以扣除的项目是（　　）。

A. 向投资者支付的股息　　　　B. 税务机关的罚款

C. 人民法院的罚金　　　　D. 合同违约金

7. 某企业2015年利润总额为300万元，当年为开发新产品发生的研发费用为50万元（未形成无形资产，计入当期损益）。假设除此之外无其他纳税调整事项，税法规定研发费用可实行加计扣除政策，已知企业所得税税率为25%。则该企业2015年应缴纳企业所得税（　　）万元。

A. 56.25　　B. 62.5　　C. 68.75　　D. 75

8. 甲企业某年发生合理的工资薪金支出100万元，发生职工福利费18万元，职工教育经费1.5万元。在计算企业所得税应纳税所得额时，职工福利费支出、职工教育经费支出的扣除比例分别为不超过工资薪金总额的14%和2.5%。根据企业所得税法律制度的规定，甲企业计算2013年企业所得税应纳税所得额时，准予扣除的职工福利费和职工教育经费金额合计为（　　）。

A. 100×14%+1.5=15.5(万元)　　　　B. 14+100×2.5%=16.5(万元)

C. 18+1.5=19.5(万元)　　　　D. 18+100×2.5%=20.5(万元)

9. 某金融企业某年利润总额为2 000万元，营业外支出中列支有通过公益性社会团体向受灾地区的捐赠60万元，向红十字事业的捐赠20万元。假设其余项目会计与税法一致，该企业该年应缴纳企业所得税（　　）万元。

A. 660　　B. 500　　C. 440　　D. 460

10. 企业来源于境外所得已在境外实际缴纳所得税税款，在汇总纳税并按规定计算扣除限额时，如果境外实际缴纳的税款超过扣除限额，对超过部分处理的方法是（　　）。

A. 列为当年费用支出

B. 从本年度的应纳所得税额中扣除

C. 用以后年度税额扣除的余额补扣，补扣期限最长不得超过5年

D. 从以后年度境外所得中扣除

11. 根据《企业所得税法》的规定，下列关于企业所得税征收管理的说法正确的是（　　）。

A. 按月预缴所得税的，应当自月份终了之日起10日内，向税务机关报送预缴企业所得税纳税申报表，预缴税款

B. 企业应当在办理注销登记后，就其清算所得向税务机关申报并依法缴纳企业所得税

C. 企业纳税年度亏损的可以不向税务机关报送年度企业所得税纳税申报表

D. 依照《企业所得税法》缴纳的企业所得税，以人民币以外的货币计算的，应当折合成人民币计算并缴纳税款

12. 计征企业所得税时，超过规定标准列支的招待费应计入（　　）。

A. 营业外收入　　B. 成本　　C. 费用　　D. 应税所得额

13. 根据企业所得税法律制度的规定，下列所得中，免征企业所得税的是（　　）。

A. 海水养殖　　B. 内陆养殖　　C. 花卉养殖　　D. 家禽养殖

14. 某企业某年度利润总额为1 800万元，其中本年度国债利息收入200万元，已计入营业外支出的税收滞纳金6万元；企业所得税税率为25%。假定不考虑其他因素，该企业该年度的所得税费用为（　　）万元。

A. 400　　B. 401.5　　C. 450　　D. 498.5

15. 企业纳税年度发生的亏损准予向以后年度结转，用以后年度的所得弥补，但结转年限最长不得超过（　　）年。

A. 5　　B. 6　　C. 8　　D. 10

16. 下列收入中，属于企业所得税不征税收入的是（　　）。

A. 符合条件的非营利组织收入

B. 居民企业直接投资于其他居民企业取得的投资收益

C. 企业取得的经国务院批准的财政、税务主管部门规定专项用途的财政性资金

D. 国债利息收入

17. 某制药企业某年8月份接受其他单位捐赠的设备一批，取得增值税专用发票上注明的价格为300万元，增值税税款为51万元，该企业于当年11月份将该批产品转让，取得收入350万元。则该企业接受捐赠收入确认的时间和金额分别为（　　）。

A. 8月，300万元　　B. 8月，351万元

C. 11月，350万元　　D. 11月，401万元

18. 工业企业某年销售收入情况如下：开具增值税专用发票的收入2 000万元，开具普通发票的金额1 404万元，国庆节发放自产产品给员工作为节日礼物，账面价值为50万元，企业同期不含税销售价格为80万元，企业发生管理费用110万元（其中：业务招待费20万元），发生的销售费用600万元（其中：广告费300万元、业务宣传费160万元、广告性赞助50万元、非广告性赞助5万元），发生的财务费用200万元，准予在企业所得税前扣除的期间费用为（　　）万元。

A. 850　　B. 879　　C. 844　　D. 902

19. 某企业2016年度利润总额80万元，通过公益性社会团体向某灾区捐赠2万元，直接向某学校捐赠5万元。根据企业所得税法律制度的规定，该企业在计算企业所得税应纳税所得额时，可以扣除捐赠支出（　　）万元。

A. 2　　B. 5　　C. 7　　D. 9.6

20. 某年某居民企业主营业务收入5 000万元，营业外收入80万元，与收入配比的成本4 100万元，全年发生管理费用、销售费用和财务费用共计700万元，营业外支出60万元（其中符合规定的公益性捐赠支出50万元），前一年度经核定结转的亏损额30万元。本年度该企业应缴纳企业所得税（　　）万元。

A. 47.5　　B. 53.4　　C. 53.6　　D. 54.3

二、多项选择题

1. 下列各项中，属于企业所得税纳税人的有（　　）。

A. 股份有限公司　　B. 有限责任公司

C. 合伙企业　　D. 个人独资企业

2. 根据企业所得税法律制度的规定，纳税人缴纳的下列税种中，可以在企业所得税税前扣除的有（　　）。

A. 增值税　　B. 土地增值税

C. 城镇土地使用税　　D. 城镇维护建设税

3. 根据企业所得税法及其实施条例的规定，企业在生产经营活动中发生的利息支出，准予扣除的有（　　）。

A. 非金融企业向金融企业借款的利息支出

B. 金融企业的同业拆借利息支出

C. 企业经批准发行债券的利息支出

D. 非金融企业向非金融企业借款的利息支出，超过按照金融企业同期同类贷款利率计算的数额的部分

4. 在计算企业应纳税所得额时，下列项目能从收入总额中扣除的有（　　）。

A. 无形资产开发支出未形成资产的部分　　B. 纳税人对外投资的支出

C. 企业广告性支出　　D. 税收滞纳金

5. 下列情况中，可享受15%的税率的情况有（　　）。

A. 设在经济特区的生产性外商投资企业

B. 设在经济特区的宾馆、照相馆

C. 设在经济技术开发区的外商投资企业

D. 在经济特区设立机构、场所从事生产、经营的外国企业

6. 按照《企业所得税法》的有关规定，下列表述正确的有（　　）。

A. 纳税人销售货物给购货方的回扣，其支出可以在税前扣除

B. 纳税人的存货跌价准备金在规定的范围内可以在税前扣除

C. 企业已出售给职工个人的住房，不得在所得税前扣除折旧费和维修管理费

D. 长期投资减值准备金、风险准备金不得在税前扣除

7. 下列收入应计入企业收入总额计算征收所得税的有（　　）。

A. 对外投资入股分得的股息、红利　　B. 接受的捐赠收入
C. 因意外事故而由保险公司给予的赔偿　　D. 物资及现金的溢余

8. 下列项目中，不可以从应纳税所得额中扣除的有（　　）。
A. 企业支付的违约金
B. 企业之间支付的管理费
C. 企业内营业机构之间支付的租金
D. 非银行金融企业内营业机构之间支付的利息

9. 下列各项中，影响利润表“所得税费用”项目金额的有（　　）。
A. 当期应交所得税　　B. 递延所得税收益
C. 递延所得税费用　　D. 代扣代缴的个人所得税

10. 下列项目中，会产生可抵扣暂时性差异的有（　　）。
A. 预提产品售后保修费用
B. 计提存货跌价准备
C. 会计计提的折旧大于税法规定的折旧
D. 会计计提的折旧小于税法规定的折旧

11. 以下关于企业所得税征收管理的说法正确的有（　　）。
A. 非居民企业在中国境内设立机构、场所取得的所得，以机构、场所所在地为纳税地点
B. 居民企业在中国境内设立不具有法人资格的营业机构的，应当汇总计算并缴纳企业所得税
C. 非居民企业在中国境内设立两个或者两个以上机构、场所的，经税务机关审核批准，可以选择由其主要机构、场所汇总缴纳企业所得税
D. 除国务院另有规定外，企业之间不得合并缴纳企业所得税

12. 下列资产损失，属于由企业自行计算在企业所得税前扣除的有（　　）。
A. 企业的债权性投资到期不能收回发生的损失
B. 企业在正常经营活动中销售存货发生的损失
C. 企业固定资产达到使用年限正常报废清理的损失
D. 企业按照规定通过证券交易场所买卖股票发生的损失

13. 下列各项中，不属于企业所得税工资、薪金支出范围的有（　　）。
A. 向雇员支付加班费奖金支出
B. 雇员年终加薪的支出
C. 按规定为雇员缴纳社会保险的支出
D. 为雇员提供的劳动保护费支出

14. 以下关于新增企业所得税征管范围正确的有（　　）。
A. 外商投资企业和外国企业常驻代表机构的企业所得税由国税局管理
B. 税法规定免缴流转税的企业，其企业所得税由国税局管理
C. 新增分支机构企业所得税的管理部门应与总机构企业所得税管理部门相一致
D. 企业税务登记时无法确定主营业务的企业的所得税由国税局管理

15. 在计算企业所得税应纳税所得额时，下列固定资产不得计算折旧扣除的有（　　）。

A. 企业购置的尚未投入使用的机器设备

B. 以融资租赁方式租入的固定资产

D. 已足额提取折旧仍继续使用的固定资产

D. 以经营租赁方式租入的固定资产

三、业务题

1. 某企业某年全年取得收入总额 3 000 万元，取得租金收入 50 万元；销售成本、销售费用、管理费用共计 2 800 万元；“营业外支出”科目中列支 35 万元，其中，通过希望工程基金委员会向某灾区捐款 10 万元，直接向某困难地区捐赠 5 万元，非广告性赞助 20 万元。计算该企业应缴纳的企业所得税。

2. 某中型工业企业某年企业会计报表利润为 200 000 元，未作任何项目调整，已按 25%的所得税率计算缴纳所得税 50 000 元。税务检查人员对该企业进行所得税纳税审查，经查阅有关账证资料，发现如下问题：

(1) 企业该年度有正式职工 100 人，实际列支工资、津贴、补贴、奖金 1 200 000 元。

(2) 企业“长期借款”科目中记载：年初向中国银行借款 100 000 元，年利率为 5%；向其他企业借周转金 200 000 元，年利率 10%，上述借款均用于生产经营。

(3) 全年销售收入 60 000 000 元，企业列支业务招待费 250 000 元。

(4) 该企业该年在税前共计提取并发生职工福利费 168 000 元，计提了工会经费 24 000 元，计提了教育经费 38 000 元。

(5) 6 月 5 日“管理费用”科目列支厂部办公室使用的空调器一台，价款 6 000 元(折旧年限按 6 年计算，不考虑残值)。

(6) 年末“应收账款”科目借方余额 1 500 000 元，“坏账准备”科目贷方余额 6 000 元(该企业坏账核算采用备抵法，按 3%提取坏账准备金)。

(7) 其他经核实均无问题，符合现行会计制度及税法规定。

要求：

(1) 扼要指出存在的问题。

(2) 计算应补企业所得税额。

3. 甲公司为房地产开发企业，对投资性房地产采用公允价值模式进行后续计量。

(1) 20×6 年 1 月 1 日，甲公司以 30 000 万元总价款购买了一栋已达到预定可使用状态的公寓。该公寓总面积为 1 万平方米，每平方米单价为 3 万元，预计使用寿命为 50 年，预计净残值为零。甲公司计划将该公寓用于对外出租。

(2) 20×6 年，甲公司出租上述公寓实现租金收入 750 万元，发生费用支出(不含折旧) 150 万元。由于市场发生变化，甲公司出售了部分公寓，出售面积占总面积的 20%，取得收入 6 300 万元，所出售公寓于 20×6 年 12 月 31 日办理了房产过户手续。20×6 年 12 月 31 日，该公寓的公允价值为每平方米 3.15 万元。

其他资料：

甲公司所有收入与支出均以银行存款结算。

根据税法规定，在计算当期应纳所得税时，持有的投资性房地产可以按照其购买成本，根据预计使用寿命 50 年，按照年限平均法将自购买日起至处置时止计算的折旧额在税前扣除，持有期间公允价值的变动不计入应纳税所得额；在实际处置时，处置取得的价款扣除其历史成本减去按照税法规定计提折旧后的差额计入处置或结算期间的应纳税所得额，甲公司适用的所得税税率为25%。

甲公司当期不存在其他收入或成本费用，当期所发生的150万元费用支出可以全部在税前扣除，不存在未弥补亏损或其他暂时性差异。

不考虑除所得税外其他相关税费。

要求：

(1) 编制甲公司20×6年1月1日、12月31日与投资性房地产的购买、公允价值变动、出租、出售相关的会计分录；

(2) 计算投资性房地产20×6年12月31日的账面价值、计税基础及暂时性差异；

(3) 计算甲公司20×6年当期所得税，并编制与确认所得税费用相关的会计分录。

四、计算题

1. 某年度某企业会计报表上的利润总额为100万元，累计预缴企业所得税25万元。该企业该年度其他有关情况如下：

(1) 发生的公益性捐赠支出为18万元；

(2) 新技术的研发费用为20万元（未形成资产）；

(3) 直接向某足球队捐款35万元；

(4) 支付诉讼费2.3万元；

(5) 支付违反交通法规罚款0.8万元。

要求：

(1) 计算该企业公益性捐赠支出所得税前纳税调整额；

(2) 计算该企业研发费用所得税前扣除数额；

(3) 计算该企业年度应纳税所得额；

(4) 计算该企业年度应纳所得税额；

(5) 计算该企业应汇算清缴的所得税额。

2. 某创业投资企业（居民企业）2016年经营业务如下：

(1) 取得销售收入16 000万元，另取得财政部门规定专项用于科研并经国务院批准的财政性资金80万元；

(2) 全年销售成本10 000万元，税金及附加2 000万元，增值税3 000万元；

(3) 管理费用1 600万元（其中包括支付给其他企业的管理费用100万元）；

(4) 销售费用950万元（其中包括业务宣传费150万元）；

(5) 该创业投资企业于2014年4月1日采取股权投资方式向境内某上市的中小高新技术企业投资1 000万元；

(6) 营业外支出共计120万元，其中税收滞纳金10万元，非广告性质的赞助支出20万元，直接向贫困山区捐款70万元。

已知：该企业适用的所得税税率为25%。

要求：

(1) 分析各项业务企业所得税的税务处理；

(2) 计算企业2016年应纳税所得额；

(3) 计算企业2016年应纳企业所得税额。

第 8 章

个人所得税的会计核算

本章导言

上年年底小李单位发年终奖，个税扣了不少。“我去问会计，这次个税为什么扣这么多。会计告诉我，这次扣除的个税项目叫偶然所得税。我拿的是奖金，又没有中奖，为什么扣我偶然所得税?”小李说她和同事都希望会计在代扣个税时手下留情，但是公司将其平时的交通、伙食补贴等都纳入薪金计算个税，缴了多年个人所得税，小李从来没有收到过税单。她现在最想知道的是，她到底缴了多少税，哪些税她可以不缴。

第 1 节　个人所得税的基本内容

一、个人所得税的概念

个人所得税是以自然人取得的各类应税所得为征税对象而征收的一种所得税。

个人所得税的征收模式有三种：分类征收制、综合征收制和混合征收制。我国个人所得税的征收采用的是分类征收制，即对纳税人不同来源、不同性质的 11 个所得项目，分别规定不同的税率征税。

二、个人所得税的纳税人和扣缴义务人

（一）个人所得税的纳税人

我国按照住所和居住时间两个标准，将个人所得税的纳税人划分为居民纳税人和非居民纳税人。居民纳税人承担无限纳税义务，非居民纳税人承担有限纳税义务。

提示

个人独资企业和合伙企业不缴纳企业所得税，其投资者为个人所得税的纳税人。

纳税人的判定标准见表8-1。个人所得税征税范围见表8-2。

表8-1 居民纳税人和非居民纳税人的判定标准

纳税人类别	承担的纳税义务	判定标准
居民纳税人	负有无限纳税义务。其所取得的应纳税所得，无论是来源于中国境内还是中国境外任何地方，都要在中国境内缴纳个人所得税。	住所标准和居住时间标准只要具备一个就成为居民纳税人。(1)住所标准："在中国境内有住所"是指因户籍、家庭、经济利益关系而在中国境内习惯性居住。(2)居住时间标准："在中国境内居住满1年"是指在一个纳税年度（即公历1月1日起至12月31日止）内，在中国境内居住满365日。
非居民纳税人	承担有限纳税义务。只就其来源于中国境内的所得，向中国缴纳个人所得税。	以下两个条件必须同时具备：(1)在中国境内无住所又不居住；(2)在中国境内无住所且居住不满1年。

表8-2 个人所得税征税范围

居住时间	纳税人性质	境内所得		境外所得	
		境内支付	境外支付	境内支付	境外支付
90日（或183日）以内	非居民	√	免税	×	×
90日（或183日）～1年	非居民	√	√	×	×
1～5年	居民	√	√	√	免税
5年以上	居民	√	√	√	√

注：√代表征税，×代表不征税。在中国境内无住所，但在中国境内居住超过5年的个人，从第6年起，凡在境内居住满1年，就来源于中国境内外的全部所得缴纳个人所得税。

提示

计算居住天数时，临时离境应视同在华居住，不扣减其在华居住的天数。"临时离境"是指在一个纳税年度内，一次不超过30日或者多次累计不超过90日的离境。

例8-1

某外国人2008年2月12日来华工作，2009年2月15日回国，2009年3月2日返回中国，2009年11月15日至2009年11月30日期间，因工作需要去了美国，2009年12月1日返回中国，后于2010年11月20日离华回国。如何判断该纳税人是否为居民纳税人？

【解析】该外国人2009年度为我国居民纳税人，2010年度为我国非居民纳税人。因为该纳税人2009年多次离境累计不超过90日，属于临时离境，所以2009年在境内居住满1年，为中国的居民纳税人；而2008年、2010年均未居住满1年，为中国的非居民纳税人。

（二）个人所得税的扣缴义务人

凡支付应税所得的单位或个人都是个人所得税的扣缴义务人。扣缴义务人在向纳税人支付各项应税所得（个体工商户的生产、经营所得除外）时，必须履行代扣代缴税款的义务。

三、个人所得税的应税所得项目

（一）应税所得项目的界定

1. 工资、薪金所得

工资、薪金所得是指个人因任职或者受雇而取得的工资、薪金、奖金、年终加薪、劳动分红、津贴、补贴以及与任职或者受雇有关的其他所得。

不予征税项目为：（1）独生子女补贴；（2）执行公务员工资制度未纳入基本工资总额的补贴、津贴差额和家属成员的副食品补贴；（3）托儿补助费；（4）差旅费津贴、误餐补助。

提示

对商品营销活动中，企业和单位对营销业绩突出的雇员以培训班、研讨会、工作考察等名义组织旅游活动，通过免收差旅费、旅游费对个人实行的营销业绩奖励（包括实物、有价证券等），应根据所发生费用的金额并入营销人员当期的工资、薪金所得，按照“工资、薪金所得”项目征收个人所得税。如果上述营销业绩奖励的对象是非雇员，则按照“劳务报酬所得”项目征收个人所得税，均由提供上述费用的企业和单位代扣代缴。

例8-2

（2010年初级会计职称考试试题）下列各项中，应确认为应付职工薪酬的有（　　）。

A. 非货币性福利　　B. 社会保险费和辞退福利

C. 职工工资、福利费　　D. 工会经费和职工教育经费

【解析】答案：选项A，B，C，D。应付职工薪酬包括职工工资、奖金、津贴和补贴，职工福利费，社会保险费，住房公积金，工会经费和职工教育经费，非货币性福利，因解除与职工的劳动关系给予的补偿，其他与获得职工提供的服务相关的支出。因此这四项均通过“应付职工薪酬”科目核算。

2. 个体工商户的生产、经营所得

个体工商户的生产、经营所得包括：（1）个体工商户从事工业、手工业、建筑业、交通运输业、商业、饮食业、服务业、修理业及其他行业取得的所得；（2）个人经政府有关部门批准，取得执照，从事办学、医疗、咨询以及其他有偿服务活动取得的所得；（3）上述个体工商户和个人取得的与生产、经营有关的各项应税所得；（4）其他个人从事个体工商户生产、经营取得的所得。

3. 对企事业单位的承包经营、承租经营所得

对企事业单位的承包经营、承租经营所得是指个人承包经营或承租经营以及转包、转租取得的所得，包括个人按月或按次取得的工资、薪金性质的所得。

4. 劳务报酬所得

劳务报酬所得是指个人独立从事各种非雇佣劳务取得的所得，共包括 29 项，分别为：设计、装潢、安装、制图、化验、测试、医疗、法律、会计、咨询、讲学、新闻、广播、翻译、审稿、书画、雕刻、影视、录音、录像、演出、表演、广告、展览、技术服务、介绍服务、经纪服务、代办服务、其他劳务所得。

（1）个人担任董事职务所取得的董事费收入，属于劳务报酬性质的，按劳务报酬所得项目征税。

（2）在校学生因参与勤工俭学活动（包括参与学校组织的勤工俭学活动）而取得属于《个人所得税法》规定的应税所得项目的所得，应依法缴纳个人所得税。

（3）企业和单位对营销业绩突出的非雇员以培训班、研讨会、工作考察等名义组织旅游活动，通过免收差旅费、旅游费对个人实行的营销业绩奖励（包括实物、有价证券）等，应将所发生费用的全额作为该营销人员的当期劳务收入，按照“劳务报酬所得”项目征收个人所得税。

提示

劳务报酬所得与工资薪金所得的区别是工资薪金所得属于雇佣领域，劳务报酬所得属于非雇佣领域。

5. 稿酬所得

稿酬所得是指个人因其作品以图书、报刊形式出版、发表而取得的所得。（1）不以图书、报刊形式出版、发表的翻译、审稿、书画所得属于劳务报酬所得；作品以图书、报刊形式出版、发表的所得为稿酬所得。（2）因工作原因在本单位刊物出版、发表作品取得的所得为工资薪金所得；在外单位刊物出版、发表作品取得的所得为稿酬所得。

6. 特许权使用费所得

特许权使用费所得是指个人提供专利权、商标权、著作权、非专利技术以及其他特许权的使用权取得的所得。

提示

提供著作权的使用权取得的所得，不包括稿酬所得。

7. 利息、股息、红利所得

这里是指个人拥有债权、股权而取得的利息、股息、红利所得。

提示

国债利息收入、金融债券利息收入、教育储蓄存款利息所得免征个人所得税。

8. 财产租赁所得

财产租赁所得是指个人出租建筑物、土地使用权、机器设备、车船以及其他财产取得的所得。

9. 财产转让所得

财产转让所得是指个人转让有价证券、股权、建筑物、土地使用权、机器设备、车船以及其他财产取得的所得。

对个人转让自用5年以上并且是家庭唯一生活用房取得的所得，继续免征个人所得税。

10. 偶然所得

偶然所得是指个人得奖、中奖以及其他偶然性质的所得。

11. 其他所得

其他所得是指除上述十项应税所得之外需要征收个人所得税的所得，由国务院财政部门确定。

（二）“每次”的概念界定

《个人所得税法》规定，纳税义务人取得的劳务报酬所得，稿酬所得，特许权使用费所得，利息、股息、红利所得，财产租赁所得，偶然所得和其他所得等七项所得，按每次取得的收入计算征税。

1. 劳务报酬所得

（1）只有一次性收入，以取得该项收入为一次；

（2）属于同一事项连续取得收入，以一个月内取得的收入为一次。

2. 稿酬所得

（1）同一作品再版所得，视为另一次稿酬所得；

（2）同一作品先在报刊连载后再出版（或相反），视为两次报酬所得；

（3）同一作品在报刊上连载取得的收入，以连载完成后取得的所有收入合并为一次；

（4）同一作品预付或分次支付稿酬，应合并为一次；

(5) 同一作品因添加印数追加稿酬的，应与以前出版、发表时取得的稿酬合并为一次。

3. 特许权使用费所得

以某项使用权的一次转让取得的收入为一次。

4. 财产租赁所得

以一个月内取得的收入为一次。

5. 利息、股息、红利所得，偶然所得及其他所得

以每次收入为一次。

四、个人所得税的税率

个人所得税的税率依照所得项目的不同分为超额累进税率和比例税率两种类别。

(一) 七级超额累进税率

工资、薪金所得适用3%～45%的七级超额累进税率（见表8-3）。

表8-3 工资、薪金所得适用税率表

级数	全月应纳税所得额（含税）	税率（%）	速算扣除数（元）
1	不超过1 500元的部分	3	0
2	超过1 500元至4 500元的部分	10	105
3	超过4 500元至9 000元的部分	20	555
4	超过9 000元至35 000元的部分	25	1 005
5	超过35 000元至55 000元的部分	30	2 755
6	超过55 000元至80 000元的部分	35	5 505
7	超过80 000元的部分	45	13 505

注：本表所称全月应纳税所得额是指以每月收入额减除费用3 500元以及附加减除费用后的余额。

(二) 五级超额累进税率

个体工商户的生产、经营所得，对企事业单位的承包经营、承租经营所得适用五级超额累进税率。个人独资企业和合伙企业的生产、经营所得也适用该税率（见表8-4）。

表8-4 个体工商户生产经营所得、对企事业单位承包承租经营所得适用税率表

级数	全年应纳税所得额	税率（%）	速算扣除数（元）
1	不超过15 000元的部分	5	0
2	超过15 000元至30 000元的部分	10	750
3	超过30 000元至60 000元的部分	20	3 750
4	超过60 000元至100 000元的部分	30	9 750
5	超过100 000元的部分	35	14 750

注：本表所称全年应纳税所得额是指以每一纳税年度的收入总额减除成本、费用以及损失后的余额。

（三）比例税率

稿酬所得，劳务报酬所得，特许权使用费所得，财产租赁所得，财产转让所得，利息、股息、红利所得，偶然所得和其他所得等 8 个税目适用 20%的比例税率。其中有 4 个税目有加成或减征。

1. 劳务报酬所得

对劳务报酬所得一次收入畸高，即一次取得的劳务报酬所得在 20 000 元以上的部分加成征收；一次收入在 20 000 元至 50 000 元的，在 20%税率的基础上加征五成，税率为 30%；一次收入在 50 000 元以上的，在 20%税率的基础上加征十成，税率为 40%（见表 8-5）。

表 8-5 劳务报酬所得适用税率表

级数	每次应纳税所得额	税率（%）	速算扣除数（元）
1	不超过 20 000 元的部分	20	0
2	超过 20 000 元至 50 000 元的部分	30	2 000
3	超过 50 000 元的部分	40	7 000

2. 稿酬所得

按应纳税额减征 30%，实际税率为 20%×(1－30%)＝14%。

3. 财产租赁所得

对个人出租住房取得的所得暂减按 10%的税率征收。

4. 利息、股息、红利所得

储蓄存款利息的个人所得税自 2007 年 8 月 15 日起，税率由 20%调整为 5%，自 2008 年 10 月 9 日（含）起暂免征收。

五、个人所得税的税收优惠

（一）法定免税项目

个人取得的下列所得免予缴纳个人所得税：

（1）省级人民政府、国务院部委和中国人民解放军军以上单位，以及外国组织、国际组织颁发的科学、教育、技术、文化、卫生、体育、环境保护等方面的奖金。

（2）国债和国家发行的金融债券利息。

（3）按照国家统一规定发给的补贴、津贴。

（4）福利费、抚恤金、救济金。

（5）保险赔款。

（6）军人的转业费、复员费。

（7）按照国家统一规定发给干部、职工的安家费、退职费、退休工资、离休工资、离休生活补助费。

(8) 按照我国有关法律规定应予免税的各国驻华大使馆、领事馆的外交代表、领事官员和其他人员的所得。

(9) 中国政府参加的国际公约、签订的协议中规定免税的所得。

(10) 经国务院财政部门批准免税的所得。

(二) 法定减征项目

纳税人有下列情形的，经批准可以减征个人所得税，其减征的幅度和期限由省、自治区、直辖市人民政府规定：

(1) 残疾、孤老人员和烈属的所得。

(2) 因严重自然灾害造成重大损失的。

(3) 其他经国务院财政部门批准减税的。

(三) 其他相关政策

在个人所得税实施过程中，我国根据各个时期经济、政治发展的需要，出台了相关的税收优惠政策。如对于个人在国内二级证券市场的股票转让所得，暂免征收个人所得税；对于自谋职业的军队转业干部、随军家属、下岗再就业人员实行优惠政策等。

六、个人所得税的征收管理

(一) 自行申报纳税的纳税义务人

纳税义务人有下列情形之一的，应当按照规定到主管税务机关办理自行纳税申报：

(1) 年所得 12 万元以上的；(2) 从两处或两处以上取得工资、薪金所得的；(3) 从中国境外取得所得的；(4) 没有扣缴义务人的；(5) 国务院规定的其他情形。

(二) 年所得 12 万元以上的纳税人自行申报纳税

(1) 构成 12 万元的所得主要包括：工资、薪金所得；个体工商户的生产、经营所得；对企事业单位的承包经营、承租经营所得；劳务报酬所得；稿酬所得；特许权使用费所得；利息、股息、红利所得；财产租赁所得；财产转让所得；偶然所得；经国务院财政部门确定征税的其他所得。

(2) 不包含在 12 万元中的所得主要包括：免税所得；暂免征税所得；可以免税的来源于中国境外的所得。

(三) 自行申报纳税的纳税期限

除特殊情况外，纳税人应在取得应纳税所得的次月 7 日内向主管税务机关申报所得并缴纳税款。

（四）自行申报纳税的申报方式

纳税人可以采取直接申报、邮寄申报、数据电文申报、委托代理申报或者主管税务机关规定的其他方式申报。

提示

个人所得税以取得应税所得的个人为纳税义务人，以支付所得的单位或者个人为扣缴义务人，包括企业（公司）、事业单位、财政部门、机关事务管理部门、人事管理部门、社会团体、军队、驻华机构（不包括外国驻华使领馆和联合国及其他依法享有外交特权和豁免权的国际组织驻华机构）、个体工商户等单位或个人。代扣代缴的范围不包括个体工商户生产经营所得、个人独资企业和合伙企业所得。

第2节　个人所得税的计算

一、工资、薪金所得应纳税额的计算

应纳税额的计算公式为：

$$\text{应纳税额}=\left(\text{每月收入额}-\begin{matrix}\text{内籍人员 3 500 元或}\\\text{外籍人员 4 800 元}\end{matrix}-\begin{matrix}\text{个人负担的}\\\text{三险一金}\end{matrix}-\begin{matrix}\text{个人购买的健康}\\\text{商业保险 200 元}\end{matrix}\right)\times\text{适用税率}-\text{速算扣除数}$$

外籍人员包括在中国境内的外商投资企业和在外国企业中工作取得工资、薪金所得的外籍人员；应聘在中国境内的企业、事业单位、社会团体、国家机关中工作取得工资、薪金所得的外籍专家；在中国境内有住所而在中国境外任职或者受雇取得工资、薪金所得的个人。应纳税额公式中的附加减除费用也适用于华侨和香港、澳门、台湾同胞。

提示

对工资薪金的理解需注意以下几点：(1) 必须是实际发生的工资薪金支出。(2) 工资薪金的发放对象是在本企业任职或者受雇的员工。(3) 工资薪金的标准应该限于合理的范围和幅度。(4) 工资薪金的表现形式包括所有现金和非现金形式。(5) 工资薪金的种类。不管企业这类支出发放时的名目是什么、称呼是什么，凡是因员工在企业任职或者受雇于企业，就属于工资薪金支出，不拘泥于形式上的名称。

例 8-3

(2012 年初级会计职称考试试题) 张某系中国公民，就职于中国境内甲公司，2012 年 7 月从境内取得如下收入：

(1) 工资收入 3 800 元，奖金收入 600 元，岗位津贴 300 元，交通补贴 900 元。

(2) 3 年期银行存款利息总收入 800 元，二级市场股票买卖所得 2 000 元。

(3) 为乙单位授课收入 3 000 元，稿费收入 820 元。

(4) 将 2008 年 1 月投资 80 万元购置的一套商品房出售给周某，合同注明的价款为 120 万元。

(5) 受丙公司委托进行软件设计，取得设计费 2 000 元。

已知：个人工资、薪金所得减除费用标准为 3 500 元/月。

要求：根据上述资料，分析回答下列第 (1)～(4) 小题。

(1) 张某工资、薪金所得应纳个人所得税税额的下列计算中，正确的是（　　）。

A. (3 800－3 500)×3%＝9(元)

B. [(3 800＋600)－3 500]×3%＝27(元)

C. [(3 800＋600＋300)－3 500]×3%＝36(元)

D. [(3 800＋600＋300＋900)－3 500]×10%－105＝105(元)

【解析】答案：选项 D。工资、薪金所得，是指个人因任职或者受雇而取得的工资、薪金、奖金、年终加薪、劳动分红、津贴、补贴以及与任职或者受雇有关的其他所得。

(2) 张某的下列收入中免于缴纳个人所得税的是（　　）。

A. 银行存款利息收入 800 元　　B. 股票买卖所得 2 000 元

C. 授课收入 3 000 元　　D. 稿费收入 820 元

【解析】答案：选项 A 和 B。自 2008 年 10 月 9 日（含）起，对储蓄存款利息所得暂免征收个人所得税。对股票转让所得暂不征收个人所得税。授课收入和稿费收入要征收个人所得税。

(3) 下列税种中，张某出售商品房需要缴纳的是（　　）。

A. 契税　　B. 印花税

C. 增值税　　D. 个人所得税

【解析】答案：选项 B，C，D。张某出售商品房，由承受房屋权属的一方缴纳契税。

(4) 张某受托进行软件设计所取得的收入，在计算缴纳个人所得税时适用的税目是（　　）。

A. 生产经营所得　　B. 特许权使用费所得

C. 劳务报酬所得　　D. 偶然所得

【解析】答案：选项 C。软件设计属于劳务报酬税目。

二、个体工商户的生产、经营所得应纳税额的计算

应纳税额的计算公式为：

应纳税额=(全年收入总额−成本、费用以及损失)×适用税率−速算扣除数

提示

个体工商户、个人独资企业和合伙企业因在纳税年度中间开业、合并、注销及其他原因，导致该纳税年度的实际经营期不足1年的，对其生产经营所得计算个人所得税时，以其实际经营期为一个纳税年度。投资者本人的费用扣除标准，应按照其实际经营月份数，以每月3 500元的减除标准确定。计算公式如下：

应纳税所得额=该年度收入总额−成本、费用及损失−当年投资者本人的费用扣除额

当年投资者本人的费用扣除额=月减除费用(3 500元/月)×当年实际经营月份数

应纳税额=应纳税所得额×税率−速算扣除数

(一) 主要扣除项目

个体工商户应纳税额的主要扣除项目有：(1) 业主的工资支出不得扣除，生活费用扣除标准统一确定为42 000元/年，即3 500元/月。(2) 生产经营期间借款利息支出凡有合法证明的，按不高于中国人民银行规定的同类同期贷款利率计算的数额以内的部分，准予扣除。(3) 工会经费、职工福利费、职工教育经费分别在工资薪金总额的2%，14%，2.5%的标准内可以据实扣除。(4) 公益性捐赠额不超过其应纳税所得额30%的部分可以据实扣除，直接给受益人的捐赠不得扣除。(5) 其他关于租赁费、汇兑损益、从业人员工资、广告及业务宣传费、业务招待费、亏损弥补等的规定，均与企业所得税一致。

(二) 不得在所得税前列支的项目

个体工商户不得在所得税前列支的项目有：(1) 资本性支出。(2) 被没收的财物、支付的罚款。(3) 缴纳的个人所得税、税收滞纳金、罚金和罚款。(4) 各种赞助支出。(5) 自然灾害或者意外事故损失有赔偿的部分。(6) 分配给投资者的股利。(7) 用于个人和家庭的支出。(8) 个体工商户业主的工资支出。(9) 与生产经营无关的其他支出。(10) 国家税务总局规定不准扣除的其他支出。

例8-4

李某承包某招待所，根据协议变更登记为个体工商户，某年招待所取得收入总额70万元，准予扣除的成本、费用及相关支出合计63万元，其中含李某每月从招待所领取的工资2 700元。李某该年应缴纳个人所得税多少元？

【解析】

应纳税所得额=70−63+0.27×12−4.2=6.04(万元)

应纳税额=60 400×30%−9 750=8 370(元)

三、对企事业单位承包经营、承租经营所得应纳税额的计算

对企事业单位的承包经营、承租经营所得，以每一纳税年度的收入总额减除必要费用后的余额为应纳税所得额。计算公式为：

应纳税额＝应纳税所得额×适用税率－速算扣除数

或　　＝(纳税年度收入总额－3 500/每月×12个月)×适用税率－速算扣除数

每一纳税年度的收入总额是指纳税人按照承包经营、承租经营合同规定分得的经营利润和工资、薪金性质的所得，包括承包人个人工资，但不包括上缴的承包费。

例8-5

李某欲承租一企业，将原企业的工商登记变更为个体工商户，承租期定为2013年3月1日至2013年12月31日。根据计算和承租协议的规定，2013年3月1日至2013年12月31日期间，预计实现会计利润103 000元。李某不领取工资，需缴纳租赁费50 000元。计算李某实际应纳税额。

【解析】

应纳税所得额＝103 000－50 000－3 500×10＝18 000(元)

全年应纳税所得额＝18 000÷10×12＝21 600(元)

全年应纳税额＝21 600×10%－750＝1 410(元)

实际应纳税额＝1 410÷12×10＝1 175(元)

假设李某承包企业后仍使用原企业的营业执照（假设该企业适用小型微利企业的规定）。计算李某应纳个人所得税。

【解析】

应纳企业所得税＝103 000×20%＝20 600(元)

李某承租收入＝103 000－20 600－50 000＝32 400(元)

对实行承包、承租经营的纳税人，原则上要求其以每一纳税年度取得的承包、承租经营所得计算纳税，不足12个月的，以实际承包、承租经营的月份数作为一个纳税年度计算纳税。由于收入32 400元＜每月扣除限额3 500元×10个月，所以，李某不用缴纳个人所得税。

四、劳务报酬所得应纳税额的计算

劳务报酬所得以个人每次取得的收入定额或定率减除规定费用后的余额为应纳税所得额。其计算公式为：

(1) 每次收入不足4 000元的。

应纳税额＝(每次收入额－800)×20%

（2）每次收入额为 4 000～20 000 元的。

应纳税额＝每次收入额×(1－20%)×20%

（3）每次收入的应纳税所得额超过 20 000 元的。

应纳税额＝每次收入额×(1－20%)×适用税率－速算扣除数

例 8－6

（2012 年初级会计职称考试试题）钱某在一次演出中取得收入 10 000 元，已知劳务报酬所得每次收入不超过 4 000 元的，定额减除费用 800 元；每次收入在 4 000 元以上的，定率减除 20%的费用，适用税率为 20%。钱某应缴纳的个人所得税为多少元?

【解析】

应纳个人所得税＝10 000×(1－20%)×20%＝1 600(元)

五、稿酬所得应纳税额的计算

稿酬所得以个人每次取得的收入定额或定率减除规定费用后的余额为应纳税所得额。稿酬所得以每次出版、发表取得的收入为一次。其计算公式为：

（1）每次收入不足 4 000 元的。

应纳税额＝(每次收入额－800)×适用税率 20%×(1－30%)

（2）每次收入额在 4 000 元以上的。

应纳税额＝每次收入额×(1－扣除率 20%)×适用税率 20%×(1－30%)

例 8－7

作家马某于某年 2 月初在杂志上发表一篇小说，取得稿酬 3 800 元，自 2 月 15 日起又将该小说在晚报上连载 10 天，每天稿酬 450 元。计算马某应缴纳的个人所得税。

【解析】

应纳个人所得税＝(3 800－800)×20%×(1－30%)＋450×10
×(1－20%)×20%×(1－30%)
＝924(元)

六、特许权使用费所得应纳税额的计算

特许权使用费所得以个人每次取得的收入定额或定率减除规定费用后的余额为应纳税所得额。其计算公式为：

（1）每次收入额不足 4 000 元的。

应纳税额＝(每次收入额－800)×20%

（2）每次收入额在 4 000 元以上的。

应纳税额＝每次收入额×（1－20％）×20％

七、利息、股息、红利所得应纳税额的计算

利息、股息、红利所得以个人每次取得的收入额为应纳税所得额，不得从收入额中扣除任何费用。其计算公式为：

应纳税额＝每次收入额×适用的税率 20％

提示

对个人投资者从上市公司取得的股息红利所得，自 2005 年 6 月 13 日起暂减按 50％计入个人应纳税所得额，依照现行税法规定计征个人所得税；对证券投资基金从上市公司分配取得的股息红利所得，扣缴义务人在代扣代缴个人所得税时，减按 50％计算应纳税所得额。

例 8－8

王某持有某上市公司的股票 10 000 股，该上市公司的年度利润分配方案为每 10 股送 3 股，并于次年 6 月份实施，该股票的面值为每股 1 元。王某从非上市公司取得股息所得 7 000 元。计算王某应缴纳的个人所得税。

【解析】

上市公司股息红利所得＝10 000÷10×3×1＝3 000（元）

应纳个人所得税＝3 000×20％×50％＝300（元）

非上市公司股息所得应纳个人所得税＝7 000×20％＝1 400（元）

八、个人转让和出租房屋所得应纳税额的计算

（一）个人转让房屋所得应纳税额的计算

1. 查实征收

个人所得税＝（转让收入－房屋原值－合理费用）×20％

其中，1）转让收入为个人转让房屋不含增值税的收入。免征增值税的，转让房地产取得的收入不扣减增值税额。2）房屋原值为个人购得该房屋时实际支付的房价款以及缴纳的相关税费，包括购入房屋时支付的增值税。3）合理费用为个人转让该房屋时缴纳的税金及有关合理费用，不包括本次房屋转让缴纳的增值税。

2. 核定征收

个人所得税＝转让收入×核定征收率（住宅 1％；非住宅 2％）

其中，转让收入为个人转让房屋不含增值税的收入。税务机关核定计税价格或收入的，核定的计税价格或收入不含增值税。免征增值税的，转让房地产取得的收入不扣减增值税额。

（二）个人出租房屋应纳税额的计算

应纳个人所得税=(租金收入—可扣除费用)×适用税率(10%或20%)

其中，租金收入为不含增值税收入。免征增值税的，租金收入不扣减增值税额。

提示

个人转让和出租房屋所得均为不含增值税收入，需要将含税收入换算为不含税收入。

例8-9

王某销售购买的普通住宅（不足2年），含税销售额100万元，征收率5%，采取核定征收个人所得税。王某出租自有住房取得全年租金收入6万元。

【解析】

(1) 不含增值税收入=1 000 000÷(1+5%)=952 381(元)

应纳个人所得税=952 381×1%=9 523.81(元)

(2) 个人出租房屋取得的租金收入可在租赁期内平均分摊，分摊后的月租金收入不超过3万元的，可享受小微企业免征增值税优惠政策。

不含增值税收入=60 000÷(1+5%)=57 143(元)

房产税=57 143×4%=2 285.72(元)

应纳个人所得税=(57 143÷12－2 285.72÷12)×(1－20%)×10%×12

=4 388.58(元)

九、偶然所得应纳税额的计算

偶然所得以个人每次取得的收入额为应纳税所得额，不得扣除任何费用。除有特殊规定外，每次收入额以每次取得该项收入为一次。其计算公式为：

应纳税额=每次收入额×20%

十、其他所得应纳税额的计算

其他所得以个人每次取得的收入额为应纳税所得额，不得扣除任何费用。除有特殊规定外，每次收入额以每次取得该项收入为一次。其计算公式为：

应纳税额=每次收入额×20%

提示

除国家税务总局规定的不征收个人所得税的房屋所有权无偿赠予情形以外，房屋产权所有人将房屋产权无偿赠予他人的，受赠人因无偿受赠房屋取得的受赠所得，按照经国务院财政部门确定征税的“其他所得”项目缴纳个人所得税，税率为20%。

第3节　个人所得税的核算

个人所得税的纳税方式主要有纳税人自行申报纳税和企事业单位代扣代缴两种，除了少数情况下由纳税人按规定自行申报缴纳之外，大多由企事业单位按照法律的规定实行源泉扣缴，即由支付人履行代扣代缴的义务。

一、代扣代缴个人所得税的会计核算

扣缴义务人在代扣税款时，必须向纳税人开具税务机关统一印制的代扣代收税款凭证。对工资、薪金、利息、股息、红利所得等，因纳税人人数众多，不便一一开具代扣代收税款凭证时，经主管税务机关同意，可不开具代扣代收税款凭证，但应通过一定形式告知纳税人已扣税款。扣缴义务人应设立代扣代缴税收账簿，正确反映个人所得税的扣缴情况，并如实填写《扣缴个人所得税报告》及其他有关资料。

为了核算代扣代缴个人所得税，设置“应交税费——应交个人所得税”会计科目。

(1) 职工自己承担个人所得税，企业只负有扣缴义务，单位代扣个人所得税时，会计分录为：

借：应付职工薪酬——工资费用

　贷：应交税费——应交个人所得税

(2) 企事业单位代扣代缴个人所得税时，可以获得所扣缴税款2%的手续费，会计分录为：

借：应交税费——应交个人所得税

　贷：银行存款（库存现金）　　（代缴个人所得税×98%）

　　其他业务收入——手续费收入　　（代缴个人所得税×2%）

二、企业为员工定额负担税款的会计核算

应纳税所得额＝职工工资＋企业负担的税款－费用扣除标准

应纳税额＝应纳税所得额×税率－速算扣除数

例 8-10

某企业王某9月工资、薪金收入为7 600元，企业为其定额负担个人所得税300元。计算王某应纳个人所得税税额。

【解析】

应纳税所得额=7 600+300-3 500=4 400(元)

应纳税额=4 400×10%-105=335(元)

会计分录为：

借：应付职工薪酬	7 600	
贷：库存现金		7 565
应交税费——应交个人所得税		35
借：营业外支出	300	
贷：应交税费——应交个人所得税		300
借：应交税费——应交个人所得税	335	
贷：库存现金		335

第4节 个人所得税纳税申报表的填制

一、自然人自行纳税申报个人所得税

（一）报送的资料

（1）从中华人民共和国境内两处或者两处以上取得工资薪金所得的，或者取得应纳税所得没有扣缴义务人的，或者符合国务院规定的其他情形的，应报送：1）《个人所得税自行纳税申报表（A表）》3份。2）《个人所得税基础信息表（B表）》3份（初次申报或在信息发生变化时填报）。3）个人有效身份证件原件及复印件。4）其他能证明纳税人收入、财产原值、相关税费的有关资料。

（2）年所得12万元以上的应报送：1）《个人所得税纳税申报表（适用于年所得12万元以上的纳税人申报）》3份。2）《个人所得税基础信息表（B表）》3份（初次申报或在信息发生变化时填报）。3）个人有效身份证件原件及复印件。

（二）基本流程

个人所得税自行纳税申报的基本流程见图8-1。

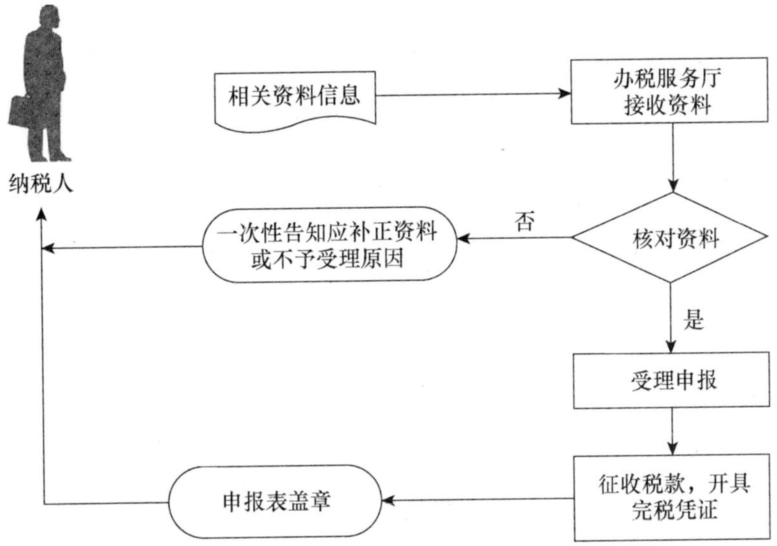

图8-1　个人所得税自行纳税申报的基本流程

二、有生产、经营所得的纳税人自行纳税申报个人所得税

（一）报送资料

（1）实行查账征收个人所得税方式的个体工商户、企事业单位的承包承租经营者、个人独资企业投资人和合伙企业合伙人的预缴纳税申报，以及实行核定征收的纳税申报，应报送《个人所得税生产经营所得纳税申报表（A表）》3份。（合伙企业有两个或两个以上自然人合伙人的，应分别填报本表。）

（2）实行查账征收个人所得税方式的个体工商户、企事业单位的承包承租经营者、个人独资企业投资人和合伙企业合伙人的个人所得税年度申报，应报送《个人所得税生产经营所得纳税申报表（B表）》3份。（合伙企业有两个或两个以上自然人合伙人的，应分别填报本表。）

（3）个体工商户、企事业单位的承包承租经营者、个人独资企业投资人和合伙企业合伙人在中华人民共和国境内两处或者两处以上取得“个体工商户的生产、经营所得”和“对企事业单位的承包经营、承租经营所得”的，同项所得合并计算纳税的个人所得税年度汇总纳税申报，应报送《个人所得税生产经营所得纳税申报表（C表）》3份。

（4）《个人所得税减免税事项报告表》。（纳税人、扣缴义务人纳税申报时存在减免个人所得税情形的，填报本表。）

（二）基本流程

有生产、经营所得的纳税人自行纳税申报的基本流程见图8-2。

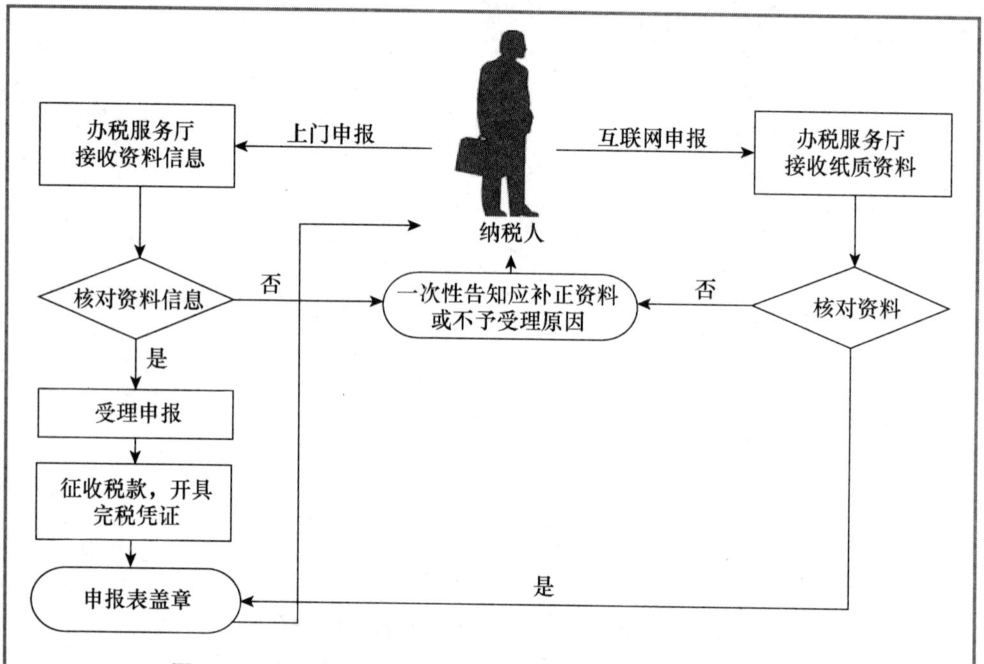

图 8-2　有生产、经营所得的纳税人自行纳税申报的基本流程

三、个人所得税生产经营所得纳税申报表

个人所得税生产经营所得纳税申报表分为 A 表和 B 表，表格从略。

习　题

一、单项选择题

1. 某画家将其精选的书画作品交由某出版社出版，从出版社取得报酬 10 万元。该笔报酬在缴纳个人所得税时适用的税目是（　　）。

A. 工资、薪金所得　　B. 劳务报酬所得

C. 稿酬所得　　D. 特许权使用费所得

2. 个人所得税的纳税人应在取得应纳税所得额的次月（　　）日内向主管税务机关申报所得并缴纳税款。

A. 10　　B. 7　　C. 15　　D. 3

3. 下列项目中，可以免征个人所得税的有（　　）。

A. 民间借贷利息

B. 个人举报、协查各种违法犯罪行为而获得的奖金

C. 在商店购买商品获得的中奖收入

D. 本单位自行规定发给的补贴、津贴

4. 王先生 7 月份工资为 6 350 元，需缴纳个人所得税（　　）元。

A. 200　　B. 235　　C. 285　　D. 150

5. 国内某作家的一篇小说先在某晚报上连载3个月，每月取得稿酬3 600元，然后送交出版社出版，一次取得稿酬20 000元。该作家需缴纳个人所得税（ ）元。

A. 3 416 B. 3 449.6 C. 3 752 D. 4 009.6

6. 王某取得稿酬20 000元，讲课费4 000元，应纳个人所得税（ ）元。

A. 2 688 B. 2 880 C. 3 840 D. 4 800

7. 某人1月将自有住房出租，租期一年，每月取得租金收入2 500元，全年租金收入30 000元，应纳个人所得税（ ）元。

A. 5 840 B. 4 800 C. 4 080 D. 3 360

8. 下列项目中以一个月取得的收入为一次计算应纳税所得额的是（ ）。

A. 偶然所得 B. 财产租赁所得

C. 财产转让所得 D. 某教授在外讲学所得

9. 以下各项所得中适用加成征税的有（ ）。

A. 劳务报酬所得 B. 稿酬所得

C. 特许权使用费所得 D. 财产租赁所得

10. 某大学教授贾某，利用业余时间出版了一本小说，取得稿酬所得10 000元。则贾某应缴纳的个人所得税为（ ）元。

A. 480 B. 1 120 C. 1 600 D. 2 000

11. 根据个人所得税法律制度的规定，下列个人所得中，应缴纳个人所得税的是（ ）。

A. 财产租赁所得 B. 退休工资

C. 保险赔款 D. 国债利息

12. 非居民纳税人的下列收入中，应在中国按规定计算缴纳个人所得税的是（ ）。

A. 在中国境内任职取得的工资收入

B. 出租境外房屋而取得的收入

C. 从我国境外的外商投资企业取得的红利收入

D. 因履行合约而在中国境外提供各种劳务取得的报酬

13. 某科技公司工程师李先生2015年8月份利用业余时间为其他企业提供一项专有技术，一次取得特许权使用费90 000元（拿出20 000元通过公益组织捐赠给了红十字会），李先生应纳个人所得税为（ ）元。

A. 17 600 B. 10 800 C. 10 600 D. 10 400

14. 个人取得的下列所得中，免征个人所得税的是（ ）。

A. 转让国债取得的所得

B. 保险赔偿款

C. 转让自用达3年的家庭唯一生活用房取得的所得

D. 个人与原单位解除劳动合同后再次任职取得的工资、薪金所得

15. 下列所得中，应按“偶然所得”征收个人所得税的是（ ）。

A. 个人因参加企业的有奖销售活动而取得的奖品所得

B. 个人处置打包债权取得的收入

C. 个人兼职取得的收入

D. 退休人员再任职取得的收入

二、多项选择题

1. 根据个人所得税法律制度的规定，在计算应纳税所得额时，下列税目中采用定额和比例相结合扣除的计算方式的有（　　）。

A. 特许权使用费所得　　B. 劳务报酬所得

C. 工资、薪金所得　　D. 财产租赁所得

2. 根据个人所得税法律制度的规定，下列情形中，以1个月内取得的收入为一次计算缴纳个人所得税的有（　　）。

A. 李某的小说在某报刊上连载6个月，每月取得稿酬1 500元

B. 胡某在某培训机构连续授课4个月，每月取得收入8 800元

C. 赵某将一项专利转让给甲企业使用1年，专利使用费分3个月收取，每月10 000元

D. 王某出租住房一套，租期1年，每月收取租金3 000元

3. 根据个人所得税法律制度的规定，下列收入中，属于工资、薪金所得的有（　　）。

A. 劳动分红　　B. 加班补贴　　C. 季度奖金　　D. 年终加薪

4. 根据个人所得税法律制度的规定，下列税目中，按每次取得的收入计算征税的有（　　）。

A. 劳务报酬所得　　B. 稿酬所得

C. 工资、薪金所得　　D. 利息、股息、红利所得

5. 下列所得中，按"工资、薪金所得"缴纳个人所得税的有（　　）。

A. 编剧从任职单位取得的剧本使用费

B. 雇主为员工购买的商业性补充养老保险

C. 个人从任职的上市公司取得的股票增值权所得

D. 任职、受雇于报社、杂志社等单位的记者、编辑等专业人员，在本单位的报刊、杂志上发表作品取得的所得

6. 根据我国个人所得税法律制度的规定，下列说法中，正确的有（　　）。

A. 提供非专利技术的使用权取得的所得属于特许权使用费所得

B. 对于作者将自己的文字作品手稿原件或复印件公开拍卖（竞价）取得的所得，属于提供著作权的使用所得，故应按特许权使用费所得项目征收个人所得税

C. 个人取得特许权的经济赔偿收入，应按"特许权使用费所得"项目缴纳个人所得税，税款由支付赔偿的单位或个人代扣代缴

D. 编剧从电视剧的制作单位取得的剧本使用费，不再区分剧本的使用方是否为其任职单位，统一按劳务报酬所得项目征收个人所得税

7. 下列关于个人所得税的说法中，符合个人所得税相关规定的有（　　）。

A. 核定征收仅适用于应设置账簿但未设置账簿的个人独资企业

B. 实行核定征收的个人独资企业，不能享受个人所得税的优惠政策

C. 个人独资企业对外投资取得的股息收入，应按"利息、股息、红利所得"缴纳个人所得税

D. 无论账册是否健全，个体工商户的生产经营所得应在取得收入的次月3日内申报

预缴个人所得税

8. 下列个人所得按“劳务报酬所得”项目缴纳个人所得税的有（ ）。

A. 个人不在公司任职取得的董事费收入

B. 个人兼职收入

C. 演出人员参加本单位义演取得的奖金

D. 住校学生参加勤工俭学活动取得的收入

9. 个人通过非营利性的社会团体和国家机关进行的下列公益性救济性捐赠支出中，准予在缴纳个人所得税前的所得额中全额扣除的有（ ）。

A. 向贫困地区的捐赠

B. 向农村义务教育的捐赠

C. 向公益性青少年活动场所的捐赠

D. 向红十字事业的捐赠

10. 下列情形中，按“利息、股息、红利所得”缴纳个人所得税的有（ ）。

A. 个人独资企业为个人投资者购买汽车并将汽车所有权登记到个人名下

B. 个人独资企业和合伙企业对外投资分回的利息、股息、红利

C. 股份有限公司为投资者家庭成员购买房产

D. 集体所有制企业在改制为股份合作制企业时，对职工个人以股份形式取得的不拥有所有权的企业量化资产

11. 下列各项中，计征个人所得税的方法正确的有（ ）。

A. 如果个人兼有不同的劳务报酬所得，应分别按不同项目所得定额或定率减除费用后计算纳税

B. 在两处或两处以上出版、发表或再版同一作品取得的稿酬，应合并为一次征收所得税

C. 个人的同一作品在报刊上连载，应将其因连载而取得的所得合并为一次征税；连载以后又出书的，应视同再版稿酬征税

D. 对企事业单位的承包、承租经营所得计税时，允许扣除的必要费用是指生产、经营过程中的成本、费用

12. 个人所得税的缴纳方法有（ ）。

A. 自行申报纳税　　B. 代扣代缴

C. 强制征收　　D. 网上转账

13. 张某承包经营一国有企业（拥有企业经营成果所有权），每年上缴承包费用5万元，该承包费用（ ）。

A. 在计算企业所得税时不允许税前扣除

B. 在计算企业所得税时允许税前扣除

C. 在计算个人所得税时不允许扣除

D. 在计算个人所得税时允许扣除

14. 个人取得的下列收入中，应征收个人所得税的有（ ）。

A. 张某单张有奖发票中奖700元　　B. 学生勤工俭学收入1 000元

C. 王某取得内退工资4 200元　　D. 李某取得保险赔款2 000元

15. 下列项目在计征个人所得税时，需要从总收入中定额减除费用800元作为应纳税所得额的有（　　）。

A. 稿费3 500元

B. 在有奖销售活动中一次性获奖2 000元

C. 提供咨询服务取得收入3 000元

D. 转让房屋收入100 000元

三、业务题

1. 中国公民张先生为国内某企业高级技术人员，2013年3—12月收入情况如下：

(1) 每月取得工资薪金收入8 400元。

(2) 3月转让2011年购买的三居室精装修房屋一套，售价230万元，转让过程中支付相关税费13.8万元。该套房屋的购进价为100万元，购房过程中支付相关税费3万元。所有税费支出均取得合法凭证。

(3) 6月因提供重要线索，协助公安部门侦破某重大经济案件，获得公安部门2万元奖金，已取得公安部门提供的获奖证明材料。

(4) 9月参加某商场组织的有奖销售活动，中奖30 000元，将其中的10 000元通过市教育局用于公益性捐赠。

(5) 10月将自有的一项非职务专利技术提供给境外某公司使用，一次性取得特许权使用费收入60 000元，该项收入已在境外缴纳个人所得税7 800元。

要求：

(1) 计算3—12月工薪收入应缴纳的个人所得税并做会计处理。

(2) 计算转让房屋应缴纳的个人所得税。

(3) 计算从公安部门获得的奖金应缴纳的个人所得税。

(4) 计算中奖所得应缴纳的个人所得税。

(5) 计算特许权使用费收入在我国应缴纳的个人所得税。

2. 中国公民李某2017年全年收入情况如下：

(1) 8月份出版一本著作，取得出版社稿酬8 000元。在此之前，部分章节6月至7月被某晚报连载，6月份取得稿酬1 000元，7月份取得稿酬1 500元，因该书畅销，9月份出版社增加印数，又取得追加稿酬4 000元，后被电影公司拍成电影，取得报酬1万元；

(2) 7月将境内一处门面房出租，租赁期限1年，月租金4 000元，当月发生修缮费1 500元（不考虑其他税费）；

(3) 10月从A国某大学取得演讲收入30 000元，该收入在A国已纳个人所得税5 000元，同时从A国取得彩票中奖收入2 000元，该收入在A国已纳个人所得税500元；

(4) 月工资收入4 200元；年终单位一次发放全年奖金25 000元。

要求：按下列顺序回答问题，每问均为共计金额：

(1) 计算出版与连载收入及电影公司支付的报酬应缴纳的个人所得税；

(2) 计算取得的租赁所得应缴纳的个人所得税；

(3) 计算从A国取得的演讲收入和中奖收入在我国应补缴的个人所得税；

(4) 计算全年工资和奖金收入应缴纳的个人所得税。

第9章

关税的会计核算

本章导言

我国关税的起源要比西方国家早五六百年，而且形式也比较独特，其基本特征就是与早期关卡有关。早期关卡属于国家之间的防御体系，政治军事功能第一。随着社会经济的发展，关卡开始延伸出财政功能。因此，我国早期的关税实际上是一种通过税，关卡就是国家课征关税的权力机关，这是我国关税起源的基本轨迹。

第1节 关税的基本内容

一、关税的概念

关税是海关依法对进出境的贸易性货物和非贸易性物品征收的一种税。“境”是指关境，又称“海关境域”或“关税领域”，是一国海关法全面实施的领域，关境与国境有时一致，有时不一致。海关在征收进出口关税的同时，还代征进口增值税和消费税。

关税按征收对象划分，可分为进口税、出口税和过境税（通过税）。

二、关税的纳税方式

通常的关税纳税方式是由进口方按进（出）口货物正式进（出）口的通关手续电子申报海关，海关逐票计算应征关税并填发关税缴款书，纳税人凭缴款书向海关或指定的银行办理税款交付或转账入库手续后，海关凭银行回执联办理结关放行手续。

征税手续在前，结关放行手续在后，有利于税款及时入库，防止拖欠税款。因此，各国海关都以这种方式作为基本纳税方式。

三、关税的税率

由于关税分类和计税方法不同，关税税率的表现形式也各不相同。

（一）进口关税税率

我国现行进口关税税率包括最惠国税率、协定税率、特惠税率、普通税率、关税配额税率共五种税率，同时在一定期限内可实行暂定税率。

不同进口方式下，关税税率的具体运用有不同的规定，进口税率是根据货物的不同原产地而确定的，适用最惠国税率、协定税率、特惠税率的国家或地区的名单，由国务院关税税则委员会决定；按照普通税率征税的进口货物，经国务院关税税则委员会特别批准，可以适用最惠国税率；暂定税率优先适用于优惠税率或最惠国税率，按普通税率征税的进口货物不适用暂定税率。

进口商品绝大部分采用从价定率的征税方法，即应纳税额＝关税完税价格×关税税率。从 1997 年 7 月 1 日起，对部分商品实行从量税、复合税和滑准税。

（二）出口关税税率

由于我国和世界其他国家一样实行奖出限入的政策，所以出口关税税率只有一栏比例税率（20%～40%），税率比较低。现行税则对 36 种商品计征出口关税，但对其中的 23 种商品实行 0%～20%的暂定税率，其中 16 种商品为零关税，6 种商品税率为 10%及以下，出口暂定税率优先适用于出口税则中规定的出口税率。我国目前真正征收出口关税的商品只有 20 种。

（三）特别关税

在正常的进出口关税之外，我国还实行一些特别关税，主要包括报复性关税、反倾销税与反补贴税以及保障性关税等。

报复性关税是指为报复他国对本国出口货物的关税歧视，而对相关国家的进口货物征收的一种进口附加税。反倾销税与反补贴税是指进口国海关对外国的倾销商品，在征收关税的同时附加征收的一种特别关税，其目的在于抵消他国补贴。保障性关税是指当某类商品进口量剧增，给我国相关产业带来巨大威胁或损害时，按照 WTO 的有关规则，可以在与有实质利益的国家或地区进行磋商后，在一定时期内提高该项商品的进口关税或采取数量限制措施，以保护国内相关产业不受损害。

进出口货物，应按纳税人申报进口或者出口之日实施的税率征税。进出口货物的补税和退税，适用该进出口货物原申报进口或出口之日所实施的税率。

四、关税的税收优惠

关税减免分为法定减免、特定减免、临时减免三种类型。除法定减免税以外的其他减免税均由国务院决定。

减征关税在我国加入世界贸易组织之前以税则规定的税率为基准，在我国加入世界贸易组织之后以最惠国税率或者普通税率为基准。

（一）法定减免

法定减免是依照关税基本法规的规定，对列举的课税对象给予的减免。具体包括：

（1）关税税额在人民币 50 元以下的一票货物（一个报关单号），免征关税。

（2）无商业价值的广告品和货样，免征关税。

（3）外国政府、国际组织无偿赠送的物资，免征关税。

（4）进出境运输工具装载的途中必需的燃料、物料和饮食用品，免征关税。

（5）经海关核准暂时进境或者暂时出境，并在 6 个月内复运出境或者复运进境的货样、展览品、施工机械、工程车辆、工程船舶、供安装设备时使用的仪器和工具、电视或者电影摄制器械、盛装货物的容器以及剧团服装道具，在收发货人向海关缴纳相当于税款的保证金或者提供担保后，可暂时免税。

（6）为境外厂商加工、装配成品和为制造外销产品而进口的原材料、辅料、零件、部件、配套件和包装物料，海关按照实际加工出口的成品数量免征进口关税；或者对进口料件先征进口关税，再按照实际加工出口的成品数量予以退税。

（7）因故退还的中国出口货物，经海关审查属实，免征进口关税，但已征收的出口关税不予退还。

（8）因故退还的境外进口货物，经海关审查属实，免征出口关税，但已征收的进口关税不予退还。

（9）进口货物如有以下情形，经海关查明属实，可酌情减免进口关税：1）在境外运输中或起卸时遭受损坏或者损失的。2）起卸后海关放行前，因不可抗力遭受损坏或者损失的。3）海关查验时已经破漏、损坏或者腐烂，经证明不是保管不慎造成的。

（10）无代价抵偿货物，即在征税放行后，发现进口货物残损、短少或品质不良，而由国外承运人、发货人或保险公司免费补偿或更换的同类货物，可以免税。但有残损或质量问题的原进口货物如未退运国外，其进口的无代价抵偿货物应照章征税。

（11）我国缔结或者参加的国际条约规定减征、免征关税的货物、物品，按照规定予以减免关税。

（12）法律规定减征、免征的其他货物。

（二）特定减免

特定减免是指在关税基本法规确定的法定减免以外，国家按国际通行规则和我国实际情况制定发布的特定或政策性减免税。具体包括：科教用品；残疾人专用品；扶贫慈善性捐赠物资；加工贸易产品；边境贸易进口物资；保税区进出口货物；出口加工区进出口货物；进口设备；特定行业或用途的减免税。

(三) 临时减免

临时减免是指除法定减免、特定减免以外，由国务院运用一案一批原则，针对某个纳税人、某类商品、某个项目或某批货物的特殊情况，给予特别照顾，临时给予的减免。

第2节 关税的计算

一、关税的计税方法

1. 从价关税的计算

从价关税是以进出口货物的价格为标准来计征关税。这里的价格不是指成交价格，而是指进出口货物的完税价格。因此，首先要确定货物的完税价格。计算公式为：

应纳税额＝应税进出口货物数量×单位完税价格×适用税率

2. 从量关税的计算

从量关税是以商品的数量、重量、容量、长度和面积等计量单位为标准来征收关税。它的特点是不因商品价格的涨落而改变税额，计算比较简单。计算公式为：

应纳税额＝应税进出口货物数量×单位货物税额

3. 复合关税的计算

复合税亦称混合税，是对进出口商品既征从量税又征从价税的一种办法。一般以从量税为主，再加征从价税。计算公式为：

应纳税额＝应税进出口货物数量×单位货物税额＋应税进出口货物数量×单位完税价格×适用税率

二、关税完税价格的确定

关税完税价格是海关以进出口货物的实际成交价格为基础，经调整确定的计征关税的价格。无论以何种方法确定关税完税价格，最终都应由海关审定其真实性和准确性。

(一) 进口货物完税价格的确定

1. 以成交价格为基础确定进口货物完税价格

以成交价格为基础确定的进口货物的关税完税价格应包括货物的货价、货物运抵我国境内输入地点起卸前的运输及其相关费用、保险费。

当以一般的海、陆、空运方式进口货物而无法确定实际运保费时，按照同期同行业运费率计算运费，按照（货价＋运费）×3‰计算保险费，将计算出的运保费并入完税价格。计算公式为：

进口货物完税价格＝货价＋采购费用

2. 以海关估价为基础估定进口货物完税价格

对于价格不符合成交条件或成交价格不能确定的进口货物，以海关估价为基础估定进口货物完税价格。

进口货物完税价格＝海关估价

例9-1

（2013年初级会计职称考试试题）下列各项中应计入关税完税价格的有（　　）。

A. 货物运抵我国关境内输入地点起卸前的包装费

B. 货物运抵我国关境内输入地点起卸前的运费

C. 货物运抵我国关境内输入地点起卸前的保险费

D. 向境外支付的与该进口货物有关的专利权费用

【解析】答案：选项A，B，C，D。一般贸易下进口的货物将以海关审定的成交价格为基础的到岸价格作为完税价格。到岸价格是指由货价以及货物运抵我国关境内输入地点起卸前的包装费、运费、保险费和其他劳务费等费用构成的一种价格。

（二）出口货物完税价格的确定

1. 以成交价格为基础确定出口货物完税价格

出口货物的完税价格由海关以该货物向境外销售的成交价格为基础审查确定，并应包括货物运至我国境内输出地点装载前的运输及其相关费用、保险费，但其中包含的出口关税税额应当扣除。出口货物成交价格中含有支付给境外的佣金，如与货物的离岸价格（FOB）分列，应予扣除；未分列则不予扣除。售价中所含离境口岸至境外口岸之间的运费、保险费可以扣除。

$$出口货物完税价格=\frac{FOB-单独列明的支付给境外的佣金}{1+出口关税税率}$$

2. 以海关估价为基础估定出口货物完税价格

当出口货物的成交价格不能确定时，完税价格由海关依照相关规定估定。

出口货物完税价格＝海关估价

第3节 关税的核算

根据进出口业务的不同，企业应当通过“应交税费——应交进口关税”和“应交税费——应交出口关税”两个会计科目核算企业发生的和实际缴纳的进出口关税。

一、进口关税的会计核算

进口业务主要分为自营进口和代理进口两种情况。

（一）自营进口

例9-2

某工业企业报关进口货物一批，离岸价为370 000美元，支付国外运费22 500美元，保险费7 500美元，国家规定进口税率为30%。进口报关当日中国人民银行公布的市场汇率为1美元=8.00元人民币。计算该企业应交进口关税。

【解析】

应纳进口关税=(370 000+22 500+7 500)×8.0×30%=960 000(元)

会计分录为：

借：原材料　960 000

　贷：应交税费——应交进口关税　960 000

（二）代理进口

代理进口业务一般由外贸企业承办。外贸企业对其代理的进口业务只是收取一定的手续费，不负责盈亏。因此代理进口业务发生的进口关税，先由外贸企业代缴，然后向委托单位收取。

例9-3

宏远公司委托天兴进出口贸易公司代理进口材料一批，宏远公司先付定金4 800 000元。该批材料实际支付离岸价为480 000美元，海外运输费、包装费、保险费共计20 000美元，支付日市场汇率为1美元=8.30元人民币，进口报关当日中国人民银行公布的市场汇率为1美元=8.30元人民币，进口关税税率为20%，增值税税率为17%。天兴公司收取商品全部进价的10%作为代理费。

【解析】

(1) 天兴公司。

1) 收到预付款。

借：银行存款　4 800 000

　贷：预收账款——宏远公司　4 800 000

2) 进口货物，实际向国外支付货款和运输费、包装费和保险费共4 150 000元[(480 000+20 000)×8.30]。

借：预收账款——宏远公司　4 150 000

　贷：银行存款　4 150 000

应交进口关税=(480 000+20 000)×8.30×20%=830 000(元)

应交增值税=[(480 000+20 000)×8.30+830 000]×17%

=846 600(元)

根据上述计算结果，会计分录为：

借：预收账款——宏远公司　　650 000

　　应收账款——宏远公司　　1 026 600

　贷：应交税费——应交进口关税　　830 000

　　　　　　　——应交增值税（进项税额）　　846 600

借：应交税费——应交进口关税　　830 000

　　　　　　——应交增值税（进项税额）　　846 600

　贷：银行存款　　1 676 600

3）企业按规定向宏远公司收取商品全部进价的10%作为代理手续费。

借：应收账款——宏远公司［(4 150 000+1 676 600)×10%］　　582 660

　贷：其他业务收入　　582 660

实际收到宏远公司付来的其余款项。

借：银行存款　　1 609 260

　贷：应收账款——宏远公司　　1 609 260

（2）宏远公司。

1）预付定金。

借：预付账款——天兴公司　　4 800 000

　贷：银行存款　　4 800 000

2）实际收到天兴公司报来的账单。

借：在途物资　　5 562 660（4 150 000+830 000+582 660）

　　应交税费——应交增值税（进项税额）　　846 600

　贷：预付账款——天兴公司　　4 800 000

　　　银行存款　　1 609 260

二、出口关税的会计核算

（一）自营出口

一般情况下，我国对出口的货物免征出口关税。如果征收出口关税，则通过“税金及附加”科目进行核算。

例9-4

某企业直接对外出口产品一批，离岸价为2 000 000元，出口关税税率为15%。

【解析】会计分录为：

借：税金及附加（2 000 000×15%）　　300 000

　贷：应交税费——应交出口关税　　300 000

（二）代理出口

例9-5

宏远公司委托天兴公司出口商品一批，离岸价为1 000 000元，出口关税税率为 30%。

【解析】 天兴公司的会计分录为：

借：应收账款——宏远公司　　300 000（1 000 000×30%）

　贷：应交税费——应交出口关税　　300 000

实际与宏远公司结算时，将出口关税从应付账款中扣除，会计分录为：

借：应付账款——宏远公司　　300 000

　贷：应收账款——宏远公司　　300 000

宏远公司在收到天兴公司报来的账单时，会计分录为：

借：税金及附加　　300 000

　贷：应收账款——天兴公司　　300 000

2015 年 5 月 1 日以后出口的货物，出口企业申报出口退（免）税及相关业务时，免予提供纸质报关单，但申报适用启运港退税政策的货物除外。免予提供纸质报关单后，出口企业申报办理上述货物出口退（免）税及相关业务时，原规定根据纸质报关单项目填写的申报内容，改按海关出口报关单电子信息对应项目填写，其申报的内容视同申报海关出口报关单对应电子信息。主管税务机关在审批免予提供纸质报关单的出口退（免）税申报时，必须在企业的申报数据与对应的海关出口货物报关单电子数据核对无误后，方可办理。

我国现行进出口关税纳税申报表即海关进出口货物报关单从略。

习　题

一、单项选择题

1. 进出口货物因收发货人或者他们的代理人违反规定而造成少征或者漏征关税的，海关可以（　　）追征。

A. 在 1 年内　　B. 在 3 年内

C. 在 10 年内　　D. 无限期

2. 出口货物以海关审定的成交价格为基础，扣除出口关税后作为完税价格。其计算公式为（　　）。

A. 完税价格＝离岸价格÷(1＋出口税率)

B. 完税价格＝离岸价格÷(1－出口税率)

C. 完税价格＝离岸价格×(1＋出口税率)

D. 完税价格＝离岸价格×(1－出口税率)

3. 根据关税法律制度的规定，下列各项中，经海关审查无误后可以免征关税的是（　　）。

A. 关税税额为人民币 200 元的一票货物

B. 广告品和货样

C. 外国公司无偿赠送的物资

D. 进出境运输工具装载的途中必需的燃料、物料和饮食用品

4. 关税的纳税义务人或他们的代理人应在海关填发税款缴纳证的次日起（　　）内向指定银行缴纳，并由当地银行解缴中央金库。

A. 7日　　B. 10日　　C. 15日　　D. 30日

5. 关税的纳税义务人因不可抗力或者在国家税收政策调整的情形下，不能按期缴纳税款的，经海关总署批准，可以延期缴纳税款，但最多不得超过（　　）。

A. 3个月　　B. 6个月　　C. 9个月　　D. 12个月

6. 某年3月，某贸易公司进口一批红酒，成交价格为200万人民币，关税税率为14%，货物运费费率为2%，进口货物的保险费无法确认，该贸易公司应缴纳关税（　　）万元。

A. 28.04　　B. 28.64　　C. 28.65　　D. 28.56

7. 下列属于进口关税完税价格组成部分的是（　　）。

A. 进口人向自己的采购代理人支付的购货佣金

B. 与进口货物有关的特许权使用费

C. 进口设备报关后的安装调试费用

D. 进口人报关后的境内技术培训费用

8. 某企业进口一批材料，货物价款95万元，进口运费和保险费共计5万元，报关进口后发现其中的10%有严重质量问题并将其退货，出口方为补偿该企业，发送价值10万元（含紧扣运费、保险费0.5万元）的无代价抵偿物，进口关税税率为20%，该企业应缴纳进口关税（　　）万元。

A. 18　　B. 20　　C. 22　　D. 22.1

9. 根据关税的有关规定，下列费用中不得计入进口货物关税完税价格的是（　　）。

A. 货价　　B. 境外运费

C. 由买方负担的包装费　　D. 由买方负担的购货佣金

10. 海关采用相同或类似货物成交价格方法进行估价时，如果有多个相同或类似货物的成交价格，应当以（　　）为基础估定进口货物的完税价格。

A. 最低的成交价格　　B. 最高的成交价格

C. 平均的成交价格　　D. 加权平均价格

11. 下列各项中，（　　）不属于关税的纳税义务人。

A. 进口货物的收货人　　B. 出口货物的发货人

C. 进境物品的所有人　　D. 进口货物的发货人

12. 租赁方式进口的货物中，以租金方式对外支付的租赁货物，在租赁期间作为完税价格的是（　　）。

A. 以海关审定的租金　　B. 以海关审定的留购价格

C. 按照一般进口货物估定完税价格　　D. 货物成交价格

13. 关税纳税义务人自海关填发缴款书之日起（　　）仍未缴纳税款，经海关关长批准，海关可以采取强制扣缴、变价抵缴等强制措施。

A. 15日　　B. 3个月　　C. 6个月　　D. 1年

14. 以境外边境口岸价格条件成交的铁路或公路运输进口货物，海关应按货价的（　　）计算运输及其相关费用、保险费。

A. 3‰　　B. 3%　　C. 1%　　D. 10%

二、多项选择题

1. 我国的特别关税包括（　　）。

A. 报复性关税　　B. 保障性关税

C. 进口附加税　　D. 反倾销税与反补贴税

2. 根据关税法律制度的规定，下列各项中，实行从量计征关税的有（　　）。

A. 摄像机　　B. 小汽车　　C. 啤酒　　D. 原油

3. 根据关税法律制度的规定，我国的关税税率的种类主要有（　　）。

A. 最惠国税率　　B. 协定税率　　C. 特惠税率　　D. 普通税率

4. 实行从价定率法征收进口消费税的，其组成计税价格为（　　）。

A. 关税完税价格＋关税

B. 关税完税价格＋关税＋消费税

C. 关税完税价格＋关税＋消费税＋增值税

D. (关税完税价格＋关税)÷(1－消费税税率)

5. 使用倒扣价格方法估定进口货物关税完税价格时，应扣除的项目有（　　）。

A. 境内销售利润

B. 进口关税和进口消费税

C. 运抵境内输入地点前的运保费

D. 运抵境内输入地点后的运保费

6. 依据关税的有关规定，下列进口货物中可享受法定免税的有（　　）。

A. 外国企业无偿赠送的物资

B. 国际组织无偿赠送的物资

C. 福利机构进口的国内不能生产的符合规定的残疾人专用品

D. 关税税额在人民币 50 元以下的一票货物

7. 有下列（　　）情形之一的，进出口货物的纳税人可以向海关申请退税。

A. 销售方修改价格而多缴的进口关税

B. 因海关误征，多纳的税款

C. 海关核准免验进口的货物，在完税后，发现有短卸货物情形，经海关审查认可的

D. 已征出口关税的货物，因故未装运出口，申报退关，经海关查验属实的

8. 下列关于出口货物关税完税价格的说法，正确的有（　　）。

A. 出口关税不计入完税价格

B. 在境内输出地点装载前发生的运费，应包含在完税价格中

C. 出口货物关税完税价格包含出口关税税额

D. 在货物价款中单独列明的支付给境外的佣金不计入完税价格

9. 下列各项符合关税延期纳税规则的有（　　）。

A. 因不可抗力或在国家税收政策调整的情形下造成无法按期纳税

B. 经海关总署批准

C. 经当地海关关长批准

D. 期限最长不得超过 3 个月

10. 由买方负担的下列费用中，应计入到进口货物关税完税价格的有（　　）。

A. 境外考察费　　B. 境外运输费

C. 境外保险费　　D. 境外包装劳务费

11. 下列法定免纳关税的进口货物有（　　）。
A. 进口科教用品　　B. 保税区进口货物
C. 无商业价值的广告品和货样　　D. 无代价抵偿物
12. 下列关于各种关税的描述，说法正确的是（　　）。
A. 特定优惠关税税率一般低于协定优惠关税税率
B. 反倾销税、反补贴税、报复关税等都是进口附加税
C. 最惠国待遇一般是最优惠的关税待遇
D. 从量税可以较好地发挥关税保护国内产业的作用
13. 关于关税的减免税规定，下列表述正确的有（　　）。
A. 无商业价值的广告样品进口征收关税
B. 在起卸后海关放行前，因不可抗力遭受损坏或损失的，可酌情减免关税
C. 因故退还的中国出口货物，可以免征进口关税，同时已征收的出口关税可以退还
D. 关税税额在人民币50元以下的一票货物免征关税
14. 下列项目中，属于进口完税价格组成部分的有（　　）。
A. 进口人向境外采购代理人支付的购货佣金
B. 进口人向中介机构支付的经纪费
C. 货物运抵境内输入地点起卸之后的运输费用
D. 运往境外修理的货物进境前的运费

三、业务题

1. 某进出口公司进口一批机器设备，经海关审定的成交价为200万美元。另外，货物运抵我国境内输入地点起卸前的运输费10万美元、保险费20万美元，由买方负担的购货佣金5万美元、包装劳务费3万美元。市场汇率为1美元=7.3元人民币，该机器设备适用的关税税率为30%。

要求：

（1）进出口公司在进口该批机器设备过程中发生的哪些费用应计入货物的完税价格？

（2）计算进口该批机器设备应缴纳的关税。

（3）说明进出口公司进口该批机器设备申报缴纳关税的期限。

2. 某进出口贸易公司（增值税一般纳税人）从甲国进口应税消费品一批，货价600万元，由买方负担的单独计价的进口应税消费品的包装材料及包装劳务费5万元，支付给自己的采购代理人的购货佣金10万元，发生境外运费53万元，进口货物的保险费无法确定，海关保税放行。该应税消费品运抵我国口岸后，海关于2017年2月4日填发税款缴款书，该贸易公司于3月8日缴纳税款。假设该货物适用的关税税率为40%，增值税税率为17%，消费税税率为5%。

根据上述资料回答下列问题：

（1）该贸易公司应缴纳的关税；

（2）该贸易公司应缴纳的增值税；

（3）该贸易公司应缴纳的消费税；

（4）该贸易公司应缴纳的滞纳金。

第 10 章

资源税的会计核算

本章导言

我国对矿产资源征税，即资源税开征始于 1984 年，目的是调节矿山企业级差收益，促进市场公平竞争。最初，资源税被设计为一种累进税制。1986 年起，开始对石油资源税实行按产量定额征收。近年来，我国实行了一系列措施以加快资源环境领域的改革步伐。

第 1 节　资源税的基本内容

一、资源税的内容

（一）资源税的纳税义务人和扣缴义务人

在我国境内开采应税矿产品或者生产盐（以下简称开采或者生产应税产品）的单位和个人，为资源税的纳税义务人。

收购未税矿产品的单位为资源税的扣缴义务人。

《国务院关于修改〈中华人民共和国资源税暂行条例〉的决定》经 2011 年 9 月 21 日国务院第 173 次常务会议通过，自 2011 年 11 月 1 日起施行。

（二）资源税的征税范围

资源税的征税范围只限于矿产品和盐资源，包括两大类：

（1）矿产品类，主要包括原油、天然气、煤炭、黑色金属原矿、有色金属原矿及其他非金属原矿。

（2）盐类，主要指固体盐、液体盐。

二、资源税的税收优惠

纳税人开采或者生产应税产品，自用于连续生产应税产品的，不缴纳资源税；自用于其他方面的，视同销售缴纳资源税。

有下列情形之一的，减征或者免征资源税：

（1）开采原油过程中用于加热、修井的原油免税。

（2）纳税人开采或者生产应税产品过程中，因意外事故或者自然灾害等原因遭受重大损失的，由省、自治区、直辖市人民政府酌情决定减税或者免税。

（3）国务院规定的其他减税、免税项目。

纳税人的减税、免税项目，应当单独核算销售额或者销售数量，未单独核算或者不能准确提供销售额或者销售数量的，不予减税或者免税。

提示

纳税人将其开采的原煤，自用于连续生产洗选煤的，在原煤移送使用环节不缴纳资源税；自用于其他方面的，视同销售原煤，依照规定确定销售额，计算缴纳资源税。

三、资源税的税目和税率

资源税的税目和税率见表 10 - 1。

表 10 - 1　资源税税目税率幅度表

（自 2016 年 7 月 1 日起施行）

序号	税目		征税对象	税率幅度
1	金属矿	铁矿	精矿	1%～6%
2		金矿	金锭	1%～4%
3		铜矿	精矿	2%～8%
4		铝土矿	原矿	3%～9%
5		铅锌矿	精矿	2%～6%
6		镍矿	精矿	2%～6%
7		锡矿	精矿	2%～6%
8		未列举名称的其他金属矿产品	原矿或精矿	税率不超过 20%
9	非金属矿	石墨	精矿	3%～10%
10		硅藻土	精矿	1%～6%
11		高岭土	原矿	1%～6%
12		萤石	精矿	1%～6%
13		石灰石	原矿	1%～6%
14		硫铁矿	精矿	1%～6%
15		磷矿	原矿	3%～8%

续前表

序号	税目		征税对象	税率幅度
16	非金属矿	氯化钾	精矿	3%～8%
17		硫酸钾	精矿	6%～12%
18		井矿盐	氯化钠初级产品	1%～6%
19		湖盐	氯化钠初级产品	1%～6%
20		提取地下卤水晒制的盐	氯化钠初级产品	3%～15%
21		煤层（成）气	原矿	1%～2%
22		粘土、砂石	原矿	每吨或立方米 0.1 元～5 元
23		未列举名称的其他非金属矿产品	原矿或精矿	从量税率每吨或立方米不超过 30 元；从价税率不超过 20%
24	海盐		氯化钠初级产品	1%～5%

四、纳税期限

纳税人的纳税期限为 1 日、3 日、5 日、10 日、15 日或者 1 个月，由主管税务机关根据实际情况具体核定。不能按固定期限计算纳税的，可以按次计算纳税。

纳税人以 1 个月为一期纳税的，自期满之日起 10 日内申报纳税；以 1 日、3 日、5 日、10 日或者 15 日为一期纳税的，自期满之日起 5 日内预缴税款，于次月 1 日起 10 日内申报纳税并结清上月税款。

五、纳税地点

纳税人应当向应税产品的开采或者生产所在地主管税务机关缴纳资源税。纳税人在本省、自治区、直辖市范围内开采或者生产应税产品，其纳税地点需要调整的，由省、自治区、直辖市税务机关决定。

第 2 节 资源税的核算

一、资源税应纳税额的计算

应纳税额＝应税产品的销售额×比例税率(从价定率的计算)

应纳税额＝应税产品的销售数量×定额税率(从量定额的计算)

纳税人将其开采的原煤加工为洗选煤销售的，应纳税额的计算公式为：

洗选煤应纳税额＝洗选煤销售额×折算率×适用税率

其中，营改增后的销售额是指纳税人销售应税产品向购买方收取的全部价款和价外费用，不包括增值税销项税额和运杂费用。运杂费用是指应税产品从坑口或洗选（加工）地到车站、码头或购买方指定地点的运输费用、建设基金以及随运销产生的装卸、仓储、港杂费用。

运杂费用应与销售额分别核算，凡未取得相应凭据或不能与销售额分别核算的，应当一并计征资源税。

原矿销售额与精矿销售额的换算或折算。对同一种应税产品，征税对象为精矿的，纳税人销售原矿时，应将原矿销售额换算为精矿销售额缴纳资源税；征税对象为原矿的，纳税人销售自采原矿加工的精矿，应将精矿销售额折算为原矿销售额缴纳资源税。换算比或折算率原则上应通过原矿售价、精矿售价和选矿比计算，也可通过原矿销售额、加工环节平均成本和利润计算。

例 10 - 1

（2013 年初级会计职称考试试题）下列各项中，应计入资源税销售额的有（　　）。

A. 收取的价款　　B. 收取的包装费

C. 收取的增值税销项税额　　D. 收取的运输装卸费

【解析】答案：选项 A，B，D。资源税的销售额是指纳税人销售应税产品向购买方收取的全部价款和价外费用，但不包括收取的增值税销项税额。价外费用包括价外向购买方收取的手续费、补贴、基金、集资费、返还利润、奖励费、违约金、滞纳金、延期付款利息、赔偿金、代收款项、代垫款项、包装费、包装物租金、储备费、优质费、运输装卸费以及其他各种性质的价外收费。

二、资源税的核算

（一）企业销售应税产品的核算

（1）企业销售时。

借：银行存款等

　贷：主营业务收入

　　　应交税费——应交增值税（销项税额）

借：税金及附加

　贷：应交税费——应交资源税

（2）上缴资源税时。

借：应交税费——应交资源税

　贷：银行存款

（二）企业自产自用应缴资源税的核算

会计分录为：

借：生产成本

　贷：应交税费——应交资源税

（三）企业收购未税矿产品应缴资源税的核算

（1）支付收购款时。

借：在途物资（材料采购）

　贷：银行存款

（2）代扣代缴资源税时。

借：在途物资（材料采购）

　贷：应交税费——应交资源税

例 10-2

企业将外产的盐用于加工精产品，共移送 100 吨，每吨定额税金 25 元，应缴资源税 2 500 元。

【解析】会计分录为：

借：生产成本	2 500	
贷：应交税费——应交资源税		2 500

例 10-3

某企业收购铁矿石 100 吨，每吨 100 元，增值税税率为 17%，代扣代缴的资源税按每吨 25 元计算。计算应代扣代缴的资源税。

【解析】

矿石收购价＝100×100＝10 000(元)

增值税进项税额＝10 000×17%＝1 700(元)

代扣代缴的资源税＝100×25＝2 500(元)

会计分录为：

借：在途物资	10 000	
应交税费——应交增值税（进项税额）	1 700	
贷：银行存款		11 700
借：在途物资	2 500	
贷：应交税费——应交资源税		2 500

（四）企业外购液体盐加工成固体盐应纳资源税的账务处理

（1）企业购入液体盐。

借：在途物资

　　应交税费——应交资源税

　贷：银行存款（应付账款）

（2）企业加工成固体盐销售。

借：税金及附加

　贷：应交税费——应交资源税

(3) 将销售固体盐应纳税额抵扣液体盐已纳税额后的差额上缴。

借：应交税费——应交资源税

贷：银行存款

资源税纳税申报表的填制从略。

习 题

一、单项选择题

1. 根据资源税的有关规定，下列应征收资源税的是（　　）。

A. 水　　B. 天然原油

C. 森林　　D. 人造石油

2. 依据我国资源税暂行条例及实施细则的规定，下列单位和个人的生产经营行为应缴纳资源税的有（　　）。

A. 冶炼企业进口矿石　　B. 外贸公司出口铁矿石

C. 军事单位开采石油　　D. 煤矿企业生产天然气

3. 下列关于资源税的说法，正确的是（　　）。

A. 资源税属于特定行为税

B. 开采原煤和进口原煤均应缴纳资源税

C. 冶金矿山铁矿石资源税减按规定税额标准的 40%征收

D. 资源税具有调节级差收入的作用

4. 甲地某独立矿山到乙地收购未税锰矿石，在丙地销售。关于收购的锰矿石资源税的说法，正确的是（　　）。

A. 由税务机关核定　　B. 适用甲地的税额

C. 适用乙地的税额　　D. 适用丙地的税额

5. 下列关于资源税纳税义务发生时间的表述，不正确的是（　　）。

A. 采用分期收款销售方式，于收到货款当天缴纳资源税

B. 自产自用应税产品，于移送使用当天缴纳资源税

C. 代扣代缴资源税，为支付货款的当天

D. 采用预收货款销售方式，于发出应税产品当天缴纳资源税

6. 某煤矿本月计划开采原煤 6 500 吨，实际开采 5 500 吨，本月计划销售 6 000 吨，实际销售 5 000 吨。根据资源税法律制度的规定，该煤矿本月应缴纳资源税的计税依据是（　　）。

A. 6 500 吨　　B. 5 500 吨　　C. 6 000 吨　　D. 5 000 吨

7. 关于资源税纳税地点的说法正确的是（　　）。

A. 纳税人跨省开采资源税应税产品的一律向总机构所在地税务机关缴纳

B. 纳税人应纳的资源税，应当向纳税人机构所在地主管税务机关纳税

C. 纳税人在本省范围内开采应税资源，其纳税地点需调整的，由省级税务机关决定

D. 扣缴义务人代扣代缴的资源税，应当向扣缴义务人所在地主管税务机关缴税

8. 某原油开采企业为一般纳税人，某年 3 月开采原油 10 万吨，当月销售 6 万吨，不

含税收入 24 000 万元，3 万吨用于继续加工为成品油，1 万吨用于加热修井，当月应纳资源税（　　）万元。

A. 1 680　　B. 1 440　　C. 2 400　　D. 2 160

9. 某煤矿开采企业为一般纳税人，某年 12 月销售原煤 30 万吨，开具增值税专用发票金额 9 000 万元，另领用原煤 5 万吨用于企业冬季取暖，该企业同类原煤最高售价为 400 元/吨，平均售价 310 元/吨（不含增值税），当月应纳资源税（　　）万元。（当地规定煤炭资源税税率 10%。）

A. 1 050　　B. 900　　C. 1 100　　D. 1 055

10. 根据资源税的规定，扣缴义务人代扣代缴资源税的纳税地点是（　　）。

A. 资源收购地　　B. 资源加工地

C. 资源开采地　　D. 扣缴义务人所在地

11. 某纳税人本期以自产液体盐 60 000 吨和外购液体盐 10 000 吨（每吨已缴纳资源税 2 元）加工固体盐 12 000 吨对外销售，取得销售收入 600 万元。已知固体盐税额为每吨 10 元，该纳税人本期应缴纳资源税（　　）万元。

A. 10　　B. 12　　C. 16　　D. 20

12. 某省煤炭资源税税率为 8%，某煤矿 2015 年 2 月销售自采原煤 500 万元（不含增值税，下同）；用自采未税原煤连续加工成洗选煤 1 000 吨，销售 600 吨，每吨售价 0.1 万元，将洗选煤 100 吨无偿换取某保洁公司的保洁服务。已知计算资源税时洗选煤折算率为 90%，该煤矿当月应纳资源税为（　　）万元。

A. 47.2　　B. 44.32　　C. 45.04　　D. 45.6

13. 某矿山某年 9 月开采锰矿石 10 000 吨，销售锰矿石 15 000 吨，又用 300 吨锰矿石换取了生产设备。该矿山当月应缴纳资源税的计税数量为（　　）吨。

A. 1 300　　B. 1 500　　C. 1 800　　D. 2 800

14. 资源税税目、税率表外的其他非金属矿原矿和其他有色金属矿原矿的免征规定是（　　）。

A. 不征收资源税

B. 由国务院批准征收与缓征

C. 由国家税务总局批准决定征收与缓征

D. 有省、自治区、直辖市人民政府决定征收与暂缓征收，并报财政部和国家税务总局备案

15. 下列企业既是增值税纳税人，又是资源税纳税人的是（　　）。

A. 在境内销售有色金属矿产品的贸易公司

B. 进口有色金属矿产品的企业

C. 在境内开采有色金属矿原矿销售的企业

D. 在境外开采有色金属矿原矿销售的企业

二、多项选择题

1. 资源税的纳税义务人包括（　　）。

A. 在中国境内开采并销售煤炭的个人

B. 在中国境内生产销售天然气的国有企业

C. 在中国境内生产自用应税资源的个人

D. 进口应税资源的国有企业

2. 根据资源税法律制度的规定，下列各项中，资源税适用从量定额征收的有（　　）。

A. 原油　　B. 天然气

C. 固体盐　　D. 有色金属矿原矿

3. 根据资源税法律制度的规定，下列各项中，属于资源税征税范围的有（　　）。

A. 与原油同时开采的天然气　　B. 煤矿生产的天然气

C. 开采的天然原油　　D. 生产资源税征税范围的海盐原盐

4. 关于资源税申报与缴纳的说法，正确的有（　　）。

A. 扣缴义务人代扣代缴的资源税，应当向开采地主管税务机关缴纳

B. 纳税人应纳的资源税，应当向应税资源的开采或生产所在地主管税务机关缴纳

C. 不定期开采矿产品的纳税人，可以按次计算缴纳资源税

D. 纳税人在本省范围内开采应税资源，纳税地点需要调整的，由省级人民政府决定

5. 根据资源税有关规定，纳税人不能准确提供应税产品销售数量的，以（　　）为计征资源税的销售数量。

A. 应税产品的实际产量

B. 当期计划产量

C. 上年同期产量

D. 主管税务机关确定的折算比换算成的数量

6. 下列选项中，符合资源税有关规定的有（　　）。

A. 独立矿山收购未税矿产品应代扣代缴资源税

B. 未税原煤加工为洗选煤销售的，以洗选煤销售额为计税依据计征资源税

C. 海盐原盐、井矿盐按照固体盐品目计征资源税

D. 收购未税矿产品的扣缴义务人代扣代缴的资源税，应向结算地主管税务机关缴纳

7. 下列自产应税产品中，应当视同销售征收资源税的有（　　）。

A. 用于非生产项目　　B. 用于生产应税产品

C. 用于生产非应税产品　　D. 用于出口销售

8. 下列各项中，应征收资源税的有（　　）。

A. 进口原油　　B. 生产销售固体盐

C. 销售以未税原煤加工的洗选煤　　D. 开采销售有色金属矿原矿

9. 以下关于资源税的表述不正确的有（　　）。

A. 在资源税税目、税率表中未列举名称的其他有色金属矿原矿或其他非金属矿原矿是否征收资源税，由各省、直辖市、自治区税务机关决定

B. 专门开采的天然气、与原油同时开采的天然气、煤矿生产的天然气均应按天然气税目计算缴纳资源税

C. 销售居民用煤炭制品按规定征收资源税

D. 原油、天然气、煤炭、铁矿石采用比例税率征收资源税

10. 以下关于资源税的表述正确的有（　　）。

A. 对在中国境内开采原煤的单位和个人，应按税法规定征收资源税，但对进口煤炭的单位和个人，则不征收资源税
B. 原油是资源税的应税资源，包括天然气和人造石油
C. 纳税人进口应税资源产品不缴纳资源税，但要缴纳增值税和关税
D. 开采资源税应税产品销售的，应向销售地所在的主管税务机关缴纳资源税

11. 不属于资源税征税范围的有（　　）。
A. 原煤　　B. 与原油同时开采的天然气
C. 煤炭制品　　D. 以油母页岩等炼制的原油

12. 下列各项中，资源税减征 30%的有（　　）。
A. 三次采油　　B. 深水油气田
C. 低丰度油气田　　D. 稠油、高凝油和高含硫天然气

13. 某煤矿开采销售原煤，应缴纳的税金有（　　）。
A. 资源税　　B. 增值税　　C. 消费税　　D. 城建税

14. 下列关于资源税计税依据的表述，不正确的有（　　）。
A. 纳税人开采销售原油时的原油数量
B. 纳税人销售铁矿产品时向对方收取的价外费用
C. 纳税人加工固体盐时使用的自产液体盐的数量
D. 纳税人销售天然气时向购买方收取的销售额及其储备费

15. 下列各项中，符合资源税纳税义务发生时间规定的有（　　）。
A. 采取分期收款结算方式的为实际收到款项的当天
B. 采取预收货款结算方式的为发出应税产品的当天
C. 自产自用应税产品的为移送使用应税产品的当天
D. 采取其他结算方式的为收讫销售款或取得索取销售款凭据的当天

三、业务题

1. 某盐场本月以自产液体盐 60 万吨和外购已税液体盐 80 万吨加工固体盐 20 万吨，生产的固体盐本月全部销售。液体盐资源税税额为 3 元/吨；固体盐资源税税额为 25 元/吨。计算该盐场当月应纳资源税。

2. 某矿山（增值税一般纳税人）某年 2 月开采铜矿石 80 万吨，收购邻县小矿山开采的铜矿石 20 万吨并代扣代缴了资源税。3 月销售自采铜矿石 45 万吨，销售收购铜矿石 20 万吨，销售以自采铜矿石入选的铜矿石精矿 6 万吨，共取得不含增值税销售收入 50 万元。（其他相关资料：该矿山铜矿石资源税税额 1.2 元/吨，精矿选矿比 60%，相关发票均经过认证并在当月抵扣。）

计算：该矿山 3 月份应纳的资源税。

3. 某煤矿 2015 年 1 月共开采原煤 6 500 吨，对外销售 2 000 吨，取得不含税销售额 20 万元，剩余 4 500 吨全部移送生产洗选煤，本月销售洗选煤 1 500 吨，取得不含税销售额 25 万元，已知，该企业开采煤炭适用的资源税税率为 4%，当地政府规定的折算率为 80%。

计算：该企业本月应缴纳的资源税。

第 11 章

其他税的会计核算

本章导言

英国经济学家哥尔柏说过："税收这种技术，就是拔最多的鹅毛，听最少的鹅叫。"印花税就是具有"听最少鹅叫"特色的税种。它的产生有深刻的政治经济根源，也具有一定的传奇色彩。

公元 1624 年，荷兰政府陷入严重的经济危机，财政十分困难。万般无奈，荷兰统治者决定采用公开招标的办法，用重赏寻求新税的设计方案。荷兰政府从成千上万个应征者设计的方案中筛选出一个"完美方案"——印花税。其设计方案可谓匠心独具：第一，考虑到人们在日常生活中经常使用契约、借贷凭证之类单据的事实，一旦征税，税源很大；第二，顺应了人们的心理，人们认为在凭证、单据上由政府盖个印戳而成为合法凭证是理所当然的，在诉讼时可以有法律保障，因而也乐于缴纳印花税。

正是这样，印花税被誉为税负轻微、税源畅旺、手续简便、成本低廉的"良税"。因此，印花税在荷兰出现后，欧美各国竞相效仿。丹麦在 1660 年、法国在 1665 年、美国在 1671 年、奥地利在 1686 年、英国在 1694 年先后开征了印花税。在不长的时间内，印花税就成为世界各国普遍采用的税种。

第 1 节　城市维护建设税及教育费附加的核算

一、城市维护建设税

（一）城市维护建设税的基本内容

城市维护建设税对缴纳增值税、消费税的单位和个人征收。对外资企业 2010 年 12 月 1 日（含）之后发生纳税义务的增值税和消费税（以下简称"两税"）征收城市维护建设税（以下简称城建税）和教育费附加。

1. 特点

城市维护建设税是一种附加税，以纳税人实际缴纳的增值税、消费税为计税依据，随“两税”同时征收，本身没有特定的、独立的征税对象。只要缴纳了“两税”就必须依法缴纳城建税。城建税专门用于城市的公用事业和公共设施的维护建设，实际上是一种附加税。

城市维护建设税的税率见表11-1。

表11-1 城市维护建设税的税率表

	税率	范围	说明
城建税	7%	市区	计税依据是纳税人实际缴纳增值税、消费税的税额
	5%	县城、建制镇	
	1%	其他地区	

2. 特殊规定

(1) 海关对进口产品代征增值税、消费税的，不征收城市维护建设税；(2) 对出口产品退还增值税、消费税的，不退还已缴纳的城市维护建设税；(3) 因减免税而需要退还“两税”的，可同时退还城市维护建设税。

提示

城建税一般不单独减免，主税减免，城建税才减免，主税退库，城建税也同时退库。城建税进口不征，出口不退。

(二) 城市维护建设税的计算

城建税的计算公式为：

应交城市维护建设税=(实际缴纳的增值税+消费税)×适用税率

(三) 城市维护建设税的核算

(1) 计算城建税。

借：税金及附加

　贷：应交税费——应交城市维护建设税

(2) 缴纳税款。

借：应交税费——应交城市维护建设税

　贷：银行存款

例11-1

(2012年初级会计职称考试试题) 某企业适用的城市维护建设税税率为7%，2011年8月份该企业应缴纳增值税2 000 000元、土地增值税30 000元、消费税50 000元、资源税20 000元，8月份该企业应记入“应交税费——应交城市维护建设税”科目的金额为（　　）元。

A. 16 100　　B. 17 500

C. 26 600　　D. 28 000

【解析】答案：选项B。增值税、消费税是城市建设维护税的基础。该企业应记入“应交税费——应交城市建设维护税”科目的金额=(增值税+消费税)×7%=(200 000+50 000)×7%=17 500(元)。

二、教育费附加

(一) 教育费附加的基本内容

教育费附加的征收对象为税法规定征收增值税、消费税的单位和个人。

教育费附加与增值税和消费税同时缴纳。教育费附加的减免原则上比照“两税”的减免规定。如果税法规定“两税”减免，教育费附加也就相应地减免。

(二) 教育费附加的计算

教育费附加的计算公式为：

(1) 一般单位和个人。

应交教育费附加=(实际缴纳的增值税+消费税)×征收比率(3%)

(2) 卷烟和烟叶生产单位。

应交教育费附加=(实际缴纳的增值税+消费税)×征收比率(3%)×50%

例11-2

某公司某年8月份应缴纳增值税90 000元，实际缴纳增值税80 000元；应缴纳消费税70 000元，实际缴纳消费税60 000元。该公司应缴纳教育费附加多少元？

【解析】

应交教育费附加=(80 000+60 000)×3%=4 200(元)

(三) 教育费附加的核算

教育费附加通过“应交税费——应交教育费附加”科目核算。

(1) 计算时。

借：税金及附加

　贷：应交税费——应交教育费附加

(2) 实际缴纳时。

借：应交税费——应交教育费附加

　贷：银行存款

城市维护建设税、教育费附加、地方教育附加年终结算申报表从略。

第2节 土地增值税的核算

一、土地增值税的基本内容

（一）征税范围和税率

土地增值税是对转让土地使用权而产生的增值额征收的一种财产税。土地增值税最早起源于德国。

（1）土地增值税只对转让国有土地使用权的行为征税，对出让国有土地使用权的行为不征税。

（2）土地增值税既对转让土地使用权的行为征税，也对转让地上建筑物及其他附着物产权的行为征税。

（3）土地增值税只对有偿转让的房地产征税，对以继承、赠予等方式无偿转让的房地产不征税。

土地增值税的征税范围具有“国有”“转让”“取得收入”三个关键特征。土地增值税的纳税义务人不论法人与自然人；不论经济性质；不论内资与外资企业、中国公民与外籍个人；不论部门。

转让方将不动产所有权、土地使用权转让给承受方：1）转让方交增值税、城建税、教育费附加、印花税、土地增值税、所得税；2）承受方交契税、印花税。自2008年11月1日起，对居民个人转让住房一律免征土地增值税。

土地增值税的税率见表11－2。

表11－2　土地增值税的税率表

级次	增值额占扣除项目金额比例	税率	速算扣除系数
1	50%以下（含50%）	30%	0
2	超过50%～100%（含100%）	40%	5%
3	超过100%～200%（含200%）	50%	15%
4	200%以上	60%	35%

（二）纳税地点

不论纳税人的机构所在地、经营所在地、居住所在地设在何处，均应在房地产的所在地申报纳税。由于涉及成本确定或其他原因而无法计算土地增值税的，可以预征土地增值税，待项目全部竣工，办理结算后再进行清算，多退少补。

二、土地增值税的计算

依据增值率确定税率，并且依据税率计算土地增值税的应纳税额。

$$增值额=收入总额-准予扣除项目金额$$

$$增值率=\frac{增值额}{扣除项目金额}\times 100\%$$

$$应纳税额=增值额\times 税率-扣除项目金额\times 速算扣除系数$$

（一）转让房地产取得的收入

纳税人转让房地产取得的收入，包括转让房地产的全部价款及有关的经济收益；从收入的形式来看，包括货币收入、实物收入和其他收入。

（二）扣除项目

（1）取得土地使用权所支付的金额（适用新建房转让和存量房地产转让），包括地价款和取得使用权时按政府规定缴纳的费用。

（2）房地产开发费用（适用新建房转让）。

1）纳税人能按转让房地产项目分摊利息支出并能提供金融机构贷款证明的。

$$\begin{matrix}允许扣除的\\房地产开发费用\end{matrix}=利息+\left(\begin{matrix}取得土地使用权\\所支付的金额\end{matrix}+\begin{matrix}房地产\\开发成本\end{matrix}\right)\times 5\%$$

2）纳税人不能按转让房地产项目分摊利息支出或不能提供金融机构贷款证明的。

$$\begin{matrix}允许扣除的\\房地产开发费用\end{matrix}=\left(\begin{matrix}取得土地使用权\\所支付的金额\end{matrix}+\begin{matrix}房地产\\开发成本\end{matrix}\right)\times 10\%$$

（3）与转让房地产有关的税金（适用新建房转让和存量房地产转让），包括城建税、印花税、教育费附加等。

（4）财政部规定的其他扣除项目（适用新建房转让）。

$$加计扣除费用=\left(\begin{matrix}取得土地使用权\\所支付的金额\end{matrix}+\begin{matrix}房地产\\开发成本\end{matrix}\right)\times 20\%$$

此项加计扣除针对房地产开发企业有效，非房地产开发企业不享受此项政策。取得土地使用权后未经开发就转让的，不得加计扣除。

例 11-3

（2015 年初级会计职称考试试题）某企业销售房产取得售价 5 000 万元，扣除项目金额合计为 3 000 万元，已知适用的土地增值税税率为 40%，速算扣除系数为 5%。

【解析】

该企业应纳土地增值税

=增值额×适用的土地增值税税率－扣除项目金额×适用的速算扣除系数

=(5 000－3 000)×40%－3 000×5%=650(万元)

三、土地增值税的清算

（1）符合下列情形之一的，纳税人应当进行土地增值税的清算：

1）房地产开发项目全部竣工、完成销售的；

2）整体转让未竣工决算房地产开发项目的；

3）直接转让土地使用权的。

（2）符合下列情形之一的，主管税务机关可以要求纳税人进行土地增值税的清算：

1）已竣工验收的房地产开发项目，已转让的房地产建筑面积占整个项目可售建筑面积的比例在85％以上，或该比例虽未超过85％，但剩余的可售建筑面积已经出租或自用的；

2）取得销售（预售）许可证满三年仍未销售完毕的；

3）纳税人申请注销税务登记但未办理土地增值税清算手续的；

4）省级税务机关规定的其他情况。

四、土地增值税的核算

（一）房地产企业的土地增值税的会计处理

（1）计算时。

借：税金及附加

　贷：应交税费——应交土地增值税

（2）实际上缴时。

借：应交税费——应交土地增值税

　贷：银行存款

（3）兼营房地产业务的企业因转让房地产取得收入而应缴土地增值税时。

借：税金及附加

　贷：应交税费——应交土地增值税

（二）非房地产企业转让或销售房地产缴纳土地增值税的会计处理

（1）计算时。

借：固定资产清理

　贷：应交税费——应交土地增值税

（2）实际上缴时。

借：应交税费——应交土地增值税

　贷：银行存款

例 11－4

A 房地产企业在 2016 年 5 月营改增后，销售自己开发的房地产项目，假设转让取得含税收入为 15 000 万元，扣除项目中，土地出让金 3 000 万元，开发成本中建筑材料 3 000 万元，外包建筑人工 1 000 万元，房地产开发费用中的利息支出为 1 200 万元（不能按转让房地产项目计算分摊利息支出，也不能提供金融机构证明），房地产开发费用的计算扣除比例为 10%。“营改增”后，假设 A 企业所有成本均取得按照适用税率计税的增值税专用发票。

【解析】

转让房地产应纳增值税＝(15 000－3 000)÷(1＋11%)×11%＝1 189.19(万元)

不含税转让收入＝15 000－1 189.19＝13 810.81(万元)

各项扣除项目的金额为：

土地出让金＝3 000(万元)

开发成本＝3 000÷(1＋17%)＋1 000÷(1＋11%)＝3 465(万元)

开发费用＝(土地出让金＋开发成本)×10%

＝(3 000＋3 465)×10%＝646.5(万元)

与转让房地产有关的税金＝城市维护建设税＋教育费附加＋地方教育费附加

＝[1 189.19－3 000÷(1＋17%)×17%

－1 000÷(1＋11%)×11%]×(7%＋3%＋2%)

＝78.5(万元)

加计扣除＝(土地出让金＋开发成本)×20%

＝(3 000＋3 465)×20%＝1 293(万元)

以上 5 项扣除金额合计为 8 483 万元，则土地增值率＝(13 810.81－8 483)÷8 483×100%＝62.8%，适用税率为 40%，速算扣除系数为 5%。

应纳土地增值税＝(13 810.81－8 483)×40%－8 483×5%＝1 706.97(万元)

会计分录为：

借：税金及附加　　1 706.97

　贷：应交税费——应交土地增值税　　1 706.97

土地增值税纳税申报表分为从事房地产开发的纳税人的纳税申报表和从事非房地产开发的纳税人的纳税申报表，表格从略。

第 3 节　房产税的核算

一、房产税的基本内容

（一）征税范围

房产税是以城市、县城、建制镇和工矿区的房屋不动产为征税对象，依据房产余值或租金向房产产权所有人或经营人征收的一种税，属于财产类税。

提示

房产税的征税对象是房产，即以房屋形态表现的财产。独立于房屋之外的建筑物，如围墙、烟囱、水塔、室外游泳池等不属于房产。

（二）纳税义务人

1. 纳税义务人

凡在我国境内拥有房屋产权的单位和个人都是房产税的纳税义务人。自2009年1月1日起，外商投资企业、外国企业和组织以及外籍个人，也须缴纳房产税。

具体规定为：（1）产权属于全民所有的，由经营管理单位纳税；（2）产权出典的，由承典人纳税；（3）产权所有人、承典人不在房产所在地的，或者产权未确定及租典纠纷未解决的，由房产代管人或者使用人纳税；（4）纳税单位和个人无租使用房产管理部门、免税单位及纳税单位的房产，应由使用人代为缴纳房产税。

2. 征税范围

房产税的征税范围为城市、县城、建制镇、工矿区，不包括农村房屋。

（三）税目和税率

房产税的税目、税率见表11-3。

表11-3 房产税的税目、税率表

税目	税率	备注
按房产原值一次减除10%～30%后的余值	1.2%	减除幅度由省级人民政府确定
按房产出租的租金收入	12%	
个人按市场价格出租的居民住房	4%	

（四）纳税期限和纳税地点

1. 纳税期限

房产税实行按年计算、分期缴纳的征收办法，具体纳税期限由省、自治区、直辖市人民政府确定。

2. 纳税地点

房产税应向房产所在地的地方税务机关缴纳。房产不在同一地方的纳税人，应按房产坐落地点分别向房产所在地的地方税务机关缴纳。

（五）纳税义务发生时间

（1）原有房产用于生产经营的，自生产经营之月起缴纳房产税；（2）纳税人自建房屋的，自建成次月起缴纳房产税；（3）纳税人委托施工企业建房的，从办理验收手续次月起纳税；（4）在验收前使用、出租、出借的，从使用、出租、出借的当月起缴纳。

（六）税收优惠

下列房产免纳房产税：（1）国家机关、人民团体、军队自用的房产。（2）国家财政部门拨付事业经费单位自用的房产。（3）宗教寺庙、公园、名胜古迹自用的房产。（4）个人拥有的非营业用的房产。（5）经财政部批准免税的其他房产。

提示

免税单位的出租房产以及非自身业务使用的生产、营业性用房，不属于免税范围。对房地产开发企业建造的商品房，在售出前不征收房产税，但对售出前房地产开发企业已使用或出租、出借的商品房，应按规定征收房产税。

二、房产税的计算

（1）按房产原值一次减除 10%～30%后的余值计算。其计算公式为：

年应交房产税＝房产账面原值×(1－10%至 30%)×1.2%

（2）按租金收入计算。其计算公式为：

年应交房产税＝年租金收入×适用税率 12%

提示

2008 年 12 月 18 日，财政部、国家税务总局规定，对依照房产原值计税的房产，不论是否记载在会计账簿固定资产科目中，均应按房屋原价计算缴纳房产税。房产原值是指企业按照会计制度的规定，在“固定资产”账户中记载的房屋原价。如果是个人出租公建，一次性收取数月租金，在代开发票时应一次性缴纳房产税；如果是企业，应按月申报缴纳房产税。

例 11－5

某省政府机关有办公用房一幢，房产价值 5 000 万元。2009 年将其中的 1/4 对外出租，取得租金收入 100 万元。已知该省统一规定计算房产余值的减除幅度为 20%，该省政府机关当年应缴纳的房产税为多少？

【解析】省政府机关办公用房免税，出租部分应以租金交税。

应交房产税＝100×12%＝12(万元)

三、房产税的核算

计算和缴纳房产税的会计分录为：

借：税金及附加

　贷：银行存款

例 11－6

某供热企业拥有生产用房原值 3 000 万元，当年取得供热收入 2 000 万元，其中直接向居民供热的收入 500 万元，房产所在地规定计算房产余值的扣除比例为 20%。计算该企业应交多少房产税。

【解析】向居民供热的收入部分免交房产税。

应交房产税＝3 000×(1－20%)×1.2%×1 500/2 000＝21.6(万元)

会计分录为：

借：税金及附加	216 000	
贷：银行存款		216 000

例 11－7

王某自有一处平房，共 16 间，其中有 7 间用于个人开餐馆（房屋原值为 20 万元）。某年 1 月 1 日，王某将 4 间出典给李某，取得出典价款收入 12 万元，将剩余的 5 间出租给某公司，每月收取租金 1 万元。已知该地区规定按照房产原值一次扣除 20%后的余值计税，王某该年应缴纳的房产税为多少？

【解析】

(1) 开餐馆的房产应交房产税＝20×(1－20%)×1.2%＝0.192(万元)

(2) 房屋产权出典的，承典人为纳税人，王某作为出典人无须缴纳房产税。

(3) 出租房屋应交房产税＝12×12%＝1.44(万元)

(4) 年应交房产税＝0.192＋1.44＝1.632(万元)

房产税纳税申报表从略。

第 4 节 城镇土地使用税的核算

一、城镇土地使用税的基本内容

城镇土地使用税是以开征范围的土地为征税对象，以实际占用的土地面积为计税标准，按规定税额对拥有土地使用权的单位和个人征收的一种税。

2006 年 12 月 30 日国务院第 163 次常务会议修订并颁布了《中华人民共和国城镇土地使用税暂行条例》（国务院令〔1988〕第 17 号），自 2007 年 1 月 1 日起施行。

（一）税率

城镇土地使用税采用定额税率，实行分级幅度税额（见表 11－4）。

表 11－4　城镇土地使用税的税率表

（自 2007 年 1 月 1 日起执行）

级别	人口	税额
大城市	50 万以上	每平方米 1.5～30 元
中等城市	20 万～50 万	每平方米 1.2～24 元
小城市	20 万以下	每平方米 0.9～18 元
县城、建制镇、工矿区		每平方米 0.6～12 元

提示

（1）各省、自治区、直辖市人民政府可根据市政建设状况、经济繁荣程度等，在规定的税额幅度内确定所辖地区的适用税额幅度。

（2）市、县人民政府应当根据实际情况，将本地区土地划分为若干等级，在省、自治区、直辖市人民政府确定的税额幅度内，制定相应的适用税额标准，报省、自治区、直辖市人民政府批准执行。

（3）经省、自治区、直辖市人民政府批准，经济落后地区城镇土地使用税的适用税额标准可以适当降低，但降低额不得超过上述规定最低税额的 30%。经济发达地区的适用税额标准可以适当提高，但须报财政部批准。

（二）征税范围

城镇土地使用税的征税范围包括城市、县城、建制镇、工矿区，其中城市的征收范围为市区和郊区。

（三）纳税人

凡在城市、县城、建制镇、工矿区范围内使用土地的单位和个人，为城镇土地使用税的纳税义务人。具体纳税人为：

（1）城镇土地使用税由拥有土地使用权的单位或个人缴纳。

（2）土地使用权未确定或权属纠纷未解决的，由实际使用人纳税。

（3）土地使用权共有的，由共有各方分别纳税。

（四）纳税义务发生时间

（1）纳税人购置新建商品房的，自房屋交付使用的次月起，缴纳城镇土地使用税。

（2）纳税人购置存量房的，自办理房屋权属转移、变更登记手续，房地产权属登记机关签发房屋权属证书的次月起，缴纳城镇土地使用税。

（3）纳税人出租、出借房产的，自交付出租、出借房产的次月起，缴纳城镇土地使用税。

（4）以出让或转让方式有偿取得土地使用权的，应由受让方从合同约定交付土地时间的次月起缴纳城镇土地使用税；合同未约定交付时间的，由受让方从合同签订的次月起缴纳城镇土地使用税。

（5）纳税人新征用的耕地，自批准征用之日起满 1 年时开始缴纳城镇土地使用税。

（6）纳税人新征用的非耕地，自批准征用的次月起缴纳城镇土地使用税。

（五）纳税地点

城镇土地使用税在土地所在地缴纳。纳税人使用的土地不属于同一省、自治区、直辖市管辖的，由纳税人分别向土地所在地的税务机关缴纳城镇土地使用税；在同一省、自治区、直辖市管辖范围内，纳税人跨地区使用的土地，其纳税地点由各省、自治区、直辖市地方税务局确定。

（六）纳税期限

城镇土地使用税实行按年计算、分期缴纳的征收方法，具体纳税期限由省、自治区、直辖市人民政府确定。

二、城镇土地使用税的计算

城镇土地使用税的计算公式为：

应纳税额＝计税土地面积×适用税额

城镇土地使用税以纳税人实际占用的土地面积为计税依据。土地面积以平方米为计量单位。

三、城镇土地使用税的核算

年终计算和缴纳城镇土地使用税的会计分录为：

借：税金及附加

　贷：银行存款

例 11－8

某人民团体有 A，B 两栋办公楼，A 占地 3 000 平方米，B 占地 1 000 平方米。2007 年 3 月 30 日至 12 月 31 日该团体将 B 栋出租，当地城镇土地使用税的税率为每平方米 15 元。计算该人民团体应交城镇土地使用税。

【解析】 因为人民团体自用的 A 楼免税，所以

城镇土地使用税＝1 000×15×9÷12＝11 250(元)

计提和上缴税款的会计分录为：

借：税金及附加　　11 250

　贷：银行存款　　11 250

城镇土地使用税纳税申报表从略。

第 5 节　耕地占用税的核算

一、耕地占用税的基本内容

耕地占用税是指以纳税人实际占用的耕地面积为计税依据，按照规定的适用税额一次性征收的税金。耕地占用税由地方税务机关负责征收，属行为税范畴。2007 年 12 月 1 日，国务院颁布《中华人民共和国耕地占用税暂行条例》，自 2008 年 1 月 1 日起执行。

（一）纳税义务人

占用耕地建房或者从事非农业建设的单位或者个人为耕地占用税的纳税义务人。

（二）计税依据

耕地占用税以纳税人实际占用的耕地面积为计税依据，按照规定的适用税额一次性征收。

二、耕地占用税的税额

（1）人均耕地不超过 1 亩的地区（以县级行政区域为单位），耕地占用税的税额为每平方米 10～50 元；

（2）人均耕地超过 1 亩但不超过 2 亩的地区，耕地占用税的税额为每平方米 8～40 元；

（3）人均耕地超过 2 亩但不超过 3 亩的地区，耕地占用税的税额为每平方米 6～30 元；

（4）人均耕地超过 3 亩的地区，耕地占用税的税额为每平方米 5～25 元。

各省（自治区、直辖市）耕地占用税平均税额表见表 11－5。

表 11-5　各省、自治区、直辖市耕地占用税平均税额表

地区	每平方米平均税额（元）
上海	45
北京	40
天津	35
江苏、浙江、福建、广东	30
辽宁、湖北、湖南	25
河北、安徽、江西、山东、河南、重庆、四川	22.5
广西、海南、贵州、云南、陕西	20
山西、吉林、黑龙江	17.5
内蒙古、西藏、甘肃、青海、宁夏、新疆	12.5

特别规定：

（1）国务院财政、税务主管部门根据人均耕地面积和经济发展情况确定各省、自治区、直辖市的平均税额。

（2）各地适用税额，由省、自治区、直辖市人民政府在规定的税额幅度内，根据本地区情况核定。各省、自治区、直辖市人民政府核定的适用税额的平均水平，不得低于规定的平均税额。

（3）经济特区、经济技术开发区和经济发达且人均耕地特别少的地区，适用税额可以适当提高，但是提高的部分最高不得超过规定的当地适用税额的 50%。

（4）占用基本农田的，适用税额应当在规定的当地适用税额的基础上提高 50%。

三、耕地占用税的纳税期限

获准占用耕地的单位或者个人应当在收到土地管理部门的通知之日起 30 日内缴纳耕地占用税。土地管理部门凭耕地占用税完税凭证或者免税凭证和其他有关文件发放建设用地批准书。

四、减征、免征耕地占用税

（一）免征耕地占用税

（1）军事设施占用耕地。

（2）学校、幼儿园、养老院、医院占用耕地。

（二）减征耕地占用税

（1）铁路线路、公路线路、飞机场跑道、停机坪、港口、航道占用耕地，减按每平方米 2 元的税额征收耕地占用税。

（2）农村居民占用耕地新建住宅，按照当地适用税额减半征收耕地占用税。

五、耕地占用税的核算

实际缴纳耕地占用税的会计分录为：

借：在建工程

　贷：银行存款

企业多缴税款，在收到退税时，直接用红字冲减。

耕地占用税纳税申报表从略。

第 6 节　车辆购置税的核算

一、车辆购置税的基本内容

2015 年 12 月 28 日，国家税务总局修改车辆购置税征收管理办法，自 2016 年 2 月 1 日起施行。

（一）办理车辆购置税纳税申报的地点

（1）需要办理车辆登记注册手续的纳税人，向车辆登记注册地的主管税务机关办理纳税申报；

（2）不需要办理车辆登记注册手续的纳税人，向纳税人所在地的主管税务机关办理纳税申报。

提示

车辆购置税实行一车一申报制度。完税证明分正本和副本，按车核发，每车一证。正本由车主保管，副本用于办理车辆登记注册。

（二）纳税申报时间

纳税人购买自用应税车辆的，应自购买之日起 60 日内申报纳税；进口自用应税车辆的，应自进口之日起 60 日内申报纳税；自产、受赠、获奖或者以其他方式取得并自用应税车辆的，应自取得之日起 60 日内申报纳税。

（三）纳税申报需要提供的资料

纳税人办理纳税申报时应如实填写《车辆购置税纳税申报表》（以下简称纳税申报表），同时提供以下资料：（1）纳税人身份证明；（2）车辆价格证明；（3）车辆合格证明；（4）税务机关要求提供的其他资料。

提示

自2017年5月1日起，公安部和国家税务总局已建立数据传输专线，国家税务总局每周汇总全国机动车销售发票信息传输至公安部，交通管理信息系统自动比对机动车销售发票信息。对销售发票票面信息同国税机关传输的电子信息比对不符或者未查到销售发票电子信息的，公安部定期清分至车辆登记地公安机关交通管理部门，各地国税机关要配合公安机关交通管理部门核查。

二、车辆购置税的计算

（一）计税价格

车辆购置税计税价格按照以下情形确定：

（1）纳税人购买自用的应税车辆，计税价格为纳税人购买应税车辆而支付给销售者的全部价款和价外费用，不包含增值税税款。其中，价外费用是指销售方价外向购买方收取的基金、集资费、违约金（延期付款利息）和手续费、包装费、储存费、优质费、运输装卸费、保管费以及其他各种性质的价外收费，但不包括销售方代办保险等而向购买方收取的保险费，以及向购买方收取的代购买方缴纳的车辆购置税、车辆牌照费。

（2）纳税人进口自用的应税车辆：

计税价格＝关税完税价格＋关税＋消费税

（3）纳税人购买自用或者进口自用应税车辆，申报的计税价格低于同类型应税车辆的最低计税价格，又无正当理由的，计税价格为国家税务总局核定的最低计税价格。

（4）纳税人自产、受赠、获奖或者以其他方式取得并自用的应税车辆的计税价格，主管税务机关参照国家税务总局规定的最低计税价格核定。

（5）国家税务总局未核定最低计税价格的车辆，计税价格为纳税人提供的有效价格证明注明的价格。有效价格证明注明的价格明显偏低的，主管税务机关有权核定应税车辆的计税价格。

（6）进口旧车、因不可抗力因素导致受损的车辆、库存超过3年的车辆、行驶8万公里以上的试验车辆、国家税务总局规定的其他车辆，计税价格为纳税人提供的有效价格证明注明的价格。纳税人无法提供车辆有效价格证明的，主管税务机关有权核定应税车辆的计税价格。

（7）免税条件消失的车辆，自初次办理纳税申报之日起，使用年限未满10年的，计税价格以免税车辆初次办理纳税申报时确定的计税价格为基准，每满1年扣减10%；未满1年的，计税价格为免税车辆的原计税价格；使用年限10年（含）以上的，计税价格为零。最低计税价格是指国家税务总局依据机动车生产企业或者经销商提供的车辆价格信息，参照市场平均交易价格核定的车辆购置税计税价格。

（二）申请退税的情形

已缴纳车辆购置税的车辆发生下列情形之一的，准予纳税人申请退税：

（1）车辆退回生产企业或者经销商的；

（2）符合免税条件的设有固定装置的非运输车辆但已征税的；

（3）其他依据法律法规规定应予退税的情形。

车辆退回生产企业或者经销商的，纳税人申请退税时，主管税务机关自纳税人办理纳税申报之日起，按已缴纳税款每满 1 年扣减 10%计算退税额；未满 1 年的，按已缴纳税款全额退税。其他退税情形，纳税人申请退税时，主管税务机关依据有关规定计算退税额。

（三）完税证明

主管税务机关在税款足额入库后发放完税证明。完税证明发生损毁丢失的，要求按照规定予以补办。

（1）完税证明分正本和副本，按车核发，每车一证。正本由车主保管，副本用于办理车辆登记注册。税务机关积极推行与车辆登记管理部门共享车辆购置税完税情况电子信息。

（2）购买二手车时，购买者应当向原车主索要完税证明。

三、车辆购置税的核算

（1）企业购置（包括购买、进口、自产、受赠、获奖或者以其他方式取得并自用）的应税车辆，按规定缴纳的车辆购置税实行一次征收。

借：固定资产

　贷：银行存款

（2）企业购置的减税、免税车辆改制后用途发生变化的，按规定应补交车辆购置税。

借：固定资产

　贷：银行存款

车辆购置税纳税申报表从略。

第 7 节　车船税的核算

一、车船税的基本内容

（一）纳税范围

车船税的纳税范围是指在机场、港口以及其他企业内部场所行驶或作业，并在车船管理部门登记的车船。2011 年 2 月 25 日，第十一届全国人民代表大会常务委员会第十九次会议通过《中华人民共和国车船税法》，自 2012 年 1 月 1 日起施行。

车船税具有涉及面广、税源流动性强、纳税人多为个人等特点，是第一个从国务院条例上升为法律的税种。

（二）纳税义务人

车船税的纳税义务人是指在中华人民共和国境内的车辆、船舶（以下简称车船）的所有人或者管理人，包括在我国境内拥有车船的单位和个人。这里的单位是指行政机关、事业单位、社会团体以及中外各类企业。个人是指我国境内的居民和外籍个人。

提示

车船税按年申报缴纳。从事机动车第三者责任强制保险业务的保险机构为机动车车船税的扣缴义务人，应当在收取保险费时依法代收车船税，并出具代收税款凭证。

（三）税目和税率

车船税的税目、税率见表 11－6。

表 11－6　车船税的税目、税率表

（自 2012 年 1 月 1 日起执行）

税目		计税单位	年基准税额	备注
乘用车［按发动机汽缸容量（排气量）分档］	1.0 升（含）以下的	每辆	60 元至 360 元	核定载客人数 9 人（含）以下
	1.0 升以上至 1.6 升（含）的		300 元至 540 元	
	1.6 升以上至 2.0 升（含）的		360 元至 660 元	
	2.0 升以上至 2.5 升（含）的		660 元至 1 200 元	
	2.5 升以上至 3.0 升（含）的		1 200 元至 2 400 元	
	3.0 升以上至 4.0 升（含）的		2 400 元至 3 600 元	
	4.0 升以上的		3 600 元至 5 400 元	
商用车	客车	每辆	480 元至 1 440 元	核定载客人数 9 人以上，包括电车
	货车	整备质量每吨	16 元至 120 元	包括半挂牵引车、三轮汽车和低速载货汽车等
挂车		整备质量每吨	按照货车税额的 50%计算	
其他车辆	专用作业车	整备质量每吨	16 元至 120 元	不包括拖拉机
	轮式专用机械车		16 元至 120 元	
摩托车		每辆	36 元至 180 元	

续前表

税目		计税单位	年基准税额	备注
船舶	机动船舶	净吨位每吨	3 元至 6 元	拖船、非机动驳船分别按照机动船舶税额的 50%计算
	游艇	艇身长度每米	600 元至 2 000 元	

(四) 税收优惠

1. 免征或减征

(1) 下列车船免征车船税：1) 捕捞、养殖渔船；2) 军队、武装警察部队专用的车船；3) 警用车船；4) 依照法律规定应当予以免税的外国驻华使领馆、国际组织驻华代表机构及其有关人员的车船。

(2) 对节约能源、使用新能源的车船可以减征或者免征车船税。

(3) 对受严重自然灾害影响纳税困难以及有其他特殊原因确需减税、免税的，可以减征或者免征车船税。具体办法由国务院规定，并报全国人民代表大会常务委员会备案。

2. 定期减征或免征

省、自治区、直辖市人民政府根据当地实际情况，可以对公共交通车船，农村居民拥有并主要在农村地区使用的摩托车、三轮汽车和低速载货汽车定期减征或者免征车船税。

(五) 纳税义务发生时间和纳税期限

1. 纳税义务发生时间

车船税纳税义务发生时间为取得车船所有权或者管理权的当月。

2. 纳税期限

车船税按年申报缴纳。具体申报纳税期限由省、自治区、直辖市人民政府规定。

提示

一般情况下，交强险是按年缴纳的，车主可以在办理交强险业务的同时缴纳车船税。

(六) 纳税地点

车船税的纳税地点为车船的登记地或者车船税扣缴义务人所在地。依法不需要办理登记的车船，车船税的纳税地点为车船的所有人或者管理人所在地。

公安、交通运输、农业、渔业等车船登记管理部门、船舶检验机构和车船税扣缴义务人的行业主管部门应当在提供车船有关信息等方面，协助税务机关加强车船税的征收管理。

车辆所有人或者管理人在申请办理车辆相关登记、定期检验手续时，应当向公安机关交通管理部门提交依法纳税或者免税证明。公安机关交通管理部门核查后办理相关手续。

提示

我国由保险机构代收代缴车船税是法律规定的，也是一项便民措施。除此之外，纳税人还可以到税务机关前台缴纳车船税。车主在购买交强险时，无法立即足额缴纳车船税的，保险机构不得将保单、保险标志和保费发票等票据交给车主，直至车主缴纳车船税或提供税务机关出具的完税凭证或减免税证明。

二、车船税的计算

（1）保有机动车按一个年度计算车船税。计算公式为：

应纳税额＝计税单位×适用税额

例 11－9

某排气量为 2.0 升的乘用车，其 2012 年车船税应纳税额为多少？

【解析】

应纳税额＝1 辆×420 元/年＝420(元)

某整备质量为 5 吨的商用车货车，其 2012 年车船税应纳税额为多少？

【解析】

应纳税额＝5 吨×96 元/年＝480(元)

（2）购置的新机动车，购置当年的应纳税款从购买日期的当月起至该年度终了按月计算。计算公式为：

$$应纳税额=\frac{计税单位\times 适用税额}{12}\times 应纳税月份数$$

例 11－10

某人在 2012 年 9 月 1 日购买了一辆 2.0 升的乘用车，车船税应纳税额为多少？

【解析】

应纳税额＝(1 辆×420 元/年)÷12×4 个月＝140(元)

三、车船税的核算

计算和缴纳车船税的会计分录为：

借：税金及附加

　贷：银行存款

代收代缴车船税纳税申报表从略。

第 8 节　印花税的核算

一、印花税的基本内容

（一）纳税范围

印花税是对经济活动和经济交往中书立、领受应税凭证的行为征收的一种税。印花税属于行为税，其特点是使用范围很广，税率低，由纳税人自行完税。

（二）纳税义务人

在中国境内书立、使用、领受税法所列举凭证应履行纳税义务的单位和个人，是印花税的纳税义务人。按照书立、使用、领受应税凭证的不同，可以分别确定为立合同人、立据人、立账簿人、领受人和使用人五种。各类电子应税凭证的签订人，也是印花税的纳税义务人。

（三）纳税方法

印花税采取贴花纳税方式，具体纳税办法有三种：

1. 自行贴花

自行贴花是指纳税人自行计算应纳税额，自行向税务机关购买印花税票，自行在应税凭证上一次贴足印花，自行划红或盖章加以注销。这是使用范围较广泛的纳税办法，一般适用于应税凭证少或同一凭证纳税次数少的纳税人。

2. 汇贴或汇缴

汇贴或汇缴是指对需频繁贴花的应税凭证，在税务机关批准的前提下，由纳税人在限期内（1 个月）汇贴或汇缴印花税。对应纳印花税税额超过 500 元的一份凭证，经税务机关批准，纳税人可用填开完税凭证或缴款书的办法纳税，不再贴花。

3. 委托代征

委托代征是对国家有关部门发放、鉴证、公证或仲裁的应税凭证，由税务机关委托有关部门代征印花税。税务机关应发给代征单位代征委托书。这种办法是实行印花税税源管控的有效手段。

提示

印花税应当在书立或领受时贴花。合同在国外签订，不便在国外贴花的，应在将合同带入境时办理贴花手续。

（四）税目和税率

印花税的比例税率分为 4 个档次，分别是 0.05‰，0.3‰，0.5‰，1‰四档（见表 11-7）。

表 11-7　　印花税的税目、税率表

类别	税目	税率	纳税人
1. 合同或具有合同性质的凭证	（1）购销合同 电网与用户之间签订的供用电合同不征收印花税。	按购销金额 0.3‰贴花	立合同人
	（2）加工承揽合同	按加工或承揽收入 0.5‰贴花	
	（3）建设工程勘察设计合同	按收取费用 0.5‰贴花	
	（4）建筑安装工程承包合同 包括总承包合同、分包合同和转包合同。	按承包金额 0.3‰贴花	
	（5）财产租赁合同	按租赁金额 1‰贴花。税额不足 1 元的按 1 元贴花	
	（6）货物运输合同	按运输费用 0.5‰贴花	
	（7）仓储保管合同	按仓储保管费用 1‰贴花	
	（8）借款合同 银行及其他金融组织与借款人所签订的合同（包括融资租赁合同），不包括银行同业拆借合同。	按借款金额 0.05‰贴花	
	（9）财产保险合同	按保险费收入 1‰贴花	
	（10）技术合同 包括技术开发、转让、咨询、服务等合同。 技术转让合同：包括专利申请权转让、专利实施许可和非专利技术转让。 技术咨询合同：一般的法律、会计、审计等方面的咨询不属于技术咨询，所立合同不贴印花。	按所载金额 0.3‰贴花	
2. 书据	（11）产权转移书据 包括财产所有权和版权、商标专用权、专利权、专有技术使用权等转移书据和土地使用权出让合同、土地使用权转让合同、商品房销售合同等。 财产所有权转移书据是指经政府管理机关登记注册的动产和不动产所有权转移所立的书据，以及企业股权转让所立的书据、个人无偿赠与不动产登记表。	按所载金额 0.5‰贴花	立据人

续前表

类别	税目	税率	纳税人
3. 账簿	(12) 营业账簿 分为记载资金的账簿和其他账簿(包括日记账簿和各明细分类账簿)。	记载资金的账簿,按实收资本和资本公积的合计金额 0.5‰ 贴花;其他账簿按件贴花 5 元	立账簿人
4. 证照	(13) 权利、许可证照 包括房屋产权证、工商营业执照、商标注册证、专利证、土地使用证,不包括税务登记证、卫生许可证等。	按件贴花 5 元	领受人

提示

(1) 立合同人是指合同当事人,不包括合同的担保人、证人、鉴定人。(2) 产权转让书据的纳税人是立据人。(3) 立账簿人是指设立并使用营业账簿的单位和个人。(4) 权利、许可证照的纳税人是领受人。(5) 在国外书立、领受,但在国内使用完税凭证的纳税人是使用人。(6) 各类电子应税凭证的签订人是指以电子形式签订各类应税凭证的当事人。

二、印花税的计算

1. 按比例税率计算

应纳印花税=计税金额×适用税率

比例税率适用于记载有金额的应税凭证,印花税的 13 个税目中大部分采用比例税率。

2. 按定额税率计算

应纳印花税=凭证件数×固定税额(5 元)

定额税率也称固定税额,适用于无法记载金额或者虽载有金额,但作为计税依据明显不合理的凭证。13 个税目中只有权利、许可证照,营业账簿中的其他账簿采用这种定额税率,每件应税凭证缴纳固定数额(5 元)的税款。

三、免征印花税的优惠政策

下列凭证免征印花税:

(1) 已缴纳印花税的凭证的副本或抄本;

(2) 财产所有人将财产赠给政府、社会福利团体单位、学校等所立的书据;

(3) 由国家指定的收购部门(如供销社、粮站等)与村民委员会、农民个人书立的农副产品收购合同;

(4) 无息、贴息贷款合同;

(5) 外国政府或者国际金融组织向我国政府及国家金融机构提供优惠贷款所书

立的合同等。

四、印花税的核算

计算和缴纳印花税的会计分录为：

借：税金及附加（或预付账款）

　贷：银行存款

例 11－11

某电厂与某水运公司签订了两份运输保管合同。第一份合同中注明运费 30 万元，保管费 10 万元；第二份合同载明的费用合计 50 万元（运费和保管费并未分别记载）。电厂与水运公司签订的两份合同应缴纳印花税多少元？

【解析】 同一凭证因载有两个或者两个以上经济事项而适用不同的税率，分别记载金额的，应分别计算应纳税额，相加后按合计税额贴花；未分别记载金额的，按税率高的计税贴花。运输合同适用的印花税税率为 0.5‰，保管合同适用的印花税税率为 1‰。

应纳印花税＝300 000×0.5‰＋100 000×1‰＋500 000×1‰ ＝750（元）

会计分录为：

借：税金及附加　750

　贷：银行存款　750

第 9 节　契税的核算

一、契税的基本内容

契税是以所有权发生转移变动的不动产为征税对象，向产权承受人征收的一种财产税。即在土地、房屋权属发生转移时，按当事人双方所签订合同（契约）的成交价格的一定比例，向土地使用权、房屋所有权承受者征收的一种税。就房屋买卖而言，谁买房谁纳税。

（一）征税范围

1. 国有土地使用权出让

国有土地使用权出让是指土地使用者向国家交付土地使用权出让费用，国家将国有土地使用权在一定年限内让与土地使用者的行为。

2. 土地使用权的转让

土地使用权的转让是指土地使用者以出售、赠予、交换或者其他方式将土地使用权转移给其他单位和个人的行为。土地使用权的转让不包括农村集体土地承包经营权的转移。

3. *房屋买卖*

房屋买卖是指房屋所有者将其房屋出售，由承受者交付货币、实物、无形资产或者其他经济利益的行为。

4. *房屋赠予*

房屋赠予是指房屋所有者将其房屋无偿转让给受赠者的行为。

5. *房屋交换*

房屋交换是指房屋所有者之间互相交换房屋的行为。

有些以特殊方式转移土地、房屋产权的，也视同土地使用权转让、房屋买卖或者房屋赠予：（1）以土地、房屋权属作价投资、入股；（2）以土地、房屋权属抵债；（3）以获奖方式承受土地、房屋权属；（4）以预购方式或者预付集资建房款方式承受土地、房屋权属。

（二）纳税义务人

在我国境内转移土地、房屋权属，承受的单位和个人为契税的纳税人。土地、房屋权属是指土地使用权和房屋所有权。这里的单位是指企业单位、事业单位、国家机关、军事单位和社会团体以及其他组织；个人是指个体经营者和其他个人，包括中国公民和外籍人员。

（三）合同签订时间

合同签订时间指承受方签订土地、房屋转移合同的当日，或其取得其他具有土地、房屋转移合同性质凭证的当日。

（四）税率

契税的税目税率见表 11－8。

表 11－8　　契税的税率表

征税对象	纳税人	税率
国有土地使用权出让	承受方	3%～5% 由省、自治区、直辖市人民政府按本地区实际情况确定
土地使用权转让	买方	
房屋买卖	买方	
房屋赠予	受赠方	
房屋交换	付出差价方	

注：自 2008 年 11 月 1 日起对个人首次购买 90 平方米及以下普通住房的，契税税率暂统一下调到 1%，首次购房证明由住房所在地县（区）住房建设主管部门出具。

（五）契税的减免

（1）国家机关、事业单位、社会团体、军事单位承受土地、房屋用于办公、教学、医疗、科研和军事设施的，免征契税。

(2) 城镇职工在国家规定标准面积以内第一次购买公有住房，经县级以上人民政府批准，免征契税。

(3) 因不可抗力灭失住房而重新购买住房的，酌情减免契税。

(4) 土地、房屋被县级以上人民政府征用、占用后，重新承受土地、房屋权属的，由省级人民政府确定是否减免契税。

(5) 承受荒山、荒沟、荒丘、荒滩土地使用权，并用于农、林、牧、渔业生产的，免征契税。

二、契税的计算

契税的计算公式为：

应纳税额＝计税价格(或成交价、市场价、差价)×适用税率

其中，成交价是指土地、房屋权属转移合同确定的价格，包括承受者应交付的货币、实物、无形资产或者其他经济利益。

土地使用权、房屋交换时，交换价格相等的，免征契税；交换价格不等的，由多交付货币、实物、无形资产或者其他经济利益的一方缴纳契税。

2009 年 10 月 27 日国家税务总局规定，出让国有土地使用权，契税计税价格为承受人为取得该土地使用权而支付的全部经济利益。对通过“招、拍、挂”程序（招标、拍卖和挂牌出让）获得国有土地使用权的，应按照土地成交总价款计征契税，其中的土地前期开发成本不得扣除。

三、契税的核算

例 11－12

居民甲某共有三套房产，某年将第一套市价为 80 万元的房产与乙某交换，并支付给乙某 15 万元；将第二套房产折价给丙某抵偿了 50 万元的债务；将第三套市价为 30 万元的房产作股投入本人独资经营的企业。若当地确定的契税税率为 3%，甲某应缴纳契税多少万元?

【解析】 以房屋抵债的，由承受房屋的丙某缴纳契税，甲某不纳税。以自有房产作股投入本人独资经营企业的，免纳契税。房屋交换的，支付补价的一方按照支付的差价纳税。

应纳契税＝15×3%＝0.45(万元)

会计分录为：

(1) 计算时。

借：固定资产（在建工程）　　4 500

　　贷：应交税费——应交契税　　4 500

(2) 实际缴纳时。

借：应交税费——应交契税　4 500

　贷：银行存款　4 500

四、契税纳税申报表的填制

契税纳税申报表见表 11-9。

表 11-9　契税纳税申报表

填表日期：　年　月　日

承受方	名称		识别号	
	地址		联系电话	
转让方	名称		识别号	
	地址		联系电话	
土地、房屋权属转移	合同签订时间			
	土地、房屋地址			
	权属转移类别			
	权属转移面积	平方米		
	成交价格	元		
适用税率				
计征税额	元			
减免税额	元			
应纳税额	元			
纳税人员签章		经办人员签章		

第 10 节　烟叶税的核算

一、烟叶税的基本内容

烟叶税是以纳税人收购烟叶的收购金额为计税依据征收的一种税。这里的烟叶是指晾晒烟叶，烤烟叶。

2005 年 12 月 29 日，第十届全国人民代表大会常务委员会第十九次会议决定，《中华人民共和国农业税条例》自 2006 年 1 月 1 日起废止。至此，对烟叶征收农业特产税失去了法律依据。中华人民共和国国务院令第 464 号《中华人民共和国烟叶税暂行条例》于 2006 年 4 月 28 日通过，自公布之日起施行。

对收购烟叶的单位，按照烟叶的收购金额征税。烟叶税由地方税务机关征收。纳税人收购烟叶时，应当向烟叶收购地的主管税务机关申报纳税。

烟叶税的税目、税率见表 11-10。

表 11-10 烟叶税的税目、税率表

纳税人	税目	税率
境内收购烟叶的单位	晾晒烟叶、烤烟叶	20%

二、烟叶税的计算和纳税期限

烟叶税实行比例税率，税率为20%。烟叶税税率的调整由国务院决定。烟叶税应纳税额的计算公式为：

应纳税额=烟叶收购金额×税率

烟叶税的纳税义务发生时间为纳税人收购烟叶的当天。纳税人应当自纳税义务发生之日起30日内申报纳税。具体纳税期限由主管税务机关核定。

三、烟叶税的核算

计算和缴纳烟叶税的会计分录为：

借：在途物资（原材料）

　贷：应交税费——应交烟叶税

四、烟叶税纳税申报表的填制

烟叶税纳税申报表见表11-11。

表 11-11 烟叶税纳税申报表

纳税人识别号：□□□□□□□□□□□□□□□□□□□

纳税人名称（公章）：

税款所属时间：自　　年　月　日至　　年　月　日

填表日期：　　年　月　日　　　　金额单位：元至角分

<table>
<tr><td>烟叶收购金额</td><td colspan="2">税率</td><td>应纳税额</td><td>已纳税额</td><td>应入库税额</td></tr>
<tr><td>1</td><td colspan="2">2</td><td>3=1×2</td><td>4</td><td>5=3−4</td></tr>
<tr><td></td><td colspan="2"></td><td></td><td></td><td></td></tr>
<tr><td></td><td colspan="2"></td><td></td><td></td><td></td></tr>
<tr><td></td><td colspan="2"></td><td></td><td></td><td></td></tr>
<tr><td colspan="3">合计</td><td></td><td></td><td></td></tr>
<tr><td colspan="2" rowspan="4">纳税人或代理人声明
此纳税申报表是根据国家税收法律的规定填报的，我确定它是真实的、可靠的、完整的。</td><td colspan="4">如纳税人填报，由纳税人填写以下各栏</td></tr>
<tr><td colspan="4">办税人员（签章）：　　财务负责人（签章）：
法定代表人（签章）：　　联系电话：</td></tr>
<tr><td colspan="4">如委托代理人填报，由代理人填写以下各栏</td></tr>
<tr><td colspan="4">代理人名称：　　经办人（签章）：
代理人（公章）：　　联系电话：</td></tr>
</table>

第 11 节　社会保险费的核算

一、社会保险费办理事项

（一）办理社会保险登记

单位自领取营业执照之日起 30 日内，持工商营业执照副本、批准成立证件、组织机构代码证、社会保险登记表等资料到单位所在地社会保险经办机构办理企业社会保险登记，取得社会保险登记证及编码。

单位对其发生的变更或注销登记、申报与缴费，以及人员增减变动等，应按时在当地社会保险经办机构按规定办理相关手续。

（二）订立劳动合同

根据《中华人民共和国劳动合同法》的相关规定，用人单位自用工之日起即与劳动者建立劳动关系。一般来说，建立劳动关系应当订立书面劳动合同。用人单位应从劳动关系成立之日起为职工办理社会保险，即单位应从职工上岗（包括试用）之日起，与职工签订劳动合同，并为职工申报、缴纳社会保险费，按其规定承担相应的缴费比例，按月缴纳社会保险费。

（三）缴费人缴费确有困难的办理原则

根据现行政策的相关规定，缴费人符合以下条件之一的，可依法申请延期缴费：

（1）因自然灾害或意外事故等不可抗力因素导致无法及时缴费；

（2）政府指令性经济政策造成缴费困难；

（3）经政府确认的特困企业和解困转制企业缴费有困难；

（4）在法定整顿期间濒临破产；

（5）按规定办理歇业手续的；

（6）有其他特殊困难的。

二、社会保险费的内容

（一）社会保险费（简称“五险”）

社会保险费的项目主要有：医疗保险费、养老保险费（基本养老保险费和补充养老保险费）、失业保险费、工伤保险费和生育保险费。

（1）医疗保险费。参保职工、单位和国家按一定的缴费比例，三方共同负担，用于参保职工医疗补偿。

(2) 养老保险费。实行社会统筹，即所有用人单位和劳动者按统一政策规定履行缴纳养老保险费的义务，参加基本养老保险的劳动者退休后能享受相应的保险待遇。

(3) 失业保险费。由政府建立基金，对因失业而暂时中断生活来源的劳动者提供物资帮助和促进其再就业，具有普遍性、强制性和互制性。

(4) 工伤保险费。通过社会统筹的办法，集中用人单位缴纳的工伤保险费建立工伤保险基金，用于劳动者在生产经营活动中遭受意外伤害或患职业病，由此造成死亡、暂时或永久丧失劳动能力的情况。

(5) 生育保险费。实行社会统筹，建立生育保险基金，由单位向社会保险经办机构缴纳，职工个人不需缴纳。

(二) 缴费基数

社会保险费的缴费基数，各地的标准（行业）有所不同。通常情况下，缴费单位以全部职工个人缴费基数之和作为单位的缴费基数；职工个人以本人上年度月平均薪酬作为缴费基数，若职工个人缴费的月平均薪酬低于当地职工月平均工资60%，按60%申报缴费，高于当地职工月平均工资300%，按300%申报缴费。由一个部门、一定时期、统一标准缴纳，逐步过渡到社会保险费的缴纳金额与职工实际薪金相挂钩。

(三) 缴费比例

由于各地的标准（行业）有所不同，目前执行的缴费比例大致如下：

(1) 医疗保险费。应缴比例为10%（未含大额医疗保险，即医疗保险互助），其中，单位缴费8%，个人缴费2%。

(2) 基本养老保险费。应缴比例为28%，其中，单位缴费20%（17%划入统筹金，3%划入个人账户），个人缴费8%。

(3) 失业保险费。应缴比例为3%，其中，单位缴费2%，个人缴费1%。

(4) 工伤保险费。应缴比例1%，由单位缴费。初次认定时，根据单位被划分的行业范围来确定工伤保费费率。

(5) 生育保险费。应缴比例为0.7%，由单位缴费，个人不需缴费。

(四) 计量范围

按照《企业会计准则》的规定，单位向社会保险经办机构等缴纳的医疗保险费、养老保险费（包括根据企业年金计划向企业年金基金相关管理人缴纳的补充养老保险费）、失业保险费、工伤保险费、生育保险费等社会保险费（含通过购买商业保险形式提供给职工的各种保险待遇），在会计核算上属于职工薪酬范围。

提示

（1）国家规定了计提基础和计提比例的，应按照国家规定标准进行。

（2）国家没有规定计提基础和计提比例的，应根据历史经验数据和实际情况合理预计当期应付职工薪酬。企业年度终了时，应对该科目进行清算，注意补提与冲回多提的部分。

三、社会保险费的会计处理

财政部对《企业会计准则第 9 号——职工薪酬》进行了修订，自 2014 年 7 月 1 日起在所有执行企业会计准则的企业范围内施行，鼓励在境外上市的企业提前执行。

个人承担的社会保险费应记入“其他应付款——社会保险费”科目，单位承担部分应记入“应付职工薪酬——社会保险费”科目。

（1）计提养老、医疗、失业保险（单位承担部分）时。

借：管理费用等

　贷：应付职工薪酬——养老保险（单位承担部分）

　　　　　　　　——医疗保险

　　　　　　　　——失业保险

（2）计提工资时。

借：生产成本（制造费用、管理费用、销售费用）等

　贷：应付职工薪酬——工资

（3）发放工资时，代扣个人承担部分。

借：应付职工薪酬——工资

　贷：其他应付款——养老保险（个人承担部分）

　　　　　　　——医疗保险

　　　　　　　——失业保险

　　应交税费——应交个人所得税

（4）缴纳社保时。

借：应付职工薪酬——养老保险（单位承担部分）

　　　　　　——医疗保险

　　　　　　——失业保险

　　其他应付款——养老保险（个人承担部分）

　　　　　　——医疗保险

　　　　　　——失业保险

　贷：银行存款

例 11－13

某公司有职工 300 名。其中：一线生产人员 200 名，一线辅管人员 20 名，管

理人员 50 名，销售人员 30 名。该公司与劳动者订立了全员劳动合同，未发生人员变动。2010 年 6 月，假定该公司按当地人均薪金基数 1 100 元计算缴纳职工养老保险费，假定应缴比例为 28%，其中：单位缴费 20%（17%划入统筹金，3%划入个人账户），个人缴费 8%。计算相关费用并作会计处理。

【解析】

(1) 缴费的计算。

1) 月度缴费基数＝1 100×300＝330 000(元)

2) 月度应缴金额＝330 000×28%＝92 400(元)

单位缴费＝330 000×20%＝66 000(元)

个人缴费＝330 000×8%＝26 400(元)

由单位承担的月度缴费总额 66 000 元中：

划入个人账户的金额＝330 000×3%＝9 900(元)

划入统筹账户的金额＝330 000×17%＝56 100(元)

(2) 个人账户清单。

1) 月度缴费基数＝1 100(元)

2) 月度应缴金额＝1 100×28%＝308(元)

单位缴费＝1 100×20%＝220(元)

个人缴费＝1 100×8%＝88(元)

由单位承担的月度缴费 220 元中：

划入个人账户的金额＝1 100×3%＝33(元)

划入统筹账户的金额＝1 100×17%＝187(元)

(3) 账务处理。

1) 按规定应负担的职工养老保险费。

借：生产成本——基本生产成本　　44 000
　　制造费用——养老保险　　4 400
　　管理费用——养老保险　　11 000
　　销售费用——养老保险　　6 600
　　贷：应付职工薪酬——养老保险　　66 000

2) 代扣职工个人养老保险费。

借：应付职工薪酬——工资　　26 400
　　贷：应付职工薪酬——养老保险　　26 400

3) 按期缴纳职工养老保险费。

借：应付职工薪酬——养老保险　　92 400
　　贷：银行存款　　92 400

社会保险费年度结算申报表的填制从略。

第 12 节　环境保护税的核算

一、环境保护税的基本内容

2016 年 12 月 25 日，全国人民代表大会常务委员会表决通过了《中华人民共和国环境保护税法》，于 2018 年 1 月 1 日开始施行，环境保护税由此成为我国的第十八个税种。

我国排污费征收制度已实施多年。针对影响环境的重点污染源情况，我国选择对大气、水、固体、噪声等四类污染物征收排污费。征收环境保护税，可以倒逼高污染、高能耗的企业转型升级，推动经济结构调整和发展方式转变。

提示

自 2018 年 1 月 1 日起，我国开始征收环境保护税，不再征收排污费。

（一）纳税义务人

在中华人民共和国领域和中华人民共和国管辖的其他海域，直接向环境排放应税污染物的企业事业单位和其他生产经营者。

（二）征税范围

依法设立的城乡污水集中处理、生活垃圾集中处理场所超过国家和地方规定的排放标准向环境排放应税污染物的，应当缴纳环境保护税。

（1）城乡污水集中处理场所是指为社会公众提供生活污水处理服务的场所，不包括为工业园区、开发区等工业聚集区域内的企业事业单位和其他生产经营者提供污水处理服务的场所，以及企业事业单位和其他生产经营者自建自用的污水处理场所。

（2）达到省级人民政府确定的规模标准并且有污染物排放口的畜禽养殖场，应当依法缴纳环境保护税；依法对畜禽养殖废弃物进行综合利用和无害化处理的，不属于直接向环境排放污染物，不缴纳环境保护税。

（三）纳税义务发生时间和纳税地点

（1）纳税义务发生时间为纳税人排放应税污染物的当日。环境保护税按月计算，按季申报缴纳。不能按固定期限计算缴纳的，可以按次申报缴纳。

（2）纳税人应当向应税污染物排放地的税务机关申报缴纳环境保护税。

二、环境保护主管部门和税务机关共同管理环境保护税

《中华人民共和国环境保护税法》第十四条规定，国务院税务、环境保护主管

部门制定涉税信息共享平台技术标准以及数据采集、存储、传输、查询和使用规范。

（一）环境保护主管部门向税务机关提供的信息

环境保护主管部门应当通过涉税信息共享平台向税务机关交送在环境保护监督管理中获取的下列信息：

（1）排污单位的名称、统一社会信用代码以及污染物排放口、排放污染物种类等基本信息；

（2）排污单位的污染物排放数据（包括污染物排放量以及大气污染物、水污染物的浓度值等数据）；

（3）排污单位环境违法和受行政处罚情况；

（4）对税务机关提请复核的纳税人的纳税申报数据资料异常或者纳税人未按照规定期限办理纳税申报的复核意见；

（5）与税务机关商定交送的其他信息。

（二）税务机关向环境保护主管部门提供的信息

税务机关应当通过涉税信息共享平台向环境保护主管部门交送下列环境保护税涉税信息：

（1）纳税人基本信息；

（2）纳税申报信息；

（3）税款入库、减免税额、欠缴税款以及风险疑点等信息；

（4）纳税人涉税违法和受行政处罚情况；

（5）纳税人的纳税申报数据资料异常或者纳税人未按照规定期限办理纳税申报的信息；

（6）与环境保护主管部门商定交送的其他信息。

三、环境保护税的应纳税额计算

环境保护税的应纳税额按照下列方法计算：

（1）应税大气污染物的应纳税额＝污染当量数×具体适用税额

（2）应税水污染物的应纳税额＝污染当量数×具体适用税额

（3）应税固体废物的应纳税额＝固体废物排放量×具体适用税额

（4）应税噪声的应纳税额为超过国家规定标准的分贝数对应的具体适用税额。

其中，应税污染物的计税依据，按照下列方法确定：应税固体废物的计税依据，按照固体废物的排放量确定。固体废物的排放量为当期应税固体废物的产生量减去当期应税固体废物的贮存量、处置量、综合利用量的余额。

四、环境保护税的税收减免

下列情形，暂予免征环境保护税：

（1）农业生产（不包括规模化养殖）排放应税污染物的；

（2）机动车、铁路机车、非道路移动机械、船舶和航空器等流动污染源排放应税污染物的；

（3）依法设立的城乡污水集中处理、生活垃圾集中处理场所排放相应应税污染物，不超过国家和地方规定的排放标准的；

（4）纳税人综合利用的固体废物，符合国家和地方环境保护标准的；

（5）国务院批准免税的其他情形。

提示

纳税人排放应税大气污染物或者水污染物的浓度值低于国家和地方规定的污染物排放标准 30%的，减按 75%征收环境保护税。纳税人排放应税大气污染物或者水污染物的浓度值低于国家和地方规定的污染物排放标准 50%的，减按 50%征收环境保护税。

五、环境保护税的核算

（1）计算环境保护税时。

借：税金及附加

　贷：应交税费——应交环境保护税

（2）实际缴纳税款时。

借：应交税费——应交环境保护税

　贷：银行存款

习　题

一、单项选择题

1. 根据土地增值税法律制度的规定，下列各项中，属于土地增值税征税范围的是（　　）。

A. 政府向企业出让国有土地使用权

B. 企业将闲置房产出租

C. 企业之间交换房产

D. 对房地产进行重新评估产生的评估增值

2. 根据契税法律制度的规定，下列情形中，不予免征契税的是（　　）。

A. 医院承受划拨土地用于修建门诊楼

B. 农民承受荒沟土地用于林业生产

C. 企业接受捐赠房屋用于办公

D. 学校承受划拨土地用于建造教学楼

3. 下列不属于城建税纳税人的是（　　）。

A. 与国有企业换房的外资企业

B. 合作建房后出售房产的企业

C. 转让国有土地使用权的企业

D. 将办公楼用于出租的企业

4. 甲烟草公司从农业生产者处收购一批烟叶，不含价外补贴的收购价款为 226 万元。已知，价外补贴为烟叶收购价款的10%，烟叶税税率为 20%，增值税税率为11%。根据烟叶税法律制度的规定，甲烟草公司应缴纳烟叶税税额为（　　）。

A. 226÷(1+11%)×(1+10%)×20% =44.79(万元)

B. 226×(1+10%)×20%=49.72(万元)

C. 226×(1+11%)×20%=50.17(万元)

D. 226÷(1+11%)×20%=40.72(万元)

5. 甲公司开发一个房地产项目，取得土地使用权支付1 000 万元，发生开发成本6 000 万元，发生开发费用 2 000 万元，其中利息支出 900 万元无法提供金融机构贷款利息证明。已知，当地省人民政府规定房地产开发费用的扣除比例为 10%。根据土地增值税法律制度的规定，甲公司计算缴纳土地增值税时，可以扣除的房地产开发费用为（　　）。

A. 2 000−900=1 100(万元)

B. 6 000×10%=600(万元)

C. 2 000×10%=200(万元)

D. (1 000+6 000)×10%=700(万元)

6. 某公司与政府机关共同使用一栋共有土地使用权的建筑物。该建筑物占用土地面积 2 000 平方米，建筑物面积 10 000 平方米（公司与机关的占用比例为 4∶1)，该公司所在市城镇土地使用税单位税额为每平方米 5 元。该公司应纳城镇土地使用税（　　）元。

A. 0　　B. 2 000　　C. 8 000　　D. 10 000

7. 根据印花税法律制度的规定，印花税的缴纳方法不包括（　　）。

A. 自行贴花　　B. 汇贴汇缴　　C. 邮寄申报　　D. 委托代征

8. 某企业销售房产取得售价 5 000 万元，扣除项目金额合计为 3 000 万元，已知适用的土地增值税税率为 40%，速算扣除系数为 5%。则该企业应缴纳土地增值税（　　）万元。

A. 650　　B. 700　　C. 1 850　　D. 1 900

9. 根据城镇土地使用税法律制度的规定，下列各项中，应缴纳城镇土地使用税的是（　　）。

A. 人民法院办公楼用地　　B. 公园绿化广场用地

C. 农业生产用地　　D. 盐场生产厂房用地

10. 根据车辆购置税的有关规定，下列各项中，属于车辆购置税纳税义务人的是（　　）。

A. 进口应税车辆用于对外捐赠的国有企业

B. 自产应税车辆用于销售的私营企业
C. 购买应税车辆用于投资的股份制企业
D. 获奖取得应税车辆自用的个体工商户

11. 下列项目中，在计算土地增值税的扣除项目时应计入房地产开发成本的是（　　）。
A. 耕地占用税
B. 利息支出
C. 取得土地使用权时缴纳的过户手续费
D. 地价款

12. 以下属于应缴纳房产税的房产是（　　）。
A. 集团公司的仓库　　B. 加油站罩棚
C. 股份制企业的围墙　　D. 工厂的独立烟囱

13. 以下关于耕地占用税的表达不正确的是（　　）。
A. 耕地占用税是以纳税人实际占用耕地的面积为计税依据，按照规定税额一次性征收
B. 耕地占用税实行地区差别幅度比例税率
C. 占用果园、桑园用以建房的应缴纳耕地占用税
D. 个人占用耕地建房也应缴纳耕地占用税

14. 下列关于自用的独立地下建筑物房产税计税规定的表达中，正确的是（　　）。
A. 以应税房产原值为计税依据
B. 以房产原价的 70%作为计税依据
C. 若作工业用途，以房屋原价的 10%～30%作为应税房产原值
D. 若作商业用途，以房屋原价的 70%～80%作为应税房产原值

15. 某商厦有一辆客货两用汽车为顾客送货，乘客座位 4 人，整备质量 2 吨。当地省政府规定，载客 4 人乘用车车船税年税额为 200 元/辆，载货汽车为 40 元/吨，商厦每年应缴纳车船税（　　）元。
A. 80　　B. 180　　C. 200　　D. 280

二、多项选择题

1. 根据印花税法律制度的规定，下列合同中，属于印花税征税范围的有（　　）。
A. 人身保险合同　　B. 财产保险合同
C. 购销合同　　D. 委托代理合同

2. 下列各项中，属于土地增值税的核定征收的情形的有（　　）。
A. 依照法律、行政法规的规定应当设置但未设置账簿的
B. 擅自销毁账簿或者拒不提供纳税资料的
C. 虽设置账簿，但账目混乱或者成本资料、收入凭证、费用凭证残缺不全，难以确定转让收入或扣除项目金额的
D. 申报的计税依据明显偏低，又无正当理由的

3. 根据土地增值税法律制度的规定，下列各项中，属于纳税人应当进行土地增值税清算的是（　　）。

A. 直接转让土地使用权的
B. 房地产开发项目全部竣工、完全销售的
C. 整体转让未竣工决算房地产开发项目的
D. 取得销售（预售）许可证满 3 年仍未销售完毕的
4. 根据印花税法律制度的规定，下列合同中，属于印花税征税范围的有（　　）。
A. 会计师事务所与客户之间签订的审计咨询合同
B. 电网与用户之间签订的供用电合同
C. 软件公司与用户之间签订的技术培训合同
D. 研究所与企业之间签订的技术转让合同
5. 根据房产税法律制度的规定，下列各项中，应当计入房产原值计征房产税的有（　　）。
A. 独立于房屋之外的烟囱　　B. 中央空调
C. 房屋的给排水管道　　D. 室外游泳池
6. 根据车辆购置税的规定，下列车辆中可以免征车辆购置税的有（　　）。
A. 外国驻华使馆自用车辆
B. 长期来华定居专家进口一辆自用小汽车
C. 回国服务的留学人员购买自用的进口小汽车
D. 四轮农用运输车
7. 下列有关车船税计税单位的表述，正确的有（　　）。
A. 客车以“辆”为计税单位
B. 货车以“净吨位/吨”为计税单位
C. 三轮汽车以“整备质量/吨”为计税单位
D. 机动船舶以“载重吨位”为计税单位
8. 下列属于城镇土地使用税的纳税人的有（　　）。
A. 拥有土地使用权的外资企业
B. 用自有房产经营小卖部的个体工商户
C. 拥有农业承包责任田的农民
D. 权属纠纷未解决的土地使用权的实际使用人
9. 下列关于房产税的有关规定，正确的有（　　）。
A. 融资租赁房屋的，以租金总额计征房产税
B. 以房产投资联营，参与投资利润分红，共担投资风险的，以房产余值计征房产税
C. 出租的房产，由出租方以租金计征房产税
D. 出租的房产，由承租方以租金计征房产税
10. 下列行为中，应计算缴纳土地增值税的有（　　）。
A. 将房屋产权赠予直系亲属的
B. 双方合作建房后自用的
C. 以房产抵债而发生房地产产权转让的
D. 以房产作价入股投资于房地产开发公司的
11. 下列各项中，属于土地增值税免税或不征税的有（　　）。

A. 国家依法征用、收回的房地产
B. 房地产开发企业将开发产品转为自用，且产权未发生转移
C. 房地产开发企业将开发产品对外投资
D. 合作建房建成后分房自用的

12. 根据车船税法律制度的规定，下列有关车船税计税依据的表述中，正确的有（　　）。

A. 商用客车以辆数为计税依据
B. 机动船舶以整备质量吨位数为计税依据
C. 游艇以艇身长度为计税依据
D. 商用货车以净吨位数为计税依据

13. 根据《车辆购置税暂行条例》的规定，下列人员中属于车辆购置税纳税义务人的有（　　）。

A. 应税车辆的馈赠人　　B. 应税车辆的购买者
C. 应税车辆的进口使用者　　D. 应税车辆的受赠者

14. 根据印花税的有关规定，下列说法正确的有（　　）。

A. 有些合同签订时无法确认计税金额的，可以先不贴花
B. 同一凭证，载有两个或两个以上经济事项而适用不同税目税率，如未分别记载金额的，税率从高计税贴花
C. 国际货运，外国运输企业所持有的运输进出口货物的运费结算凭证免税
D. 国际货运，托运方所持的运费结算凭证应缴纳印花税

15. 根据房产税的相关规定，下列房产中，免征或暂免征收房产税的有（　　）。

A. 商业银行的房产
B. 房地产开发企业建造的尚未出售但已使用、出租、出借的商品房
C. 实行差额预算管理的事业单位自用的房产
D. 房管部门按政府规定价格向居民出租的公有住房

三、业务题

1. 某事务所审核 A 企业印花税缴纳情况时，抽查到如下合同凭证：

(1) A 企业当年签订一份租房合同，租入一间仓库用于储存货物，年租金 55 万元，租期三年，该合同上贴花 550 元；

(2) A 企业当年签订了一份以货易货合同，合同规定用 100 万元的自产货物换取甲公司 95 万元的产品，由于易货不等值，甲公司另支付给 A 企业 5 万元货币资金，A 企业在该合同上贴花 300 元；

(3) A 企业接受乙企业的委托加工定做一批产品，由乙企业自购 100 万元主要材料送至 A 企业进行加工，A 企业收取 10 万元加工费和 2 万元代垫辅料费，A 企业在该合同上贴花 50 元；

(4) A 企业与运输公司签订一份货物运输合同，注明运输及保管费 20 万元，A 企业在该合同上贴花 100 元。

根据上述资料回答问题：

(1) 分析说明租房合同的印花税存在的问题；

(2) 分析说明易货合同的印花税存在的问题;

(3) 分析说明加工定做合同的印花税存在的问题;

(4) 分析说明运输合同的印花税存在的问题;

(5) 计算A企业共计应补缴的印花税。

2. 某市一内资房地产开发公司某年在本市区开发一个项目，有关经营情况如下:

(1) 该项目商品房全部销售，取得销售收入4 000万元，并签订了销售合同;

(2) 签订土地购买合同，支付与该项目相关的土地使用权价款600万元，相关税费50万元;

(3) 发生拆迁补偿费200万元，前期工程费100万元，支付工程价款750万元，基础设施及公共配套设施费共计150万元，开发间接费用60万元;

(4) 发生销售费用100万元，财务费用60万元，管理费用80万元;

(5) 该房地产开发公司不能按转让房地产项目计算分摊利息，当地政府规定的开发费用扣除比例为10%。

要求：根据上述资料，回答下列问题。

(1) 计算该房地产开发公司应缴纳的印花税;

(2) 计算该房地产开发公司计算土地增值额时准予扣除的与转让房地产有关的税金;

(3) 计算该房地产开发公司计算土地增值税时准予扣除项目的合计金额;

(4) 计算该房地产开发公司应缴纳的土地增值税。

3. 某运输公司拥有并使用以下车辆：农业机械部门登记的拖拉机5辆，自重吨位为2吨；自重5.7吨的载货卡车10辆；自重吨位为4.5吨的汽车挂车5辆。中型载客汽车10辆，其中包括2辆电车。当地政府规定，载货汽车的税额为60元/吨，载客汽车的税额是420元/年。

要求：计算该公司当年应纳的车船税。

参考答案

第1章 税法概述

一、单项选择题

1. D 2. A 3. A 4. C 5. B 6. B 7. A 8. C 9. B 10. D 11. B 12. D 13. C 14. B 15. C 16. C 17. C 18. C 19. D 20. D

二、多项选择题

1. ABCD 2. ABCD 3. ABCD 4. ABCD 5. AC 6. ABCD 7. ACD 8. ACD 9. ABC 10. ABD 11. AC 12. AB 13. BC 14. ABC

第2章 纳税会计概述

一、单项选择题

1. A 2. C 3. C 4. D 5. C 6. A 7. C 8. D 9. B 10. D 11. C 12. A 13. B 14. C 15. C

二、多项选择题

1. BCD 2. ACD 3. AD 4. AB 5. AB 6. BC 7. ACD 8. ABCD 9. BCD 10. ABD 11. ABCD 12. AC 13. ABCD 14. BC 15. ABD

第3章 普通发票和增值税专用发票的规定

一、单项选择题

1. D 2. A 3. D 4. D 5. A 6. B 7. C 8. D 9. A 10. A 11. C 12. D 13. B 14. B 15. C

二、多项选择题

1. ABD 2. AB 3. ABC 4. AB 5. ABCD 6. ABD 7. ACD 8. AB 9. AB 10. BCD 11. ABC 12. ABCD 13. CD 14. ACD 15. ABC

第4章 增值税的会计核算

一、单项选择题

1. B 2. C 3. D 4. A 5. B 6. D 7. A 8. A 9. C 10. C 11. A 12. B

13. C 14. C 15. D 16. D 17. C 18. A 19. C 20. C

二、多项选择题

1. CD 2. ABCD 3. AC 4. AC 5. BD 6. BCD 7. BCD 8. ABC 9. BCD 10. ABC 11. ACD 12. AD 13. AB 14. ABD 15. BD 16. ABD 17. ABD 18. ABCD

三、业务题

1. 答案：

(1) ①借：应收账款 795.6
　　贷：主营业务收入 680
　　　　应交税费——应交增值税（销项税额） 115.6
　借：主营业务成本 480
　　贷：库存商品 480
②借：主营业务收入 340
　　应交税费——应交增值税（销项税额） 57.8
　贷：应收账款 397.8
　借：库存商品 240
　　贷：主营业务成本 240
③借：生产成本（500×0.4×1.17） 234
　　管理费用（40×0.4×1.17） 18.72
　　销售费用（60×0.4×1.17） 28.08
　贷：应付职工薪酬 280.8
　借：应付职工薪酬 280.8
　　贷：主营业务收入［(500+40+60)×0.4］ 240
　　　　应交税费——应交增值税（销项税额） 40.8
　借：主营业务成本［(500+40+60)×0.3］ 180
　　贷：库存商品 180
④借：主营业务收入 60
　　应交税费——应交增值税（销项税额） 10.2
　贷：银行存款 70.2

(2) 主营业务收入总额=680－340+240－60=520(万元)

2. 答案：

(1) 借：库存商品 24 000
　　贷：主营业务成本 24 000
　借：主营业务收入 40 000
　　应交税费——应交增值税（销项税额） 6 800
　贷：应收账款 46 800
(2) 借：银行存款 9 360
　　贷：主营业务收入 8 000
　　　　应交税费——应交增值税（销项税额） 1 360

(3) 借：应收账款	166 725	
贷：主营业务收入		142 500
应交税费——应交增值税（销项税额）		24 225
借：主营业务成本	90 000	
贷：库存商品		90 000
借：银行存款	163 875	
财务费用	2 850	
贷：应收账款		166 725
(4) 借：应收股利	117 000	
贷：主营业务收入		100 000
应交税费——应交增值税（销项税额）		17 000
(5) 借：长期股权投资	468 000	
贷：其他业务收入		400 000
应交税费——应交增值税（销项税额）		68 000
借：其他业务成本	300 000	
贷：原材料		300 000
(6) 借：应收票据	1 404 000	
银行存款	50 000	
贷：主营业务收入		120 000
其他业务收入		17 094
应交税费——应交增值税（销项税额）		206 906
其他应付款		30 000
(7) 借：分期收款发出商品	120 000	
贷：库存商品		120 000
借：银行存款	50 000	
应收账款	67 000	
贷：主营业务收入		1 00 000
应交税费——应交增值税（销项税额）		17 000
借：主营业务成本	60 000	
贷：发出商品		60 000
(8) 借：营业外支出	194 000	
贷：库存商品		160 000
应交税费——应交增值税（销项税额）		34 000
(9) 借：其他应付款	50 000	
贷：其他业务收入		42 735
应交税费——应交增值税（销项税额）		7 265
(10) 借：应付职工薪酬	77 000	
贷：库存商品		60 000
应交税费——应交增值税（销项税额）		17 000

(11) 借：银行存款　81 900
贷：主营业务收入　30 000
应交税费——应交增值税（销项税额）　5 100
应收账款　117 000

(12) 借：银行存款　58 500
贷：主营业务收入　50 000
应交税费——应交增值税（销项税额）　8 500

3. 答案：

(1) 借：应收账款——开发公司　3 978 000
贷：主营业务收入——甲产品　3 400 000
应交税费 ——应交增值税（销项税额）　578 000

(2) 代垫运费：
借：应收账款——贸易公司　69 000
贷：银行存款　69 000

销售货物：
借：银行存款　2 058 000
贷：主营业务收入　1 700 000
应交税费——应交增值税（销项税额）　289 000
应收账款——贸易公司　69 000

(3) 借：应收账款——某企业　213 400
贷：主营业务收入　180 000
应交税费——应交增值税（销项税额）　30 600
银行存款　2 800

(4) 借：银行存款　23 400
贷：主营业务收入——B产品　20 000
应交税费——应交增值税（销项税额）　3 400
借：银行存款　500
贷：其他业务收入　427
应交税费——应交增值税（销项税额）　73

(5) 借：分期收款发出商品　60 000
贷：库存商品　60 000
借：银行存款　29 250
贷：主营业务收入　25 000
应交税费——应交增值税（销项税额）　4 250
借：主营业务成本　20 000
贷：分期收款发出商品　20 000

(6) 发出代销商品时：
借：委托代销商品　50 000
贷：库存商品　50 000

收到公司转来代销清单时：

借：银行存款　100 800

　　销售费用　4 500

　　贷：主营业务收入　90 000

　　　　应交税费——应交增值税（销项税额）　15 300

四、计算题

1. 答案：

（1）8月份纳税情况。

销项税额＝117 000÷1.17×17％＋23 400÷1.17×17％＝20 400(元)

不得抵扣的进项税额＝[68 000＋(900＋100)×7％]×50 000÷(120 000＋50 000)

＝20 020.59(元)

准予抵扣的进项税额＝68 000＋（900＋100)×7％－20 020.59＝48 049.41(元)

应纳增值税＝20 400－48 049.91＝－27 649.41(元)

8月未抵扣完的增值税额为27 649.41元，留待9月份继续抵扣。

（2）9月份纳税情况。

销项税额＝300 000×17％＝51 000(元)

进项税额＝5 000＋340－(28 000－930)×17％－930÷(1－7％)×7％＝668.1(元)

9月应纳增值税＝51 000－668.1－27 649.41＝22 682.49(元)

2. 答案：

（1）销售洗衣机同时收取的优质费、包装物租金属于价外费用，均应价税分离后并入销售额计征，因此，3月份甲公司销售A型洗衣机的增值税销项税额＝(1 000×3 510＋526 500＋175 500)÷(1＋17％)×17％＝612 000元。

（2）除金银首饰以旧换新业务外，纳税人采取以旧换新方式销售货物的，应按新货物的同期销售价格确定销售额，不得扣减旧货物的收购价格，因此，3月份甲公司以旧换新方式销售A型洗衣机的增值税销项税额＝50×3 510÷(1＋17％)×17％＝25 500元。

（3）3月份甲公司的增值税销项税额＝612 000＋25 500＝637 500(元)

第5章　出口退税的会计核算

一、单项选择题

1. C　2. A　3. C　4. D　5. A　6. B　7. A　8. A　9. D　10. A　11. A　12. A　13. C　14. C　15. B

二、多项选择题

1. ABC　2. CD　3. ABD　4. ABD　5. AB　6. ABC　7. ABCD　8. BC　9. AC　10. ACD　11. ABC　12. ABCD　13. AB　14. ABCD　15. ABCD

三、业务题

1. 答案：

应退税额＝6 000÷(1＋3％)×3％＋5 000×6％＝174.76＋300＝474.76(元)

2. 答案：

（1）因为该企业为有出口经营权的生产企业，所以出口退税适用“免、抵、退”办法。

(2) 外销货物出口环节应纳增值税为零。因为出口免税。

(3) 当期不予抵扣或退税的金额=1 000×8.3×(17%−15%)=166(万元)

(4) 当期应纳税额=3 000×17%−(5 000×17%−166)−5=−179(万元)

(5) 出口售物占全部销售货物的比重=1 000×8.3÷(1 000×8.3+3 000)=73.4%，当期应予退税，因为1 000×8.3×15%=1 245 万元>179 万元，所以实际退税额=179 万元。

(6) 实现内销收入：

借：银行存款	35 100 000	
贷：主营业务收入		30 000 000
应交税费——应交增值税（销项税额）		5 100 000

实现出口销售收入：

借：银行存款	83 000 000	
贷：主营业务收入		83 000 000

结转当期不予抵扣税额：

借：主营业务成本	1 660 000	
贷：应交税费——应交增值税（进项税额转出）		1 660 000

结转抵减内销产品销项税额：

借：应交税费——应交增值税（出口抵减内销产品应纳税额）	10 660 000	
贷：应交税费——应交增值税（出口退税）		10 660 000

收到或应收出口退税款：

借：银行在款（或应收出口退税款）	1 790 000	
贷：应交税费——应交增值税（出口退税）		1 790 000

第6章 消费税的会计核算

一、单项选择题

1. B 2. D 3. D 4. B 5. C 6. B 7. B 8. C 9. C 10. B 11. A 12. A 13. A 14. B 15. B

二、多项选择题

1. BC 2. ABCD 3. BC 4. ACD 5. ABD 6. BC 7. ACD 8. BD 9. ACD 10. ABC 11. ABC 12. AD 13. ACD 14. AC

三、业务题

1. 答案：

200×3%+100÷(1+17%)×3%+74.88÷(1+17%)×3%=10.48(万元)

2. 答案：

[10+(0.585+2.34)÷(1+17%)]×10%=1.25(万元)

3. 答案：

(1) 关税的完税价格包括货价和货物运抵我国关境内输入地点起卸前的包装费、运费、保险费和其他劳务费，在货物成交过程中，进口人在成交价格外另支付给卖方的佣金应计入成交价格，而向境外采购代理人支付的买方佣金则不能列入，因此，甲公司进口小汽车的关税税额=(100+5+10)×10%=11.5 万元；进口应税车辆应纳车辆购置税税额=

(关税完税价格＋关税＋消费税)×车辆购置税税率＝[(100＋5＋10)×(1＋10%)]÷(1－5%)×10%＝13.32 万元。

(2) 纳税人用于换取生产资料和消费资料、投资入股和抵偿债务等方面的应税消费品，应当以纳税人同类应税消费品的最高销售价格作为计税依据计算消费税，因此，甲公司以小汽车投资应缴纳的消费税税额＝10×16×5%＝8 万元。

(3) 委托加工从价计征消费税的应税消费品，受托方应代收代缴的消费税＝(材料成本＋加工费)/(1－消费税比例税率)×消费税比例税率，因此，甲公司受托加工汽车电池应代收代缴的消费税＝(200＋35)÷(1－4%)×4%＝9.79 万元。

(4) 收取的代办保险费不属于销售小汽车的价外费用，不能并入销售额缴纳消费税。小汽车的消费税计算以不含增值税的销售额为计税依据，因此需要将含税价换算成不含增值税的价款。甲公司销售小汽车应纳消费税税额＝(351＋3.51)÷(1＋17%)×5%＝15.15 万元。

第 7 章　企业所得税的会计核算

一、单项选择题

1. B　2. C　3. C　4. D　5. C　6. D　7. C　8. A　9. B　10. C　11. D　12. D　13. B　14. B　15. A　16. C　17. B　18. B　19. A　20. B

二、多项选择题

1. AB　2. BCD　3. ABC　4. AC　5. ABD　6. BCD　7. BD　8. BCD　9. ABC　10. ABC　11. ABCD　12. BCD　13. CD　14. AC　15. ACD

三、业务题

1. 答案：

利润总额＝3 000＋50－2 800－35＝215(万元)

公益捐赠扣除限额＝215×12%＝25.8 万元，10 万可扣除，直接捐款 5 万和非广告性赞助 20 万不得税前扣除，即需调增的应纳税所得额＝5＋20＝25 万元。

应纳税所得额＝215＋25＝240(万元)

应纳税额＝240×25%＝60(万元)

2. 答案：

(1) 存在的问题：

①向其他企业借款的利息支出超过按中国银行（金融企业）同期同类贷款利率计算的利息支出部分在税前扣除。(《企业所得税法实施条例》第 38 条)

②业务招待费扣除超规定标准。

③计提工会经费未拨缴不得税前扣除（《企业所得税法实施条例》第 41 条)；计提教育经费未发生支出不得税前扣除。(《企业所得税法实施条例》第 42 条)

④固定资产直接列入管理费用，未通过计提折旧摊销，税前多列支费用。

⑤提取坏账准备金按 3%计提，超过税法规定的 5‰，扣除费用。

(2) ①不得税前扣除利息支出＝20 0000×(10%－5%)＝10 000(元)

②不得税前扣除业务招待费＝250 000－150 000＝100 000(元)

业务招待费扣除限额＝150 000(元)

(60 000 000×5‰＝300 000＞250 000×60%＝150 000)

③不得税前扣除工会经费和教育经费=24 000+38 000=62 000(元)

④不得税前扣除管理费用中固定资产部分=6 000−6 000/(6×12)×6=5 500(元)

⑤不得扣除坏账准备金=(1 500 000×3%−6 000)−(1 500 000×5‰−6 000)
=37 500(元)

⑥应补缴企业所得税额=(10 000+100 000+62 000+5 500+37 500)×25%
=53 750(元)

3. 答案：

(1) 20×6 年 1 月 1 日，甲公司以 30 000 万元购买公寓：

借：投资性房地产——成本 30 000
　贷：银行存款 30 000

20×6 年 12 月 31 日，公寓的公允价值上升至 31 500 万元（3.15 万/平方米 ×1 万平方米），增值 1 500 万元。

借：投资性房地产——公允价值变动 1 500
　贷：公允价值变动损益 1 500

或（剩余 80%部分公允价值变动）：

借：投资性房地产——公允价值变动 1 200
　贷：公允价值变动损益 1 200

甲公司确认租金收入和成本：

借：银行存款 750
　贷：其他业务收入（或主营业务收入） 750

借：其他业务成本（或主营业务成本） 150
　贷：银行存款 150

甲公司 12 月 31 日出售投资性房地产的会计分录如下：

借：银行存款 6 300
　贷：其他业务收入（或主营业务收入） 6 300

借：其他业务成本（或主营业务成本）(30 000×20%) 6 000
　公允价值变动损益（1 500×20%） 300
　贷：投资性房地产——成本（30 000×20%） 6 000
　　——公允价值变动（1500×20%） 300

或（出售时未确认公允价值变动损益）：

借：其他业务成本（或主营业务成本）(30 000×20%) 6 000
　贷：投资性房地产——成本（30 000×20%） 6 000

如果原来期末时不确认 20%的公允价值变动，现在出售时也无须转出。

(2) 公寓剩余部分的账面价值为 25 200 万元（31 500×80%），

公寓剩余部分的计税基础=(30 000−30 000/50)×80%=29 400×80%=23 520(万元)

应纳税暂时性差异=25 200−23 520=1 680(万元)

(3) 甲公司的当期所得税=(应税收入−可予以税前扣除的成本费用)×所得税税率
=(出售收入−出售成本+租金收入−费用−折旧)×25%
=(6 300−29 400×20%+750−150−30 000/50)×25%

=(6 300－5 880＋600－600)×25%=420×25%
=105(万元)

递延所得税负债=1 680×25%=420(万元)

所得税相关分录如下：

借：所得税费用 525
　贷：应交税费——应交所得税 105
　　　递延所得税负债 420

四、计算题

1. 答案：

(1) 公益性捐赠支出所得税调整额=18－100×12%=6(万元)

(2) 研究开发费用所得税前扣除数额=20×150%－20=10(万元)

(3) 应纳税所得额=100＋6－10＋20＋0.8=116.8(万元)

(4) 应纳所得税额=116.8×25%=29.2(万元)

(5) 年度应汇算清缴的所得税税额=29.2－25=4.2(万元)

2. 答案：

(1) 各项业务的税务处理：

①取得财政部门规定专项用于科研并经国务院批准的财政性资金 80 万元，属于不征税收入；

②企业缴纳的增值税，不得在税前扣除；

③企业之间支付的管理费 100 万元，不得在税前扣除；

④业务宣传费税前扣除限额=16 000×15%=2 400 万元，实际发生额 150 万元未超过税前扣除限额，可以据实扣除；

⑤创业投资企业采取股权投资的方式投资于境内未上市的中小高新技术企业 2 年以上的，可以按照投资额的 70%在股权持有满 2 年的当年抵扣该创业投资企业的应纳税所得额。因此，投资额 1 000 万元的 70%可以从该企业 2016 年应纳税所得额中扣除；

⑥税收滞纳金 10 万元，非广告性的赞助支出 20 万元，直接向贫困山区捐款 70 万元均不得在税前扣除。

(2) 企业 2016 年应纳税所得额=16 000－10 000－2 000－(1 600－100)－950
－(120－10－20－70)－1 000×70%
=830(万元)

(3) 企业 2016 年应纳企业所得税=830×25%=207.5(万元)

第 8 章　个人所得税的会计核算

一、单项选择题

1. C　2. B　3. B　4. D　5. B　6. B　7. C　8. B　9. A　10. B　11. A　12. A　13. D　14. B　15. A

二、多项选择题

1. BC　2. BD　3. ABCD　4. ABD　5. BCD　6. ABC　7. BC　8. ABD　9. BCD　10. BC　11. AC　12. AB　13. AD　14. BC　15. AC

三、业务题

1. 答案:

(1) 3—12月工薪收入应缴纳的个人所得税=[(8 400—3 500)×10%—105]×10
=3 850(元)

(特别提醒:2011年9月1日开始,工资薪金免征额为3 500元/月。)

支付工资时:

借:应付职工薪酬——应付工资 3 850
　贷:应交税费——应交个人所得税 3 850

(2) 转让房屋应缴纳的个人所得税=(230—100—13.8—3)×20%=22.64(元)

(3) 从公安部门获得的奖金免征个人所得税。

(4) 公益捐赠扣除限额=30 000×30%=9 000(元)

中奖所得应缴纳的个人所得税=(30 000—9 000)×20%=4 200(元)

(5) 从境外取得的特许权使用费在我国缴纳个人所得税时可扣除的税收限额=60 000×(1—20%)×20%=9 600(元)

特许权使用费在我国应缴纳的个人所得税=9 600—7800=1 800(元)

2. 答案:

(1) 出版与连载收入及电影公司支付的报酬应缴纳的个人所得税
=(8 000+4 000)×(1—20%)×20%×70%+(1 000+1 500—800)×20%×70%
+10 000×(1—20%)×20%
=3 182(元)

(2) 取得的租赁所得应缴纳个人所得税=(4 000—800—800)×20%+(4 000—800—700)×20%
+(4 000—800)×20%×4
=3 540(元)

(3) 在A国演讲应缴纳的个人所得税=30 000×(1—20%)×30%—2 000=5 200(元)

中奖应缴纳的个人所得税=2 000×20%=400(元)

应补缴个人所得税=5 200+400—5 000—500=100(元)

(4) 工资薪金应缴纳的个人所得税=[(4 200—2 000)×15%—125]×8+[(4 200—3 500)×3%×4]
=1 640+84=1 724(元)

25 000÷12=2 083.33元,适用税率10%,速算扣除数105 全年奖金应缴纳的个人所得税=25 000×10%—105=2 395元。

第9章 关税的会计核算

一、单项选择题

1. B 2. A 3. D 4. C 5. B 6. C 7. B 8. B 9. D 10. A 11. D 12. A 13. B 14. C

二、多项选择题

1. ABD 2. CD 3. ABCD 4. BD 5. ABD 6. BD 7. BCD 8. ABD 9. AB 10. BCD 11. CD 12. AB 13. BD 14. BD

三、业务题

1. 答案:

(1) 进口货物的完税价格由海关以进口应税货物的成交价格以及该货物运抵我国境内输入地点起卸前的运费及其相关费用、保险费为基础审查确定。所以进出口公司在进口该批机器设备过程中审定的成交价 200 万美元、货物运抵我国境内输入地点起卸前的运输费 10 万美元、保险费 20 万美元以及包装劳务费 3 万美元都应计入货物的完税价格。

(2) 关税税额＝关税完税价格×关税税率＝(200＋10＋20＋3)×7.3×30%
＝510.27(万元)

(3) 进出口公司应当自运输该批机器设备的运输工具申报进境之日起 14 日内，向货物进境地海关申报。

2. 答案：

(1) 关税完税价格＝(600＋5＋53)×(1＋3‰)＝659.97(万元)
进口关税＝659.97×40%＝263.99(万元)

(2) 增值税组成计税价格＝(659.97＋263.99)/(1－5%)＝972.59(万元)
进口增值税＝972.59×17%＝165.34(万元)

(3) 进口消费税＝972.59×5%＝48.63(万元)

(4) 纳税义务人应当自海关填发税款缴款书之日起 15 日内，向指定银行缴纳税款。2017 年 2 月一共 28 天，所以一共滞纳 18 (10＋8) 天。

滞纳金＝(263.99＋165.34＋48.63)×18×0.5‰＝4.30(万元)

第 10 章　资源税的会计核算

一、单项选择题

1. B　2. C　3. D　4. B　5. A　6. D　7. C　8. D　9. D　10. A　11. A　12. C　13. C　14. D　15. C

二、多项选择题

1. ABC　2. CD　3. ACD　4. BC　5. AD　6. AC　7. AC　8. BCD　9. ABCD　10. AC　11. CD　12. AB　13. ABD　14. ABC　15. BCD

三、业务题

1. 答案：

应纳资源税＝25×20－80×3＝260(万元)

2. 答案：

3 月份应纳资源税＝(45＋2＋6/60%)×1.2＝68.4(万元)

3. 答案：

将开采的原煤加工为洗选煤销售的，以洗选煤销售额乘以折算率作为应税煤炭销售额，计算缴纳资源税。

(1) 销售原煤应纳资源税税额＝20×4%＝0.8(万元)

(2) 销售洗选煤应纳资源税税额＝25×80%×4%＝0.8(万元)

(3) 该煤矿 1 月份应纳资源税税额＝0.8＋0.8＝1.6(万元)

第 11 章　其他税的会计核算

一、单项选择题

1. C　2. C　3. D　4. B　5. D　6. C　7. C　8. A　9. D　10. D　11. A　12. A　13. B　14. D　15. A

二、多项选择题

1. BC 2. ABCD 3. ABC 4. CD 5. BC 6. AB 7. AC 8. ABD 9. BC 10. CD 11. ABD 12. AC 13. BCD 14. BCD 15. CD

三、业务题

1. 答案：

(1) 租房合同的印花税存在的问题：①合同租期为三年，应按照合同总金额 165 万元计算缴纳印花税 1 650 元；②由于税额超过 500 元，应采取汇贴办法方式完税。

(2) 易货合同的印花税处理应看作购和销两份合同处理，

A 企业应缴纳印花税＝(100＋95)×10 000×0.3‰＝585(元)

超过 500 元应采取汇贴办法缴纳印花税。

(3) 由于是乙企业自行购买的主要材料，因此 A 企业应就合同上的加工费和辅助材料费合计金额按照加工承揽合同贴花。

A 企业应缴纳印花税＝(10＋2)×10 000×0.5‰＝60(元)

(4) 按照印花税规定，一份合同载有不同应税项目的，应区别不同项目金额计税，未分别记载不同项目金额的，按照其中高税率项目的税率计税。由于运输费与保管费没有分别列明，应按照保管合同的税率计税贴花。

A 企业应在合同上贴花＝20×10 000×1‰＝200(元)

(5) A 企业应补缴印花税＝(1 650－550)＋(585－300)＋(60－50)＋(200－100)
＝1 100＋285＋10＋100＝1 495(元)

2. 答案：

(1) 该房地产开发公司应缴纳的印花税＝4 000×0.5‰＋600×0.5‰＝2.3(万元)

(2) 准予扣除的与转让房地产有关的税金＝4 000×5%×(1＋7%＋3%＋2%)
＝224(万元)

(3) 准予扣除的取得土地使用权支付的金额＝600＋50＝650(万元)
准予扣除的房地产开发成本＝200＋100＋750＋150＋60＝1 260(万元)
准予扣除的房地产开发费用＝(650＋1 260)×10%＝191(万元)
准予扣除的“其他扣除项目”金额＝(650＋1 260)×20%＝382(万元)
准予扣除项目合计金额＝650＋1 260＋191＋382＋224＝2 707(万元)

(4) 收入总额＝4 000(万元)
准予扣除项目合计金额＝2 707(万元)
增值额＝4 000－2 707＝1 293(万元)
增值率＝增值额/扣除项目金额×100%＝1 293/2 707×100%＝47.77%
适用税率 30%应纳土地增值税＝1 293×30%＝387.9(万元)

3. 答案：

(1) 在农业（农业机械）部门登记为拖拉机的车辆，免征车船税；

(2) 卡车应纳税额＝6×60×10＝3 600(元)

(3) 汽车挂车没有优惠的规定，
应纳税额＝4.5×60×5＝1 350(元)

(4) 载客汽车应纳税额＝10×420＝4 200(元)
该运输公司应纳车船税＝3 600＋1 350＋4 200＝9 150(元)

图书在版编目（CIP）数据

税法与纳税会计/王红云主编. —2版. —北京：中国人民大学出版社，2018.3
21世纪会计系列教材
ISBN 978-7-300-25386-2

Ⅰ.①税… Ⅱ.①王… Ⅲ.①税法-中国-教材②税收会计-教材 Ⅳ.①D922.22②F810.42

中国版本图书馆CIP数据核字（2018）第007255号

21世纪会计系列教材
税法与纳税会计（第2版）
主　编　王红云　赵永宁
副主编　罗仕祥　赵如兰
Shuifa yu Nashui Kuaiji

出版发行	中国人民大学出版社		
社　　址	北京中关村大街31号	**邮政编码**	100080
电　　话	010－62511242（总编室）		010－62511770（质管部）
	010－82501766（邮购部）		010－62514148（门市部）
	010－62515195（发行公司）		010－62515275（盗版举报）
网　　址	http://www.crup.com.cn		
	http://www.ttrnet.com（人大教研网）		
经　　销	新华书店		
印　　刷	北京七色印务有限公司	**版　　次**	2015年8月第1版
规　　格	185 mm×260 mm　16开本		2018年3月第2版
印　　张	23.5插页1	**印　　次**	2018年3月第1次印刷
字　　数	520 000	**定　　价**	46.00元

教师教学服务说明

中国人民大学出版社工商管理分社以出版经典、高品质的工商管理、财务会计、统计、市场营销、人力资源管理、运营管理、物流管理、旅游管理等领域的各层次教材为宗旨。

为了更好地为一线教师服务，近年来工商管理分社着力建设了一批数字化、立体化的网络教学资源。教师可以通过以下方式获得免费下载教学资源的权限：

在“人大经管图书在线”（www. rdjg. com. cn）注册，下载“教师服务登记表”，或直接填写下面的“教师服务登记表”，加盖院系公章，然后邮寄或传真给我们。我们收到表格后将在一个工作日内为您开通相关资源的下载权限。

如您需要帮助，请随时与我们联络：

中国人民大学出版社工商管理分社

联系电话：010－62515735，62515987，62515782，82501048

传　　真：010－62515732，62514775　　　电子邮箱：rdcbsjg@crup. com. cn

通讯地址：北京市海淀区中关村大街甲 59 号文化大厦 1501 室（100872）

教师服务登记表

<table>
<tr><td>姓 名</td><td></td><td>□先生　□女士</td><td>职　　称</td><td colspan="2"></td></tr>
<tr><td>座机/手机</td><td colspan="2"></td><td>电子邮箱</td><td colspan="2"></td></tr>
<tr><td>通讯地址</td><td colspan="2"></td><td>邮　　编</td><td colspan="2"></td></tr>
<tr><td>任教学校</td><td colspan="2"></td><td>所在院系</td><td colspan="2"></td></tr>
<tr><td rowspan="3">所授课程</td><td>课程名称</td><td>现用教材名称</td><td>出版社</td><td>对象（本科生/研究生/MBA/其他）</td><td>学生人数</td></tr>
<tr><td></td><td></td><td></td><td></td><td></td></tr>
<tr><td></td><td></td><td></td><td></td><td></td></tr>
<tr><td colspan="2">需要哪本教材的配套资源</td><td colspan="4"></td></tr>
<tr><td colspan="2">人大经管图书在线用户名</td><td colspan="4"></td></tr>
<tr><td colspan="6">院/系领导（签字）：
院/系办公室盖章</td></tr>
</table>